广西壮族自治区人民政府委托项目
国家自然科学基金重点项目（40830741）
国家科技支撑计划项目（2008BAH31B01）　　共同资助
中国科学院知识创新工程重要方向项目

西江经济带（广西段）可持续发展研究

——功能、过程与格局　（上册）

主　编　樊　杰
副主编　潘文峰　胡东升　陈　田

科学出版社
北　京

内 容 简 介

西江经济带是贯穿我国沿海发达地区（广东）和内陆欠发达地区（广西、云南、贵州）的一个重要开发轴带，在未来全国国土空间开发格局中具有战略地位。本书是"广西西江经济带发展总体规划"基础研究成果，在综合评价广西西江经济带可持续发展条件的基础上，论证了该区域的功能定位和基本格局，探讨了增强可持续发展能力的基础设施支撑体系建设途径，研究了可持续工业化和城市化过程与前景。

本书可供城市规划和区域规划等相关部门的工作人员、专业研究人员和相关专业学生参考。

图书在版编目（CIP）数据

西江经济带（广西段）可持续发展研究：功能、过程与格局（上册）/樊杰主编. —北京：科学出版社，2011
ISBN 978-7-03-028334-4

Ⅰ. 西… Ⅱ. 樊… Ⅲ. 地区经济－经济发展－总体规划－研究－广西 Ⅳ. F127.67

中国版本图书馆 CIP 数据核字（2010）第 138133 号

责任编辑：李 敏 张 震 张 菊／责任校对：张凤琴 李 影
责任印制：钱玉芬／封面设计：王 浩

科学出版社 出版
北京东黄城根北街16号
邮政编码：100717
http://www.sciencep.com

中国科学院印刷厂 印刷
科学出版社发行 各地新华书店经销
*

2011年6月第 一 版　　开本：787×1092 1/16
2011年6月第一次印刷　　印张：54　插页：4
印数：1—1 500　　　　　字数：1 260 000

定价：198.00 元（含上、下册）
（如有印装质量问题，我社负责调换）

"西江经济带（广西段）可持续发展研究"项目组暨"广西西江经济带发展总体规划"编制组

领 导 小 组

组　长

丁仲礼　　中国科学院副院长、中国科学院院士

杨道喜　　广西壮族自治区人民政府副主席

　　　　　广西壮族自治区西江黄金水道建设领导小组办公室主任

成　员

刘　毅　　中国科学院地理科学与资源研究所所长、研究员、博士生导师

冯仁国　　中国科学院资源环境科学与技术局副局长、研究员

胡东升　　中国国际工程咨询公司区域发展与规划业务部原副主任、研究员

黄华宽　　广西壮族自治区交通运输厅书记

　　　　　广西壮族自治区西江黄金水道建设领导小组办公室常务副主任

潘文峰　　广西壮族自治区发展和改革委员会副主任

　　　　　广西壮族自治区西江黄金水道建设领导小组办公室副主任

周一农　　广西壮族自治区交通运输厅副厅长

　　　　　广西壮族自治区西江黄金水道建设领导小组办公室副主任

闫九球　　广西壮族自治区水利厅总工程师

　　　　　广西壮族自治区西江黄金水道建设领导小组办公室副主任

项 目 组

组　长

樊　杰　　中国科学院可持续发展研究中心主任

　　　　　中国科学院区域可持续发展分析与模拟重点实验室主任

副组长

胡东升　　中国国际工程咨询公司区域发展与规划业务部研究员、原副主任

陈　田　　中国科学院地理科学与资源研究所人文地理与区域发展研究部副主任

中国科学院项目组

樊　杰　研究员　　博士生导师　　中国科学院可持续发展研究中心主任

　　　　　　　　　　　　　　　　中国科学院区域可持续发展分析与模拟重点实验室主任

姓名	职称	导师	单位/职务
陈 田	研究员	博士生导师	中国科学院地理科学与资源研究所（下同）人文地理与区域发展研究部副主任
张文尝	研究员	博士生导师	原工业交通布局室主任
李丽娟	研究员	博士生导师	自然资源与环境安全研究部副主任
王英杰	研究员	博士生导师	资源与环境信息系统国家重点实验室副主任
金凤君	研究员	博士生导师	经济地理与区域发展研究室主任
高晓路	研究员	博士生导师	城市地理与城市发展研究室副主任
张文忠	研究员	博士生导师	经济地理与区域发展研究室副主任
徐 勇	研究员	博士生导师	经济地理与区域发展研究室
刘盛和	研究员	博士生导师	城市地理与城市发展研究室
牛亚菲	研究员	硕士生导师	旅游与社会文化地理研究室
郭腾云	副研究员	硕士生导师	经济地理与区域发展研究室
王传胜	副研究员	硕士生导师	经济地理与区域发展研究室
戴尔阜	副研究员	硕士生导师	自然环境变化与格局研究室副主任
马 丽	副研究员		经济地理与区域发展研究室
孙 威	副研究员		经济地理与区域发展研究室
王成金	副研究员		经济地理与区域发展研究室
唐志鹏	助理研究员		区域可持续发展模拟研究室
王 岱	助理研究员		经济地理与区域发展研究室
陈明星	助理研究员		经济地理与区域发展研究室
李九一	助理研究员		资源地理与水土资源研究室
潘 韬	助理研究员		自然环境变化与格局研究室
李洪省	助理研究员		地图学研究室
王开泳	助理研究员		城市地理与城市发展研究室
陈 东	助理研究员		经济地理与区域发展研究室
王姣娥	助理研究员		经济地理与区域发展研究室
陶岸君	博士生		经济地理与区域发展研究室
梁育填	博士生		经济地理与区域发展研究室
李平星	博士生		经济地理与区域发展研究室
汤 青	博士生		经济地理与区域发展研究室
王 昊	博士生		旅游与社会文化地理研究室
丁金学	博士生		经济地理与区域发展研究室
郑 芳	博士生		旅游与社会文化地理研究室
程婧瑶	博士生		经济地理与区域发展研究室
柳玉梅	博士生		资源地理与水土资源研究室
曾红伟	博士生		资源地理与水土资源研究室
季 珏	博士生		城市地理与城市发展研究室
杨 波	博士生		经济地理与区域发展研究室
刘艳华	博士生		经济地理与区域发展研究室

党丽娟	博士生	经济地理与区域发展研究室
黄建毅	博士生	经济地理与区域发展研究室
汪　蓉	硕士生	地图学研究室
赵海英	硕　士	经济地理与区域发展研究室
韦智超	硕士生	旅游与社会文化地理研究室
兰肖雄	硕士生	城市地理与城市发展研究室
董冠鹏	硕士生	经济地理与区域发展研究室
孙贵艳	硕士生	经济地理与区域发展研究室
王坤鹏	硕士生	城市地理与城市发展研究室
张桂黎	硕士生	自然环境变化与格局研究室
薛　原	硕士生	自然环境变化与格局研究室
杜笑典	硕士生	自然环境变化与格局研究室

中国国际工程咨询公司项目组

胡东升　中国国际工程咨询公司区域发展与规划业务部研究员、原副主任
秦广富　鞍钢集团公司教授级高级工程师、原常务副总
王大卫　山东省引黄济青工程管理局原总工程师
宋禹田　中国有色金属加工工业协会主任
王福清　中国医药企业管理协会副会长
苏一兵　中国环境科学研究院研究员
张天柱　清华大学教授
贾志忍　中国糖业协会理事长
朱俊峰　国家发展和改革委员会宏观经济研究院综合运输所副研究员
杨文武　交通运输部规划研究院高级工程师
张学诞　财政部财政科学研究所主任
许豫东　中国国际工程咨询公司区域发展与规划业务部高级工程师、副处长
董　乐　中国国际工程咨询公司区域发展与规划业务部工程师

广西壮族自治区西江黄金水道建设领导小组办公室项目组

杨道喜　广西壮族自治区人民政府副主席
　　　　广西壮族自治区西江黄金水道建设领导小组办公室主任
黄华宽　广西壮族自治区交通运输厅书记
　　　　广西壮族自治区西江黄金水道建设领导小组办公室常务副主任
潘文峰　广西壮族自治区发展和改革委员会副主任
　　　　广西壮族自治区西江黄金水道建设领导小组办公室副主任
周一农　广西壮族自治区交通运输厅副厅长
　　　　广西壮族自治区西江黄金水道建设领导小组办公室副主任

闫九球　广西壮族自治区水利厅总工程师
　　　　广西壮族自治区西江黄金水道建设领导小组办公室副主任
龙　力　广西壮族自治区发展和改革委员会处长
　　　　广西壮族自治区西江黄金水道建设领导小组办公室处长
黄永忠　广西壮族自治区交通运输厅处长
　　　　广西壮族自治区西江黄金水道建设领导小组办公室处长
杜敬民　广西壮族自治区港航管理局局长
　　　　广西壮族自治区西江黄金水道建设领导小组办公室处长
向景旺　广西壮族自治区港航管理局副局长
　　　　广西壮族自治区西江黄金水道建设领导小组办公室副处长
杨卫东　广西壮族自治区水利工程管理局副局长
　　　　广西壮族自治区西江黄金水道建设领导小组办公室副处长
冯耀辉　广西壮族自治区西江黄金水道建设领导小组办公室科员
梁广艺　广西壮族自治区西江黄金水道建设领导小组办公室科员
韦荣俭　广西壮族自治区西江黄金水道建设领导小组办公室科员
年敬之　广西壮族自治区西江黄金水道建设领导小组办公室科员
付　攀　广西壮族自治区西江黄金水道建设领导小组办公室科员
王建花　广西壮族自治区西江黄金水道建设领导小组办公室科员
张海波　广西壮族自治区西江黄金水道建设领导小组办公室科员

项目学术秘书　李平星　中国科学院地理科学与资源研究所博士生
　　　　　　　任　晴　中国科学院地理科学与资源研究所工程师

编写组

主　　编　樊　杰
副 主 编　潘文峰　胡东升　陈　田
编写人员　张文尝　李丽娟　王英杰　金凤君　高晓路　张文忠
　　　　　　徐　勇　刘盛和　牛亚菲　郭腾云　王传胜　戴尔阜
　　　　　　马　丽　孙　威　王成金　唐志鹏　王　岱　陈明星
　　　　　　李九一　潘　韬　李洪省　王开泳　陈　东　王姣娥
　　　　　　陶岸君　梁育填　李平星　汤　青　王　昊　丁金学
　　　　　　郑　芳　程婧瑶　柳玉梅　曾红伟　季　珏　杨　波
　　　　　　刘艳华　党丽娟　黄建毅　汪　蓉　赵海英　韦智超
　　　　　　兰肖雄　董冠鹏　孙贵艳　王坤鹏　张桂黎　薛　原
　　　　　　杜笑典

目 录

上 册

第一章 可持续发展总纲 ······ 1
  第一节 研究背景与工作过程 ······ 1
  第二节 可持续发展条件综合评价 ······ 7
  第三节 功能定位与空间组织 ······ 17
  第四节 可持续发展的基础设施支撑体系 ······ 26
  第五节 可持续工业化和城市化 ······ 38

第二章 国土空间开发建设适宜性评价 ······ 54
  第一节 适宜性评价的研究与实践 ······ 54
  第二节 开发建设适宜性评价方法 ······ 70
  第三节 单要素评价 ······ 74
  第四节 综合评价 ······ 127

第三章 可持续发展过程解析与战略选择 ······ 183
  第一节 典型流域可持续开发的经验借鉴 ······ 183
  第二节 区域发展现状与可持续发展的外部动力 ······ 209
  第三节 可持续发展的内部需求 ······ 243
  第四节 空间格局的演变与评价 ······ 247
  第五节 可持续发展的战略选择 ······ 255
  第六节 可持续发展的空间组织方案 ······ 267

第四章 水资源可持续利用与生态环境保护 ······ 278
  第一节 水资源承载力评价 ······ 278
  第二节 水环境容量与水环境安全 ······ 313
  第三节 生态安全屏障与景观格局 ······ 331
  第四节 大气环境保护与固体废弃物治理 ······ 366

下 册

第五章 可持续发展的基础设施支撑体系 ······ 375
  第一节 黄金水道与综合交通运输体系 ······ 375

第二节　能源供给与能源安全 ········· 447
　　第三节　水利设施与防灾减灾体系 ········· 476
　　第四节　信息化与信息基础设施 ········· 489
第六章　可持续工业化的战略与路径 ········· 494
　　第一节　工业化进程与产业分布格局 ········· 494
　　第二节　可持续工业化战略 ········· 535
　　第三节　工业转型升级 ········· 541
　　第四节　产业布局优化与区域分工合作 ········· 569
　　第五节　生态高效农业发展 ········· 597
　　第六节　可持续工业化政策体系 ········· 613
第七章　战略性新兴服务业的培育 ········· 615
　　第一节　发展现状与重点 ········· 615
　　第二节　生产性服务业的发展 ········· 619
　　第三节　休闲旅游产业发展条件与战略选择 ········· 635
　　第四节　休闲旅游产业的空间布局 ········· 665
　　第五节　公共绿色休闲空间建设 ········· 692
第八章　健康城市化与社会事业发展 ········· 710
　　第一节　健康城市化的关键问题 ········· 710
　　第二节　城市化的历史演变与现状 ········· 718
　　第三节　城市化水平预测 ········· 741
　　第四节　城镇职能与空间结构 ········· 772
　　第五节　社会事业发展 ········· 803
　　第六节　健康城市化的政策框架 ········· 830
参考文献 ········· 841
后记 ········· 847

第一章 可持续发展总纲

流域是人类生产、生活的一种主要区域类型。除极旱和极寒地区外，世界上绝大多数地区都可划分到某一流域范围之内。流域发展与人类福祉休戚相关，在社会经济发展过程、国土空间开发结构的演变等方面，具有独特的研究价值。从区域可持续发展视角看，由于流域是一个相对独立的地域单元，流域上、中、下游各地区之间的自然生态系统与资源环境存在着紧密的联系，人类生产和生活活动的地域分布及演变过程有着鲜明的特点，流域通常是研究综合资源环境承载能力的压力—状态—响应过程的理想单元，尤其是探讨城市化和工业化速度、规模和方式同水资源供给、流域生态安全等的相互作用关系的重要空间载体。此外，流域在实施人为调控，促进人地统筹发展、区域统筹发展乃至国内外协调发展方面具有很多属性，有利于创新性地探索在地区共同利益驱动下资源利用权和经济发展权优化配置等前沿问题。总之，由于流域具有自然生态单元的整体性、内部联系的紧密性、地域功能的多样性、发展问题的复杂性以及科学问题的前沿性，世界许多国家将流域作为可持续发展研究与政策的案例和试点区域，将流域开发和管理作为政府的重要职责。

2009年，按照《国务院关于进一步促进广西经济社会发展的若干意见》的要求，根据广西壮族自治区党委、人民政府提出的"打造西江黄金水道 促进区域经济协调发展"的重大战略部署，广西壮族自治区人民政府委托中国科学院地理科学与资源研究所、中国国际工程咨询公司合作研制《广西西江经济带发展总体规划》（以下简称《规划》）。项目组围绕"流域生态和环境保护、黄金水道建设及岸线开发利用、综合交通运输体系与物流业发展、沿江城镇发展和产业布局、对外开放和区域合作"等规划关键应用问题，重点开展了广西部分西江流域地区——广西西江经济带可持续发展的功能、过程与格局的研究，本著作即是该研究的成果。在此基础上，进一步形成了广西西江经济带发展总体规划基本思路及规划方案，将结集为《西江经济带（广西段）可持续发展研究——战略、路径与措施》出版。

第一节 研究背景与工作过程

一、问题的提出

广西壮族自治区地处华南、西南结合部，在全国国土空间开发总体格局中处于非常特殊的地位。广西作为沿海地区，却一直是沿海率先发展的低谷地带，属于欠发达地区；作为西部地区，是西南地区最便捷的出海大通道，战略区位优越。从我国对外开放战略格局上看，广西不仅是我国面向东盟的重要门户和前沿地带，在深化与东盟开放合作、维护国家安全和西南边疆稳定中地位突出；而且，广西西江经珠江三角洲（简称"珠三角"）从香港地区入海，作为西部地区的广西与发达的珠三角及香港空间位置临近，自然通道便捷，资源、环境和经济文化联系紧密，在对外开放和促进区域协调发展中作用重大。

随着经济全球化和区域经济一体化向纵深发展、国家西部大开发战略的深入实施、中国—东盟自由贸易区的加快建设、泛珠三角和泛北部湾经济区合作的进一步推进，以及中央出台扩内需、保增长的一系列政策措施，广西的开发建设，特别是广西具有率先发展条件的环北部湾地区和西江两岸地区的开发建设，迎来了千载难逢的发展机遇。为贯彻落实科学发展观，适应新的发展形势，自治区党委、人民政府及时提出了"打造西江黄金水道 促进区域经济协调发展"的重大战略决策，"广西西江经济带发展规划"被提上议事日程。

可以理解，依托西江黄金水道的建设打造广西另一条重要的沿江经济发展主轴，有利于实现江海联动，加快沿江产业和城镇集聚，促进桂东、桂中和桂西地区经济社会快速协调发展，实现广西整体繁荣。依托西江黄金水道建设西江经济带，以便捷、经济的水陆交通网吸引国内外的大企业、大投资、大项目落户广西，有利于优化沿江区域产业布局，提高沿江地区对外开放水平，扩大经济发展规模，形成东联粤港澳、西通云贵、南接东盟的资源互补、互利互惠、携手共进、合作共赢的发展格局。此外，广西是我国少数民族人口最多的自治区，也是革命老区、边疆地区，加快形成广西西江经济带，有利于进一步巩固民族团结和边疆稳定，实现各民族共同发展、共同繁荣。总之，西江经济带的形成在构筑我国沿海经济发展新的增长极、促进西部大开发和东中西互动、深化我国与东盟战略伙伴关系等方面具有紧迫的现实意义和深远的历史意义。

西江经济带的科学合理开发，面临着以下关键的现实问题和科学问题。从宏观战略认识的角度，如何尊重自然规律和社会经济发展规律，协调好西江流域人口、资源、环境与经济社会发展的关系，协调好上、中、下游不同发展需求的关系？从立足当前、着眼长远的角度，如何既能近期有效促进人口、产业向西江经济带集聚，又能在符合全局和总体战略的要求下有利于长远发展？如何借西部大开发和沿海率先发展的双重力量，加快建设并完善与东盟合作平台，拓展合作领域，扩大合作范围，在中国—东盟自由贸易区中发挥更大作用，增强参与国际经济合作和竞争的能力？

因此，围绕广西西江流域可持续发展目标，需要系统、深入地研究广西西江经济带可持续发展的功能、过程与格局。西江经济带可持续发展研究应突出以下几个方面：

1）重视国际沿江经济带开发经验同西江经济带基本特征相结合。重视与西江开发类似的国际沿江经济带可持续发展模式，充分借鉴其在总体战略、产业重点、空间部署、阶段推进、政策措施等方面的经验，结合对西江经济带可持续发展系统的基本特征、关键环节、脆弱性及可恢复能力的深入调研和综合分析，论证增强可持续发展能力、加快可持续发展的目标、路径的研制。

2）重视科学性和可操作性相结合、指导性和约束性相结合、现实性与前瞻性相结合。充分体现科学发展观的内涵，有序推进广西西江经济带可持续工业化和城市化进程；合理选择弹性的规划对象和刚性的规划对象，发挥规划指导性和约束性的双重功能，保护、完善西江社会经济和资源环境系统的可持续性与竞争能力；突出到2020年主要目标和战略任务的空间落实，兼顾到2030年长远发展战略和发展前景的基本判断与战略指引，实现可持续过程的连续性。

3）重视充分利用政府力量和合理利用市场力量相结合，注重培育沿江经济带集聚功能与带动功能相结合。区分政府和市场在区域可持续发展过程中的不同作用，合理选择规划内容和实施途径；在突出规划期内以增强沿江经济带集聚功能为主的规划导向的同时，处理好与现有区域发展格局及区域开发合作格局的关系，强化和放大区域可持续系统正外部性与正溢出效应，积极培育西江经济带对广西全区、西南腹地、沿江前沿的支撑—辐射—带动功能。

4）重视总体布局规划同重点工程项目初步预研相结合，规划主体对象区域和相关拓展区域相结合。在整体结构和内容体系符合国内外空间布局规划和区域可持续发展要求的前提下，进一步就重大工程项目开展预可行性研究，实现相互支撑。规划范围以沿江7市为主，主要规划内容都应涉及对沿江经济带产生直接影响的相关区域发展问题，有关开放合作、流域生态建设等内容可将研究拓展到合适的地域范围。

二、研究的时代背景

1. 金融危机与扩大内需

改革开放以后，经济全球化的负面效应得到不断深入地认识和日益普遍地关注。学者们在经济全球化收益的区际配置不公方面形成了共识，即经济全球化过程中处于支配地位的国家和地区获得的收益要远远超过处于被支配地位的国家和地区。但综合考虑国际金融危机的差异化区域效果，经济全球化的"负面效应"还表现在：在承受经济全球化的损失方面区际配置也是不公平的，即经济全球化过程中处于支配地位的国家和地区（往往依赖内需和内部发展能力）受损的程度要远远低于处于被支配地位的国家和地区（往往依赖外需和外部带动能力）。为应对经济全球化的负面效应，我国必须拉动内需。

国际市场的波动是金融危机影响我国的重要方面。长期以来，我国经济发展主要依赖出口和投资拉动，而国内消费对经济的拉动作用一直较弱，一些年度消费对GDP的贡献率甚至为负值。通过出口和投资拉动，我国实现了东部地区率先发展和国民经济总量迅速提高。但是，随着国际市场占有率的不断上升，我国主要对外输出产品在国际市场上可供拓展的空间已经日益狭小；要实现进一步发展，国内市场是重要的拓展方向。扩大内需的难点是扩大中、西部内陆地区的有效需求。因此，国务院常务会议确定的扩大内需10项政策侧重于对中、西部地区的扶持，尤其强调对西部干线铁路和中、西部干线机场等交通基础设施建设的投入。

2. 中国—东盟自由贸易区建设

2010年1月1日，中国—东盟自由贸易区正式全面启动。中国—东盟自由贸易区涵盖11个国家、19亿人口、6万亿美元GDP，内部贸易占世界贸易的13%，是世界上人口最多、经贸规模仅次于欧盟和北美的自由贸易区。自由贸易区的全面启动标志着中国—东盟战略伙伴关系朝向纵深发展，必将推进区域经济一体化的进程。

广西地处中国与东盟的结合部，是我国唯一与东盟国家既有陆路通道（位于西江经济带），又有海上通道的省区，是中国—东盟合作的桥头堡和前沿地带，在中国—东盟自由贸易区建设中具有特殊地位。从2004年开始，中国—东盟博览会、中国—东盟商务与投资峰会均在南宁举办。自由贸易区的启动有利于广西利用区位、资源和产业等优势，进一步扩大与东盟国家的交流与合作。2010年1月至7月，随着93%以上的进口东盟产品和90%以上的出口东盟产品的零关税，广西与东盟国家贸易额达到31.1亿美元，较2009年同期增长38.6%。

3. 珠三角产业升级与产业转移

产业升级和产业转移既是市场机制作用下企业的必然选择，也是政府合理引导的结果。传统产品需求日益趋稳、成本日益提高、竞争日益加剧，使得企业利润空间不断缩小。而新的高端需求、新创意和新技术使得提升产业层次可以实现高增长和高回报。由此，产业结构必然升级，传统产业必然转移。1979~2007年，广东省保持了年均13.8%的增长速度。持续高速经济增长的时间已经超过发达国家和地区黄金发展阶段所持续的时间及其增长的幅度。按照一般规律，广东省尤其是珠三角已经步入了产业结构和空间结构的转型时期。

2008年，广东省委、省政府前瞻性地考虑到发展战略的转型，提出通过"双转移"、"腾笼换鸟"、"腾笼壮鸟"实现珠三角产业结构升级和广东省国土开发格局优化。随着国际金融危机深入影响我国沿海地区，广东产业升级和产业转移的步伐将进一步加快。作为紧邻广东的欠发达地区，珠三角企业已经开始向梧州、贵港等西江沿线城市转移。

4. 环北部湾开发与"一带两区"建设

广西地处华南、西南结合部，不仅是我国面向东盟的重要门户，也是西南地区最便捷的出海大通道，在促进区域协调发展、深化与东盟国家开放合作、维护国家安全和西南边疆稳定中具有重要的战略地位。为此，改革开放以来，国家相继出台了一系列促进广西开放、开发的重大决策。

2008年和2009年，国务院分别批准实施了《广西北部湾经济区发展规划》和《国务院关于进一步促进广西经济社会发展的若干意见》。《广西北部湾经济区发展规划》提出加快环北部湾开发，把北部湾经济区建成我国沿海发展的新一极，在带动广西发展、促进西部大开发、实现东中西互动、加强中国—东盟合作的进程中发挥更大作用。《国务院关于进一步促进广西经济社会发展的若干意见》旨在充分发挥北部湾经济区的引领带动作用，培育我国沿海经济发展新的增长极；提出将广西划分为北部湾经济区、西江经济带和桂西地区三类区域，要求通过实施"两区一带"的区域发展总体布局，实现区域互动、协调发展；强调"要加快形成西江经济带"、"抓紧研究制定西江经济带发展规划"。

三、研究的主体内容

西江经济带可持续发展研究的宗旨，是为合理地调控西江经济带可持续发展的过程、实现可持续发展目标提供科学依据，是编制西江经济带发展规划的科学基础和依据。

研究的基本主线是：借鉴国内外沿江经济带发展经验，把握西江经济带在广西促进区域协调发展的基本定位，确定西江经济带发展战略与主要目标；综合分析评价沿江地区资源环境承载能力、广西社会经济发展格局的走势、沿江经济带对外开放合作的特征，确定西江经济带沿江综合功能区（段）划分方案和资源环境—社会经济发展总体布局方案；论证西江经济带产业和城镇集聚的主要空间位置，确定主要沿江城镇发展定位和主要产业园区、休闲旅游地空间配置的方案；构筑支撑西江经济带建设的重大基础设施系统，制定区域资源合理开发、生态建设和环境保护的可持续发展方略与空间部署方案；研制促进区域社会事业协调发展和对外合作开放的基本策略，提出西江经济带规划实施的保障措施。

比照西江经济带规划研制的技术流程（图1-1），其可持续发展研究分为4大部分：

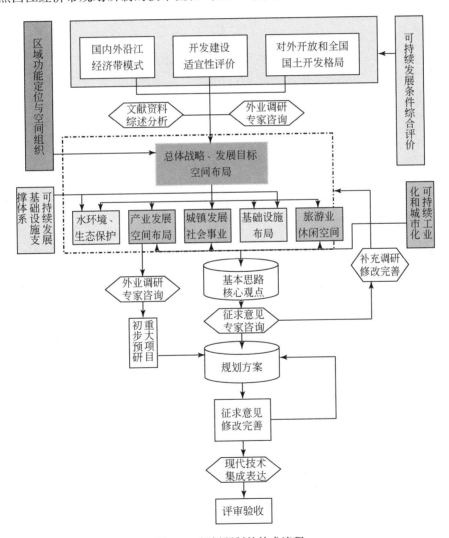

图1-1 规划研制的技术流程

一是可持续发展条件的综合评价。主要从开发建设适宜性评价入手，在借鉴国内外评价方法的基础上，采用适用技术和方法进行单项指标和综合指标的评价，确定各地区特别是重点区段适宜建设用地的规模、等级和空间布局指引。

二是区域功能定位和空间组织的基本格局。主要是以区域可持续发展的一般模式和理论为基础，通过国内外典型流域经济带发展经验的借鉴，以及分析我国对外开放战略格局及国土开发总体格局的影响，揭示西江经济带的发展战略目标和总体布局，并重点分析其对沿江产业园区布局、区域景观生态格局构建的指引。

三是区域可持续发展基础设施支撑体系的构建。围绕西江经济带可持续发展两个重要的基础设施支撑体系——生态环境基础设施建设与交通运输基础设施建设，重点研究水环境和水生态，提出可持续水资源利用策略、可持续生态建设的规划要点和关键内容；重点研究黄金水道——西江水运主航道建设及其相关问题，提出可持续综合交通网络建设方向与布局方案以及能源基础设施、防洪水利设施、信息基础设施建设的主要内容。

四是可持续工业化和城市化模式。在产业发展方向与空间引导方面，重点包括西江经济带的产业带特征与产业体系设计、西江经济带工业化演进过程和格局、西江经济带产业升级和区域功能提升的路径与重点领域。在城镇发展方面，主要包括认知西江经济带可持续城市化的关键问题，科学预测未来人口和城市化水平，论证西江经济带城镇总体空间格局与功能分工，并研究与城市化健康发展相适应的社会事业保障体系建设的有关内容。

四、工作过程

前期准备阶段：2009年11月中旬，项目组完成工作方案设计。

项目启动阶段：2009年12月12日，由广西壮族自治区西江黄金水道建设领导小组办公室和中国科学院地理科学与资源研究所签订《广西西江经济带发展总体规划项目协议书》，确定了以中国科学院地理科学与资源研究所为主体的规划研制队伍，确定广西壮族自治区人民政府副主席杨道喜和中国科学院副院长丁仲礼担任规划领导小组组长，中国科学院院士郑度担任专家指导组组长，樊杰担任研制组组长。

专题调研阶段：2009年11月22日至12月2日，调研组在项目专家指导委员会委员、中国科学院地理科学与资源研究所所长刘毅研究员和规划研制组组长樊杰研究员的带领下，一行40余人前往广西开展调研活动。广西壮族自治区人民政府副主席杨道喜主持召开了自治区有关委办厅局的座谈会。在开展了南宁市调研后，规划研制组分为两组，在自治区黄金水道办潘文峰副主任等陪同下，第一组由樊杰研究员带队，对梧州、贵港、崇左进行考察调研；第二组由规划编制组副组长陈田研究员带队，对柳州、来宾、百色进行考察调研。各市领导分别接待了调研组并组织了考察调研活动。

研究总结阶段：2009年12月至2010年3月，规划编制组开展课题总结和专题报告研制。其间，2009年12月16日至17日召开第一次专题交流会，各专题负责人汇报外业调研总结，进行专题提纲设计与研讨。2010年1月18日召开第二次专题交流会，各专题负责人介绍专题研究进展和主要结论。2月1日召开第三次专题交流会，交流各课题组的研究成果。4月中旬，规划研制组完成7个专题报告的研制。在课题研究过程中，广西西江黄金水道办的领导关心项目的进展情况，多次派专人到京与项目组交流课题进展情况。

初步观点形成阶段：4月20日至4月28日项目组到广西进行第二轮调研，分别与自治区发展和改革委员会、工业和信息化委员会、商务厅、交通运输厅、水利厅、国土资源厅、住房和城乡建设厅、林业厅、环境保护厅、旅游局、西江黄金水道建设办公室等委、办、厅、局就《广西西江经济带发展总体规划》的初步观点进行沟通和交流，并形成较全面的初步观点。

基本思路形成阶段：规划编制组于2010年4月30日召开基本思路编写部署会。2010年5月，规划编制组完成基本思路研制工作。5月下旬，规划编制组完成《广西西江经济带发展总体规划基本思路》，5月24日，规划编制组组长樊杰向广西西江经济带发展总体规划领导小组及成员单位汇报并征求意见，广西壮族自治区人民政府副主席杨道喜主持会议并发表重要讲话，对研究成果给予高度肯定。

规划报告研制阶段：2010年9月，规划编制组完成规划报告、纲要和图集，并提交广西壮族自治区西江黄金水道建设领导小组办公室。2010年12月30日，在广西壮族自治区书记郭声琨和自治区主席马飚主持召开的广西壮族自治区西江黄金水道建设领导小组第二次工作会议上，听取了广西西江经济带发展总体规划进展汇报，充分肯定了项目组的研究成果和规划编制工作。在郭声琨书记的讲话中，直接引用了研究成果的核心结论："把西江经济带打造成生态优先、交通引领、工业主导、产业升级、城镇集聚、机制创新的发达经济带。"

成果评审验收：2011年6月，规划研制组完成并提交研究成果，广西壮族自治区政府和中国科学院联合组织项目的评审和验收。

第二节 可持续发展条件综合评价

一、区域基本情况

西江经济带以西江为主轴，穿越云南、贵州、广西、广东4省（自治区）160多个县，是连接东部沿海发达地区乃至世界性城市香港、澳门和大西南欠发达地区的黄金地带，是珠三角产业转移的承载地和溯江而上发展的战略腹地，是大西南各省区物资交流和运往东南亚和美洲的运输大动脉和出海大通道，是中国面向东盟各国开发、开放的前沿地带。

西江发源于乌蒙山区，直通港澳，干流河道总长2074.8km，流域面积35万多平方公里。从河源到三江口为上游，包括南盘江和红水河两段，长1573km；从三江口到梧州市为中游，包括黔江段和浔江段，长294km；梧州至思贤滘为下游，长208km。最后进入珠江三角洲河网。多年平均年径流量为2277亿m^3，水资源丰富。西江水系是两广交通运输的大动脉，也是我国仅次于长江的第二大内河航运通道。

西江经济带（广西段）包括广西西江沿江7市——南宁、柳州、梧州、贵港、来宾、百色、崇左，土地面积13.09万km^2，2008年末人口2607万。该区域位于港澳和珠三角上游，具有重要的生态和环境保护功能，是广西开发时间最早、发展条件较好、目前经济发展水平较高的区域。随着广西壮族自治区党委、政府提出打造亿吨级黄金水道战略以来，西江经济带日益焕发出蓬勃的生机（图1-2，表1-1）。

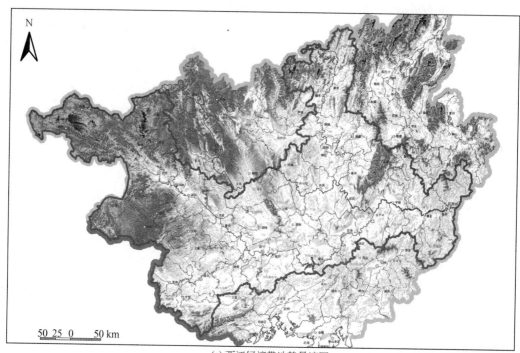

(a) 西江经济带地势晕渲图

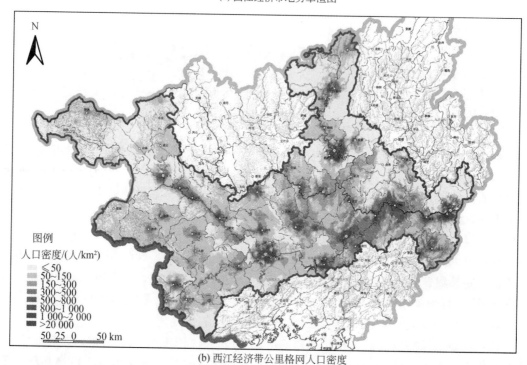

(b) 西江经济带公里格网人口密度

图1-2 广西西江经济带现状图

表1-1 2008年广西西江经济带基本情况

指标	全国	广西		西江流域（云南、广西、广东）		广西西江经济带（7市）	
		总量	占全国比例（%）	总量	占全国比例（%）	总量	占全国比例（%）
国土面积（万 km²）	960.00	23.58	2.46	80.96	8.43	13.09	1.36
人口（万）	132 802.00	4 816.00	3.63	18 903.00	14.23	2 606.77	1.96
城镇居民人口（万）	60 667.00	1 838.00	3.03	9 385.00	15.47	1 045.02	1.72
农村居民人口（万）	72 135.00	2 978.00	4.13	9 518.00	13.19	1 561.75	2.17
GDP（亿元）	300 670.00	7 171.58	2.39	48 568.14	16.15	3 977.33	1.32
人均国土面积（km²/万人）	72.29	48.96	67.73	42.83	59.25	50.21	69.46
人均GDP（元/人）	22 640.47	14 891.15	65.77	25 693.35	113.48	15 257.69	67.39
城镇居民人均可支配收入（元/人）	15 780.76	14 146.04	89.64	17 603.29	111.55	13 864.35	87.86
农村居民人均纯收入（元/人）	4 760.62	3 690.34	77.52	4 497.56	94.47	3 752.12	78.82

资料来源：根据2009年广西壮族自治区及西江经济带7市有关统计年鉴计算整理。

二、国内外流域开发的经验借鉴

通过对国内外流域开发经验的梳理，以及对绿色发展、近水发展等新的发展取向的分析，为西江经济带发展提供借鉴。

1. 绿色发展使得水运逐渐复兴

水运虽然在速度、效率方面逊色于其他交通方式，然而在环境友好、节能减排上却有着显著优势（表1-2）。因此，虽然工业革命后的很长一段时期，作为历史上重要甚至主要的运输方式的水运日渐衰弱，然而在应对全球气候变化、能源紧缺的大背景下，近年来水运在众多国家又重新得到启用和重视。其中，欧盟提出"调整后的竞争"理念，运用税收等经济手段，调整运输结构，鼓励发展水运。我国也将发展水运作为政府工作的重要方向。2011年，国务院第2号文提出"利用10年左右的时间，建成畅通、高效、平安、绿色的现代化内河水运体系，建成比较完备的现代化内河水运安全监管和救助体系"，提出加快长江、西江等内河水运发展。在大西江流域，香港、广东都已将内河运输和西江流域开发作为重要的战略选择。其中香港规划署此前研制完成的《一个大珠江三角洲地区实现绿色运输最重要的一环——内河航运》已经涉及从港澳到云贵的整个大西江地区。

表1-2 各种不同运输方式的资源环境效应比较

运输类型	能耗 [tce/(万 t·km)]	污染物排放 [kg/(万 t·km)]	土地利用
水运（内河）	0.05	2	1条1等级和3等级内河航道可分别少修13条和2.3条6车道高速公路
公路运输	0.60	38	
铁路运输	0.10	3	
航空运输	6.50	—	

2. 近水是城市布局和发展的重要方向

经济带可以依托海岸带或交通走廊形成，大江大河是重要的轴带依托体。从全球尺度看，沿河、沿江是城镇布局的重要形态。欧美国家在有关城市建设中，立足于城市特色的营造，注重流域生态保护、岸线景观的建设。例如田纳西河流域开发中对岸线进行了科学规划，确定了大量的绿色开敞空间和景观、休闲用地，这些区域按照规划得到严格保护；莱茵河、罗纳河两侧的城市景观，甚至单体建筑都与自然环境和谐、有机地融为一体，人文给自然添彩，所形成的综合景观成为莱茵河、罗纳河整个旅游带和休闲观光走廊的核心组成部分。从我国城市整体的空间拓展看，随着需求水平和需求结构的变化，近水、亲水的环境和氛围成为城市发展的新目标，显著的生态、游憩与景观价值吸引城市在发展空间上不断向沿江河、跨江河发展。从城市内部看，生态环境好、自然和文化景观丰富的岸线地段往往成为城市最具魅力的精华部分，成为房地产价格最高的区域（图1-3）。

图1-3 莱茵河和珠江广州段沿江布局的魅力城镇

3. 江河经济具有强劲的发展动力

经济发展必须具备其驱动力。如果驱动力是持续的，经济就是富有活力的。一旦驱动力出现问题，经济也会出现问题。区域发展一般原理认为江河具有驱动区域经济发展的长期效应，其驱动效应大致可分为4个阶段：第一个阶段是通过航运、发电等功能带动农业、电力工业、交通运输业等产业发展；第二个阶段是通过量大、价廉的物流运输和电力供给吸引原材料、冶金、能源等基础工业的集聚；第三个阶段是基础工业发展到一定水平后，带动深加工工业的发展；第四个阶段是随着需求的进一步升级和生态偏好型产业的出现,休闲、旅游等生活性服务业、高端智业等生产性服务业产生新的集聚。从最基本的、与提供生产资料相关的产业,到基础工业,到高层次服务业,江河为区域发展提供了全流程的支撑。当然,江河对区域发展的支撑作用并不是无条件的,任何阶段的不合理开发都可能破坏下一阶段的核心功能,从而经济就停滞在该阶段。通过总结田纳西河流域开发历程可以发现,从贫穷落后的衰退区域变成先进富裕的发达区域并不依赖江河的基本功能、不依赖基础工业的发展,而是依靠产业的不断升级和新兴产业的不断壮大。正因为如此,田纳西河流域的货运量和工业在经济中的比例长期维持在比较稳定的水平,与此同时服务业比例持续增长,流域内形成了"乡村音乐之都、蓝调之都和最具商务价值城市"。

4. 流域开发需要政府统筹主导

在流域开发过程中,一方面基于流域持续发展的整体利益以及各地区资源环境、产业发展条件等方面的区域分异,上、中、下游各地区之间容易形成相对紧密的分工与合作关系,沿江沿河容易形成经济发展的轴线,并由轴线带动流域经济的整体发展,形成并不断完善流域经济带。另一方面,由于市场在处理相关利益中的失灵,政府往往主导和统筹流域开发。这既包括美国政府通过制定专门法律和组建专门机构——田纳西流域管理局(TVA)来统筹田纳西河流域开发的各项重大事宜,也包括欧洲各国政府从污染防治入手影响莱茵河的流域开发。

我国长江流域的开发虽不能说是政府主导,但一些经验却值得借鉴。突出表现为两个方面,第一个启示是长三角对长江沿线的带动作用要大于对沿海岸线南北两侧的带动作用。过去的苏北地区和浙南地区属于我国最贫困的地区,但上海对这些地区的带动一直比较弱。而沿江对苏锡常地区、南京、九江、芜湖、武汉等的带动作用则很明显。与长三角对长江沿线的带动相类似,珠三角对西江流域的直接带动作用可能要比对粤东、粤西两翼的带动作用更快、更直接。第二个启示是人口、产业等先向沿江集聚,再通过集聚地区的发展带动区域经济的整体发展。长江沿线形成了一系列的点,如武汉、重庆、成都等,通过稀缺资源和要素的集聚,这些点在区域内实现了率先发展,从而不仅在较短时期内为区域经济赢得了竞争优势,也为整个区域经济的发展提供了长期支撑(图1-4)。

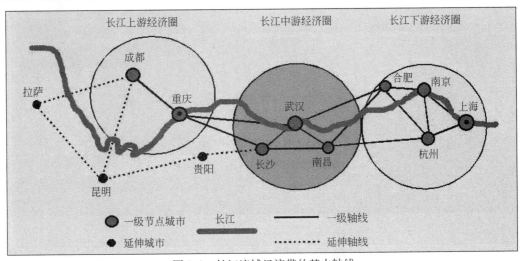

图1-4 长江流域经济带的基本轴线

三、可持续发展条件

1）战略区位十分重要，经济带可持续发展要符合国家战略要求；区域经济全方位的合作已经起步，交通运输的瓶颈制约依然明显。

广西西江经济带宏观区位处于东亚板块与东南亚板块的结合部，中观区位处于华南经济圈、西南经济圈与东盟经济圈的结合部，是中国—东盟自由贸易区建设的前沿、西南对外联系的门户、大珠江三角洲地区的重要腹地，在全国国土空间开发整体战略布局中占据重要地位。近年来，中国—东盟自由贸易区全面建成，中越"两廊一圈"合作、大湄公河次区域合作有所推进，粤港澳的制造业、物流、金融等产业向西江经济带转移进程加快。

目前，交通运输条件明显制约了区域合作、对外开放的进程。按国土面积计算的公路网密度为每百平方公里41km，约为东部沿海省份平均密度的65%，也低于相邻的滇、黔、湘、粤等省。对外运输大动脉不畅通，南昆线和黔桂线两条主要货物运输通道的运力已经不堪重负，与湖南、江西相比，通往广东的公路和铁路建设落后5年左右。综合交通体系的规模、质量、结构和布局相对滞后，桂平航运枢纽船闸通过能力饱和，航道等级偏低，港口与陆路运输的衔接不合理（图1-5）。

2）水土资源匹配和能矿资源匹配关系良好，可持续发展自然本底条件优良；水生态和水环境保护压力很大，可持续发展任务艰巨。

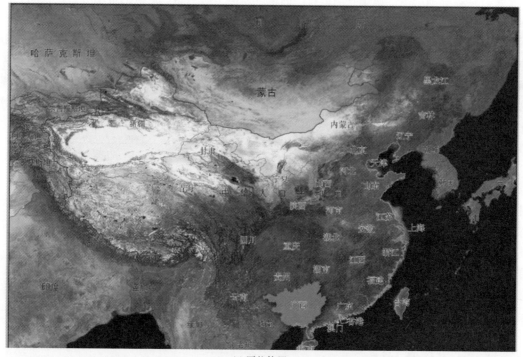

(a) 区位格局

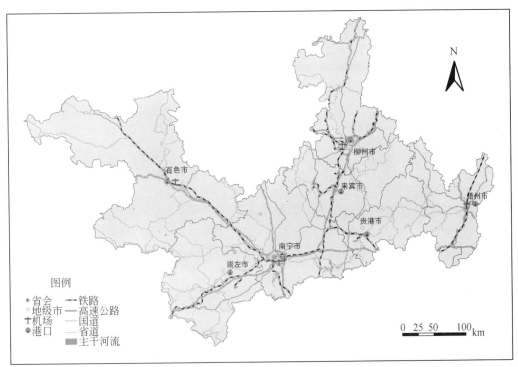

(b) 交通基础设施

图 1-5 区位格局与交通基础设施现状

西江经济带河流众多，降水量丰富，多年平均地表水资源总量 887.6 亿 m^3，是全国平均水平的 2.32 倍；人均水资源占有量为 3405m^3，按水利部制定的水资源短缺评价标准属于"不缺水"类型。后备土地资源丰富，未利用土地面积 268 万 hm^2，占广西未利用土地总面积的 54%，适宜建设用地主要沿河谷分布，水土资源匹配条件在我国目前较低程度开发的区域中是最优越的，便于西江经济带的开发利用（图 1-6）。优势矿产资源主要有锰、锑、锡、铟、铝土、重晶石、水泥用石灰岩、稀土等，其中铝土矿累计查明资源储量超过 8.5 亿 t，占广西的 98% 以上；水能蕴藏量大、落差集中、开发条件优越，可开发水电资源 656.78 万 kW，是我国水电资源最丰富的地区之一；能矿资源的地域组合便于在能源原材料工业大规模发展的基础上，延伸产业链条，形成较大规模的工业地域综合体。区域生态环境质量良好，城市环境空气质量整体保持二级水平，主要河流水环境质量按三类水标准达标率在 90% 以上，主要城市饮用水源达标率 95% 以上。生物多样性得到充分保护，特有物种和珍稀物种多。

西江经济带的发展，一方面，资源利用效率低，工业污染物排放量大，结构性污染突出，每万元工业增加值能耗、水耗和万元生产总值排放二氧化硫、化学需氧量远高于全国平均水平；农药、化肥等农业化学品使用强度较大，导致农业面源污染日趋严重。这种污染的态势不仅动摇了自身长远可持续发展的生态环境基础，而且直接威胁着西江下游特别是珠三角和港澳的水生态安全和水环境质量。另一方面，广西现有石漠化土地 237.91 万 hm^2，石漠化已成为广西最突出的生态问题，若进行不合理开发活动，自然生态系统很容

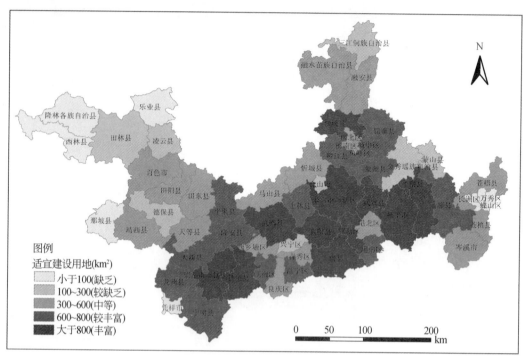

(a) 适宜建设用地评价

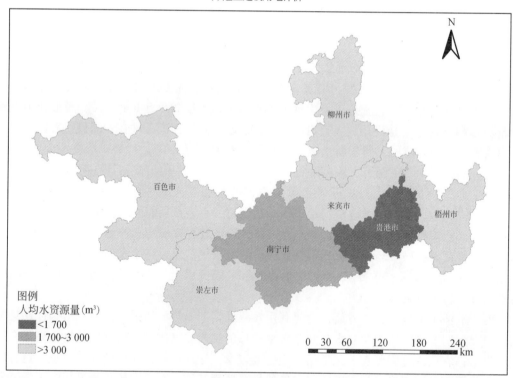

(b) 人均水资源量分布

图 1-6　适宜建设用地评价与人均水资源量分布

易受到破坏,生态系统服务功能减弱,水土流失问题将日趋严重。广西人均地方财政收入仅相当于全国平均水平的50%左右,在生态保护和环境治理领域投入能力有限,未来可持续发展面临着水土矿资源大规模开发、工业化和城市化加速同生态环境保护之间能否协调发展的严峻挑战。

3) 工业化和城市化已有基础,特色产业和重点城市已成规模;可持续发展活力和竞争力依然不足,整体经济发展仍比较落后。

"十一五"期间,工业增加值年均增长速度达26.4%,工业对经济增长的贡献率达39.4%,工业主导经济发展的格局基本形成。其中,糖业国内市场占有率达到60%以上,汽车产量居国内前列,微型汽车产销量位居全国第二,铝工业基地不断壮大,电力、钢铁、建材、食品等优势产业发展较快。但西江经济带整体发展水平不高,2008年西江经济带人均GDP为2102美元,仍处于工业化向中期阶段迈进的发展时期。三次产业结构为17.5:45.5:36.9,比全国第一产业比例高6.2个百分点,工业实现增加值占地区生产总值的比例较全国低3.5个百分点,采掘业、原材料工业产值约占规模以上工业产值的60%,较全国高约10个百分点(图1-7)。

西江经济带城市化率为38%,根据国际经验,城市化进入快速发展时期。2005~2008年城市化率每年提高约1个百分点,每年约有10万乡村人口转变为城市人口。南宁、柳州等中心城市的人口规模和建成区面积增幅明显,一批县城和重点镇发展势头良好。初步形成了以柳州为中心的桂中城镇群,以梧州、贵港为中心的桂东南城镇群,以百色、平果

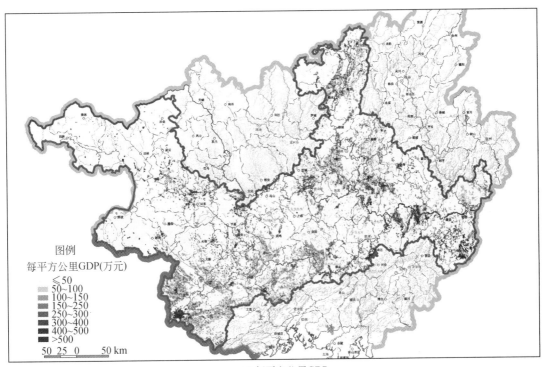

(a) 每平方公里GDP

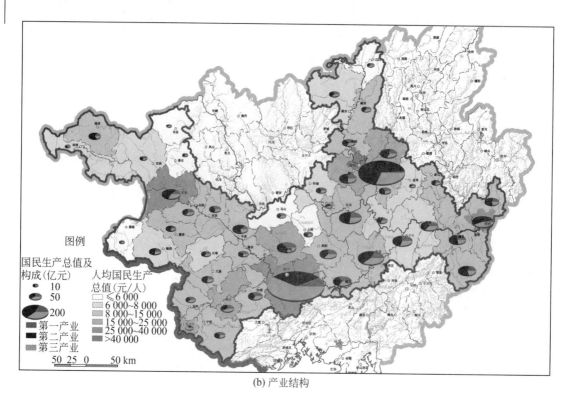

(b) 产业结构

图 1-7　产业结构现状

为轴心的桂西南走廊城镇带，以凭祥、崇左、宁明为轴心的桂西南走廊城镇带。但从横向对比看，2008 年西江经济带的城市化率低于同期北部湾经济区的城市化率（45.2%），也低于同期全国平均水平（45.7%）。

2008 年与 2005 年相比，西江经济带地区生产总值增长幅度还略低于全区平均水平。2008 年广西西江经济带经济总量占广西全区的 55.5%，与 2005 年相比，下降了 2.9 个百分点。人均地区生产总值由高出全区平均水平 730 元下降到高出全区平均水平 224 元，无论是经济总量和还是人均量在广西的地位都有所下滑。

4）社会可持续发展态势稳定，区域经济发展水平差距显著。

广西是我国少数民族自治区。在长期劳动生活中，各民族人民形成了朴实勤劳、热情好客、和睦相处的传统美德，长期以来维持了一个民族团结、和谐共生、共同发展的局面，社会稳定有利于经济现代化建设发展。

广西又是经济带贫困覆盖面广、脱贫难度大、返贫现象比较严重的地区，西江经济带目前仍存在国家级贫困县 18 个，自治区级贫困县 8 个，约占西江经济带县级行政单元的 44%。百色市北部和南部、柳州市北部、贵港市东北部和来宾市东北部是发展水平较低的地区，农民年人均纯收入均低于 4000 元。2008 年，金秀瑶族自治县农民人均纯收入仅相当于最高的柳州市鱼峰区的 1/3 左右，区域经济发展差距大（图 1-8）。

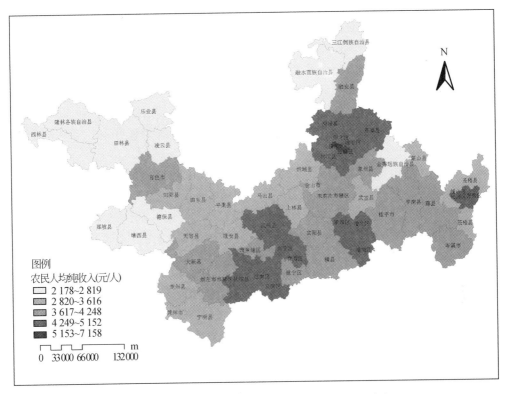

图1-8 分县（市、区）农民人均纯收入（2008年）

5）人力资源和景观资源丰富，可持续发展的潜力较大；现状开发利用程度有限，可持续发展前景广阔。

广西人杰地灵，曾在中国近代发展史上发挥过重要的作用，包括在近代商贸物流兴起、民族产业繁荣、军事建设等方面，均有过不少载入史册的作为。包容的人际关系、和谐的人脉渊源，有利于吸纳创新型人才和打造创新创业的社会文化氛围。总之，广西西江经济带具备人力资源潜力和人力资源创新的环境，但人力资源在经济带现代化建设中的贡献依然有限。此外，丰富的河流水域景观、风景独特的喀斯特地貌以及五彩缤纷的少数民族风情和民歌文化构成了当地旅游的主要特色，旅游休闲产业开发将有条件成为经济带未来具有前景的朝阳产业和支柱产业。

第三节 功能定位与空间组织

一、区域功能定位

区域可持续发展的核心是履行合理的地域功能并在发展演变中能够不断完善其功能。功能定位准确与否，直接影响甚至决定区域发展的前景和发展成效。基于全国国土开发的总体格局、对外开放合作的基本态势、大西江经济带（包括珠江、西江以及上游河流水系）的发展现状和发展潜力，确定广西西江经济带基本功能是：我国南方国土空间开发的核心轴带的重要组成部分。具体内涵包括：

——大西江经济带的核心区段：与下游的广东、香港、澳门以及上游的云南、贵州，共同打造我国未来南方国土空间开发的主要轴带；

——大珠三角（包括香港、澳门在内的珠三角地区）功能辐射的承接地：实现与珠三角社会经济发展各种功能的有效衔接和整合；

——大西南开发的先导地区：通过率先发展、通道建设和合作开发，辐射和带动大西南地区的发展；

——大中华向南开放合作的前沿基地：通过加快发展和加强合作，不断提升我国在经济全球化进程中的国际影响力和号召力。

把西江经济带打造成为我国南方重要的开发轴带，符合国家战略要求。西江经济带的建设符合"两步走"的战略部署，符合区域发展4大板块的总体战略要求，符合我国对外开放合作的战略部署；有利于充分发挥大珠三角地区的龙头作用，有利于加快广西作为沿海省份的人口经济集聚，有利于促进西部大开发战略的实施，有利于把握中国—东盟自由贸易区建设的机遇；对完善我国人口与经济布局、优化国土空间开发结构、促进区域协调发展有着重大现实意义和深远历史意义。

1. 符合"两步走"的战略部署

改革开放以来，我国国土开发遵循先沿海、后内陆的"两步走"战略。实施的是立足于沿海的国土开发，即沿海—长江构成的"T"字型开发主轴。各种资源、人口、产业活动更多地向这两个轴带特别是沿海轴带集聚。从实施效果看，这一阶段性的战略是科学的、合理的，在引领和组织我国区域发展、提升国民经济整体实力的过程中发挥了突出作用。但是，目前由第一步的沿海开发到第二步内陆发展的过渡还比较缓慢。沿海地区还没能有效地带动中西部地区发展，外向型经济为主导的发展模式还没能切实转变成外向开放与内部需求双轮驱动的经济发展格局。如何启动内需，如何推动中西部地区的开发建设，如何在新一轮的发展过程中通过内外结合、区域协调发展打造具有持续竞争力的国土空间，成为近年来国家关注的核心问题。

从西部大开发开始，国家就提出要促进区域协调发展，致力于通过"T字型"空间结构的拓展和延伸，形成新的国土开发总体架构，从而有效地带动中、西部地区、带动东北老工业基地的振兴，促进国土空间结构的合理化（图1-9）。但是，近年来在国土开发战略的制定中，无论是国家编制主体功能区规划，还是住房和城乡建设部编制的全国城镇体系规划，或是国土资源部几次试图启动的新一轮国土规划，虽然提出了京广铁路、陇海—兰新亚欧大陆桥等新的开发轴线，但是一直没有确立南方地区实现沿海带动内陆的开发轴线。基于国土开发战略的新需求，基于西江经济带上、下游的互补性，在"十二五"规划时期，应开始打造南中国从沿海特别是珠三角延伸带动中、西部地区发展的开发轴线。

2. 符合4大板块的总体战略要求

4大板块的战略要求东部沿海地区提升发展层次，实现率先发展。作为东部最发达地

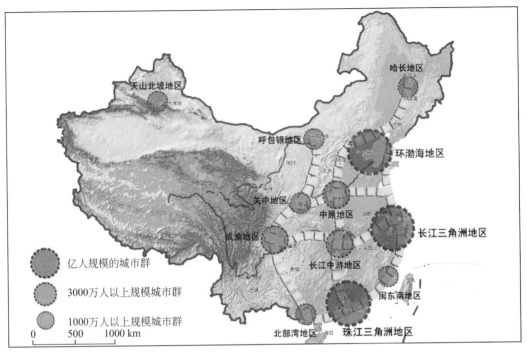

图1-9　全国国土开发总体格局

区之一，珠三角地区在继续外拓国外空间的同时，更需要加大内拓空间的力度，通过自身的转型升级和腹地的有力支撑，打造引领中国区域经济发展的龙头。2006年，中国科学院地理科学与资源研究所牵头开展国土资源部和广东省人民政府"院部合作"的《广东省国土规划》，分析得出"泛珠三角"是珠三角内拓腹地的长远方向，近期的空间拓展应集中在周边区域（图1-10）。包括通过粤东地区与温州以及台湾海峡西岸的福建沿海地区的连接，通过粤西地区与广西北部湾地区的整合，通过京广线向湖南、湖北的延展，以及通过沿西江构建经济带打造以珠三角为龙头的南中国重要开发轴线。其中，前两个拓展方向由于在区域合作初期面临发展条件和发展优势的雷同，竞争大于合作。后两个方向就成为珠三角地区近期空间拓展的核心区域。也就是说，打造沿西江开发轴线、提升珠三角的龙头地位、实现中国南部地区东中西协调发展不仅符合国家的战略要求，而且是增强珠三角的辐射和带动作用的必然选择。从空间跨度和接受发达地区的辐射、影响看，西江经济带也是一个绝佳的发展区域。东部对西部的带动作用受到客观条件的限制，核心约束是空间跨度过大。无论从陇海线或者从长江沿线看，沿海还不具备如此长距离带动西部发展的能力和实力。比较而言，较短的空间距离则容易形成强有力的辐射带动作用。呼包鄂（呼和浩特、包头、鄂尔多斯）金三角区域发展的主要原因就是临近环渤海地区。环渤海巨大的人口和产业支撑了能源、奶制品等的大量需求。除呼包鄂外，我国广西西江地区同珠三角具有类似的空间特征。

　　4大板块战略要求创新西部地区的开发模式，在有条件的区域加快发展步伐。西部大开发战略已经提出十年，但是开发模式长期停留在或者更多的侧重于基础设施建设和生态

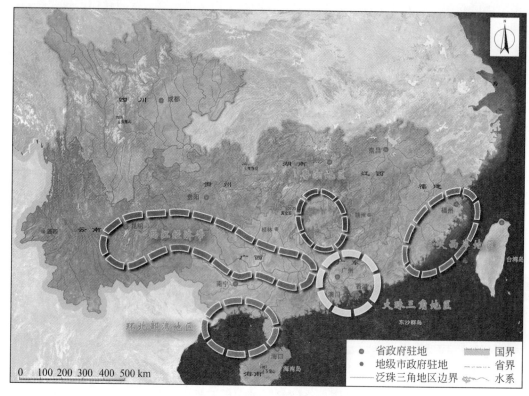

图1-10 泛珠三角重点区域合作

建设方面。2010年,国务院提出在继续将重点放在基础设施和生态建设两大领域外,加大重点区域开发力度,着力培育经济基础好、资源环境承载能力强、发展潜力大的重点经济区,形成西部大开发战略新高地,辐射和带动周边地区发展。西部地区虽然国土面积广阔,但真正能够形成人口、产业集聚的城镇带和产业带的区域十分有限。通过分析认为,未来能够支撑中国经济向内陆推移、实现均衡化布局的战略支点区域由北往南主要包括呼包鄂金三角地区、关中地区、成渝地区以及广西沿海和沿江区域。其他区域,包括新疆天山北坡地区,西宁到兰州的经济带都只具有局部区域的意义和价值。西江经济带通过流域与广东在空间上有着天然的衔接和紧密的联系,同时作为西部有条件的地区,有着优先发展的战略需求。

3. 符合对外开放合作的战略安排

在经济全球化背景下,各个国家都必须寻求自己的战略合作伙伴,打造具有国际竞争力的一体化区域,以便在经济全球化过程中分得更大的蛋糕。因此,即使欧洲、美国等最发达的国家和地区也在积极寻求北美自由贸易区、欧盟自由贸易区等区域一体化模式。我国也需要这样的战略部署。

整个西江地区的开发,向东有利于港澳发挥对外开放窗口的职能,向南则有利于中国—东盟自由贸易区的形成。在我国对外开放战略中,向南拓进是区域经济一体化能够在短期内取得实质性进展的重要方向。因为在东北亚区域合作方面,虽然有中、日、俄、韩等多个国家参与、国际影响度高,但是受朝核问题等因素的影响,区域合作的进程一直十分缓慢;在中亚区域合作方面,长期以来的主要议题集中在安全局势和能源方面,对经济的影响有限;在南亚区域合作方面,由于与我国毗邻的地区尚属欠发达地区,且交通受地形影响、联系很不方便,从而缺乏有力的带动。而东南亚地区政治稳定,与我国虽然存在争议地区,但不存在大的国际争端;经济发展迅速,尤其新加坡、马来西亚、泰国已经成为亚太地区新兴的、具有重要区域影响的经济体;由东南亚10个国家组成的东盟(CAFTA)是亚洲唯一的区域性组织,并且已经开展了中国—东盟自由贸易区的合作和建设。虽然起步层次不高,但是区域合作的基础和潜力巨大。

二、可持续发展的关键问题

从主要约束条件和面临的重大问题出发,西江经济带可持续发展的成效取决于是否能够处理好5个显性关系、遵循6个开发原则、坚持4个基本取向。

1. 5个显性关系

首先要处理好重工业和人口、城镇向黄金水道的集聚同大珠江三角洲生态安全屏障要求的关系。要在发展上游经济的同时,实现下游生态环境的不恶化甚至有所改善。能否处理好这一经济发展和生态环境保护的关系直接影响到西江经济带开发的规模、水平和层次。在处理好区际关系的基础上,还需要处理好以下4个区内关系:黄金水道用于航运、岸线用于码头等同人居环境改善、生态安全屏障、黄金旅游线路打造的关系;近期项目建设偏重于资源开发、原材料工业的战略选择同长远发展现代制造业、现代服务业的关系;西江经济带开发与环北部湾开发战略的关系;现行政策体制框架下的发展路径同政策体制创新情景下的发展思路的关系。

2. 6个开发原则

必须走新型工业化道路,要用现代技术、规模企业、清洁生产和循环经济园区的组织模式适应资源环境承载能力的特点,为本地创造良好的投资环境和人居环境,为大珠三角提供有效的生态屏障;必须适时推进产业转型,形成资源节约型和环境友好型的产业结构,建立与自然生态系统相协调的经济社会体系;必须实行最严格的环境治理措施和管制要求,减少污染物排放;必须高度重视生态建设,确保经济增长与生态维护双赢目标的实现;必须采用现代化的管理和信息手段,提高流域资源调配和区域发展的效率;必须加快体制机制创新的步伐,促进西江经济带跨越式发展。

3. 4个基本取向

指导思想方面,要打绿色牌。按照"绿色通道、绿色经济带、绿色发展"的指导思想打造西江经济带。

发展战略方面,要着眼长远。尽快从基础原材料主导的经济体系走向现代制造业和现代服务业并重的经济体系;从工业经济为主的产业带走向生产和宜居并重的城镇带。

起步导向方面，要坚持科学规划、健康起步、合理发展。把优化河道及岸段的利用功能、开发强度、开发时序作为实现科学起步的关键，把调整起步阶段的工业结构和工业布局当作重点任务，高度重视生态环境保护和建设，超前建设现代化的基础设施支撑体系，加大体制机制创新步伐。

开发要求方面，要塑造具有持续竞争力的国土空间。以工业园区的重点培育和旅游休闲用地的保护引导生活空间（城镇居民点）的合理布局。采取大工业、大项目战略，提高产业的技术水平、实现企业的高效集约建设，用尽可能少的能源原材料工业生产空间，谋求尽可能大的发展效益。构建生态安全屏障，加大自然保护区和河流生态廊道建设，提升生态服务能力和产出效益，用尽可能稳定的自然生态空间，实现生态服务价值的最大化。拓展尽可能多的复合生态空间（农业—休闲—开敞空间），不断增加总的生态空间。以优质的生态空间带动高端生产空间和高质量的生活空间的形成。以有形的国土空间为依托，建设虚拟的、无形的空间，形成无形市场、虚拟会展、电子商务等，扩大国土空间规模和影响范围。

三、空间结构和总体布局

空间组织是对产业发展、城镇布局、人口集散、生态保护等区域社会经济、资源环境各领域的总体安排，对于区域开发有着综合的、长期的效益，是空间规划、综合性规划以及战略规划的核心内容。基于"点轴理论"等空间组织基本理论，基于国内外流域开发的历史经验，基于对经济带自身发展条件的深入分析和综合评价，认为西江经济带应形成"统筹规划、远近结合、重点突破、联合带动"的总体布局框架；应严格管制西江岸线的利用功能，打造有序、合理、高效、集约的开发轴带。

1. 广西西江经济带应形成"统筹规划、远近结合、重点突破、联合带动"的总体布局

"统筹规划、远近结合"的核心是着眼长远发展的需求预留空间、着手眼前发展的实际合理布局。主要任务是上下游水功能利用与水环境保护的协调、生产岸线和生活岸线的协调、现状大工业企业布局和长远城市发展的协调（图1-11）。

"重点突破、联合带动"的核心是，经济带开发的起步阶段应集中资源，选择基础条件好、便于利用西江黄金水道开发机遇且未来有利于带动沿江和整个广西发展的城市或区段作为重点。工业向沿江园区集聚，人口向沿江城镇集聚，园区和城镇应有序发展。通过比选，确定了先培育"点"、再集聚"区段"、最后整体开发的安排部署。

第一阶段："点"的壮大。打造以南宁为中心，以柳州、梧州为两个副中心的重点发展"点"。西江经济带可以有长远发展战略的要求，但近期不能把有限的资源平均分布在沿江7市，应重"点"启动，然后以线串点、以点带线，最终达到以线带面的布局效果。基于这样的思想，提出将南宁作为主中心、柳州和梧州作为两个副中心，在第一个阶段壮大这几个"点"。

第二阶段："集聚区段"的培育。通过南宁带动百色、来宾、贵港和崇左，通过梧州拓展到贵港、柳州拓展到来宾，带动经济带发育，优先形成"梧州—贵港—南宁"的集聚

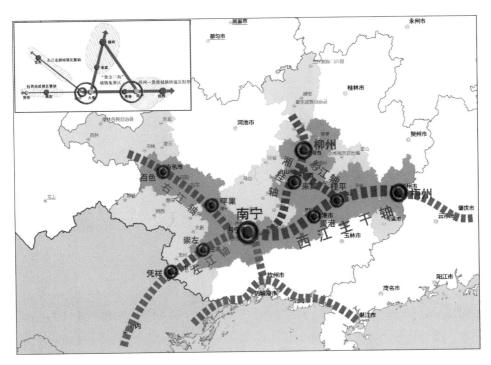

图 1-11 总体布局示意图

区段。梧州—贵港—南宁区段是未来整个大西江经济带中的核心区段,是此时能真正称为产业走廊或经济带的区段。

第三阶段:"产业走廊"的形成。积极扶持崇左对外开放,增强来宾和百色经济实力,形成广西西江产业走廊,成为大西江经济带的产业发展重点区域。

2. 严格管制西江岸线的利用功能,打造有序、合理、高效、集约的开发轴带

要形成有序、合理、高效、集约的开发轴带,不仅应确定科学的总体布局,还应对核心区域即岸线的功能进行合理配置。为此,在广西西江经济带总体布局指引下,按照功能区划的理念,科学选择岸线的生产空间、生活空间、生态空间,构筑西江经济带功能协调、优势突出、疏密有致、城乡一体、合作共赢的开发格局。对沿江 33 个县的重点河段两侧 20km 范围的区域进行不同精度的资源环境承载能力分析和评价,形成岸线功能区划(图 1-12~图 1-14,表 1-3,表 1-4)。

1)按照资源环境承载能力,区分西江岸线功能利用的本底条件。一要尊重河道自然条件。充分重视河道行洪、生态环境保护、水功能区划等方面的要求,根据河道的冲淤特性、河势演变、岸线稳定性以及水深条件等,合理安排城镇建设、工业、港口等各种用地。二要维护流域生态平衡。充分考虑资源环境承载能力和生态系统服务功能,严格划分出对本地区生态系统具有重要意义的区域,引导开发行为的合理分布,满足流域生态建设和区域环境保护的需要。

2)按照开发利用的需求,确定西江岸线功能利用的类型。一要保障沿线经济社会发展。根据沿线社会经济发展条件和总体规划、部门规划的需求,以区域空间结构为导向,

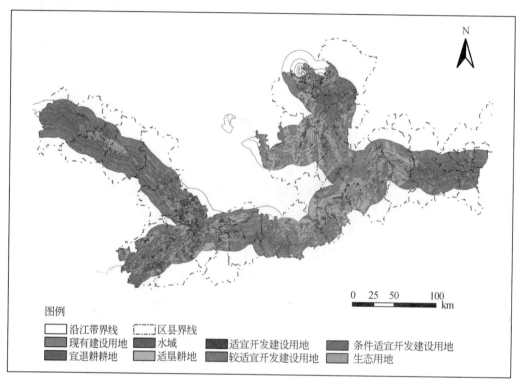

图 1-12　沿岸 20km 范围开发建设适宜性综合评价

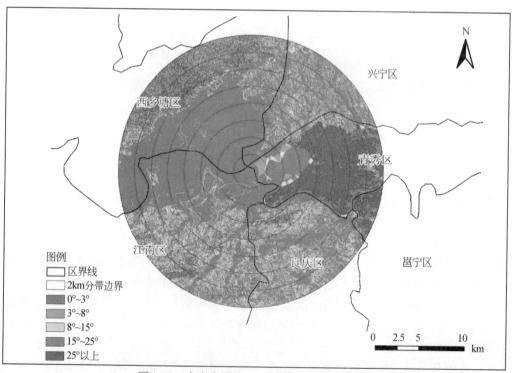

图 1-13　南宁市周边 16km 缓冲区坡度分级图

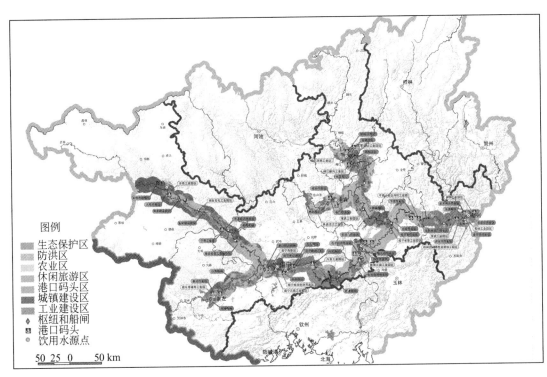

图 1-14　西江经济带岸线功能区划

确定重点发展的岸段。二要塑造美丽河流景观。充分发掘沿岸自然、人文旅游资源，根据旅游发展的需要，保持沿岸景观的连续性和完整性。

表 1-3　西江经济带岸线功能区划

功能区	内　涵	开发指向	控制指向	备　注
保护区	流域防洪安全重要地区 水资源保护重要地区 水环境保护重要地区 重要的生态系统	+	++++	近岸地区禁止一切开发行为 腹地禁止大规模开发行为
保留区	防洪保留区 规划水源地	+	+++	禁止有碍防洪、供水、生态安全的开发行为
控制利用区	河势不稳定地区 现状开发过度地区	++	+++	有序适度开发
防洪区	已划定的防洪区	++	+++	开发和保护方式严格遵照《防洪法》之规定
港口码头区	现状及预留的港口码头区位	+++	++	
城镇建设区	城镇发展用地	++++	+	包含功能复合化的产业园区

25

续表

功能区	内　涵	开发指向	控制指向	备　注
工业建设区	工业园区 工业发展集中区	++++	+	
旅游休闲区	风景名胜区 大型公园、绿地 水上旅游重点航段 城市休闲重点岸段	+++	+++	包含江滨风貌城市的沿江岸段
农业区	宜农耕地	++	++	

表 1-4　广西西江经济带土地资源概况（2008 年）

城　市	土地面积 （km²）	建设用地 （km²）	国土开发强度 （%）	后备建设用地 （km²）	建设用地 潜力（%）
南宁市	22 111.98	1 413.84	6.39	1 057.66	4.78
柳州市	18 616.54	647.18	3.48	480.88	2.58
梧州市	12 554.94	441.49	3.52	211.37	1.68
贵港市	10 605.44	830.12	7.83	564.35	5.32
来宾市	13 391.59	499.95	3.73	574.49	4.29
百色市	36 203.85	730.67	2.02	740.52	2.04
崇左市	17 345.47	487.41	2.81	607.19	0.39
合　计	130 829.80	5 050.66	3.86	4 236.47	3.24

3）集成分析开发轴的发展条件，研制西江岸线利用的总体格局方案。不是选取整个岸线，而是选取若干重点区段，对其进行岸线功能的区划，作为未来城市拓展用地和产业园区用地选择、港口集输运系统打造、生态建设保护、农业基地布局的最基础性工作，并综合不同开发利用的导向、不同资源环境特点、选取不同指标确定不同岸线的功能属性。

第四节　可持续发展的基础设施支撑体系

一、生态环境保护优先

在发展经济的同时，实现生态环境不恶化甚至有所改善是西江经济带发展需要解决的最关键问题。基于绿色、可持续的发展理念，基于广西西江经济带的区域特点和发展要求，提出坚定不移地走生态环境保护优先的开发道路。通过水资源和水环境保护、流域生态安全保障体系建设、区域绿色景观空间培育、循环经济型工业发展，形成一个经济繁荣、生态优美的花园式产业走廊和城市带，实现西江可持续开发利用。

1. 建立双重三级的水环境管理格局,加强水资源与水环境安全保障体系建设

水环境保护是西江经济带建设生态优先准则的关键内容和核心目标。为了不导致下游水生态的恶化、不导致未来当地水环境的恶化,为了满足各生产、生活领域合理用水的需求,确保饮水安全,必须坚持水环境容量约束下的布局方略。为此,设立双重三级水环境管理格局,制定水功能区污水排放总量控制方案,全面实施入河、湖、库等水体、水域污染物限排指标控制制度。水体水质监测与岸上水资源利用管理相结合,明确地区责任主体。双重水质监测是指在每个行政区(可由大到小逐步密集布点)交界处、在所有河流交汇处(也可逐步细化到较低级别的流域)设立水环境断面监测点,核算相关水系区段水环境容量(图1-15),给出水资源利用和水环境治理的目标要求,达标通过、责任到地。三级水环境管理是指分沿江20km范围、西江经济带其他区域、西江整个流域三级水环境管制区,制定不同的管制指标体系,实施最严格的水环境管理措施。

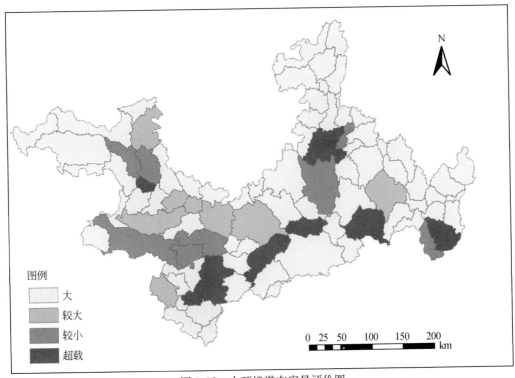

图1-15 水环境潜在容量评价图

优化水资源配置,满足经济社会发展的用水需求。加快城市水源地供水保障体系建设,提高城市用水安全水平。建设南宁、柳州、梧州、贵港等重要城市的应急水源地和应急管理体系,保障连续干旱年、特殊干旱年及突发水污染事故情况下的城市供水安全。完善区域供水体系,提高城市、灌区供水保障水平(图1-16)。加快水利枢纽设施建设,通过流域联合调度,保障航运用水需求(图1-17)。以城市河段为重点,满足河流景观、娱乐、生物保护等功能需水量,打造河流生态廊道。继续推进大中型灌区节水改造,提高农业用水效率。以火力发电、石油石化、钢铁、纺织、造纸、化工、食品等高用水行业为重点,加强工业节水。

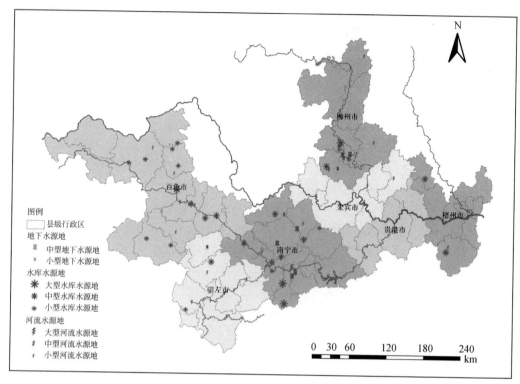

图 1-16　城市饮用水源地分布图

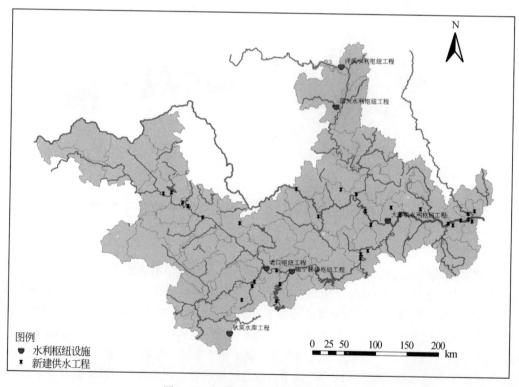

图 1-17　新增水利枢纽与供水设施图

推行清洁生产，加强污水处理设施建设，打造防污型社会。以制糖、造纸等高污染产业为重点，推行以清洁生产为特征的污染预防战略，发展循环经济，从源头控制工业污染。发展生态型循环农业，降低畜禽养殖和农业面源污染。加强对工业园区和高污染产业布局的水环境论证。全面推进生活污水处理设施建设，提高生活污水处理率。到2015年，完成沿江城市、县城、大型工业园区的生活污水处理及配套设施建设，生活污水处理率达到60%以上。到2020年，确保区内县级以上城镇、10万人以上的沿江城镇和工业园区的生活污水处理设施全部建成，生活污水处理率达到75%。加快生活、工业污水处理设施建设，完善以水功能区管理为基础的水环境保护制度，强化污水总量控制。

2. 营造生态安全保障体系，建设流域生态经济示范带

构建以山区生态林为主体、沿江绿化防护林为廊道、自然保护区和重要生态功能区为支撑的生态安全屏障，建设山川秀美的自然生态环境体系（图1-18）。大力发展山区生态林，2020年全区森林覆盖率达到58%；优化生态公益林和商品林布局，着力建设沿江防护林生态屏障，严格保护重要生态系统和生态功能区；建设一批生态功能保护区，使江河源头区、重要水库库区、水土保持等重要生态功能区的生态系统和生态功能得到保护和恢复；新建一批自然保护区，自然保护区总数达到85个（含保护小区），面积占广西西江经济带的8%，使各类自然生态系统及重要物种得到有效保护；重点加强桂西北水源涵养生态功能区，桂西南、桂东北等具有国际生物多样性意义区域的保护恢复，提高生物多样性和生态系统的整体功能；巩固退耕还林成果，着力推进以封山育林为重点的山区绿化和以

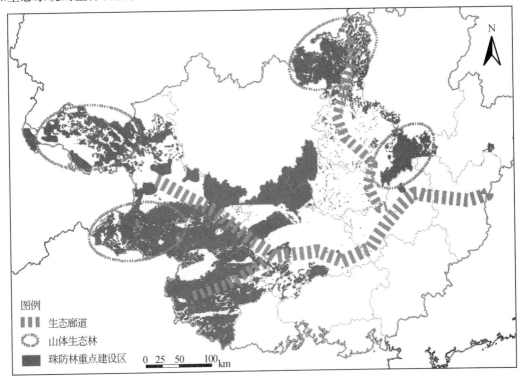

图1-18 生态安全屏障体系图

绿色通道为重点的沿路、沿河、沿湖绿化美化，构筑西江千里绿色走廊。

加强生态脆弱区治理和灾害综合防治，实施恢复自然植被、封山育林育草、小流域水土保持等综合措施，稳步推进石漠化治理。2020年退化土地治理率达到70%，山区水土流失有效治理面积达到80%以上，水土流失面积控制在陆域面积的10%以内，石漠化治理率达到70%（图1-19）。

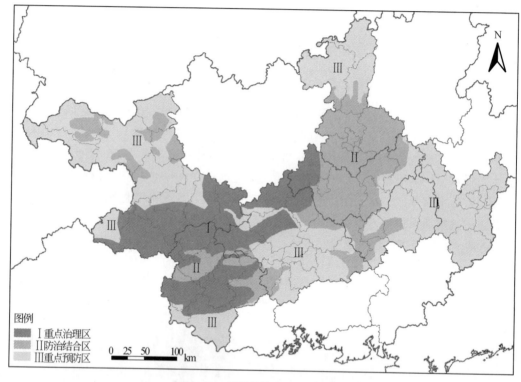

图1-19 石漠化综合治理规划图

3. 形成区域绿色景观空间，建设花园式的人口经济集聚带，改善人居生态环境

绿色景观系统的形成和维系是一个长期的过程，需要进行前瞻性的考量。改革开放以来，长三角、珠三角开发最大的遗憾是完全市场经济主导下的无为而治使得传统的、独具魅力的江南田园景观和水乡景观没有得到有效保护，使得经济社会发展到新的阶段，产业发展和人们生活对环境和景观提出更高要求的时候，丧失了新的发展机遇。西江经济带开发中必须充分吸取这些教训。目前西江流域除极少数地区呈现混乱开发的特征外，大多数地区的自然本底保护得很好。为此，规划创新性地提出构建大空间尺度的区域绿色景观系统，期望能够在未来50年、100年以后，保护下来的自然本底和景观资源能够吸引人、打动人，能够为西江经济带创造新的竞争力和持续发展能力。

具体而言，应以生态安全保障体系建设、旅游休闲体系建设、农业生产基地建设为依托，结合城镇居民点建设和交通运输通道建设，着力打造区域绿色开敞空间，形成重点地段和地点的景观廊道，构筑具有人与自然和谐美的区域大花园（图1-20，图1-21）。

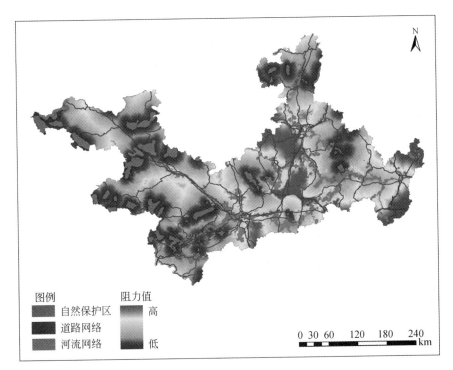

图 1-20　生态网络体系图

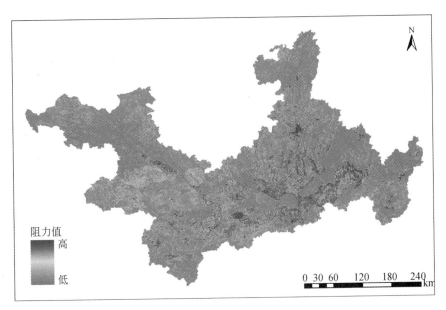

图 1-21　景观单元阻力值图

在区域大花园基础上，加强城镇与农村生态建设，着力塑造自然人文融合的宜居之区。逐步在全区建设大中小配套、布局合理、各具特色、优势互补的生态城市、生态集镇和生态社区，为居民提供便利、舒适、优美和有益于健康的人居环境。建设一批生态示范市（县），引领人居生态优良区的建设；全面创建一批生态县（区）、环境优美乡镇和生态村，近期，50%县（区）建成生态县（区），60%乡镇建成"环境优美乡镇"，70%村建成生态村。

4. 以循环经济型工业为主导，以生态产业园区和基地为支撑，打造西江生态经济示范带及低碳发展示范区

建设以循环经济为主导的生态经济体系，重点建设百色生态型铝工业和来宾、贵港、崇左生态型糖工业等一批循环经济工业示范基地、生态产业园区（图1-22）。加快发展生态友好型服务业，包括现代物流业、生态旅游业、新型服务业等，打造生态经济体系的新面貌。大力发展生态效益型农林牧副渔业，在平原、丘陵和台地地区加大养殖—沼气—种植"三位一体"生态农业技术推广力度，提高农业废弃物资源化利用水平，在山地区积极推广"山区复合型生态农林牧业"模式。加速改变经济发展方式，努力推进资源由粗放利用向集约节约利用转变，鼓励使用清洁能源，增加森林碳汇，努力将西江经济带建设成为全国低碳发展示范区。

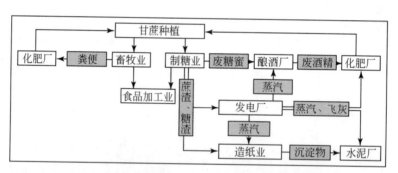

图1-22 以甘蔗种植为起点的循环产业体系图

二、交通运输建设引领

交通基础设施是当前推动西江经济带形成的主要动力之一，也是未来支撑经济带发展的基础保障，是西江经济带规划与建设的重点内容。为此，提出发挥交通在西江流域开发中的引领作用，构建以黄金水道为主干的"一主一辅两轴、四通道、四枢纽"的综合交通运输体系，形成西江经济带的基本框架；强化港口与深远腹地、邻近城镇及工业园区的联系，构建西江航运通道的集疏运网络。

1. 以"一沿江主轴、一国际辅轴，四通道、四枢纽为基本骨架"，构建现代化综合交通运输体系，支撑西江经济带建设

交通基础设施建设是流域开发初期的重要抓手，也是过去制约西江流域发展的关键因素。未来5到10年，西江经济带交通建设须坚持"打造通道、畅通联系、干支结合、完善网络、分工合作、协调发展"的思路，构建区域综合交通运输体系。2020年，力争建成以 1600km 千吨级及以上航道、3500km 高速公路、3500km 铁路为主的现代化综合交通运输网络（图 1-23）。

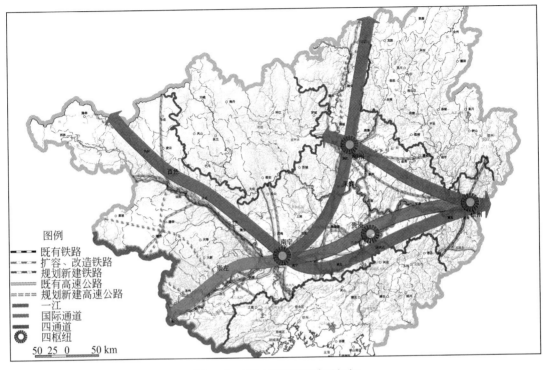

图 1-23 西江交通网络建设框架

以西江黄金水道为主轴，以南宁—崇左—凭祥国际通道为辅轴，以南宁—梧州、柳州—梧州、柳州—来宾—南宁、南宁—百色 4 个通道及南宁、柳州、贵港和梧州等 4 个综合交通枢纽为基本骨架，建设现代化的交通运输网络，构筑快速畅通的物流体系和便捷的对外交流体系，支撑和保障西江经济带建设。

2. 以"一干四支"航道、"三主四副"港口建设为重点，打造西江黄金水道

在统筹考虑城市发展、旅游休闲、生态保护等其他岸线用地需求，统筹考虑整个大西江流域特别是下游珠三角地区水量需求的基础上，科学设定港口规模，合理布局港口体系，加快黄金水道建设。主要建设内容包括：

"一干四支"航道网络。加快延伸和改造西江主航道，推动柳黔江、右江、红水河、左江的支线航道整治，提高航道等级，构筑"一干四支，干支连通、通江达海"，上溯百色、龙州、柳州乃至云南、贵州，下达粤港澳的航道网络。近期重点推动西江贵港—梧州段 I 级航道建设，通航 3000 吨级船舶；力争南宁、来宾、柳州以下建成 II 级航道，通航 2000 吨级船舶，并为远景 I 级航道建设预留空间；建设右江百色—南宁段和左江宋村三江口—龙州段 III 级航道，通航 1000 吨级船舶（表 1-5）。

表 1-5　西江航运通道航道等级规划设想

河流	航段	等级	里程（km）	通船能力
西江干流	贵港—梧州	I	297	3000 吨级
	南宁—贵港	II	273	3000 吨级
右江	百色—南宁	III	380	1000 吨级
左江	龙州—宋村三江口	III	322	1000 吨级
红水河	桥巩—石龙三江口	II	63	2000 吨级
柳黔江	石龙三江口至桂平	II	124	2000 吨级
	柳州—石龙三江口	II	160	2000 吨级
桂江	旺村—桂江口	III	—	1000 吨级

"三主四副"港口体系。依托腹地资源开发和产业布局，新建和改造相结合，加快建设主要港口和重要港口，调整码头结构，建设专业化泊位，拓展港口功能，提高吞吐能力；适度发展小型港口，完善港口布局。打造以梧州、贵港、南宁为主要港口，崇左、来宾、柳州和百色为重要港口，其他港口为补充的港口体系，形成"三主四副"的港口等级结构（图 1-24，表 1-6）。

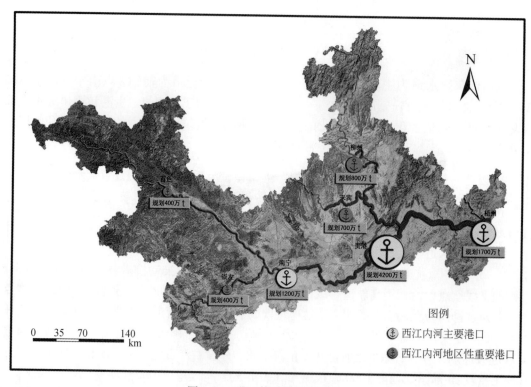

图 1-24　港口体系建设格局图

表 1-6　西江航运通道内河港口建设设想

河流	港口	现状吞吐量（万 t）	规划吞吐能力（万 t）
西江干流	梧州	836	1700
	贵港	3112	4200
	南宁	233	1200
柳黔江	柳州	193	800
红水河	来宾	206	700
左江	崇左	72	400
右江	百色	12	400

协同化船闸系统。根据西江干支流的地势、河床高程和梯度差异，坚持"梯级开发"的基本理念，有序建设船闸，形成协同化的船闸系统。近期应重点建设干线航道船闸，包括长洲、桂平、贵港、西津等船闸，突破西江航运通道瓶颈；加快支流船闸建设，支撑支流航道建设；积极推动船型标准化，适应船闸要求（图 1-25）。

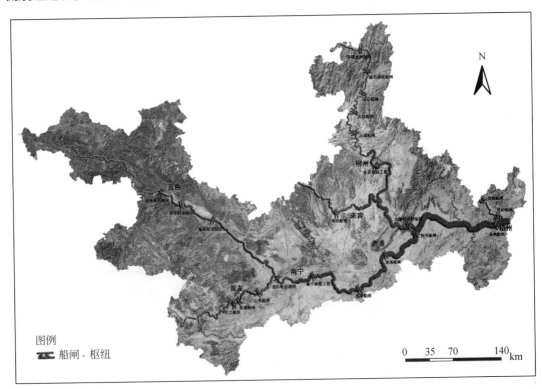

图 1-25　航运船闸建设格局图

3. 完善 4 条区际综合运输通道，适时推动国际运输大通道建设

通道的连接方向与规划的总体意图和愿景相衔接。区际的方向首先是与珠三角的连接。构建紧密的联系来承接功能转移，形成外运大规模产品到珠三角市场的运输格局。另

一个方向是与西南的联系，对西南地区的煤炭等大宗物资进行高效中转。国际连接的方向是面向东盟，适时构建国际化的联系通道。

4条区际综合运输通道包括南宁—梧州（桂粤）运输通道、梧州—柳州（川黔桂粤）运输通道、柳州—南宁（湘桂）运输通道和南宁—百色（云黔桂）运输通道。南宁—梧州（桂粤）运输通道要在既有南广高速公路和南宁—黎塘等铁路的基础上，加快建设南广快速铁路和梧州—南宁高速公路。梧州—柳州（川黔桂粤）运输通道要加快建设柳州—梧州高速公路和柳州—肇庆铁路，并推动黔桂铁路二线的建设。柳州—南宁（湘桂）运输通道要积极推动既有铁路改造，建设湘桂铁路复线，建设桂林—南宁城际客运专线，并对平陆运河开凿的可行性进行深入研究。南宁—百色（云黔桂）运输通道要基于既有的南昆铁路和广昆高速公路，尽快完成云桂快速铁路和广昆高速公路建设，并推动原南昆铁路的扩能改造（图1-26）。

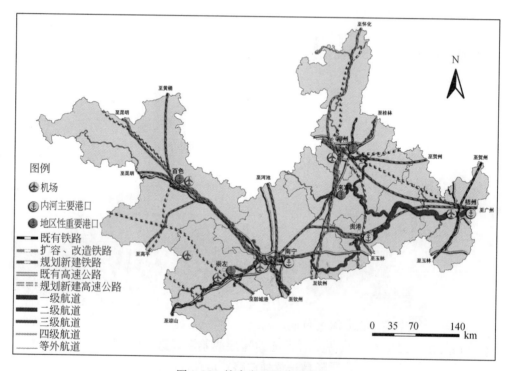

图1-26 综合交通网建设设想

国际运输大通道即南宁—东南亚运输通道。为了保障同东盟的合作，未来在完成北京—南宁快速铁路的基础上，要推动南宁—新加坡快速铁路建设的可行性研究，打造北京—南宁—新加坡快速铁路干线；在完成南广快速铁路、广东与广西沿海高速公路与铁路网完善后，探索建设香港—广州—南宁—河内—新加坡综合运输走廊的可行性。

4. 加强南宁、柳州、贵港、梧州综合交通枢纽建设

南宁要重点协调好城市交通与城际铁路、快速铁路的衔接组织，积极发展铁水、公水和公铁联运与中转运输，打造面向东盟的国际航空门户枢纽。梧州要重点搞好各种交通运输方式站点的布局与运输组织，突出发展水运，适度发展航空，同时城市建设和岸线开发须考虑未来交通枢纽的引导作用。贵港要突出发展港口运输，加快铁路和公路连接线建设，积极开展铁水和公水联运，关注本地企业发展和培育港口直接腹地的关系，尽快从中转型枢纽向本地集散型枢纽转变。柳州要重点发展铁路和水运，适度发展航空运输，关注铁路、公路、城市交通与城际铁路的运输组织衔接。

5. 加强多式联运网络建设，强化港口与深远腹地、邻近城镇及工业园区的联系，构建西江航运通道的集疏运网络

宏观上有效地整合铁路、航空、水运、公路等集疏运网络，微观上强化港口码头与园区、城镇的有效衔接，形成高效的、协同互动的综合运输体系（图1-27）。

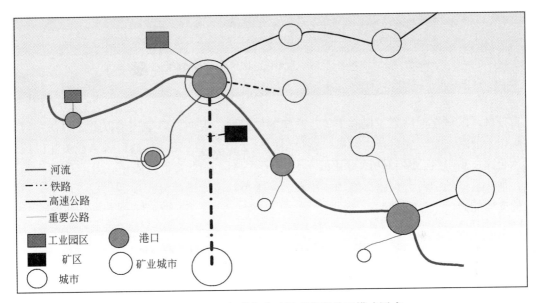

图1-27　港口、航道与集疏运系统的关系模式图式

加强铁路干线连接，连通深远腹地，构筑铁水联运系统。推动南昆铁路扩能改造，为南宁和贵港等港口提供充足货源。对贵港的连接线黎湛线进行电气化改造，连通南昆铁路。建设黄桶—百色铁路，连通隆昌—黄桶铁路，培育百色港的大西南腹地。

强化公路干线连接，连通邻近腹地，保障港口货源。建设三江—贵港高速公路，并延伸至北海；推动贺州—梧州—岑溪和柳州—梧州高速公路建设；建设百色—贵州兴义高速公路；建设崇左—水口和百色—龙邦高速公路，连接国际口岸和西江港口。加强国、省道干线公路技术改造，提高路网通行效率和通达深度。

加强港口与产业集聚区的联系通道，培育直接腹地。重点建设南宁的六景工业园、隆安宝塔工业园区，梧州市的梧州工业园区、陶瓷工业园区、进口再生资源加工园区，来宾市的来宾工业园区等沿江产业集聚区与港口码头间的联络线，包括铁路专用线、专用公路和高速公路以及连接配套路网和管道（图1-28）。

强化港口码头联络线和物流工程建设。通过完善大运能的联络线，使港口码头和作业

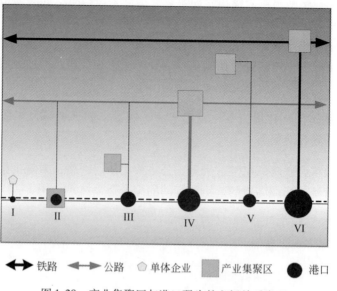

图 1-28　产业集聚区与港口码头的空间关系类型

区直接融入区域交通网络，提高集疏运系统的便捷性。近期，力争规模以上港口作业区有二级以上公路连接。要重点协调港口运量增加与支撑系统的关系；港口联络线关注区段性高速公路、高等级公路和铁路专用线等建设形式；以临港工业为依托，以港口物流为重点，加快港口的中转、仓储、堆场、装卸、配送等物流设施建设，提高物流设施对港口码头的支撑能力。

第五节　可持续工业化和城市化

一、可持续工业化：工业主导

把承接产业转移与加大对外出口结合起来，把大规模企业终端生产与中小企业集群配套发展结合起来，把立足当地资源开发同着眼市场需求培育新增长点结合起来，加大自主创新，优化产业布局，企业向园区集中、园区向沿江集聚，通过"健全链条、补充配套、培育新秀、网络合作"的发展路径，努力将西江经济带建设成为我国新兴的现代化、新型化、特色化、生态化的工业发展轴带（图 1-29）。

1. 将西江经济带建成我国新兴的现代化、新型化、特色化、生态化的工业发展轴带

以加快新型工业化的阶段提升和模式转变为核心，统筹各市区位优势、资源禀赋、产业发展、资源环境承载能力的现实基础和未来趋势，围绕建设"产业承接区"、"高端产业区（培育）"、"资源特色区"三大分区，通过产业承接、创新、延伸，大力发展新兴产业，做大做强优势产业，提升改造传统产业。依托"冶金工业—机械装备"、"农产品—

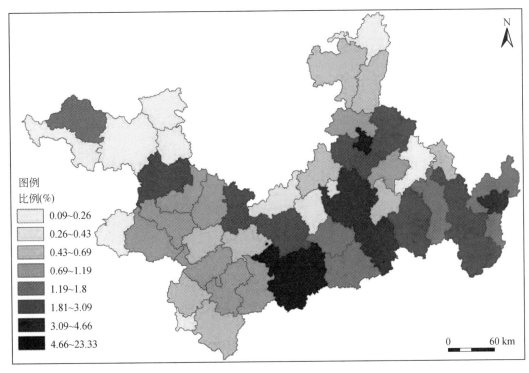

图 1-29　西江经济带第二产业产值比例现状

轻纺加工"两大产业链，着力打造产业集群，加快形成全国重要的现代先进制造业基地、资源型精深加工基地、特色农产品加工基地（图 1-30）。

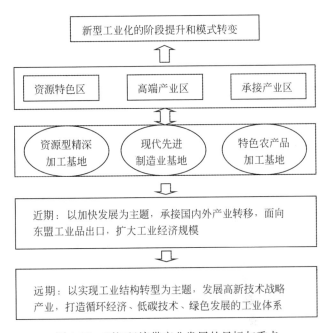

图 1-30　西江经济带产业发展的目标与重点

近期（到 2020 年）以加快发展为主题，以改革开放和机制创新为动力，以承接国内外产业转移、面向东盟工业品出口为主线，引导工业企业集聚，延长产业链，打造企业合作网络，扩大经济规模，加快步入工业化中期成熟阶段的步伐。

远期（到 2030 年）以实现工业结构转型为主题，以科技创新为动力，以自主培育新兴工业增长点、开拓国内外两个市场为主线，大力发展高新技术型战略产业，打造循环经济、低碳技术、绿色发展的工业体系，实现工业结构由资源加工主导型向技术开发引导型的升级转换。

2. 采取"健全链条、补充配套、培育新秀、网络合作"的发展路径，打造"2323"产业战略支撑的现代工业经济体系

健全链条，打造两大产业链。健全"矿业（开发与采购）—冶金工业（钢铁、铝锰等有色金属）—核心产品（围绕黑色冶金、有色冶金的汽车和船舶等交通运输设备制造）—加工配套产业集群"、"前向研发创意—大农业生产（林竹蔗、药用植物、丝）—轻纺工业（糖、健康食品和医药、纸、服装）—后向综合利用"两大产业链条。为此，面向交通运输设备制造，调整钢铁工业的产品结构，重点是柳钢的产品结构与本地汽车制造业需求相衔接；围绕汽车船舶制造，培育配套产品生产加工的产业集群，重点是来宾等柳州周边区域可能由此形成的中小企业加工集群。实现有色冶金加工利用主打产品的新突破，重点是发展精深加工的铝工业。目前在铝的精深加工方面仍然没有大的突破，相关产业以提供原材料为主，没有形成像钢铁一样拥有汽车、船舶等下游主打产品的局面，从而造成资源的综合利用水平低、产业的带动能力有限。引导当地轻纺工业的研发、创新创意等服务需求，从而不断提升健康食品、医药、服装、装饰等产业的档次和核心竞争力。

补充配套，适度发展 3 个工业系列。3 个工业系列即化学工业系列、建筑材料工业系列、造纸工业系列。化学工业要稳定化肥和氯碱生产，壮大日用化工产业，适度发展林化产业。建筑材料工业系列要合理壮大水泥工业，积极发展玻璃深加工和建筑卫生陶瓷。造纸工业系列要在发展生态化的林、竹和蔗种植基础上，优化林—浆—纸一体化产业布局。

培育新秀，打造 2 个工业方向。节能环保产品方向要以机电一体化和软件开发的电子信息产业为先导，结合目前已有的机械设备制造产业，重点加快节能环保技术研发与设备生产，促进利用太阳能资源的新能源汽车开发制造。医药保健产品方向要结合大食品工业的建设，积极发展生物制药、绿色保健酒、软饮料食品。

网络合作，改造 3 个产业门类。面向产业结构提升的整体要求，相关产业应同步优化调整。面向节能、环保配套发展新能源材料和新型环保材料等新材料工业；面向医药保健产品配套发展以有机食品、无公害农产品为标志的生态农业；建立印刷出版和装潢装饰的新兴产业门类（图 1-31）。

3. 引导要素合理集聚，构筑三大分区的工业布局总图

融入大珠三角，建设东段承接产业核心区。东段（梧州和贵港）要充分依托港口优势，发展大宗商贸物流业；积极承接大珠三角产业转移，发展特色加工制造业；面向大珠三角市场，不断提升传统建材产业技术水平，积极发展新型建材产业。努力把西江经济带

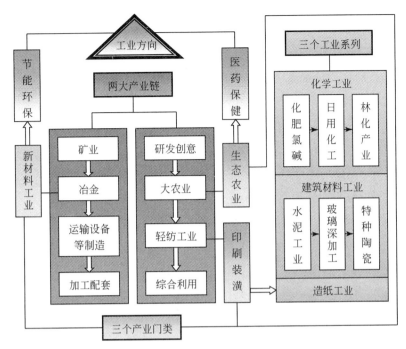

图 1-31 "2323" 产业战略支撑的现代工业经济体系图

的东段建设成为西部大开发战略承接产业转移的示范基地。

面向东盟合作，建设中段高端产业重点区。中段（南宁、柳州、来宾）要立足本区的经济优势和产业基础，改造升级现有的生产水平较低的化工、纺织、农产品加工、金属粗加工等劳动密集型产业；构建循环经济产业链，重点发展电子信息、机电机械、精细化工、汽车及零部件、生物医药等高新技术产业。

突出资源优势，建设西段特色产业发展区。西段（百色和崇左）要发挥铝、锰等资源优势和产业基础，扩大金属深加工业规模；提升金属深加工企业的管理水平、技术水平和产品竞争力，促进金属产业链快速、健康、持续发展，尽快形成金属深加工产业集群（图1-32）。

4. 依托禀赋资源和区域优势，集中建设各具特色的工业园区

为了支撑工业发展的总体战略，对工业园区的发展进行合理约束和控制是本规划开展的一项核心工作。目前产业园区规划的面积过大、数量过多，B类以上的产业园区规划面积已达到1000km^2，与广东、浙江和江苏全省开发区的面积相当。不少县有两三个开发区，而且面积是县城建成区面积的若干倍，占整个县域面积的五分之一以上（图1-33）。目前，与我国资源禀赋条件相似的欧洲、日本、韩国，包括生产和生活用地的国土开发强度也不超过15%。

在对工业园区规模进行有效约束的基础上，提出工业园区的发展要着力发挥产业集聚功能，促进相关企业集群的形成；强调集约开发，形成园区合理规模；促进鲜明特色的形成，提升园区经济的整体竞争力；运用循环经济和清洁生产的组织模式，打造资源节约和环境友好型园区；协调园区与城镇建设、运输枢纽等的发展，形成工业化和城市化良性互动的发展态势。

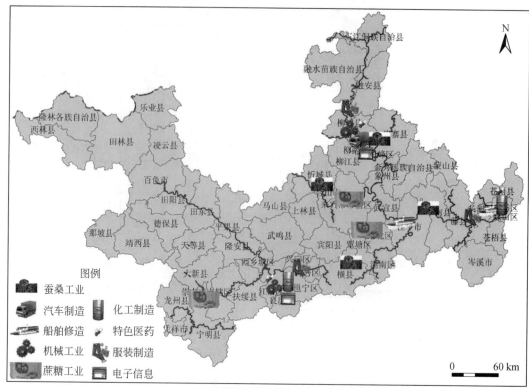

(a) 现代制造业等产业布局

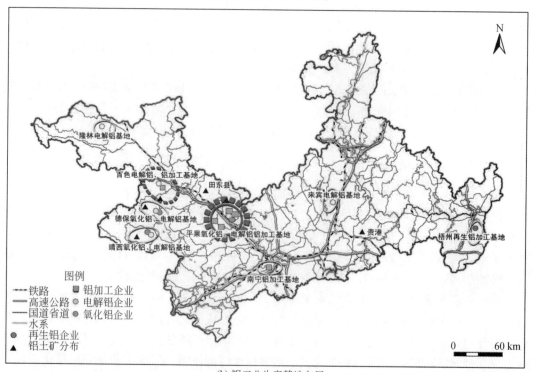

(b) 铝工业生产基地布局

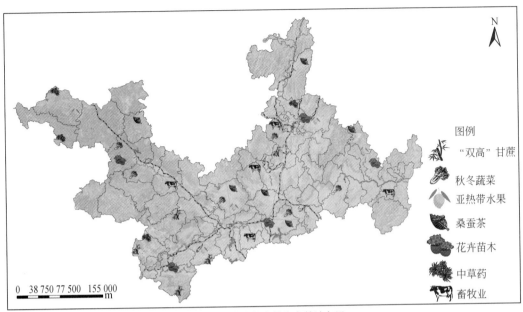

(c) 特色农产品商品生产基地布局

图 1-32　特色产业布局图

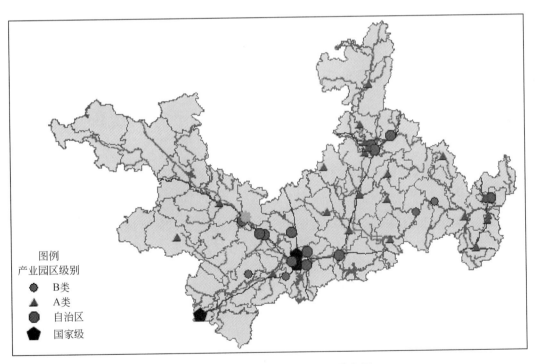

图 1-33　沿江 B 类以上产业园区分布图

着力优化国家核定的工业园区，增强园区的产业引领作用。以国家级和自治区级高新区、开发区等为依托，充分发挥其对所在地区产业的引领和带动作用，培育壮大新兴产业，强调产业关联，特别是高附加值产业链的引入。积极强化自治区A类工业园区，扩展该类园区的产业集聚功能。以自治区A类园区为依托，充分利用后发优势，明确工业园区的产业定位和发展方向，引导具有优势或特色的产业进一步发展壮大，形成具有竞争力和影响力的产业集群。培育调控其他类型的工业园区，引导园区间的产业特色分工。以自治区A类以下的各类市县级园区为依托，培育引导发展具有一定规模的园区，促进县域工业企业生产要素向园区集中、集聚，强化土地开发利用效率监管、改善基础设施等。

依据各区域特点，确定主要工业园区空间布局方案如下：南宁段工业园区——以南宁高新区、开发区为中心，以5个自治区级园区为支撑，依托其他产业园区，重点发展高新技术、机电机械、精细化工、汽车零部件、总部经济、食品加工等产业。柳州、来宾段工业园区——柳州以高新技术开发区、阳和工业园区、鹿寨经济技术开发区，4个A类产业园区及其他园区为依托，重点发展汽车、机械、零部件、机电设备、茧丝绸、农产品加工等产业。来宾以市工业区、武宣工业园区为重点，大力发展电力能源、制糖、冶炼、建材等产业。梧州、贵港段工业园区——以梧州工业园区、贵港江南工业园为重点，依托7个A类及其他园区，重点发展五金、家电、陶瓷、建材、轻工、服装、食品、加工制造等产业。百色段工业园区——以自治区级百色工业园区为中心，依托田东石化、靖西铝工业园区，大力发展铝加工业，延伸铝产业精深加工链，发展特色农产品行业。崇左段工业园区——以国家级凭祥边境经济合作区为中心，依托崇左城市工业园、中国—东盟青年产业园，充分发挥区位及资源等优势，重点发展国际贸易、现代物流、加工制造、矿产品开发、农产品加工等产业。

二、可持续工业化：产业升级

培育现代服务业和旅游休闲业，拓展对外开放和区域合作的新领域，增强广西西江经济带的影响力、竞争力、持续发展的能力，实现产业结构升级和转型。

1. 加快发展现代服务业和旅游休闲业，努力增强广西西江经济带的影响力、竞争力、持续发展能力

区域发展的前景取决于区域的功能，区域功能的精髓是区域发展的影响力和控制力。培育现代服务业和旅游休闲业，既是未来经济带产业结构升级的方向和提升区域功能的长远需要，也是近期扩大区域影响、加大对外开放力度、逐步抢占发展高地、建成面向东盟合作的前沿服务中心和西南大开发的后方服务中心的现实需要。现代服务业和旅游休闲业的发展，近期（到2020年）为培育孵化期，在局部区域中成为特色产业方向；远期（到2030年）为加速发展期，成为经济带最具发展活力的产业门类；展望2050年，现代服务业和旅游休闲业将成为西江经济带的支柱产业（图1-34）。

2. 积极发展高附加值、高层次、知识型的现代服务业，提升西江经济带的整体发展水平

大力发展金融业、物流业、会展业、商务服务业等4大生产性服务业。金融业应以南

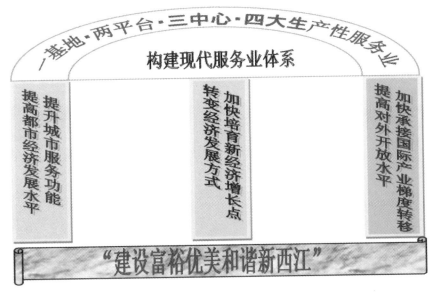

图1-34 服务业发展战略图

宁市为中心，构建连接多区域金融业的重要通道、交流桥梁和合作平台，建成以基础设施建设融资中心、农业发展融资中心、中小企业融资中心、特色金融业务中心为主体的多层次区域性国际金融中心。优先探索"人民币离岸金融中心"的发展模式，进一步拓宽南宁在中国—东盟自由贸易区的窗口城市功能，提升经济带在国内乃至国际的影响力。物流业应以强化服务业拉动产业全面升级能力为目标，积极推进集货运、仓储、中转、加工、配送等功能于一身的大宗商品物流中心、农特产品集散中心、边贸物流中心的建设。会展业应立足于为中国—东盟自由贸易区的建设服务，不断扩大会展的规模和国际影响力。商务服务业应紧紧围绕产业发展和区域产业布局的优化，从促进贸工农一体化发展出发，积极构筑矿产资源交易网络和特色农副产品流通网络；大力支持本地专业批发市场和小商品市场升级改造，加快标准化建设，与此同时，积极引进区外先进企业，鼓励跨地区兼并重组、做大做强。积极推动信息化商务服务业发展，建设为旅游、餐饮、商贸、工业、农业、教育等重点行业市场提供服务的区域性国际电子商务中心（图1-35）。

3. 集聚发展，打造"一基地、两平台、三中心"为主体的服务业新格局

一基地即面向东盟经济合作，建设总部经济基地。优先全面发展生产性服务业，积极规范发展消费性服务业，不断强化南宁在西江经济带一体化发展中的战略支点和辐射带动作用。吸引符合西江经济带产业发展导向的企业在南宁设立区域性总部和功能性的业务中心、研发机构，发展多层次、多形式的总部经济，加快区域性国际城市建设的步伐，助推中国—东盟自贸区发展。

两平台即面向区际、国际合作，建设服务产业承接和对外合作的两大综合服务平台。面向珠三角的产业转移，构筑以梧州为核心的产业承接综合服务平台。进一步重视中小企业发展，在资金融通、技术支持、人才培训、市场开拓、创业辅导、信息网络、管理咨询

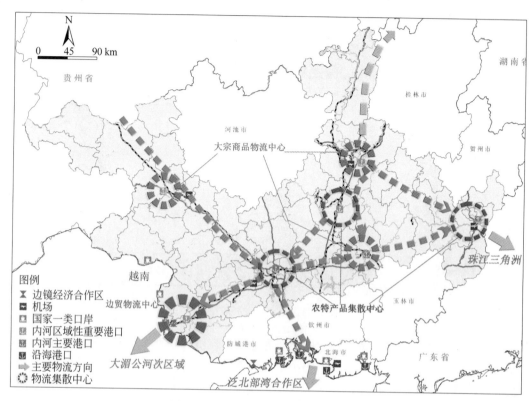

图1-35 商贸物流业发展空间格局图

等诸多方面提供多元化、综合性、智力型、全方位的服务。以优化中小企业发展环境为目标，以广西中小企业网（广西非公经济网）为基础，加快政府、咨询机构、企业之间的政策咨询、技术普及、人才服务等方面的信息交流平台建设。面向边境贸易经济合作，建设以凭祥为主的对外合作综合服务平台。积极推进跨境经济合作区建设，加快国际大通道建设，提升区域互联互通水平。加大同东盟国家，尤其是中南半岛国家的农业合作，带动农产品及劳务出口。发挥技术优势，鼓励利用东盟国家的资源，开展资源合作、加工贸易、工程承包，寻找新的经济增长点。

三大商贸物流中心包括大宗商品物流中心、农特产品集散中心和边贸物流中心。要充分利用黄金水道，建设大宗商品物流中心。大力支持柳州、贵港、百色建设装备制造产品、煤炭和建材、铝资源和铝产品等大宗商品物流中心。努力提高优势产业和产品的汇集、配比、中转、分发直至输送到需求网点全过程的效益，着力建设大宗货物多式联运物流枢纽港，改造、完善与大宗商品物流相匹配的专业性基础设施，沿西江黄金水道推进一批枢纽型现代化物流园区建设。要积极发挥农业资源优势，建设农特产品集散中心。大力支持来宾、南宁、梧州建设蔗糖、亚热带水果、秋冬蔬菜等农特产品集散中心。重点建设面向东盟、集内外贸于一体、达到大型农产品批发市场标准的区域性大型农产品交易市场，推动建立统一的农产品信息共享平台。大力发展鲜活农产品冷链物流，重点扶持提供第三方冷链物流的企业。要有效依托边贸合作，建设边贸物流中心。大力支持崇左在沿边地区建设边贸物流中心。加大对边境地区发展的政策支持，积极吸引投资者参与口岸基础设施建设和边贸经营,加快边境口岸升级。不断改进、完善边贸管理,提高通关的便利化。进一步拓宽出口退税、进出口商品经营范围、进出口商品配额等方面的限制,推动毗邻国家和地区相互开放市场。大力发展服务于双边贸易活动的中介、仓储、运输、配送、组装包装等行业,建立互相配套分工的产业体系(图1-36)。

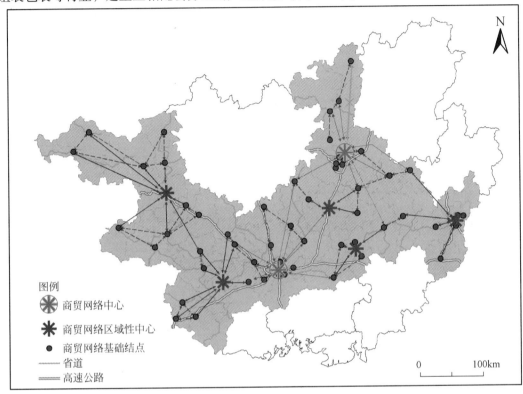

图1-36 现代商贸业发展空间格局图

4. 适度超前发展旅游休闲产业,实现投资环境、人居环境的改善与经济发展的同步跨越

通过城市休闲功能的培育、岸线的合理利用、民族风情的保护,通过培育一批景点、景区、休闲区,发展休闲旅游业,打造西江"经济走廊、绿色长廊、风景画卷",将西江经济带建设成为连接广东、广西两省区、接轨港澳、辐射华中地区的休闲旅游黄金走廊,连接桂林、北部湾两大旅游区之间的纽带和通道(表1-7,图1-37,图1-38)。

大力提升城市休闲功能,完善人居环境,增强城市竞争力。建设南宁、柳州、梧州、崇左四大区域性旅游中心城市。利用"中国—东盟博览会"等品牌,加快南宁、柳州都市旅游业和都市休闲业发展,将其建设为旅游综合服务中心。继续加强古城区保护,改造提升"宝石城"等商业业态,建设梧州为面向珠三角地区客源市场的休闲购物型旅游城市。深度开发观光、休闲、出境购物旅游产品,将崇左建设成为特色旅游城市。以旅游小城镇建设、旅游产品培育为突破口,将武鸣、桂平、金秀、忻城等县(市)发展为休闲旅游产业主导的旅游县(市)。

表1-7 都市旅游资源条件及其发展现状

城 市	城市旅游景观	城市特色
南宁市	邕江景观带、南湖公园、五象岭公园、相思湖公园等城市休闲公园，正在开发建设的10+1商业大道、广东街、澳门街、香港街、台湾街、广西花鸟交易市场、中国—东盟商务区等商业街区，西南第一楼、南宁地标建筑地王国际商会中心	东盟之家，现代大都市，水城风貌，滨江城市
柳州市	百里柳江画廊、柳州风情港等标志性城市旅游景观；依托柳工、上汽通用五菱、柳钢、两面针、金嗓子等有代表性的企业；依托柳州市博物馆、奇石馆、南方古人类博物馆和拟建的工业博物馆、自然博物馆、军事博物园、柳宗元博物馆	山水城市，国家级历史文化名城，滨江城市
百色市	旅游步行街、沿江景观带，沿澄碧河地带的公共游憩园林绿地、民俗文化广场，以及百色市民族剧院与右江民族博物馆	红色之都，绿色休闲城市，滨江城市
崇左市	江北公园、左江石景林、归龙斜塔、崇左特色街区等	旅游中心城市，绿色休闲城市，滨江城市
贵港市	港北商业游憩区—郁江两岸景观带，包括贵港内河港港口历史文化街区、贵港滨江船家文化风情带；南山—东湖旅游景区	港口城市，宗教文化，滨江城市
梧州市	骑楼城、宝石城和鸳江丽港（双城一港）；未来要建的特色专业街、水文化民俗风情街、灯光夜市；历史文化长廊；依托长洲水利枢纽建设开发城市公共游憩空间等	历史古都，水城，滨江城市

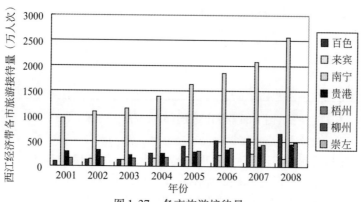

图1-37 各市旅游接待量

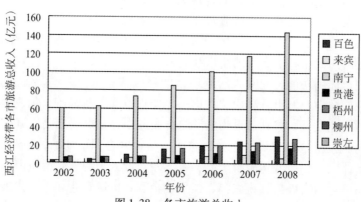

图1-38 各市旅游总收入

统筹岸线利用，构建绿色休闲廊道和绿色风景廊道，建设沿江休闲产业带。在沿江整体生态景观格局的营造基础上，以城市岸线为重点，以滨江商务游憩区、生态公园和休闲度假区为着力点，统筹配置休闲旅游产业的各类用地需求。加快发展新型游艇旅游产品，以游艇航线贯通西江干流与南宁、贵港等城市内航道，贯通平而河、水口河国际水路大通道，实现特色旅游项目、特色景观的衔接，形成依托郁江、左江、右江、黔柳江4江水上绿色休闲廊道和绿色风景廊道的沿江休闲产业带（图1-39）。

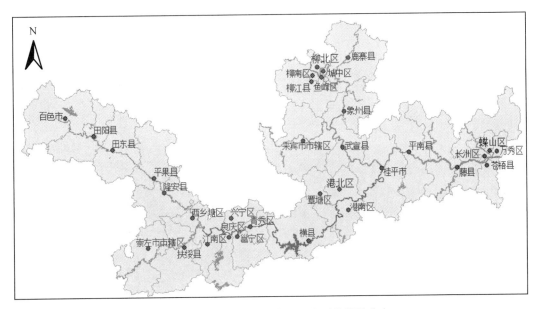

图1-39　西江游艇旅游产品重点干线岸段分布

大力发展民族风情和乡村休闲旅游，构建休闲型乡村，提升乡村发展潜力。以民族特色建筑保护、非物质民族文化发掘和维系为重点，深入发展民族旅游。加快建设金秀瑶族、三江侗族、忻城壮族、融水苗族民族特色旅游区。以提升农业层次促进乡村休闲旅游发展。积极发展以特色农产品为基础的休闲农业，以现代化大都市为依托的都市农业；积极建设大型休闲型农场、休闲农业和观光农业园区，实现农业的精致生产。重点建设沿江休闲农业产业带和环南宁、柳州的都市休闲农业产业带。

建设一批龙头旅游景区，形成带动区域旅游开发的核心增长点。以崇左德天瀑布、百色乐业天坑、鹿寨喀斯特地貌景观、金秀大瑶山丹霞地貌景观、大苗山旅游区为龙头资源，建设高等级、高水平的旅游观光景区。将金秀大瑶山建设成为原生态自然景观观光和生态旅游区，柳州旅游圈中的支撑景区。将融水大苗山与苗族风情有机结合，建设"大苗山旅游区"，树立中国苗族之乡的旅游形象。以德天瀑布为核心，建设成为独具特色的跨国观光和休闲度假旅游区。以鹿寨中渡镇的古别、枫木坪、响水与平山镇的芝山和四十八弄等典型亚热带岩溶地貌景观为核心，建设香桥岩国家喀斯特地质公园，形成我国第一个以喀斯特地貌景观为特征的国家地质公园。

三、可持续城市化

着眼于城市化、城镇人口的空间配置与区域生活空间的优化结合,促进人口和城镇向沿江地带的集聚;通过南宁都市区提升,柳州—来宾、梧州—贵港新兴城市组团壮大和中、小特色城镇发展,构建西江干流城镇发展走廊;贯彻"宜居生活空间"导向,打造"亲水、便捷、安全而富有活力"的生活空间,重塑流域城镇体系新格局。

综合考虑西江城镇带与北部湾、桂北城市群发展的关系,预测2020年西江经济带城市化水平提高至53%~55%,城镇人口占全广西城镇人口总量的比例有所增加(图1-40,图1-41)。

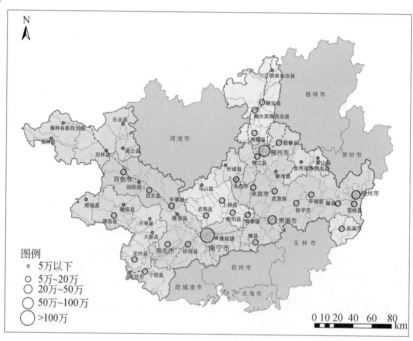

图1-40 现状城镇规模等级

1. 促进产业、人口向沿江城镇集聚,构建梧州—贵港—南宁城镇集聚带、桂西南城镇带和柳州—来宾—南宁城镇集聚带为核心的"倒T字型"城镇空间结构

凸现南宁都市区的门户地位,提升综合辐射功能。面向国际、国内两个市场,服务于中国—东盟自由贸易区、南(宁)贵(阳)昆(明)经济区的建设,强化生产性服务功能;加快建设南宁信息港、会展中心、体育中心和"中国绿城",提升南宁都市区的门户功能。统筹规划六景、伶俐、峦城、良祈的港口建设、产业发展和用地布局,提升以重化工和仓储物流业为特色的产业经济功能。

做强梧州—贵港、柳州—来宾两大城市组团。壮大梧州交通、商贸、旅游集散枢纽功能,优化宜居、休闲旅游环境,对接珠港澳,提升综合服务业品质。继续发挥贵港内河港口枢纽、商贸物流以及临港工业基地优势,优化港—城布局结构,奠定远期形成特大城市

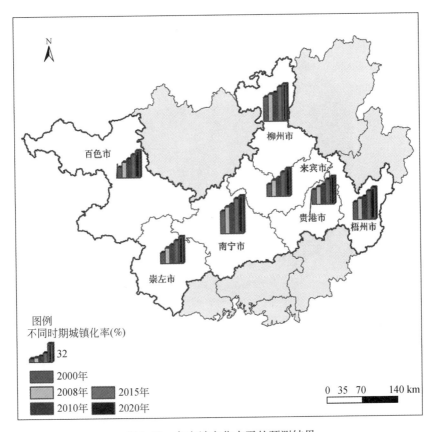

图 1-41　各市城市化水平的预测结果

的发展框架。提升柳州制造业基地和产业辐射带动功能，推进柳州—来宾城市组团一体化发展。

积极推进柳州—来宾—南宁城镇带形成；依托口岸、旅游、矿产与生态资源基础，积极培育以崇左—凭祥和百色—田东为核心的左、右江城镇发展带的形成。

2. 差异化推进上、中、下游地区城市化与城镇发展模式

上游百色、崇左及柳州以上地区，应引导人口向北部湾及中、下游地区流动；鼓励中小城市和特色城镇发展。

中游应依托南宁、柳州等核心城市，突出都市区框架下的城乡一体化发展模式（图1-42）。

下游贵港、梧州应在引导人口向核心城市集聚的同时，结合港口产业园区发展，积极培育桂平、平南、藤县、苍梧县、横县等新兴城市的发展，形成城镇集聚发展带（图1-43）。

此外，鼓励杨美、金秀、金田、那马、水口、两江、双桥、东兴、水口、龙邦等旅游城镇、边境口岸城市发展。

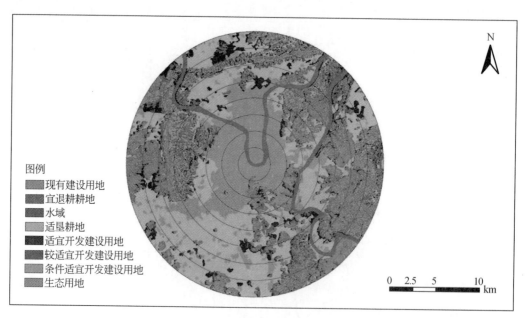

图 1-42　柳州市 16km 缓冲区开发建设适宜性综合评价图

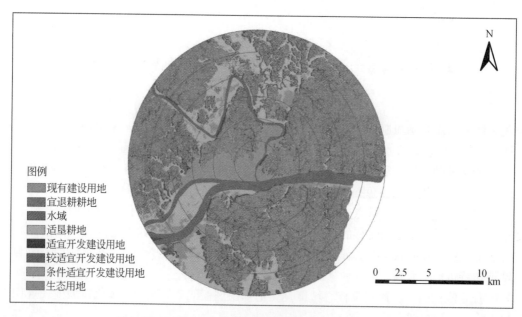

图 1-43　梧州市 12km 缓冲区开发建设适宜性综合评价图

3. 构建"亲水、宜居、富有活力"的生活空间

本着"集约生产空间、舒展生态空间、宜居生活空间"的发展路径，分类引导城市功能组团调整和生活空间布局。

前瞻性处理好港—城关系、生产与生活岸线利用关系，优化滨江城市岸线的合理利用。结合城市软环境及休闲服务业发展,南宁、柳州、梧州、百色等跨江城市,应着力打造或预留亲水休闲功能区利用岸线。

积极利用地形地貌条件,引导城镇发展与布局,形成疏密有致的生活空间。合理利用城市中的山、水、树、绿景观元素的衔接搭配,加快河网、湖、塘的综合整治,凸显城市灵气和个性,形成独特的城市景观文化特色。

4. 因地制宜,提高城乡社会公共服务设施的均等化水平,构建与之相适应的社会事业发展新格局

沿江平原地区应进一步优化公共服务设施的空间配置,改善服务质量,重点加强高等教育、高端医疗服务和大型文体设施建设,不断优化和提升区域中心城市和县城驻地的公共服务质量和水平,加强乡镇驻地投入水平,争创西江经济带统筹城乡社会事业发展的示范区。

丘陵山区在优化提升县市政府驻地的社会公共服务设施的基础上,重点加强各乡镇的公共服务设施投资,特别是教育、医疗等基础服务重心向乡镇转移,方便山区居民的就近就医和子女就学。

民族地区和边远山区不但要通过基本公共服务设施的配置引导居民下山、进城、入谷,而且同时要兼顾少数民族生活习惯特点,教育医疗等公共服务适当向乡镇下移,建设寄宿式中小学,完善九年义务教育覆盖体系,提高当地的发展能力。

西江的发展过程必须伴随体制机制的改革和创新。在目前完全竞争的市场条件下,地区产业的发展一方面可能是抢占其他地区占有的市场,另一方面可能是其他地区的发展腾出的市场空间,从而为本地区产业发展提供了可能。要占领这些市场空间,产业的转移、东盟的开拓、西南的借助是核心的支撑因素。而目前的体制机制还不能有效地促进形成这样的发展局面。机制体制的创新分为国家和区域两个层面。其中,国家层面应实施体制机制的改革和创新,加大规划实施的政策扶持力度,主要包括:①区域开发政策。探索和实践生态补偿制度,在国家财政纵向补偿的同时,开展下游发达受益地区对中、上游欠发达生态保育地区的横向生态补偿试点。目前国家正在制定生态补偿条例,广西西江经济带应争取大珠三角区域的先行试点。②区域合作政策。面向与珠三角合作、与大西南合作,加大港澳和珠三角产业定向转移的政策优惠力度和扶持政策,建立西南地区在广西沿江布局企业、开发工业园区的异地开发政策体系。③对外开放政策。对外开放的拉动作用对西江经济带发展具有举足轻重的作用。某种意义上说,只有对外开放上一个新台阶,广西经济带发展才能步入一个新阶段。对外开放主要包括:利用工业品出口带动工业规模的扩大、利用外部矿产和农副产品资源发展加工工业、利用东盟贸易区的现代服务业机遇做大做强区域性的现代服务业中心。因此,针对向东盟、我国港澳地区和国外开放的需求,优先在南宁开展区域金融中心、人民币结算等试点;优化现有原材料、农副产品进口加工政策,鼓励西江经济带利用国外资源发展当地经济;开展边境合作、建立出口加工区的新试验,扩大我国出口规模。

第二章 国土空间开发建设适宜性评价

"开发建设适宜性评价"是广西西江经济带发展总体规划编制的重要基础和依据。其主要任务是：在借鉴国内外相关评价研究经验的基础上，针对广西西江经济带的实际情况，采用适当的评价方法和技术流程，通过对地形条件、土地资源、水资源、生态保护重要性、环境容量、人口、经济基础、基础设施等要素的单项评价和综合叠加分析评价，确定7个地市尤其是沿江20km范围内以及沿江核心城市周边地区后备适宜建设用地的规模、等级和空间分布格局，为沿江产业园区建设、城镇发展、基础设施配套完善等提供空间布局导向。

第一节 适宜性评价的研究与实践

已有研究成果及成功经验的综合分析和理论、方法总结，是开展广西西江经济带开发建设适宜性评价的重要基础工作。通过对国内外不同类型区域典型案例评价成果的剖析，可以及时把握相关评价理论、方法及技术手段的进展动态，便于吸纳和借鉴不同案例成果针对案例区域的特点和评价目标在评价单元设置、评价因素/指标选取、因子/指标量化方法以及单因素评价和多因素综合评价等方面的成功经验，借此保证广西西江经济带开发建设适宜性评价成果的科学性、先进性和全面性。

一、评价案例简析

（一）美国希拉河上游流域土地适宜性分析

1. 背景与目的

土地的有效和充分利用是任何一个区域管理和开发的重要环节，尤其是像美国亚利桑那州希拉河（Gila River）上游地区这样的开阔区域。希拉河流域大部分区域都是由美国林务局和土地管理局管理的，这些联邦机构的一个职责就是通过对他们所管辖的区域进行土地适宜性评价来辅助未来的土地利用决策。为了确定未来该区域最合理的发展方向，必须先开展各种土地利用方式的适宜性评价。

土地利用适宜性评价是决定特定地域土地利用方式的适宜性的过程，这种分析是规划者把空间上相互独立的环境因素关联起来从而提供一个整体观点的手段。土地适宜性分析要分析某个地域的3个因素：区位、发展状况和生物自然/环境过程。这种分析能够使规划者或者当地的决策者从不同方面分析当地不同因素的相互作用，从而帮助他们确定不同的土地利用方式或者颁布不同地域土地利用政策。流域尺度的土地利用适宜性评价则能够帮助地方官员和私有商业机构在决策和选择的时候避免不必要的代价和成本。

2. 流域概况

希拉河上游地区拥有肥沃的河谷地区、山岭地区和一条重要的水路——希拉河。该流域面积超过 6.22 万 km^2，流域上游河谷是美国西南地区的一个主要灌溉源。希拉河的源头在新墨西哥州蒙哥拉山，由东向西依次流经亚利桑那州南部和尤马，最后流入科罗拉多河。由于雪山融化的水流汇入，希拉河和它的一些支流常年不断流。随着希拉河流到沙漠地带，河流所含泥沙和盐分逐渐增多。

希拉河流域上游地区由高低不平的山脉、宽广的山间平原和平坦的河谷组成，海拔高度在 793m 至 3355m 之间。该地区历史上有大量的印第安人居住过，流域内有许多史前印第安人遗迹和多处印第安人保留地。希拉河流经亚利桑那州和新墨西哥州的 10 个县，主要城镇包括萨福德、克利夫顿、扎特切、莫里尼奇和邓肯，其中萨福德是最大的城镇，人口超过 2 万。该流域总人口数大约为 9.4 万。

3. 评价指标及方法

希拉河上游地区土地适宜性评价的原则是保留主要的农业和休闲用地，留足综合计划区域，保护敏感地区，从而使未来该地区发展导向为环境影响最小化、经济和美学效应最大化。遵照这一原则，充分考虑到土地利用的有利条件和限制因素，在进行希拉河上游地区土地利用评价时，选择的指标包括自然因素和社会经济因素。通过对不同指标的评价和综合分析，这一地区的土地利用类型被划分成商业区、低密度住宅区、工业区和休闲区。整个项目针对 4 种不同目标的土地利用类型设计了一个适宜性评价的整体框架，包括 3 类矩阵。

（1）目标土地利用类型/土地利用需求关系矩阵

这个矩阵揭示了 4 种目标土地利用类型和他们的土地利用需求之间的关系。黑色方块代表该类土地利用类型具有该类土地利用需求，白色代表没有关联（图 2-1）。

（2）要素/土地利用需求关系矩阵

这个矩阵揭示了一般要素（比如水文条件）与土地利用需求之间的关系。黑色代表该要素对土地利用需求有影响，白色代表没有关联（图 2-2）。

（3）特定要素/土地利用需求关系矩阵

由于 4 类目标土地利用类型具有不同的土地利用需求，因此，下面 4 个矩阵揭示了特定要素与土地利用需求之间的关系。黑色方块代表适宜，黑色边框且中间为白色的方块代表不适宜，白色方块代表二者没有关联（图 2-3 ~ 图 2-6）。

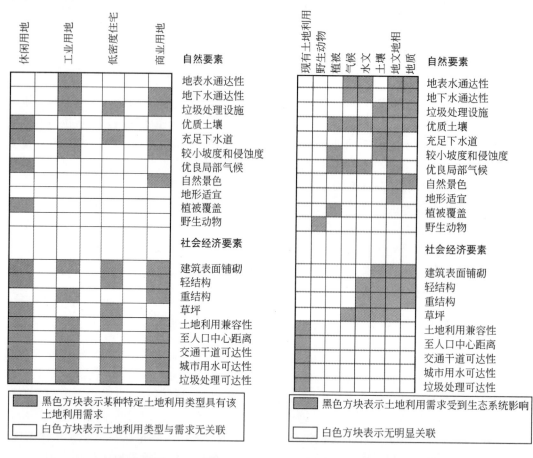

图 2-1　目标土地利用类型/土地利用需求关系矩阵

图 2-2　一般要素/土地利用需求关系矩阵

为了准确使用矩阵中间的各种信息，对矩阵中的指标参数给予了专家评估。美国非点源污染管理委员会的专家基于他们渊博的知识和每种目标土地利用类型的特定需求，对矩阵中的各个要素和指标给予了权重和等级划分（图 2-7）。

4. 结果分析

由于希拉河流域尺度较大，数据获取不完整，4 类目标土地利用类型的适宜性评价图无法绘制。对于 4 类目标土地利用类型的适宜性分析结果如下：

（1）低密度住宅区适宜性分析

该流域主要是农村地区，因此低密度住宅区是希拉河流域的一个主要发展类型区。适宜性评价的目的不是质疑是否该发展低密度住宅区，而是帮助地方政府确定在更安全、性价比更高的区域发展低密度住宅区。该类区主要是分散的家庭住户，且每户占地面积至

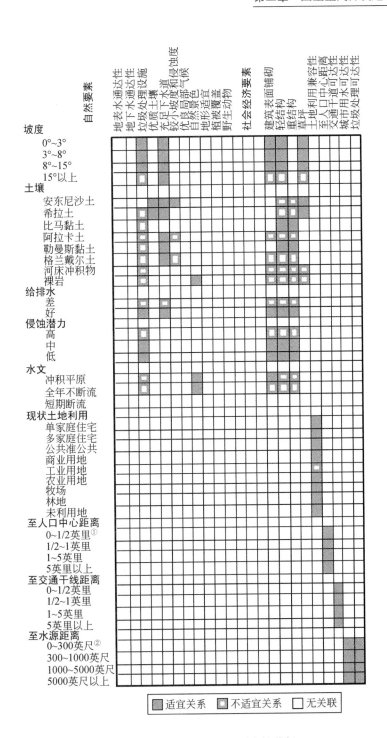

图 2-3　低密度住宅区土地适宜性分析
①1 英里 = 1.609 344km；②1 英尺 = 3.048 × 10⁻¹m

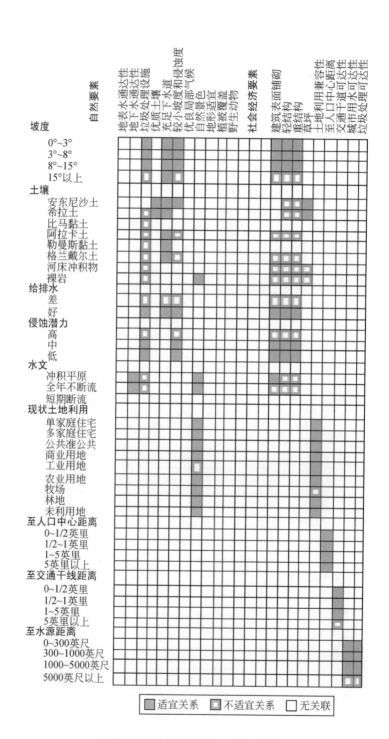

图 2-4 商业区土地适宜性分析

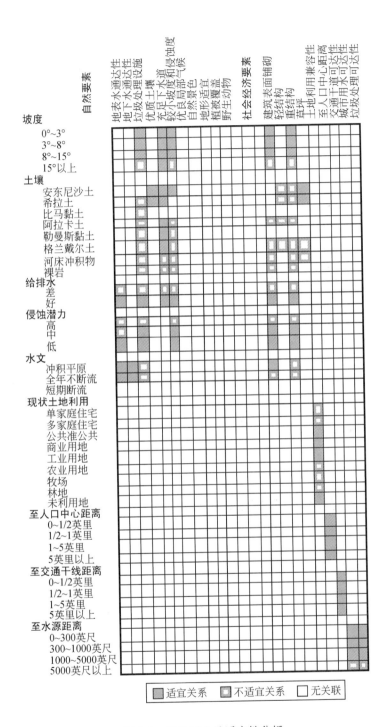

图 2-5 工业区土地适宜性分析

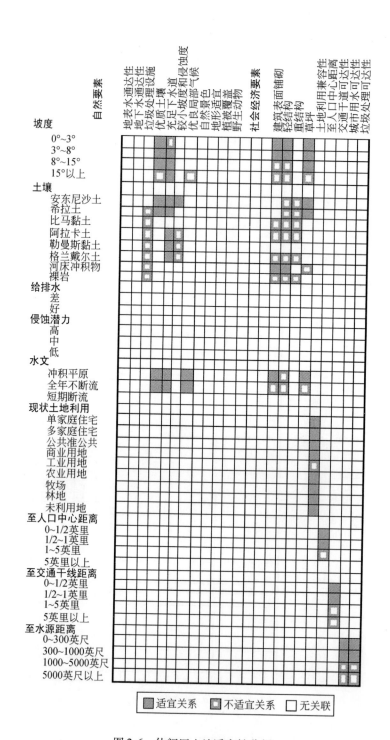

图2-6 休闲区土地适宜性分析

		休闲区	工业区	商业区	低密度住宅
坡度	0°~3°	1	9	10	10
	3°~8°	1	8	9	7
	8°~15°	7	8	5	5
	15°以上	10	1	3	1
土壤	安东尼沙土	4	7	1	1
	希拉土	4	7	1	1
	比马黏土	4	4	4	4
	阿拉卡土	1	1	1	1
	勒曼斯黏土	1	1	1	1
	格兰戴尔土	4	4	4	4
	河床冲积物	8	1	1	1
	裸岩	1	5	1	1
给排水	差	5	1	1	1
	好	5	10	10	10
侵蚀潜力	高	1	1	1	1
	中	5	5	1	5
	低	10	10	10	10
水文	冲积平原	5	1	1	1
	全年不断流	5	1	1	5
	短期断流	5	10	1	10
现状土地利用	单家庭住宅	1	1	5	5
	多家庭住宅	1	1	5	5
	公共准公共	10	10	3	1
	商业用地	1	10	10	1
	工业用地	1	10	5	1
	农业用地	1	5	3	5
	牧场	1	5	1	5
	林地	5	1	1	1
	未利用地	10	10	5	7
至人口中心距离	0~1/2英里	1	5	10	10
	1/2~1英里	1	5	9	9
	1~5英里	5	5	1	5
	5英里以上	10	5	1	3
至交通干线距离	0~1/2英里	1	5	10	10
	1/2~1英里	1	5	9	7
	1~5英里	5	5	1	15
	5英里以上	6	6	1	3
至水源距离	0~300英尺	5	10	10	10
	300~1000英尺	5	9	9	7
	1000~5000英尺	5	8	8	5
	5000英尺以上	5	7	7	3
自然要素	地表水通达性	10	1	1	3
	地下水通达性	5	5	5	5
	垃圾处理设施	1	5	7	5
	优质土壤	1	1	1	5
	充足下水道	5	10	10	10
	较小坡度和侵蚀度	10	10	10	10
	优良局部气候	10	1	3	3
	自然景色	10	1	1	3
	地形适宜	10	5	1	3
	植被覆盖	10	1	1	3
	野生动物	10	1	1	3
	建筑表面铺砌	3	7	10	10
	轻结构	1	1	5	10
	重结构	1	10	5	1
社会经济要素	土地利用兼容性	10	5	10	10
	至人口中心距离	3	5	10	5
	交通干道可达性	10	5	10	5
	城市用水可达性	1	5	10	10
	垃圾处理可达性	1	5	10	7

图 2-7　要素权重

注：1 = 最不适宜；10 = 最适宜

资料来源：Steiner et al., 2000

少930m²，每英亩①密度为5个住宅单元。

低密度住宅区类型的土地利用需求包括：与市政下水道系统连接或者具有就地排水处理措施，拥有公共供水系统，轻建筑结构，建筑表面铺设完好，与现有土地利用类型不冲突，充分的排水场所。

低密度住宅区适宜性分析的自然和社会经济因素包括：地形坡度，洪水风险，排水条件，侵蚀潜力，土壤类型，现有土地利用类型，邻近现有道路，邻近下水道和供水系统。

不适宜区域是坡度大于15°的区域、土壤不适宜建轻结构建筑和砖石铺设表面的区域、泛滥平原和高侵蚀风险的区域。适宜区域包括那些不受到特定自然环境和社会经济要素限制的区域。

（2）商业区适宜性分析

当考虑到商业区的土地利用需求时，一些要素的权重就比其他的明显要大。这些要素包括地形坡度、土壤稳定性、与现存土地利用类型的相符、邻近现有道路，以及适宜建设砖石结构、轻建筑结构和重建筑结构建筑。除了这些物理要素之外，人口要素也应纳入商业区的适宜性分析中来。

不适宜区域包括土壤排水差区域、高侵蚀潜力区域、泛滥平原、河流、现有牧场以及坡度大于15°的区域。较适宜区域包括中度侵蚀潜力区域、坡度为3°到15°之间的区域、现有的商业和工业区。适宜区是受到较少因素限制，或者是没有受限制的区域。

（3）工业区适宜性分析

轻工业和重工业在此次评价中合在一起。首先假设大部分的工业区仍然会集中布局在萨福德周边人口相对聚集的地区，因此对这些地区的评价将更为细致。

不适宜区域包括坡度大于15°的区域、土壤排水差的区域、高侵蚀潜力区和泛滥平原。较适宜区域包括中度侵蚀潜力、坡度为3°到15°之间的区域、现有居住用地或者农业用地。适宜区域包括坡度小于3°、土壤排水好、低侵蚀潜力，以及接近公共设施的区域。

（4）休闲区适宜性分析

休闲区类型的土地利用需求包括轻建筑结构（比如公共卫生间和公园亭阁）、已铺设表面（露天停车场和网球场）、草坪（公园和游憩场所）、公共设施可达性（下水道，供水与电力）、邻近道路、与现有土地利用类型相符、充足的排水场所，以及接近人口中心。人口要素也同样需要纳入休闲区适宜性分析。

不适宜区域包括坡度大于15°、有岩石表面、离现存道路超过915m的区域。适宜区域包括坡度小于3°、拥有合适排水系统和较小的侵蚀风险、与现有土地利用类型相符以及距离公共设施915m以内的区域。

（二）潜江市土地适宜性评价②

潜江市土地适宜性评价以多图叠加形成的图斑为评价单元，以耕地、林地和建设用地

---

① 1英亩 = 4046.856m²。
② 潜江市土地适宜性相关资料均来源于吴燕辉，周勇（2008）。

的适宜性为评价目标。首先在选取参评因子和组建评价指标体系的基础上，采用层次分析法、加权求和法等定量算法，计算出各评价单元的综合分值；之后，依据综合分值频率直方图和专家意见，对耕地、林地、建设用地的适宜性进行评价等级划分。

1. 评价单元

土地评价单元是土地的自然属性和社会属性基本一致的空间客体，是土地适宜性评价的基本单位。潜江市土地评价单元的划分以土地利用现状图为基础，通过对地貌图、土地利用现状图及土壤图进行叠置，得出最小图斑作为划分评价单元的基础，再按一定的面积系数和形状系数进行微小多边形的合并，处理产生的图斑即为适宜性评价的评价单元。

2. 评价因子和指标体系

确定土地适宜性评价因子、选取评价指标是土地资源评价的核心。潜江市土地适宜性评价中，结合潜江市的实际情况，通过与专家交流反复论证筛选，经过综合分析后，针对不同的土地利用方式，分别选取与耕地、林地、建设用地3类土地利用类型适宜性评价相对应的各因子作为参评因子。并建立层次结构，将土地适宜性等级作为目标层，把影响土地适宜性等级的因素作为准则层，再把影响准则层中各元素的因子作为指标层。

耕地适宜性评价的参评因子分别是微地貌、土壤有机质含量、土壤母质、土壤质地、土壤障碍层厚度、土壤pH、有效土层厚度、灌溉条件、地下水位、土地利用效益、农贸市场影响度和交通条件等12个因子。

林地适宜性评价选取了包括微地貌、土壤pH、土壤质地、土壤障碍层、土壤有机质含量、土体构型、排水条件、灌溉条件、地下水位和交通条件等10个参评因子。

建设用地适宜性评价选取了坡向、微地貌、地基承载力、洪水频度、地下水位、GDP、居民点面积比例、供水便利度、供电便利度、路网密度、对外交通便利度、商服影响度和人口密度等13个参评因子。

3. 指标权重与综合分值

运用层次分析法，通过建立递阶层次结构和构造判断矩阵，计算出各参评因子的权重。此次土地适宜性评价中对不同的土地利用方式采用了不同的评价因子体系和不同的权重体系。

单元综合分值是确定土地适宜等级的基本依据。首先，将各参评因子的空间叠加数据进行标准化处理，消除量纲差异。具体做法是按土地利用类型对土地的最低要求，依参评因子分别列出临界值，例如土壤质地为壤土的最适宜农作物生长、质地为石砾土或露岩的不适宜农作物生长等。其次，建立数学模型，在土地适宜性评价中采用加权求和方法，得出评价单元的综合分值。

4. 适宜性等级划分结果

采用加权平均法计算适宜等级后，采用综合分值频率直方图和专家的意见确定耕地、林地、建设用地的适宜性等级（表2-1）。

表 2-1   土地适宜性等级划分标准

地类/分值	一 等	二 等	三 等	四 等
耕 地	82.0~96.2	75.5~82.0	50.3~75.5	50.3 以下
林 地	87.6~96.8	76.4~87.6	56.3~76.4	56.3 以下
建设用地	85.5~93.5	73.2~85.5	48.5~73.2	48.5 以下

（三）济南市城区城市土地适宜性评价[①]

济南市城区城市土地适宜性评价以 150m×150m 的网格为评价单元，以城市建设用地适宜性为评价目标。其评价方法和技术流程大致与潜江市相同。选取了 6 个一级指标和 15 个二级指标组成评价指标体系。采用层次分析法确定各指标权重，经加权求和得出各评价单元的综合分值。最后根据综合分值的高低将评价区域建设用地的适宜性划分为 6 个等级。

1. 评价单元

评价区域为济南市建成区。为保证评价的精度和便于计算机的处理分析，评价单元为 150m×150m 的网格，评价区域共包括 12 566 个评价单元。

2. 指标体系的建立

根据影响城市土地质量、土地区位、土地利用效益的经济、自然、社会因素及其贡献大小并遵循综合分析、主导因素分析和差异显著性的原则，建立了城市土地适宜性评价指标体系。构建的指标体系包括 6 个一级指标和 15 个二级指标，一级指标分别是商服繁华度、交通通达度、社会服务设施完备度、基础设施完备度、人口密度和自然环境质量；二级指标分别是商服中心规模等级、农贸与小市场规模等级、道路通达度、公共交通便捷度、对外交通便利度、文娱体设施完备度、教育设施完备度、公共服务设施完备度、医疗卫生设施完备度、供水设施完备度、供热设施完备度、供气设施完备度、环境质量优劣度、绿地覆盖度和自然条件优劣度。

3. 指标权重与指标分值

济南市城市土地适宜性评价的指标权重确定采用的是改进的三标度层次分析法（IAHP），计算步骤为：①建立比较矩阵；②建立感觉判断矩阵；③建立客观判断矩阵；④对客观判断矩阵的任一元素进行归一化作为权重向量。在确定指标权重后，通过函数法、空间扩散法和区域赋值法对每个评价单元的各指标进行了分值计算。

4. 多指标的综合评价

根据多指标综合评价法的方法与原理，采用指标加权求和法，得到各评价单元的综合适宜性评价总分值。根据评价单元总分值，采用总分值频率直方图法确定了各土地级别之

[①] 济南市城市土地适宜性相关资料均来源于王艳等（2008）。

间的分值区间,并结合济南市的实际情况,将评价区内城市土地适宜性分为6个等级,各级别面积及所占面积比例见表2-2。根据评价单元的综合评价值绘制济南市城市土地适宜性分级,其中一级地占地面积比较小,主要分布在市中心;二级地、三级地、四级地、五级地4类土地约占总面积的86%,沿市中心向四周扩散,离市中心越远,土地级别越低;六级地约为31.12km²,主要分布在市区东北角区域。

表2-2 济南市城市土地适宜性各级别面积与面积比例

土地级别	面积（km²）	比例（%）	土地级别	面积（km²）	比例（%）
一级地	9.47	3	四级地	107.37	38
二级地	28.99	10	五级地	61.11	22
三级地	44.57	16	六级地	31.12	11

（四）北部湾经济区广东区土地资源承载力分析[①]

北部湾经济区广东区土地资源承载力分析的核心目的是估算研究地域在不同建设用地规模情景下的人口容量和经济产出规模。其估算方法较为简单,通过选择人均占用建设用地面积、单位建设用地的经济产出等关键参数,以相关规划设定的目标年份的建设用地规模为核算基础,进而估算出目标年份研究地域所能承载的人口规模和经济产出规模。

1. 承载人口规模分析

据国际相关研究,城市满足人类生存发展和享受的土地需求为人均140~200m²,只有大于或等于这个指标,人类的城市生活基本需求（包括交通、居住、绿化以及日常生活活动等）空间才能满足,否则,就会造成人口密度过高,城市生活和生态压力超载。另外,根据住房和城乡建设部城镇人均用地面积指标,我国的城镇人均建设用地面积为60~120m²。在国内外人均土地需求的标准下,依据土地利用趋势预测及人口预测对土地资源承载的人口规模进行了分析。

依据不同的国内外人均建设用地标准和2020年核定的建设用地总规模,计算的北部湾经济区广东区及湛江市、茂名市在2020年的人口规模如表2-3所示。

表2-3 北部湾经济区广东区及各市2020年承载人口规模情况

地 区	2020年城乡建设用地面积（hm²）	国际标准2020年承载人口（万）		国内标准2020年承载人口（万）	
		按140m²/人	按200m²/人	按60m²/人	按120m²/人
北部湾广东区	205 102.27	1 465.01	1 025.51	3 418.37	1 709.19
湛江市	135 800.64	970.00	679.00	2 263.34	1 131.67
茂名市	69 301.63	495.01	346.51	1 155.03	577.51

---

① 北部湾经济区广东区土地承载力相关资料均来源于《北部湾经济区沿海重点产业发展战略环境评价》项目专题7《资源承载力专题》（2009）。

2. 承载经济规模分析

采用城乡建设用地的土地利用强度指标（产生亿元 GDP 所需的城乡建设用地面积），根据北部湾经济区各市 2000 年和 2007 年数据，利用指数模型计算了年平均土地利用强度变化率，并以此对规划年 2020 年的土地利用强度进行预测，结合对土地利用趋势的预测，计算了北部湾经济区广东区各市在规划年 2020 年可承载的经济规模。

（五）晋城市土地开发建设适宜性评价[①]

晋城市土地开发建设适宜性评价的评价单元为 100m×100m 的网格，评价目标是城市建设用地。评价者在评价因子/指标选择方面对生态因子给予了更多的关注。在对评价因子进行适宜性等级条件设定和打分的基础上，经过图形叠加和评价单元数据加权分析，得出市域土地开发建设适宜性的空间分异结果。

1. 评价因子与标准

综合考虑区域发展目标、城市用地现状以及当前城市建设中出现的问题，选取了水域、土地利用现状、坡度、地质、地貌、保护区等因子。由于晋城市域覆盖面积较广，地物因素相对单一，同时考虑到数据资料的可得性等因素，评价单元采用 100m×100m 的网格。晋城市土地开发建设适宜性评价所选取的主要评价因子和评价标准见表 2-4。

表 2-4 评价因子及其建设用地适宜性等级划分标准

因　子	适宜性等级	分类条件	单因子得分	权　重
河　流	很适宜	大于 100m	9	0.17
	适　宜	70~100m	7	
	较不适宜	50~70m	4	
	不适宜	30~50m	2	
	很不适宜	小于 30m	0	
湖　泊	很适宜	大于 2km	9	0.18
	适　宜	1.5~2km	7	
	较不适宜	1~1.5km	4	
	不适宜	0.5~1km	2	
	很不适宜	小于 0.5km	0	
坡　度	适　宜	小于 8°	9	0.15
	较适宜	8°~15°	7	
	不适宜	15°~25°	4	
	很不适宜	大于 25°	0	

[①] 相关资料均来源于《晋城市域城镇体系规划》专题 4《生态安全格局和空间管制综合研究》（2008）。

续表

因　子	适宜性等级	分类条件	单因子得分	权　重
高　程	很适宜	290~650m	9	0.14
	适　宜	650~1 100m	7	
	较不适宜	1 100~1 500m	5	
	不适宜	1 500~1 800m	3	
	很不适宜	1 800~2 322m	1	
土地利用现状	很适宜	城乡居住用地、工矿用地	9	0.12
	适　宜	旱地	7	
	较不适宜	草地	4	
	不适宜	林地	2	
	很不适宜	水田、水域	1/0	
断　层	适　宜	大于500m	9	0.07
	较适宜	300~500m	6	
	不适宜	100~300m	3	
	很不适宜	小于100m	1	
塌陷沉降	适　宜	低易发区	8	0.12
	不适宜	中易发区	3	
	很不适宜	高易发区	0/1	
自然保护区风景区	很适宜	大于1km	9	0.13
	适　宜	0.8~1km	7	
	较不适宜	0.5~0.8km	5	
	不适宜	0~0.5km	3	
	很不适宜	保护区范围	0	

1）水域：包括河流、湖泊和水库。地表水域在提高城市景观质量、改善城市空间环境、调节城市温度湿度、维持正常的水循环等方面起着重要作用，同时也是引起城市水灾、易被污染的环境因子。土地的开发对附近水域的生态环境有很大影响。原则上，开发建设用地应尽可能远离水域，以免造成对水域生态系统的破坏和水体的污染。

2）土地利用现状：现有土地利用方式直接决定土地开发建设的生态适宜性。按区域1:10万土地利用图的分类，分为旱地、草地、林地、水田、水域和建设用地（城乡居住用地、工矿用地等）6种用地类型。

3）断层：在大多数情况下，断层面两侧一定宽度范围内稳定性差，并且断层常与地下水紧密相连，均会对建筑物产生极大的破坏，因此建设用地和断层之间应有一定的避让距离。

4）地貌：一般说来，山区建设的难度和成本要大于平原，在山区进行建设活动对生态环境的影响也要大于平原。

5）工程地质：工程地质性质的好坏，直接影响到建筑工程的成本和安全性。

6）自然保护区、风景区、森林公园：研究区自然条件优越，拥有丰富的生物多样性体系，动植物类型众多。自然保护区、风景区和森林公园都应受到保护，禁止开发建设。

7）坡度：地形是影响土地开发建设的限制因子之一，过于陡峭的坡度容易造成各种地质灾害，一般不适合用于建设。

2. 评价基础图件

采用的基础图件包括晋城市2006年1∶10万土地利用图、1∶10万数字高程模型（DEM）、地震灾害易发区分布图、工程地质评价图和自然保护区分布图。

3. 评价结果

通过图形叠加和加权分析，得到市域土地开发建设适宜性的空间分布情况（图2-8）。市域内很适宜和适宜建设区域较少，主要集中于晋城盆地和高平，且大多已被开发利用。就市域范围而言，中部分布有大量较不适宜建设用地，需在较为精细的尺度上作进一步的分析评价。

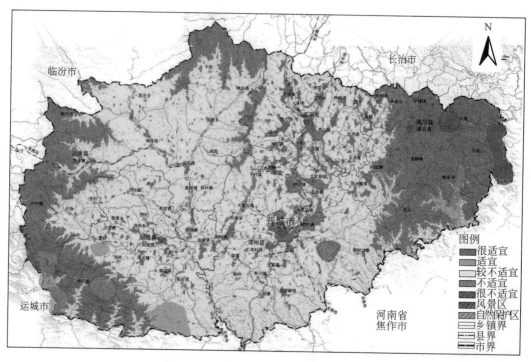

图2-8　晋城市土地开发建设适宜性评价

二、已有研究的启示与存在的不足

5个评价案例涉及的评价区域包括流域、城市建成区、地级尺度的市域和县级尺度的市域等，地域尺度从几百平方公里到数万平方公里不等。评价目标对象包括城市建设用地、耕地、林地、工业用地、商业用地、住宅用地以及休闲用地等土地利用功能类型。应该说5个评价案例在区域开发建设适宜性评价方面具有广泛的代表性。通过对5个典型案例的简单剖析，可以得出以下一些值得借鉴的经验和启示。

(1) 适宜性评价具有明显的目标导向性

从5个典型案例看，针对不同类型区域开展的实践评价工作多具有较强的目标导向性，研究成果多冠以"土地"限定词，并以"土地适宜性评价"、"土地适宜性分析"、"土地资源承载力分析"以及"土地开发建设适宜性评价"等形式呈现。已开展的土地适宜性评价工作主要集中在评判农业用地和城市建设用地的合理性方面，土地资源承载能力评价也是从土地的角度估算研究地域的人口承载总量和可能的经济规模。因此，区域开发建设适宜性评价应以土地的合理利用为主线，重点在于评价土地的建设用地适宜性。

(2) 评价工作采用了大致相同的技术流程

土地适宜性评价的技术流程一般为：选择评价对象→确定评价单元→选取评价因子/指标→评价因子/指标的量化分级→因子/指标的权重确定→单因子评价和多因子综合评价。对土地适宜性的评价不管采用哪种方法或模型，参评因子/指标的筛选、因子/指标等级的划分和参数的赋值、因子/指标权重系数的确定，都是影响评价结果的关键步骤。因此，在实际评价工作中都十分注意结合当地实际情况选择评价方法。

(3) 采用网格法设定评价单元已成为共性趋势

土地适宜性评价单元是土地的自然属性和社会经济属性基本一致的空间客体，是具有专门特征的土地单位并用于制图的基本区域。单元内部性质相对均一或相近，单元之间既有差异性又有可比性，能客观地反映出土地在一定时期和空间上的差异。随着计算机空间分析技术和基础数据采集技术的日趋完善，基于网格法设定评价单元（最小空间单元）已被大多数评价工作所采用。一般以数字地形图为基础，通过叠加土地利用、工程地质、土壤类型以及行政区划等专题图，进而生成含有多重要素空间属性的综合叠加图，供评价数据提取和专题制图之用。

(4) 评价因子/指标选取因地域和目标的不同而异

各案例都十分注意结合研究地域的实际情况，并根据评价目标的要求筛选与被评价对象密切相关的评价因子/指标。城市建设用地适宜性评价在顾及地形、地貌等共性因子的同时，对交通条件、社会服务设施、基础设施等社会经济因子较为关注；农用地适宜性评价更倾向于光照、气温、降水量、土壤有机质、土壤质地、土壤酸碱度（pH）等与农业生产密切相关的气候和土壤因子；而对于像希拉河流域上游这样的多目标评价案例，其评价因子/指标的选取则是自然、环境、社会和经济因素兼顾。由此可以得出：基于土地的区域开发建设适宜性评价应遵循因地而异和因目标而异的评价因子/指标选择原则。

(5) 评价研究中存在的不足

从5个典型案例看，已开展的评价研究工作在评价方法和评价结果处理方面尚存在以下几个有待进一步探讨完善的问题：一是人为主观判断成分较大，结果存在因人而异的问题，主要体现在适宜性标准设定、指标打分等方面；二是评价过程中的指标处理存在物理意义不清问题，主要体现在因子/指标权重确定、基于单因子/指标的得分计算评价单元综合分值和根据综合分值高低划分适宜性程度等方面;三是评价结果仅具有相对意义,实践应用层面的可操作性程度较低。

第二节 开发建设适宜性评价方法

一、评价目标

根据国务院《关于进一步促进广西经济社会发展的若干意见》的指示精神和《广西西江经济带发展总体规划工作方案》的总体部署,广西西江经济带开发建设适宜性评价的总体目标是:为积极推进西江黄金水道建设,吸引产业、人口的有序集聚和合理规划沿岸地区的用地功能,在对沿岸地区自然环境条件和经济社会发展条件进行综合评价分析的基础上,研究确定沿岸地区可作为后备建设用地的土地数量、质量及空间分布状况,提出沿岸产业园区建设、城镇发展和基础设施配套完善等的空间布局导向。

具体目标包括:核算后备适宜建设用地的面积;将后备适宜建设用地划分为适宜、较适宜和条件适宜3种类型;核定沿岸不同区域建设用地强度指标;估算人口承载能力和经济承载规模。

二、评价范围

根据《广西西江经济带发展总体规划工作方案》对开发建设适宜性评价的精度要求,评价地域按尺度大小分为两个层级。大尺度层级的评价范围包括南宁市、贵港市、梧州市、百色市、来宾市、柳州市和崇左市7个地级市的59个县(市、区)。小尺度层级的评价范围为沿江20km地带和沿江核心城市半径在12~16km以内(以核心城市政府驻地为圆心)的区域。沿江20km地带涉及7个地级市的33个县(市、区),按规划一级、二级航道通过的县级行政区圈定;沿江核心城市为南宁市、贵港市、梧州市、百色市、来宾市、柳州市和崇左市(表2-5)。

表2-5 广西西江经济带开发建设适宜性评价的范围

评价范围	包含/涉及的县(市、区)或区域
7个地级市	梧州市、贵港市、南宁市、百色市、崇左市、来宾市和柳州市7个地级市的59个县、市、区
沿江20km地带	梧州市的万秀区、蝶山区、长洲区、苍梧县、藤县,贵港市的港北区、港南区、覃塘区、桂平市、平南县,来宾市的兴宾区、武宣县、象州县,柳州市的城中区、鱼峰区、柳南区、柳北区、柳江县、鹿寨县,南宁市的青秀区、兴宁区、江南区、西乡塘区、良庆区、邕宁区、横县、隆安县,崇左市的江洲区、扶绥县,百色市的右江区、田阳县、田东县、平果县,共33个县(市、区)
沿江核心城市区域	南宁市、贵港市、梧州市、百色市、来宾市、柳州市和崇左市半径在12~16km以内的区域

三、评价单元

开发建设适宜性评价的基本单元包括行政单元、类型单元、网格单元和地块等4种类型。行政单元为县级行政区，主要用于统计数据处理和图形数据归并分析。类型单元是指诸如土地利用等专题类型图的类型图斑。网格单元是指利用数字地形高程图生成地形坡度分级图、地形高程分级图时所设定的栅格单元，评价中采用了两种尺度的网格单元：7个地市评价范围采用了90m×90m的网格单元；沿江20km地带和沿江核心城市区域采用了50m×50m的网格单元。地块是指由多种（或多层）不同地图经叠加而形成的同质性图斑，地块是评价数据提取、评价专题图制作等最重要的评价单元。

四、评价要素/因子选择

综合考虑广西西江经济带的自然环境特点、经济社会发展现状以及对下游珠江三角洲地区的影响，评价宜选取地形条件、土地资源、水资源、生态保护、环境容量（重点是水环境）5个自然要素和人口、经济基础、交通等基础设施3个人文要素作为参评的重要评价因子。针对各评价因子的参评效能是通过构成属性因子或所含次级因子来达成的，故又对评价因子进行了属性因子或所含次级因子选取（表2-6）。

表2-6 评价要素/因子一览表

评价要素		属性因子或次级因子
地形条件		坡度、高程
土地资源		耕地、园地、林地、草地、建设用地、水域、未利用地
水资源		地表水、地下水、水资源总量、人均水资源量
生态保护	生态重要性	重要生态系统、生物多样性、水源涵养地
	生态脆弱性	土壤侵蚀、石漠化、土壤盐渍化
环境容量		污染物、COD、BOD
人口		人口密度、人口流动
经济		产业构成、GDP增长率、人均GDP
交通		铁路、公路、水运、航空

从自然地理条件看，西江经济带7地市地貌类型多样、山地和丘陵面积较大的特点决定了其开发建设格局必然受到地形条件制约。土地资源中有限的适垦耕地以及国家的耕地占补平衡政策等使得评价工作必须高度关注来自土地利用现状方面的刚性约束条件。针对7地市降水丰沛、河流众多、水资源丰富等实际情况，关于水资源丰缺程度的单要素评价工作可以被忽略。生态保护作为参评因子的重要性在于西江经济带7地市位于西江流域中、上游地区，而西江是珠江三角洲地区（包括澳门）最主要的生产、生活用水水源，来源于中上游水量的多寡和水质的好坏对下游地区有着直接的影响。因此，西江经济带7地市的开发建设需重点关注自然保护区建设、退耕还林、水土保持以及石漠化治理等生态环

境问题。将具有自然和人文双重属性的环境容量作为参评因子，重点在于控制或约束污染物的排放强度。从社会经济发展情况看，西江经济带7地市的整体发展水平尚较低，交通等基础实施还不够完善。随着经济带开发建设进程的加快，交通条件以及人口和产业的集聚状况都会发生较大的变化。因此，将人口、经济基础、交通等基础设施作为参评因子，在评价其现状的同时，更应关注它们的动态变化。

五、评价宜遵循的基本原则

为实现评价的总体目标和各项具体目标，开发建设适宜性评价要以"打造西江黄金水道，推动区域经济协调发展"为指导思想，坚持"水运建设与沿江各地工业化城镇化、生态环境保护相协调"的总体原则。全面贯彻落实科学发展观，坚持以人为本。以开发建设适宜性评价的理论方法为基础，尊重自然规律和社会经济发展规律，科学评价开发建设适宜性。重视与主体功能区划相结合，有利于推进工业化、城镇化和新农村建设，突出沿江经济带开发建设特点。

（1）科学性与实际可操作性相结合

评价工作必须建立在遵从流域上、中、下游资源环境要素联动和协调发展的自然规律、生态规律和经济规律等科学基础之上，能客观地表征经济带内部开发建设活动差异及外部影响状况。评价方法要以定量为主，兼顾定性分析；评价过程以图上作业为主，各环节、步骤既要透明，又要物理含义清晰；评价结果需在空间上做到能精确定位，能较好地刻画不同类型区域开发建设的建设用地强度。

（2）整体评价与局部精细评价相结合

根据西江经济带发展总体规划的要求和沿江地区的特点，评价工作应分为整体评价和局部精细评价2个层级。整体评价主要针对7地市，因其尺度较大，评价单元和数据精度可以适当粗略一些。沿江地带和沿江核心城市周边地区是未来西江经济带开发建设的重点区域，对评价精度的要求较高，需要进行专门的局部精细评价工作。

（3）要素全面性评价与关键指标评价相结合

西江经济带在空间上呈东西向狭长分布，存在诸如地形地貌、上下游、航道条件以及人口、产业集聚程度等地域差异。这种差异性要求评价工作在针对7地市进行要素一致性评价的同时，还要考虑各要素在不同区域的差别化应用问题。另一方面，各评价要素及其属性因子或次级因子在评价中的重要性程度是不同的，且在空间分布上存在重叠或被包含等现象。因此，在实际评价过程中，可以视实际情况对评价要素进行适当取舍，尽可能在要素属性因子或次级因子中选择关键指标开展评价工作。

（4）静态评价与动态评价相结合

在自然本底基础上加入社会经济发展现状的评价属于静态评价，交通条件改善、人口和产业集聚趋势的评价则属于动态评价。未来10~20年，随着西江经济带水运、铁路、高等级公路以及配套基础设施的建设完善，沿岸产业园区布局和城镇空间扩展将会呈现快速发展趋势，对建设用地的需求也会呈现快速增长。因此，在做好静态评价工作的同时，西江经济带开发建设适宜性评价还应充分考虑到对建设用地需求的动态变化问题。

六、评价技术流程与方法

在借鉴国内外相关研究成果经验的基础上,针对广西西江经济带资源环境特点和开发建设对建设用地的需求而设计的评价技术流程如图2-9所示。技术流程按评价过程的逻辑递进顺序分为单要素评价、综合评价、预期评价、政策建议4个部分。

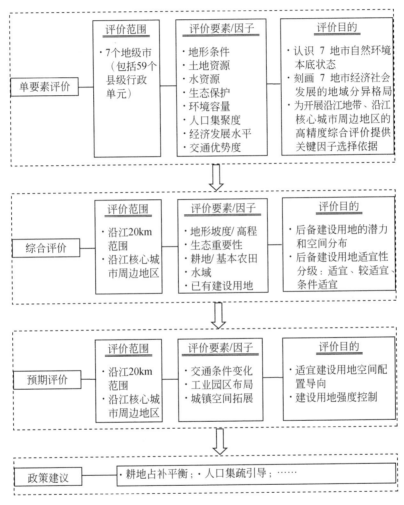

图2-9 评价技术流程

单要素评价的范围为《广西西江经济带发展总体规划工作方案》确定的7个地市,包括59个县(市、区)级行政单元。评价要素包括地形条件、土地资源、生态重要性、环境容量、人口集聚度、经济发展水平和交通优势度。开展单要素评价的目的在于认识西江经济带7个地市的自然环境本底状态,刻画经济社会发展现状的地域分异格局,并为开展沿江地带、沿江核心城市周边地区的高精度综合评价提供关键因子选择依据。

综合评价是专门针对沿江20km范围和沿江7个核心城市周边地区开展的局部精细评

价。评价选取的关键要素指标依次为地形坡度/高程、生态重要性、适垦耕地/基本农田、水域和已有建设用地。评价目的是计算后备适宜建设用地潜力和给出空间分布范围，并将后备适宜建设用地划分为适宜、较适宜、条件适宜3种类型。后备适宜建设用地中：适宜类一般为地形坡度小于3°的地块；较适宜类为地形坡度为3°~8°的地块；条件适宜类是指地形坡度为8°~15°的地块。关于后备适宜建设用地潜力的测算步骤为：

步骤一：基于地形坡度、高程，确定目标区域内适宜开发建设的地块；

步骤二：基于步骤一的结果，去除该图层内生态重要性高的地块；

步骤三：基于步骤二的结果，去除该图层内的水域图斑；

步骤四：基于步骤三的结果，去除该图层内的耕地图斑；

步骤五：结合已开发建设用地面积计算后备适宜建设用地面积。

预期评价是指在综合评价结果的基础上，确定沿江20km范围和沿江7个核心城市周边地区合理的建设用地强度，并根据西江经济带交通等基础设施建设、工业园区布局以及城镇空间拓展等情况，提出后备建设用地的空间配置导向。

政策建议的重点在于：一是对评价结果在具体应用中可能存在的问题做出解析性说明；二是在条件允许的情况下，采用适当的参数对评价区域的人口容量和可能的经济承载规模做出估算；三是就评价区域的耕地占补平衡、人口集疏引导等提出有针对性的政策建议。

第三节 单要素评价

一、地形条件

地形是为了评价西江经济带开发建设适宜性而选择的一个基础性和综合性条件，由地形高程、坡度、坡向以及表述宏观或区域尺度地形特点的地势、高差、沟谷密度、地形破碎度、地面粗糙度等要素构成，具体可通过地形高程和地形坡度两个指标得到反映。地形条件是区域经济社会发展空间格局形成与演变的控制性因素，在进行地形条件评价时应尽可能多地考虑与西江经济带经济发展有密切关系的人口承载能力及产业和城镇发展条件等因素，一般来说，高程低、坡度小、面积大且集中连片的区域更适合于作为城镇居民点、工业建设用地和耕地。

（一）算法、依据及技术流程

1. 地形高程分级标准及依据

（1）分级标准

西江经济带地形高程的分级标准按海拔小于100m、100~200m、200~400m、400~800m和大于800m划分为5个级别。

（2）分级依据

800m：在广西西江经济带境内属于高中山地与丘陵、低山的分界线。

400m：在广西西江经济带境内是低山地形的大致分界线。广西西江经济带的山脉多数在 400~800m。

200m：是台地和阶地的大致分界线。

100m：是广西西江经济带境内平原和台阶地的大致分界线。广西西江流域境内平原多为河谷平原和三角洲，地形高程均在 100m 以下。

2. 地形坡度分级标准及依据

（1）分级标准

西江经济带地形坡度的分级标准按小于3°、3°~8°、8°~15°、15°~25°和大于25°划分为5个级别。

（2）分级依据

3°：地形坡度3°以下，水土流失基本与平地一样。适宜城镇建设。地势平坦，有利于节约用地，而且对城镇道路和管网的布局基本上没有限制。

8°：地形坡度3°~8°较适宜城镇建设。地形有一定坡度，需采用台地与平地结合的混合式竖向设计，增加一定的土石方和防护工程量；对道路和管网布局构成少量限制，但容易营造有特色的城镇景观。

15°：15°是水土流失的一个相对质变点，15°以上水土流失急剧增大。地形坡度8°~15°属于中等适宜城镇建设。当自然地形坡度大于8°，居住区地面连接形式宜选用台地式，台地之间需用挡土墙或护坡连接，土石方和防护工程量较大。对道路和管网布局构成较大限制。当居住区内道路坡度大于8°时，应辅以梯步解决竖向交通，并在梯步旁附设推行自行车的坡道。建设成本的增加比较显著，生活有一定不便。

25°：地形坡度在25°以上时无法集中安排城市建设用地，也不适于工业仓储用地的交通组织和生产工艺流程组织。可安排少量居住用地，但纵向交通组织和管网布局均具有很大局限性。通常道路坡度很陡，需要设专门的步道，以及采用迂回式道路，建设成本显著上升，安全性下降，生活十分不便。

3. 指标计算技术流程

（1）基础图件

需要的图件包括：数字地形图和行政区划图。数字地形图来源于广西测绘局，比例尺为1:25万，栅格单元为 90m×90m。西江经济带行政区划图来源于广西测绘局。

（2）图件加工

以数字地形图为底图，按大于800m、800~400m、400~200m、200~100m、小于100m 提取生成地形高程分级图；以数字地形图为底图，按地形坡度小于3°、3°~8°、8°~15°、15°~25°和大于25°提取生成地形坡度分级图。根据西江经济带县级行政区界线调整更新情况将县级行政区划图调整更新到2008年。

（3）图形匹配与叠加

以数字地形图为基准图，将更新后的县级行政区划图与之匹配。将地形高程分级图、地形坡度分级图和更新后的县级行政区划图叠加在一起，生成一幅复合图，供数据提取和空间分析之用。

(4) 数据提取与空间分析

以叠加复合图为基础,以县级为单元,按地形高程分级、地形坡度分级以及二者的不同组合,提取计算出西江经济带分县地形高程和坡度分级数据。

(二) 评价结果分析

1. 地形总体特征

西江经济带59个县(市、区)地形的总体趋势是西北部高、东北部和南部地区低。中山区面积较小,主要包括百色西北部不沿江的区域,海拔一般为800~1500m。低山主要分布在百色市、崇左市境内,梧州市、贵港市和柳州市北部地区也有少量分布,海拔一般为400~800m。丘陵与台阶地主要交错分布于平原与山地之间,海拔一般为100~400m。盆地和平原面积较大,多为沿江谷地和三角洲,沿江7个地市均有分布,海拔一般在100m以下。

2. 地形高程空间分异特征

根据1:25万数字地形图生成的地形高程图(图2-10)和数据提取结果(表2-7),西江经济带的地形条件在地形高程分异方面具有以下显著特点。

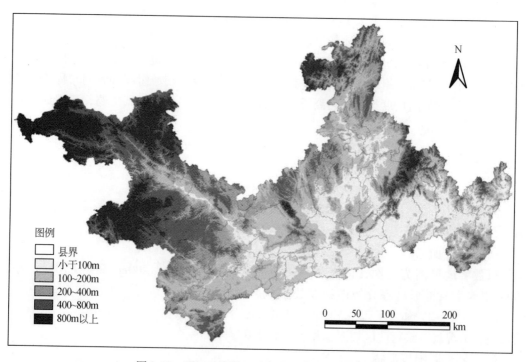

图2-10 西江经济带7地市地形高程分级分布图

表2-7 西江经济带7地市分县地形高程分级数据

县市名	小于100m 面积(km²)	比重(%)	100~200m 面积(km²)	比重(%)	200~400m 面积(km²)	比重(%)	400~800m 面积(km²)	比重(%)	大于800m 面积(km²)	比重(%)	合计面积(km²)
百色市市辖区	12.96	0.33	472.28	11.85	3 013.74	75.62	295.49	7.41	191.12	4.8	3 985.6
平果县	20.85	0.79	398.02	15.1	1 296.74	49.18	919.4	34.87	1.55	0.06	2 636.55
田东县	40.09	1.33	612.7	20.38	1 216.65	40.48	1 127.07	37.5	9.2	0.31	3 005.71
田阳县	5.49	0.22	448.77	17.64	523.85	20.59	1 235.81	48.57	330.45	12.99	2 544.37
崇左市市辖区	101.82	3.3	1 677.55	54.32	1 109.94	35.94	198.16	6.42	0.65	0.02	3 088.11
扶绥县	513.03	16.98	1 789.19	59.23	573.63	18.99	144.78	4.79	0	0	3 020.63
来宾市市辖区	1 832.41	38.94	1 893.4	40.24	835.53	17.76	143.91	3.06	0	0	4 705.24
武宣县	640.62	35.25	694.47	38.21	354.65	19.51	114.1	6.28	13.6	0.75	1 817.43
象州县	459	22.24	1 148.69	55.65	336.56	16.3	115.25	5.58	4.74	0.23	2 064.24
贵港市市辖区	2 206.39	58.19	1 021.21	26.93	443.67	11.7	112.16	2.96	8.14	0.21	3 791.57
桂平市	2 398.06	55.19	859.02	19.77	663.49	15.27	391.02	9	33.48	0.77	4 345.08
平南县	1 364.71	42.79	1 020.9	32.01	563.45	17.67	210.86	6.61	29.46	0.92	3 189.38
南宁市市辖区	2 148.74	31.34	4 046.81	59.02	631.81	9.22	28.4	0.41	0.37	0.01	6 856.13
横县	2 178.44	59.51	1 079.27	29.48	341.89	9.34	61.05	1.67	0.19	0.01	3 660.84
隆安县	443.94	18.12	705.69	28.81	909.16	37.12	389.98	15.92	0.66	0.03	2 449.42
梧州市市辖区	403.88	51.79	223.73	28.69	133.09	17.07	19.12	2.45	0.07	0.01	779.89
藤县	1 726.37	42.14	1 293.08	31.56	878.32	21.44	198.37	4.84	0.53	0.01	4 096.68
苍梧县	1 203.94	31.1	1 265.93	32.7	1 010.39	26.1	375.62	9.7	15.71	0.41	3 871.59
柳州市市辖区	317.63	49.37	278.4	43.27	47.33	7.36	0.01	0	0	0	643.37
柳江县	347.8	13.88	950.37	37.93	805.09	32.13	402.26	16.05	0	0	2 505.52
鹿寨县	389.32	11.75	1 711.32	51.63	903.82	27.27	276.94	8.35	33.32	1.01	3 314.72
宾阳县	1 051.71	42.71	885.49	35.96	377.68	15.34	145.11	5.89	2.2	0.09	2 462.2
岑溪市	215.29	7.32	926.99	31.52	1 224.69	41.64	560.75	19.07	13.17	0.45	2 940.89
大新县	13.23	0.45	264.99	9.06	1 433.75	49.05	1 209.94	41.39	1.41	0.05	2 923.31
德保县	0	0	1.46	0.05	113.81	4.16	1 397.73	51.07	1 223.78	44.72	2 736.79
合山市	81.46	21.1	188	48.69	111.63	28.91	5	1.3	0	0	386.09
金秀县	0	0	233.91	8.81	369.05	13.89	1 295.11	48.76	758.21	28.54	2 656.28
靖西县	0	0	0.13	0	39.39	1.11	1 167.86	32.94	2 338.22	65.95	3 545.6
乐业县	0	0	0	0	56.15	1.98	921.61	32.54	1 854.22	65.47	2 831.98
凌云县	0	0	0	0	60.49	2.75	780.71	35.49	1 358.47	61.76	2 199.67
柳城县	242.87	10.47	1 313.35	56.63	634.33	27.35	76.5	3.3	52.12	2.25	2 319.17
龙州县	28.29	1.15	889.23	36.25	1 171.96	47.78	360.25	14.69	3.12	0.13	2 452.86
隆安县	614.97	25.08	634.86	25.9	869.61	35.47	331.49	13.52	0.65	0.03	2 451.57

续表

县市名	小于100m		100～200m		200～400m		400～800m		大于800m		合计
	面积(km²)	比重(%)	面积(km²)	比重(%)	面积(km²)	比重(%)	面积(km²)	比重(%)	面积(km²)	比重(%)	面积(km²)
隆林县	0	0	0	0	2.11	0.06	584.81	15.3	3 235.46	84.65	3 822.38
鹿寨县	659.7	18.35	1 804.09	50.19	811.25	22.57	284.28	7.91	35.1	0.98	3 594.42
马山县	14.3	0.57	490.1	19.58	1 340.5	53.56	649.93	25.97	7.9	0.32	2 502.73
蒙山县	42.51	3.11	362.35	26.51	521.03	38.13	416.9	30.51	23.84	1.74	1 366.62
那坡县	0.12	0	0	0	65.24	2.76	838.73	35.48	1 460.1	61.76	2 364.19
宁明县	24.57	0.63	1 484.76	38.04	1 354.17	34.7	985.15	25.24	54.4	1.39	3 903.06
凭祥市	34.34	4.45	163.33	21.17	385.26	49.93	128.64	16.67	59.99	7.77	771.56
融安县	36.38	1.16	773.19	24.59	1 474.52	46.89	816.69	25.97	43.99	1.4	3 144.77
融水县	52.23	1.48	798.23	22.64	1 448.09	41.07	1 040.92	29.52	186.22	5.28	3 525.71
三江县	37.07	0.83	499.18	11.12	1 161.53	25.87	1 717.03	38.24	1 075.34	23.95	4 490.14
上林县	242.1	8	716.37	23.67	1 182.6	39.08	758.24	25.06	126.54	4.18	3 025.85
天等县	1 417.26	34.05	1 114.14	26.77	754.44	18.12	859.63	20.65	16.97	0.41	4 162.45
田林县	46.06	1.63	293.03	10.37	1 054.63	37.31	1 208.72	42.76	224.4	7.94	2 826.84
武鸣县	320.85	16.31	1 392.3	70.77	168.22	8.55	20.54	1.04	65.43	3.33	1 967.33
西林县	213.91	14.51	290.27	19.69	231.31	15.69	284.45	19.29	454.54	30.83	1 474.48
忻城县	142.81	6.94	732.5	35.59	868.03	42.18	301.79	14.66	12.83	0.62	2 057.96
合 计	24 287.4	17.19	39 843.0	28.2	35 878.2	25.4	25 908.25	18.34	15 361.86	10.87	141 278

1）从西江经济带7个地市分县地形分级数据看（表2-7），随着海拔增高，所占面积有逐渐减小的趋势，海拔小于100m、100～200m以及200～400m的面积占了绝大部分，海拔小于400m的面积总和为100 008.84km²，占70.79%，主要分布在南宁市、贵港市、来宾市以及柳州市和梧州市南部地区，地貌类型以平原和盆地为主。海拔为400～800m的面积为25 908.25km²，占18.34%，海拔在800m以上的面积为15 361.86km²，仅占10.87%，海拔较高的地区主要分布在百色市和崇左市、来宾市山区。

2）从分县地形分级数据看，西江经济带47个县级行政区（市辖区未单列）可以大致分为3种类型，即中低山区类型、丘陵台地区类型以及平原盆地区类型。中低山区类型包括11个县，面积为31 492.72km²，占总面积22.29%，主要分布在百色市、崇左市和来宾市境内。该11个县海拔在400m以上的面积超过了本县总面积的50%。丘陵台地区类型包括18个县（市、区），面积为52 900.25km²，占总面积37.44%，海拔主要介于200m与400m之间，7个地市均有分布。平原盆地区类型包括其余的18个县（市、区），面积为56 885.99km²，占40.27%，分布于7个地级市的沿江大部地区，海拔主要在200m以下（表2-8）。

表 2-8　西江经济带 7 地市分县地貌类型划分

类　型	所含县、市、区	面积（km²）	比重（%）
中低山区类型	田阳县、德保县、金秀县、靖西县、乐业县、凌云县、隆林县、那坡县、三江县、田林县、西林县	31 492.72	22.29
丘陵台地区类型	百色市辖区、平果县、田东县、崇左市辖区、隆安县、柳江县、岑溪市、大新县、龙州县、马山县、蒙山县、宁明县、凭祥市、融安县、融水县、上林县、天等县、忻城县	52 900.25	37.44
平原盆地区类型	扶绥县、来宾市辖区、武宣县、象州县、贵港市辖区、桂平市、平南县、横县、南宁市辖区、梧州市辖区、藤县、苍梧县、柳州市辖区、鹿寨县、宾阳县、合山市、柳城县、武鸣县	56 885.99	40.27

3. 地形坡度空间分异特征

根据 1∶25 万数字地形图生成的地形坡度分级分布图（图 2-11）和数据提取结果（表 2-9），西江经济带 7 个地市的地形条件在地形坡度分异方面具有以下显著特点。

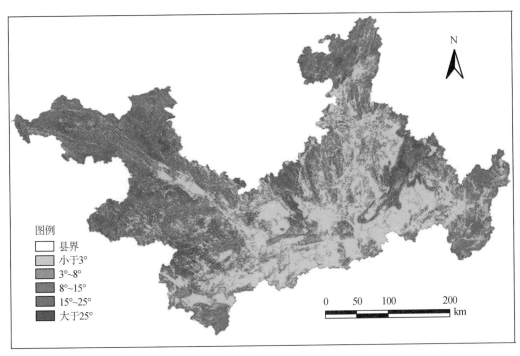

图 2-11　西江经济带 7 地市地形坡度分级分布图

表 2-9　西江经济带 7 地市分县地形坡度分级数据

县市名	小于3° 面积(km²)	比重(%)	3°~8° 面积(km²)	比重(%)	8°~15° 面积(km²)	比重(%)	15°~25° 面积(km²)	比重(%)	大于25° 面积(km²)	比重(%)	合计面积(km²)
百色市市辖区	265.49	6.66	228.16	5.72	510.03	12.8	1 486.95	37.31	1 494.97	37.51	3 985.6
平果县	400.42	15.19	220.63	8.37	345.15	13.09	631.28	23.94	1 039.06	39.41	2 636.55
田东县	356.45	11.86	259.92	8.65	422.87	14.07	942.66	31.36	1 023.81	34.06	3 005.71
田阳县	344.86	13.55	198.48	7.8	332.17	13.05	685.26	26.93	983.59	38.66	2 544.37
崇左市市辖区	907.92	29.4	519.16	16.81	477.63	15.47	511.54	16.56	671.85	21.76	3 088.11
扶绥县	1 155.76	38.26	596.37	19.74	447.81	14.83	399.54	13.23	421.14	13.94	3 020.63
来宾市市辖区	2 164.12	45.99	659.09	14.01	619.35	13.16	599.74	12.75	662.94	14.09	4 705.24
武宣县	725.25	39.91	231.29	12.73	258.98	14.25	331.95	18.26	269.95	14.85	1 817.43
象州县	765.21	37.07	409.96	19.86	448.74	21.74	302.07	14.63	138.24	6.7	2 064.24
贵港市市辖区	2 148.46	56.66	357.81	9.44	395.47	10.43	562.65	14.84	327.17	8.63	3 791.57
桂平市	1 663.62	38.29	591.64	13.62	690.34	15.89	826.89	19.03	572.58	13.18	4 345.08
平南县	1 017.37	31.9	322.59	10.11	555.21	17.41	841.87	26.4	452.35	14.18	3 189.38
南宁市市辖区	2 241.94	32.7	875.25	12.77	960.41	14.01	916.7	13.37	1 861.83	27.16	6 856.13
横　县	909.89	24.85	196.74	5.37	165.05	4.51	155.43	4.25	2 233.73	61.02	3 660.84
隆安县	674.09	27.52	260.94	10.65	293.53	11.98	458.99	18.74	761.88	31.1	2 449.42
梧州市市辖区	133.15	17.07	70.54	9.04	133.31	17.09	266.27	34.14	176.62	22.65	779.89
藤　县	555.29	13.55	479.48	11.7	976.66	23.84	1 477.03	36.05	608.22	14.85	4 096.68
苍梧县	417.9	10.79	350.03	9.04	762.34	19.69	1 442.2	37.25	899.12	23.22	3 871.59
柳州市市辖区	337.79	52.5	104.88	16.3	109.62	17.04	56.57	8.79	34.5	5.36	643.37
柳江县	753.04	30.06	286.08	11.42	385.12	15.37	489.86	19.55	591.42	23.6	2 505.52
鹿寨县	787.56	23.76	469.52	14.16	828.94	25.01	777.17	23.45	451.52	13.62	3 314.72
宾阳县	1 883.64	76.5	199.61	8.11	186.88	7.59	163.15	6.63	28.93	1.17	2 462.2
岑溪市	893.78	30.39	483.88	16.45	868.59	29.53	619.61	21.07	75.04	2.55	2 940.89
大新县	1 046.09	35.78	285.05	9.75	370.33	12.67	592.5	20.27	629.35	21.53	2 923.31
德保县	790.76	28.89	288.31	10.53	467.9	17.1	768.55	28.08	421.27	15.39	2 736.79
合山市	254.73	65.98	54.25	14.05	52.42	13.58	20.6	5.34	4.1	1.06	386.09
金秀县	594.94	22.4	223.76	8.42	426.45	16.05	881.13	33.17	530.01	19.95	2 656.28
靖西县	1 286.01	36.27	363.34	10.25	518.15	14.61	829.73	23.4	548.37	15.47	3 545.6
乐业县	547.74	19.34	270.49	9.55	584.53	20.64	1 077.68	38.05	351.54	12.41	2 831.98
凌云县	479.11	21.78	207.8	9.45	401.98	18.27	747.04	33.96	363.75	16.54	2 199.67
柳城县	1 477.95	63.73	302.98	13.06	235.08	10.14	177.2	7.64	125.96	5.43	2 319.17
龙州县	1 129.25	46.04	224.72	9.16	303.49	12.37	427.56	17.43	367.84	15	2 452.86
隆安县	1 401.2	57.16	255.93	10.44	282.12	11.51	337.83	13.78	174.49	7.12	2 451.57

续表

县市名	小于3° 面积(km²)	小于3° 比重(%)	3°~8° 面积(km²)	3°~8° 比重(%)	8°~15° 面积(km²)	8°~15° 比重(%)	15°~25° 面积(km²)	15°~25° 比重(%)	大于25° 面积(km²)	大于25° 比重(%)	合计面积(km²)
隆林县	863.31	22.59	372.37	9.74	755.42	19.76	1 401.32	36.66	429.96	11.25	3 822.38
鹿寨县	2 234.1	62.15	436.61	12.15	400.77	11.15	382.67	10.65	140.27	3.9	3 594.42
马山县	1 043.63	41.7	298.44	11.92	343.39	13.72	458.77	18.33	358.5	14.32	2 502.73
蒙山县	525.56	38.46	136.14	9.96	256.24	18.75	348.44	25.5	100.24	7.33	1 366.62
那坡县	432.07	18.28	212.07	8.97	379.18	16.04	829.72	35.1	511.15	21.62	2 364.19
宁明县	1 799.25	46.1	453.12	11.61	783.92	20.08	717.78	18.39	149	3.82	3 903.06
凭祥市	388.07	50.3	79.05	10.25	127.23	16.49	103.83	13.46	73.38	9.51	771.56
融安县	1 569.57	49.91	319.97	10.17	537.15	17.08	575.97	18.32	142.1	4.52	3 144.77
融水县	1 568.99	44.5	348.98	9.9	631.23	17.9	789.07	22.38	187.44	5.32	3 525.71
三江县	1 059.85	23.6	385.82	8.59	901.16	20.07	1 575.88	35.1	567.44	12.64	4 490.14
上林县	1 266.92	41.87	313.07	10.35	525.76	17.38	763.68	25.24	156.43	5.17	3 025.85
天等县	2 436.17	58.53	476.75	11.45	710.84	17.08	447.76	10.76	90.92	2.18	4 162.45
田林县	994.37	35.18	348.75	12.34	527.7	18.67	741.01	26.21	215.02	7.61	2 826.84
武鸣县	1 548.99	78.74	150.34	7.64	193.11	9.82	58.36	2.97	16.53	0.84	1 967.33
西林县	589.3	39.97	204.26	13.85	261.55	17.74	337.33	22.88	82.04	5.56	1 474.48
忻城县	1 101.3	53.51	232.53	11.3	318.48	15.48	288	13.99	117.64	5.72	2 057.96
合 计	49 932.21	35.34	15 616.95	11.05	22 469.76	15.9	30 624.79	21.68	22 635.23	16.02	141 278

1）西江经济带7地市地形坡度分异的总体情况是各坡度面积比重较均匀，低坡度面积稍大于高坡度面积。地形坡度小于3°的面积在5个类型中面积最大，为49 932.21km²，占35.34%，主要分布于沿江平原和盆地区域；坡度为3°~8°与8°~15°的面积分别为15 616.95km²和22 469.76km²，分别占11.05%和15.90%，主要夹杂分布于平原盆地、丘陵台地区之中；坡度为15°~25°与大于25°的面积分别为30 624.79km²和22 635.23km²，分别占21.68%和16.02%，主要夹杂分布于丘陵台地区和高中山区类型之中。

2）从分县地形坡度分级数据看，有12个县（市、区）地形坡度大于15°的面积超过了本县总面积的50%，这些地形起伏较大的县总面积为34 633.34km²，占总面积的24.51%；有23个县（市、区）地形坡度小于8°的面积超过了本县总面积的50%，这些地形平缓的县总面积为60 589.75km²，占总面积的42.89%；其余12县（市、区）地形起伏介于两者之间，面积为46 061.73km²，占总面积的32.60%。

二、土地资源

土地资源是区域开发建设适宜性评价的关键因素，而土地利用是人类经济社会活动作用于土地资源的综合反映，体现了人类适应、利用和改造土地资源自然属性的"人－地"

相互作用进程。因此，评价土地资源可通过评价土地利用类型的数量、结构及空间分布特征得到表征。针对广西西江经济带开发建设对建设用地的特殊需求，评价重点应是后备适宜建设用地（在主体功能区划中被称为可利用土地资源）潜力和分布。

（一）计算方法与技术流程

1. 计算方法

$$[后备适宜建设用地] = [适宜建设用地面积] - [已有建设用地面积] - [基本农田面积]$$

$$[适宜建设用地面积] = ([地形坡度] \cap [海拔高度]) - [所含林草地面积] - [所含河湖库等水域面积]$$

$$[已有建设用地面积] = [城镇用地面积] + [农村居民点用地面积] + [独立工矿用地面积] + [交通用地面积] + [特殊用地面积] + [水利设施建设用地面积]$$

$$[基本农田面积] = [[适宜建设用地面积]内的耕地面积] \times \beta$$
$$(\beta \in [0.8, 1)，西江经济带 \beta = 0.85)$$

2. 技术流程

第一步：基础图件和数据准备。需要的图件包括数字地形高程图、分县行政区划图、土地利用现状图等。数字地形高程图来源于广西测绘局，比例尺为1:25万；土地利用图来源于中国科学院科学数据中心基于2005年遥感影像解译得到的1:10万土地利用图。数据主要为国土资源部2008年分县土地利用变更调查数据。

第二步：以数字地形图为底图，按大于800m、800~400m、400~200m、200~100m、小于100m提取生成地形高程分级图，并将其转换为矢量图；按小于3°、3°~8°、8°~15°、15°~25°、大于25°提取生成地形坡度分级图，也将其转换为矢量图。

第三步：以数字地形图或土地利用图为基准图，对其他图进行投影转换；对图进行修边处理；将所有已匹配、修边的图叠加在一起，生成一幅复合图，供数据提取和空间分析之用。

第四步：提取分县不同地形高程分级的地形坡度分级面积数据、分县不同地形高程分级和不同地形坡度分级的建设用地面积数据、分县不同地形高程分级和不同地形坡度分级的耕地面积数据、分县不同地形高程分级和不同地形坡度分级的水域面积数据，以叠加复合图为基础，按指标计算方法计算后备适宜建设用地面积，并进行丰度分级。

（二）评价结果分析

1. 土地利用总体特点

据国土资源部2008年土地利用变更调查数据，西江经济带7地市土地总面积为13.08

万 km², 土地利用以林地为主，所占比例为 47.51%，其他各类用地的情况为耕地 20.11%、园地 1.63%、草地 2.96%、其他农用地 3.46%、建设用地 3.86%（全国平均为 3.48%）、水域 1.97%、未利用地 20.46%（图 2-12）。根据中国科学院遥感应用研究所 2005 年 1∶10 万土地利用遥感影像解译图与 1∶25 万数字地形图叠加分析结果，西江经济带 7 个地市县级行政区的土地利用在空间分布上呈现出了如下基本特征（图 2-13）。

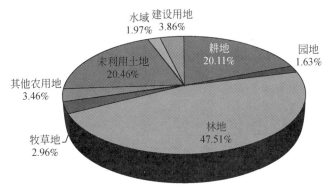

图 2-12　西江经济带 7 地市 2008 年土地利用构成

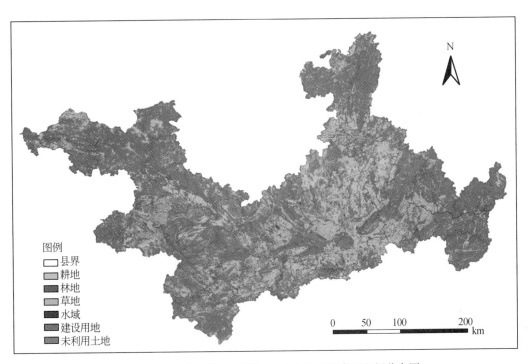

图 2-13　2005 年西江经济带 7 地市土地利用类型空间分布图

1) 丘陵地区、中低山区的土地利用类型主要为林地和草地，耕地和建设用地稀少；沿江盆地、河谷平原、三角洲、峡谷区河谷地带及低平台山土地利用类型中耕地和建设用地比重较大。

2) 耕地资源主要分布在地势相对平坦的东南部地区、平原、峡谷区河谷地带海拔

200m 以下且坡度小于 15°的地域。据耕地的地形高程和坡度分级数据，分布在 200m 以下的耕地占 72.74%，在 800m 以上的耕地占 6.65%；地形坡度在 15°以下的耕地占 91.25%，在 25°以上的耕地占 2.60%。

3）建设用地的分布趋势与耕地的分布基本一致。其地形分异特征为：地形高程 200m 以下占 97.43%，800m 以上占 0.18%；地形坡度 15°以下占 98.25%，25°以上占 0.46%。

据国土资源部 2008 年土地利用变更调查数据，西江经济带 7 地市现有建设用地面积为 5 079.80km²，总的建设用地强度为 3.86%，略高于全国 3.48%的平均水平。根据西江经济带 7 地市建设用地强度分县数据及分级图（图 2-14）可以看出，西乡塘区、江南区、青秀区、柳州市市辖区、港北区等市辖区的建设用地强度均在 10%以上，人口集中、经济较发达是这些地区建设用地强度较高的原因。建设用地强度较低的县区主要集中分布在西北部、北部山区和其他地形高程坡度比较高的地区。

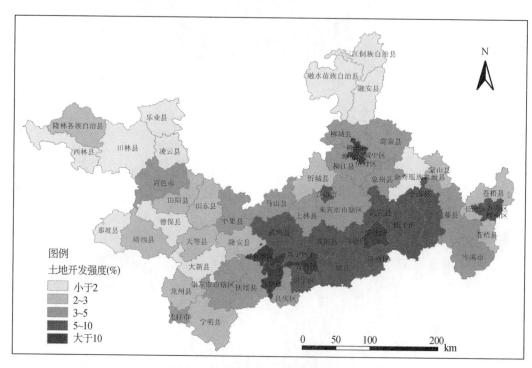

图 2-14　西江经济带 7 地市建设用地强度评价图

2. 适宜建设用地评价

适宜建设用地面积是指一个地区适宜开发建设的土地面积。就西江经济带而言，主要是指地形高程在 800m 以下并且地形坡度在 15°以下的土地面积，并除去所含河流、湖泊和水库等水域面积、林地和草地面积。根据西江经济带 7 地市适宜建设土地资源分县数据及分级类型图（图 2-15），7 地市适宜建设用地面积总和为 31 882.68km²，占整个区域面积的 24.40%。7 地市适宜建设用地空间分布的总体特点是中部多于西部，地形平坦地区多于地形较起伏的地区。西江经济带适宜建设用地可划分为丰富、较丰富、中等、较缺乏和缺乏 5 个类型。

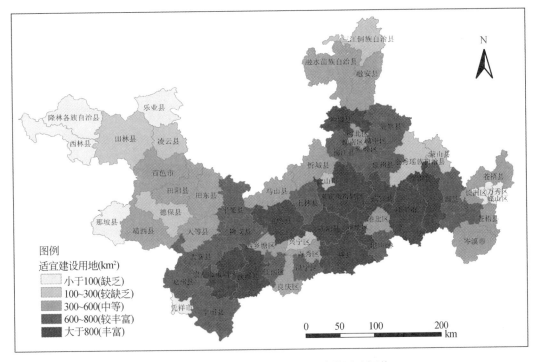

图 2-15　西江经济带 7 地市适宜建设用地评价

1）丰富类。适宜建设土地资源面积在 800km² 以上，包括 11 个县级行政区，适宜建设土地面积为 14 251.87km²，占 7 地市适宜建设用地面积总量的比例为 44.70%。

2）较丰富类。适宜建设土地资源面积为 600~800km²，包括 13 个县级行政区，适宜建设土地面积合计为 8752.46km²，占 7 地市总量的比例为 27.45%。

3）中等类。适宜建设土地资源面积为 300~600km²，包括 16 个县级行政区，适宜建设土地面积合计为 7018.47km²，占 7 地市总量的比例为 22.01%。

4）较缺乏类。适宜建设土地资源面积为 100~300km²，包括 8 个县级行政区，适宜建设土地面积合计为 1841.58km²，占 7 地市总量的比例为 4.65%。

5）缺乏类。适宜建设土地资源面积在 100km² 以下，包括 6 个县级行政区，适宜建设土地面积合计为 378.31km²，占 7 地市总量的比例为 1.19%，集中分布在西北部山区和梧州市市辖区。

3. 后备适宜建设用地评价

后备适宜建设用地是为了评价不同区域对未来人口集聚、工业化和城镇化发展的土地承载能力而设计的一个综合性指标，由后备适宜建设用地的数量、质量和集中规模 3 个要素构成。后备适宜建设用地评价突出了人口集聚、产业布局和城镇发展建设用地的土地适宜性目标特征，在指标计算和结果评价时应尽可能多地考虑与人口、产业和城镇发展有关的因素；在关注后备适宜建设用地的数量和质量的同时，也应强调其空间分布的集中性和连片性状况，即数量大、质量好且集中连片的后备适宜建设用地更适合于作为人口集聚、产业布局和城镇发展的建设用地。

根据图上提取数据计算结果，西江经济带 7 地市后备适宜建设用地的总面积为 4357.91km²，占土地总面积的 3.33%，略低于已有建设用地 3.86% 的水平。按照面积大于 100km²、100~80km²、80~50km²、50~20km² 和小于 20km² 的分级标准，将西江经济带后备适宜建设用地的 59 个县级单元划分为丰富、较丰富、中等、较缺乏、缺乏 5 个等级（表 2-10），其空间分布情况如图 2-16 所示。总体上看，西江经济带后备适宜建设用地空间分布的总体特点是东南部多于西北部，地形平坦地区多于地形崎岖地区。

表 2-10 西江经济带后备适宜建设用地分级类型表

丰缺程度	县级单元数	县、市、区	面积（km²）
丰富	13	宁明县、柳江县、武宣县、覃塘区、柳城县、崇左市市辖区、平南县、扶绥县、宾阳县、横县、武鸣县、桂平市、来宾市市辖区	2 153.30
较丰富	12	田东县、平果县、上林县、鹿寨县、隆安县、邕宁区、江南区、龙州县、大新县、港南区、藤县、象州县	1 077.67
中等	11	百色市、马山县、良庆区、西乡塘区、岑溪市、天等县、融水苗族自治县、忻城县、港北区、苍梧县、田阳县	707.13
较缺乏	11	田林县、德保县、融安县、靖西县、凌云县、合山市、蒙山县、三江侗族自治县、柳州市市辖区、兴宁区、青秀区	351.67
缺乏	7	梧州市市辖区、隆林各族自治县、凭祥市、那坡县、西林县、乐业县、金秀瑶族自治县	68.14

1）丰富类。可利用土地资源面积大于 100km²，包括 13 个县级行政区，可利用土地资源面积合计为 2153.30km²，占 7 地市总量的比例为 49.41%。相对集中于柳江平原、宾阳平原等地势平坦的平原地区。

2）较丰富类。可利用土地资源面积为 80~100km²，包括 12 个县级行政区，可利用土地资源面积合计为 1077.67km²，占 7 地市总量的比例为 24.73%。空间分布较为广泛，相对集中于河谷和地势相对平坦的盆地地区。

3）中等类。可利用土地资源面积为 50~80km²，包括 11 个县级行政区，可利用土地资源面积合计为 707.13km²，占全省总量的比例为 16.23%。其空间分布较为广泛，散布于 7 个地市。

4）较缺乏类。可利用土地资源面积为 20~50km²，包括 11 个县级行政区，可利用土地资源面积合计为 351.67km²，占全省总量的比例为 8.07%。

5）缺乏类。可利用土地资源面积在 20km² 以下，包括 7 个县级行政区，可利用土地资源面积合计为 68.14km²，占全省总量的比例为 1.56%。除金秀瑶族自治县为 18.06km² 以外，其余 6 县市均在 10km² 以下。空间集中分布较为陡峭的山区，同时还包括梧州市市辖区和凭祥市。

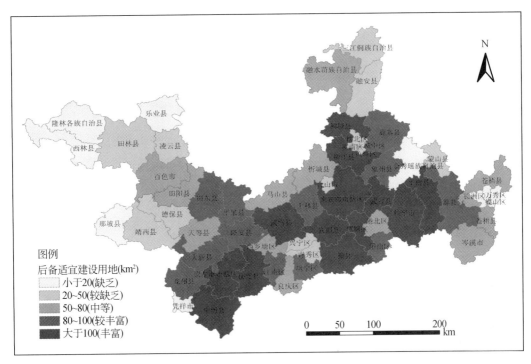

图 2-16 西江经济带后备适宜建设用地分级类型图

三、生态重要性

生态重要性是评价区域生态系统结构、功能重要程度的综合性指标。由水源涵养重要性、土壤保持重要性、生物多样性维护重要性、重要生态系统保护重要性 4 个要素构成。具体通过这 4 个要素重要程度指标来反映。

（一）算法及依据

1. 计算方法

[生态重要性] = MAX {[水源涵养重要性]，[土壤保持重要性]，[生物多样性维护重要性]，[重要生态系统保护重要性]}

根据以上计算方法，西江经济带生态重要性以自然单元进行评价。由于数据的可获得性限制，本次评价基于公里格网分辨率进行生态重要性评价。

2. 测度依据

水源涵养重要性由江河流域等级及生态系统类型确定，在综合考虑水源涵养自然保护区分布、水源涵养重要性地区分布及流域重要生态功能区范围等因素的基础上，确定不同区域的水源涵养重要性程度，鉴于西江流域水源涵养比较重要，不设最低等级。具体等级标准如表2-11所示。

表2-11 生态系统水源涵养重要性评价

流域级别	生态系统类型	重要性
一级河流	森林、湿地/草原	高/较高
二级河流	森林、湿地/草地	较高/中等
三级河流	森林、湿地/草地	中等/较低

土壤保持是生态系统保护的重要内容。土壤保持重要性由森林、草原、草甸、荒漠4类生态系统以及土壤侵蚀程度来确定,主要考虑采用森林生态系统以及土壤侵蚀程度进行评估。具体等级标准如表2-12所示。

表2-12 生态系统土壤保持重要性评价

生态系统类型	土壤侵蚀程度	土壤保持重要性
森林生态系统 草原生态系统 草甸生态系统	剧烈 极强度 强度 中度 轻度 微度	高 高 较高 中等 较低 低

生物多样性维护重要性是反映一个地区生物物种数量丰富程度的重要指标。主要根据生态系统或物种占全区物种数量比率确定重要性,并依据各地自然保护区的数量、类型及分布进行综合评价。具体等级标准如表2-13所示。

表2-13 生物多样性维护重要性评价

生态系统或物种占全省物种数量比率	重要性
优先生态系统,或物种数量比率大于30%	极重要
物种数量比率15%~30%	重要
物种数量比率5%~15%	中等重要
物种数量比率小于5%	不重要

3. 技术流程

第一步:生态重要性单因子分级。采用公里网格的水源涵养重要性、土壤保持重要性、防风固沙重要性、生物多样性维护重要性分级数据,根据生态重要性单因子分级标准,实现生态重要性单因子分级。

第二步:生态重要性单因子复合。对生态重要性单因子分级图进行复合,判断重要生态系统出现的公里网格生态系统重要类型是单一型还是复合型生态系统重要类型。

第三步:生态重要性程度确定。对单一型生态重要类型区域,根据其单因子重要性确定生态重要程度；对复合型生态重要类型，采用最大限制因素法确定生态系统重要程度。

第四步：生态重要性分级确定。对公里网格的生态重要性程度分级结果，采用区域综合方法、主导因素方法、类型归并方法等，进行生态重要性分级。生态重要性程度划分为重要性高、重要性较高、重要性中等、重要性较低和重要性低。

（二）评价结果分析

1. 水源涵养重要性评价

从评价结果看（图2-17），流域内水源涵养最高等级区域主要在流域东北部，集中分布在融水、三江以及融安、鹿寨、蒙山和金秀的北部，这里是柳江的发源地和大瑶山地区；流域内水源涵养较高等级的区域主要分布在流域的西北部、东部以及中部部分地区，集中分布在百色市北部县区和梧州的部分县区，其中西北部是红河水、右江的水源地，东部是重要的商品林和经济林地，中部零星的区域主要是山区和一些支流的水源地；水源涵养中等等级区域主要分布在西南部和中北部地区，集中分布在百色市南部县区、崇左市部分县区和来宾的西北部，这里是低山丘陵熔岩地区，生态比较脆弱。其余的地方是一些平原、盆地地区，水源涵养功能稍低。整体来说，水源涵养区主要分布在河流水源地和山地地区，占整个流域面积的近一半。

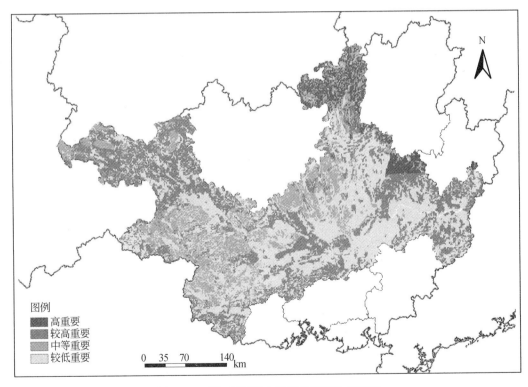

图 2-17 西江经济带水源涵养重要性等级图

2. 土壤保持重要性评价

从评价结果看（图2-18），西江经济带内土壤保持重要性整体不高，只有中等以下等级。其中中等重要的零星分布于整个流域，但在西北、东北和东南相对集中一点；较低重要等级区域在田林、融水、三江、融安、金秀、苍梧和宁明等县区；其余地区为土壤保持低重要区域。总体来说，流域土壤保持的重要区分布在流域西北、西南、东北和东南4个区域。

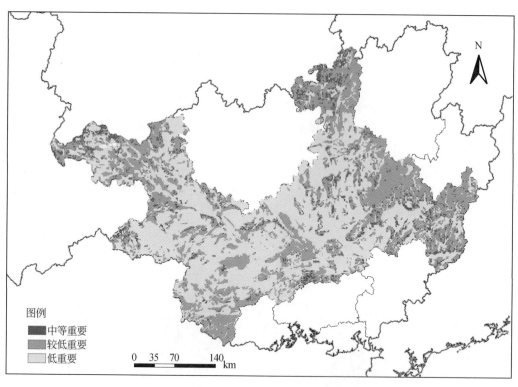

图2-18 西江经济带土壤保持重要性等级图

3. 生物多样性维护重要性评价

西江经济带内生物物种丰富，是我国生物多样性维护的重要区域，从评价结果看（图2-19），区内生物多样性维护极重要区域主要分布在西北、西南、东北和金秀县，这里是天然林保护比较完好的地区，森林生物物种多样性十分丰富。其中，西北部主要是田林和隆林，是天然森林自然保护区面积最大的地区；西南主要是宁明、那坡和部分山地，其他西南部的多样性维护区基本都集中在山地，如大明山、西大明山、花山、龟弄山等；东北主要是融水，九万大山蜿蜒其中，中部元宝山海拔两千多米，是垂直地带生物多样性极丰富地区；金秀县地处大瑶山山区，拥有优越的自然地理条件，植被覆盖率高，且物种丰富，是生物多样性极丰富地区。生物多样性维护重要区域主要分布在百色、乐业、西林、三江、融安、苍梧、桂平以及大明、都阳山区，这些同样是生态系统复杂、物种资源十分丰富的地区。物种多样性保护中等重要的区域主要在流域中下游，主要集中在梧州市左边的部分县区，以及柳州、贵港的部分县区。不重要的区域主要集中在流域中部，以平原、盆地为主，这里人口聚集，城市发达，生物多样性维护价值低。总体来说，西江经济带的生物多样性主要集中在人口稀疏的山区和林区，这里生物生境完整，受干扰的程度小。

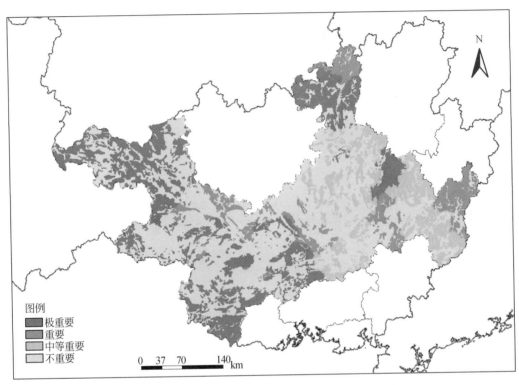

图 2-19　西江经济带生态多样性维护重要性等级图

4. 重要生态系统保护重要性评价

重要生态系统就是指那些目前受到严格保护的、禁止开发利用的生态系统，它们是用来保存纯自然的生态系统或者是珍稀濒危野生动植物物种的天然集中分布区，也有的是在区域生态服务功能上起到至关重要的作用，或者是对人类生存、经济社会发展必不可少的，一般包括自然保护区域和基本农田保护区，因此这些重要生态系统分布区亦为生态极重要区域。

（1）自然保护区域

自然保护区域，是指受国家法律特殊保护的各种自然区域的总称，不仅包括自然保护区本身，还包括森林公园、风景名胜区、自然遗迹等各种保护地区。这里的自然保护区域范围，包括自然保护区、森林公园、风景名胜区、旅游度假区、地质公园等五大类，是保留自然本底、储存物种、开辟科研教育基地、保留自然界美学价值、改善区域生态环境、保障粮食安全的基地，也是促进区域可持续发展、实现人与自然和谐相处和建设生态西江经济带的重要保障（图 2-20）。

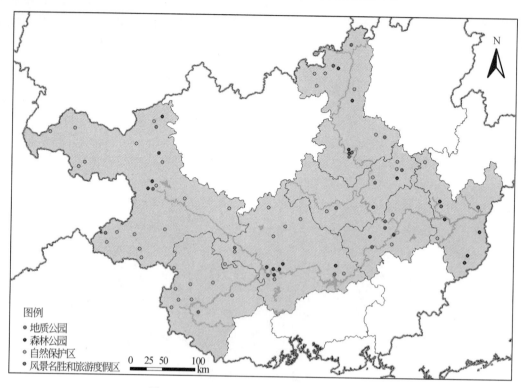

图 2-20　西江经济带自然保护区域分布格局

西江经济带内共有自然保护区 40 处,其中国家级的 5 处,自治区级的 24 处,地级的 3 处,县级的 8 处。从空间分布来看,流域西部尤其是百色市自然保护区的数量多、面积大。这也与当地的自然地理、资源环境条件相吻合,百色境内山地多、水源丰富、开发力度小,一些天然自然生态系统得到了比较好的保护。而东南地区多平原盆地,人口集中,原始自然生态系统大多被开发为农用地和城镇建设用地。

区内共有各级森林公园 22 处。本区森林公园数量分布比较均匀,其中南宁市的数量最多,但相对于柳州、百色等市的森林公园面积却较小,都是一些小型的森林公园,也有一些森林公园位于自然保护区内,位置与自然保护区重叠。

区内共有风景名胜区和旅游度假区共 15 处,区域内的风景名胜和旅游度假区主要集中在东部,以柳州和贵港为主,这里自然景观、人文景观、风景名胜资源比较集中,环境优美,可供人们游览和进行其他科学、文化活动。

西江经济带有地质公园 6 处,地质公园主要分布在百色市,而且公园面积大,主要是用来保护喀斯特山地。同时,地质公园也是普及地学知识,开展旅游,促进地方经济发展的有效途径。

(2) 基本农田保护区

鉴于我国人均耕地面积少,耕地后备资源不足,为了维护国家粮食安全、保持社会稳定,国家划定了基本农田保护区,划定的区域任何单位和个人不得以任何理由占用或改变用途,同时要防止基本农田退化或被污染。西江经济带里的基本农田保护区主要集中在水源好的盆地、平原、沿河阶地、宽谷地区,共有基本农田 2 320 149 hm^2,南宁市和百色市的基本农田面积最大(表2-14)。这些受严格保护的农田生态系统主要发挥其生产功能,保证人民生活的基本所需。

表2-14　西江经济带基本农田保护区不同类型面积统计　　(单位:hm^2)

地级市	耕　地	园　地	林　地	人工草地	其他农用地	合　计
南　宁	529 770	6 626	77	0	448	536 921
柳　州	271 704	1 964	841	230	783	275 523
梧　州	149 067	0	0	0	0	149 067
贵　港	310 126	5 185	271	0	1 772	315 715
崇　左	349 529	1 600	0	0	0	351 129
来　宾	296 273	5 569	82	3	83	302 010
百　色	370 939	1 078	17 551	0	216	389 784

5. 生态重要性总体评价

在对西江经济带的水源涵养重要性、土壤保持重要性、生物多样性维护重要性以及重要生态系统进行单项评价后,采用最大限制因素法确定生态系统重要程度。鉴于西江经济带是比较重要的生态地区,因此缺失不重要等级。

西江流域是我国比较重要的生态地区,大部分地区生态重要性较高。从评价结果看(图2-21),生态极重要区域主要集中在融水、金秀、田林、宁明等地区和重要生态系统

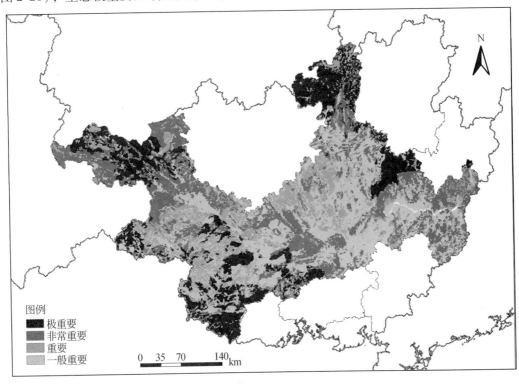

图2-21　西江经济带生态重要性总体评价图

分布区；非常重要区域主要分布在西北百色市辖县区、东北部的三江融安、东部梧州市辖县区，中部主要集中在大明山和大瑶山等山区；重要区域主要分布在西南和中北部的岩溶地区；一般重要区集中在百色、南宁、郁江、浔江盆地以及一些河谷地区。总体上，西江流域的生态重要性较高的区域主要分布在河流水源地、山区、岩溶地区以及原始森林植被覆盖率高的地区，是西江生态安全的关键区。

四、生态脆弱性

生态脆弱性是评价一个区域生态环境脆弱程度的集成性指标。依据西江经济带的区域特点，选择水土流失脆弱性、石漠化脆弱性、地质灾害危险性等3项指标对西江经济带生态脆弱的格局做出单项评价。然后，根据3项指标的单项评价结果，依据最大限制因素法对西江经济带生态脆弱性总体格局做出综合评价，评价结果分为脆弱、较脆弱、一般脆弱、略脆弱和不脆弱5个等级。

（一）算法及依据

1. 计算方法

$$[生态系统脆弱性] = MAX\{[水土流失脆弱性], [石漠化脆弱性], [地质灾害危险性]\}$$

根据上面的计算方法，西江经济带生态脆弱性评价以自然单元进行。由于数据的可获得性，本次生态脆弱性评价基于公里格网分辨率进行。

2. 测度依据

水土流失脆弱性评价从水力侵蚀与风力侵蚀两个方面来评价，二者的脆弱性分级标准见表2-15、表2-16。

表2-15 水力侵蚀脆弱性分级

级别	平均侵蚀模数 $[t/(km^2 \cdot a)]$	平均流失厚度 (mm/a)	脆弱性等级
剧烈	>15 000	>11.1	脆弱
极强度	8 000~15 000	5.9~11.1	脆弱
强度	5 000~8 000	3.7~5.9	较脆弱
中度	2 500~5 000	1.9~3.7	一般脆弱
轻度	200, 500, 1 000~2 500	0.15, 0.37, 0.74~1.9	略脆弱
微度	<200, 500, 1 000	<0.15, 0.37, 0.74	不脆弱

表2-16　风力侵蚀脆弱性分级

级别	床面形态（地表形态）	植被覆盖度（%）（非流动沙丘面积）	风蚀厚度（mm/a）	侵蚀模数 [t/(km²·a)]	脆弱性等级
剧烈	大片流动沙丘	<10	>100	>15000	脆弱
极强度	流动沙丘，沙地	<10	50~100	8 000~15 000	较脆弱
强度	半固定沙丘，流动沙丘，沙地	30~10	25~50	5 000~8 000	一般脆弱
中度	半固定沙丘，沙地	50~30	10~25	2 500~5 000	略脆弱
轻度	固定沙丘，半固定沙丘，沙地	70~50	2~10	200~2500	不脆弱
微度	固定沙丘，沙地和滩地	>70	<2	<200	不脆弱

石漠化脆弱性分级标准见表2-17。

表2-17　石漠化脆弱性分级

石漠化强度等级	基岩裸露（%）	土被覆盖（%）	坡度（度）	植被+土被覆盖（%）	平均土厚（cm）	脆弱性等级
极强度石漠化	>90	<5	>30	<10	<3	脆弱
强度石漠化	>80	<10	>25	10~20	<5	较脆弱中度
石漠化	>70	<20	>22	20~35	<10	一般脆弱
轻度石漠化	>60	<30	>18	35~50	<15	略脆弱
潜在石漠化	>40	<60	>15	50~70	(<20)~15	略脆弱
无明显石漠化	<40	>60	<15	>70	>20	不脆弱

3. 技术流程

1）单因子脆弱性分级。采用公里网格的水土流失脆弱性分级、石漠化脆弱性分级、地质灾害危险性分级数据，根据水土流失、石漠化、地质灾害危险性分级标准，实现生态脆弱性单因子分级。

2）多因子复合。对分级的生态脆弱性单因子进行复合，判断脆弱生态系统出现的公里网格生态系统脆弱类型是单一型还是复合型。

3）生态脆弱性程度判定。对单一型生态系统脆弱类型区域，根据其生态环境问题脆弱性程度确定生态系统脆弱性程度；对复合型生态系统脆弱类型，采用最大限制因素法确定影响生态系统脆弱性的主导因素，根据主导因素的生态环境问题脆弱性程度确定生态系统脆弱性程度。

4）生态脆弱性分级。对公里网格的生态系统脆弱性程度分析结果，采用区域综合方法、主导因素方法、类型归并方法等，确定区域生态系统脆弱性。

(二)评价结果分析

1. 水土流失脆弱性

西江经济带在区域上属云贵高原向东南沿海丘陵过渡地带,地貌类型多样,属山地丘陵盆地地貌。石灰岩地层分布广,岩层厚,褶皱断裂发育,为典型的喀斯特岩溶地貌地区。在太阳辐射、大气环流和地理环境的共同作用下,形成了热量丰富、雨热同季、降水丰沛、干湿分明、日照适中、冬少夏多、灾害频繁、旱涝突出的气候特征。受水力侵蚀作用及人类活动的作用,水土流失较为严重。

(1) 水土流失现状特征

西江经济带地形地质条件复杂,降水充沛、冲蚀力强,极易造成水土流失。各行政区水土流失面积见表2-18。

表2-18 西江经济带水土流失面积表

行政区	水土流失面积(km^2)	全市总面积(km^2)	流失面积占该区总面积的比例(%)
南宁市	2 935.57	22 058	13.3
柳州市	1 695.94	18 552	9.1
崇左市	3 074.14	17 271	17.8
百色市	5 460.38	36 198	15.1
梧州市	626.16	12 606	5
贵港市	774.26	10 600	7.3
来宾市	1 422.5	13 366	10.6

随着人口猛增,天然森林大面积被采伐,土壤侵蚀日趋严重,主要河流的含沙量有逐年增大趋势。强度以上水土流失主要分布于流域东南部苍梧县、岑溪市、覃塘区、桂平市,以崩岗、崩沟为主;强度和中度水土流失主要分布在百色、南宁、崇左等岩溶丘陵地区,以毁坏型为主,并向荒漠化、石漠化方向发展。贵港、来宾等市水土流失也比较严重,非岩溶区水土流失以轻、中度流失面积最大,分布比较均匀。流域西北、东北砂页岩山区的水土流失以坡耕地流失为主;其中花岗岩风化残积、堆积物流失最为严重,红层岩石风化物流失次之,砂页岩风化物流失最轻。轻度水土流失主要分布于桂西北、桂西南的峰丛洼地,部分分布在桂东北、桂中的孤峰平原,分布比较广泛。

(2) 水土流失成因分析

影响水土流失的因素主要有两大类:一是自然因素,一是人为因素。自然因素是水土流失的基础,而人为因素则是导致水土流失加剧的主要原因。

1) 自然因素。

首先,地质、地貌因素对水土流失的影响。喀斯特山区碳酸盐的广泛分布,是发生水土流失和形成石漠化的内在基础。地质构造的频繁活动,垂直岩溶化作用强烈,表生带土壤沿岩溶管道垂直迁移或顺斜坡横向迁移，使表部土层较薄且分布零散、稀少、散失，而易发生水土流失甚至形成石漠化。西江经济带地貌的主要类型有台地、山地、丘陵、高原、山原及盆地，其中喀斯特地区的地貌除岩溶盆地外，更多的是岩溶峰丛，占全省总面积的37.8%。山区地形起伏大，山坡陡峻，土层浅薄，是发生水土流失的重要原因之一。

其次，气候、水文因素对水土流失的影响。气候作为岩溶发育的主要外营力，对岩溶地貌形态与景观的形成、地下岩溶的发育起着区域性的控制作用。西江经济带属中国亚热带、热带季风湿润气候区，气候温暖湿润，年气温变化小。由于受冬夏季风交替影响，西江经济带降水量季节分配不均，干湿季分明：4~9月为雨季，总降水量占全年降水量的70%~85%，强降水天气过程较频繁，容易发生洪涝灾害；10~3月是干季，总降水量仅占全年降水量的15%~30%，干旱少雨，易引发森林火灾。在这种气候条件下，碳酸盐岩化学溶蚀作用强烈，形成丰富的岩溶地貌形态及洞穴系统，加速了地表水的向下渗漏。地表土层含水量较少，土质疏松，一旦遭受高强度暴雨的冲刷，表层土壤极易流失。

西江经济带主要河流有南盘江、红水河、黔浔江、郁江、柳江、桂江、贺江。该流域河网较密，地表水和地下水资源丰富，河流区域内急流险滩瀑布分布普遍。喀斯特区域河流具有特殊的二元结构，即地表径流和地下径流，由于长期的溶蚀作用，喀斯特地区地下水系已相当发育，降水、岩溶水、地下水之间转化迅速，地表水大量漏失。

再次，植被覆盖对水土流失的影响。在喀斯特山区，山地多，坡度大，土层浅薄，植被覆盖对涵养水源、保持水土有重要作用，但由于该区岩溶区碳酸岩沉积厚度大，岩溶表层带结构简单，降水调蓄能力有限，恶劣的气候条件和特殊的岩溶环境使陡坡地植被更新和恢复缓慢，加之植被覆盖分布不均，在暴雨的冲刷下，极易发生水土流失现象。

2）人为因素。

一方面无节制地大肆砍伐森林、破坏植被，致使生态维护功效大大降低，造成严重的水土流失。另一方面粗放和掠夺式的土地利用方式也是土地肥力持续下降的重要原因。不少山区农耕地少，为了生存，人们常采用毁林毁草、陡坡垦荒等粗放和掠夺方式来增加粮食的总产量。由于毁林毁草开垦，加剧了水土流失的范围和程度，使土地利用步入了恶性循环的圈子，加速了水土流失，土地逐步向半石漠化、石漠化的方向发展。另外，各种工程在建设过程中不注意水土保持，造成极大面积的毁坏型水土流失，其中南宁、百色、崇左3个区域毁坏型水土流失占整个水土流失面积比重较大。

(3) 水土流失脆弱性评价

西江经济带的水土流失主要由水力侵蚀造成，风力侵蚀极少。水力侵蚀主要集中在轻度侵蚀、中度侵蚀和强度侵蚀3个等级。从图2-22可以看到，该流域大部分区域属于轻度侵蚀，呈面状连续性分布，各个地区都有出现；中度侵蚀呈散状分布，东部地区较西部地区范围广，特别是贵港市、梧州市和柳州市的面积较大，西部的百色市也分布较多；强度侵蚀的面积很小，只在东北部地区的百色市和崇左市有零星分布。

2. 石漠化脆弱性

石漠化是在喀斯特脆弱生态环境下，由于人类不合理的社会经济活动，导致人地矛盾突出，植被破坏、水土流失、岩石逐渐裸露、土地生产力衰退丧失，地表在视觉上呈现类

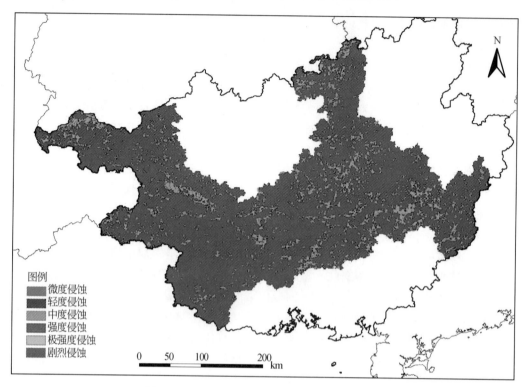

图 2-22　西江经济带水土流失脆弱性等级分布

似于荒漠景观的演变过程。它是一个渐变过程，水土流失和旱涝是石漠化的直接表现形式，土壤侵蚀是石漠化最直接的影响因素。从本质上看，石漠化是一种土地退化过程，石漠化扩展意味着生存环境的丧失。

（1）石漠化现状特征

西江经济带在世界三大喀斯特集中分布区之一的东亚片区中心，也是我国喀斯特环境的集中分布区，具有土层薄、植被差、水土流失严重、自然生态环境脆弱的特征，再加上人口稠密及频繁的人类社会经济活动，特别是不合理的土地开发利用活动，已造成大面积的土地石漠化，且有进一步发展和恶化的趋势。根据行政区划，西江经济带石漠化的面积如表 2-19 所示。

表 2-19　西江经济带石漠化面积

行政区	石漠化面积（km²）	土地面积（km²）	石漠化面积所占比例（%）
南宁市	1 451.39	17 772	8.17
柳州市	1 262.76	16 195	7.80
梧州市	0	12 790	0
贵港市	86.57	5 415	1.60
百色市	5 447.09	36 201	15.05
来宾市	1 977.86	13 362	14.80
崇左市	2 180.42	17 351	12.57
合计	12 406.09	119 086	11.67

从结果来看,西江经济带大部分地区石漠化现象突出。石漠化地区主要集中在流域西部岩溶地区,该区是喀斯特石漠化防治区的核心区。

(2) 石漠化成因分析

1) 地质地貌因素。流域的地层以泥盆系最为发育,各种类型均有分布,相变较大。全区出露的碳酸盐岩组合类型主要有灰岩层、白云岩层、灰岩与白云岩互层、夹碎屑岩的碳酸盐岩层、碳酸盐岩与碎屑岩互层、夹碳酸盐岩的碎屑岩层 6 种。由于碳酸盐岩的酸不溶物含量低,平均仅为 4% 左右,风化残余物很少,成土速率极慢,因此,在相同的侵蚀条件下,碳酸盐岩层比其他碳酸盐岩类型更容易发生石漠化现象。在碳酸盐岩层中,方解石的含量越高越容易发生石漠化;反之,白云石的含量越高越不容易发生石漠化。由此可知,碳酸盐岩地区土地石漠化的发生与碳酸盐岩类型有很大相关性,碳酸盐岩类型是产生土地石漠化的一个基本因素。

2) 气候条件。气候作为岩溶发育的主要外营力,对岩溶地貌形态与景观的形成、地下岩溶的发育起着区域性的控制作用。西江地处低纬度地区,南临热带海洋,北接云贵高原,属亚热带季风气候区。全年受海洋暖湿气流和北方变性冷气团的交替影响,是国内气温较高、常年雨量充沛、高强度暴雨偏多的地区。在这种气候条件下,碳酸盐岩化学溶蚀作用强烈,加速了地表水向下渗漏。地表土层含水量较少,土质疏松,形成丰富的岩溶地貌形态及洞穴系统,地表一旦遭受高强度暴雨的冲刷,表层土壤极易流失。

3) 人类过度开垦土地和采伐植被加剧水土流失。西江经济带的石山区,人均耕地稀少,土地资源供养的人口严重超载,为了生存,石山区人民尤其是峰丛洼地区的农民不惜艰辛把玉米种在石缝中,当地粮食播种面积因无法丈量计算,只能以播种种子数来推算。陡峭的石山、过度的开垦加剧了斑状、星状珍贵土壤的水土流失,加速了石漠化的进程。在未受人为破坏之前,石山上能够生长茂密的森林,如珍贵的枧木、金丝李和药材。石山森林一旦被砍伐,很难恢复。目前,绝大部分石山上只生长有少量的石山植物,多为藤本、小灌木、草本,由于缺乏土壤,水分,营养生长极为缓慢。石山区人民缺少耕地、缺少薪炭材,石山灌木和藤木成了他们生活和生产的唯一资源。乱砍滥采成了常事,严重地破坏了石山生态环境,稀少的土地裸露、暴雨季节的冲刷导致水土流失,加剧了石漠化的演替进程。

(3) 石漠化脆弱性评价

西江经济带各区重度石漠化、中度石漠化及轻度石漠化面积现状如表 2-20 所示。

表 2-20 西江经济带石漠化等级分布

行政区	重度石漠化面积(km²)	中度石漠化面积(km²)	轻度石漠化面积(km²)
南宁市	1 097.60	246.94	106.84
柳州市	804.49	325.87	132.4
梧州市	0	0	0
贵港市	46.21	38.76	1.59
百色市	4 448.95	844.92	153.22
来宾市	1 051.39	641.87	284.59
崇左市	1 054.63	631.26	494.54
合计	8 503.27	2 729.62	1 173.18

西江经济带是广西喀斯特石漠化复杂、类型齐全、分布面积较大的喀斯特区域之一。全区土地总面积 119 086km² 中，轻度石漠化占 0.99%，中度石漠化占 2.32%，重度石漠化占 7.14%（图 2-23）。

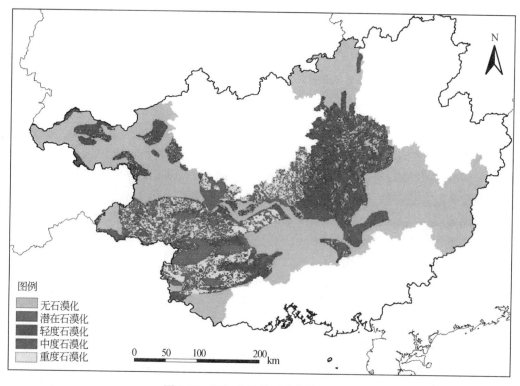

图 2-23 西江经济带石漠化等级分布

1）无明显石漠化：这类地区生态环境不属脆弱型，人地矛盾不突出，以地形较为平缓或土层较厚的地区分布较多。一般包括成片的负地形、平地、缓坡梯田和梯土、覆盖度高的林地等。

2）潜在石漠化：主要分布在西江经济带中部地区。这一区域植被覆盖度较高，植被以岩生性、旱生性的藤刺灌丛类植被为主，不具有典型石漠化的景观外貌特征。但由于干燥、缺水、易旱，在不纯碳酸盐岩石组成的"半喀斯特"区，潜在石漠化土地多出现在植被覆盖度较低的地区。这些地区陡坡开垦和过度砍伐的人类活动比较频繁，极易向石漠化方向发展。

3）石漠化：西江经济带石漠化面积为 12 406.09km²，占全区总面积 119 086km² 的 11.67%，石漠化给全区人民群众的生存、生产、生活带来了严重的影响，严重阻碍了社会经济的可持续发展。依据石漠化程度可将西江经济带的石漠化分为轻度石漠化、中度石漠化、重度石漠化 3 个等级。

轻度石漠化：面积为 1173.18km²。主要分布于高原面的中部地区，这类土地生态环境略脆弱。非开垦型的轻度石漠化土地主要由于人为活动反复破坏植被、引起水土流失形成，土被分布零星、平均厚度小，这类土地空间异质性显著，不宜耕作，封山育林恢复植被周期长，难度大；在半喀斯特区，由于开垦和植被毁坏导致土被丧失和基岩裸露，从而形成这类石漠化。

中度石漠化：面积为2729.62km²。中度石漠化大部分产生于纯碳酸盐岩石峰丛洼地或峰林地貌的正地形区。通常在离村寨较近山头最容易受到过分樵采演化为这类土地，地表石沟石芽不太发育的情况下，土被分布零星、破碎，平均厚度薄。这些地区石山土层浅薄，土被分布不均，林木生长条件差，多为石灰岩灌丛植被，林地分布较集中。这类土地在喀斯特生态环境属中度脆弱型，不适宜农耕也基本上不能农耕，生长植被的条件也较为恶劣，低结构、低覆盖度、低生物量的植物群落相对稳定。

重度石漠化：面积为8503.27km²。主要分布于高原面向峡谷倾斜的斜坡地带喀斯特与非喀斯特的交界区。这种等级石漠化的基岩裸露面积很大，土被覆盖在20%以下，坡度陡、以低结构灌草丛为主的植被覆盖也低于20%，是石漠化过程接近顶极的等级，农用价值几乎全部丧失。这类土地生态环境严重脆弱，人地关系严重失调，这些地区大多数都是在高纯度石质岩峰丛、峰林喀斯特山地丘陵上。地貌坡度陡、原生土层薄，多是经人为反复的植被破坏形成的。

3. 自然灾害危险性

（1）西江经济带常见的自然灾害

西江经济带主要灾种有滑坡、崩塌、地面塌陷、泥石流等。根据统计表明，滑坡、崩塌、泥石流的发生基本都与降雨有关，特别是持续性强降雨。每年汛期是全区滑坡、崩塌、泥石流等地质灾害频发的季节。地面塌陷则多发生于干旱季节，或地下水水位暴涨暴落时。

（2）自然灾害危险性评估

自然灾害危险性是评估一个地区灾害发生的可能性和灾害损失严重性的主要指标，是划分限制开发区域中生态地区的主导因素。西江经济带的灾害危险性格局分布见图2-24。

通过计算各级行政区1990～2006年的地质、台风、洪水和地震资料，获取各行政区自然灾害的危险性程度，并按照较大、略大、较小、小进行等级划分，划分自然灾害危险性的等级。从评价结果来看，西江经济带地质环境比较脆弱，自然灾害以地质灾害为主，具有一定的危险性。

西江经济带所辖47个行政区中，自然灾害危险性较大的有南宁市所辖的西乡塘区、江南区、良兴区、邕宁区、兴宁区、青秀区，梧州市所辖的长州区、蝶山区、万秀区和岑溪市，行政区比重为6.1%，土地面积比重为7.96%；危险性略大的有港北区、港南区、桂平市、横县、柳江县、柳州市城区、平南县、覃塘区、藤县、右江区、宾阳县、大新县、金秀县、凌云县、隆林县、马山县、融安县、融水县、三江县、田林县和西林县，行政区比重为42.9%，土地面积比重为44.52%；危险性较小的有苍梧县、扶绥县、江州区、隆安县、平果县、鹿寨县、田东县、田阳县、武宣县、象州县、兴宾区、德保县、合山市、乐业县、柳城县、那坡县、宁明县、凭祥市、上林县、天等县和忻城县，行政区比重为42.9%，土地面积比重为30.59%。

西江经济带自然灾害危险性的空间分布特点为：一是自然灾害危险性相对较大的地区全部分布在南宁市区和梧州市区；二是该流域中东部地区和北部的危险性也比较大，在自

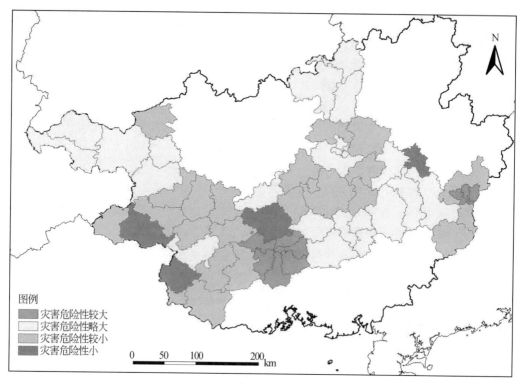

图 2-24 西江经济带灾害危险性格局分布

然灾害危险性略大的地区中，9个位于流域中东部地区；三是流域西部和流域北部自然灾害危险性相对较小，在自然灾害危险性相对较小的行政区中，大部分位于西部地区。自然灾害危险性弱的地区呈零散分布状态。

(3) 自然灾害发生原因分析

1) 自然因素。①地形地貌：地质灾害与地形地貌有密切的依存关系，甚至受地貌类型和地形形态的严格控制，崩塌、滑坡和泥石流往往发生在特定的地貌类型和特定的地形形态的地段。据资料统计，崩塌、滑坡和泥石流主要发育在海拔1000～3500m的中山区，其数量占总数的43%。从局部地形看，崩塌、滑坡和泥石流集中发育在地形起伏剧烈、沟谷切割严重的地带。崩塌主要发生在坡度大于55°、高差大于30m的陡峭崖坡上；滑坡则多发生在坡度为15°～40°的斜坡上；泥石流多发生在坡度为8°～40°且有较大集水面积的山坡和沟谷。西江经济带不仅山多，而且比较高大，大部分山体切割强烈，高差悬殊，坡度大部分在30°以上，较多地方具有诱发崩塌、滑坡和泥石流的地貌类型和地形形态。②地质：流域中部及西南一带，分布着大面积性质坚硬且断裂带发育、结构不完整的碳酸盐类岩石，山体岩石裸露，陡壁悬崖，是产生岩石崩塌的主要地区。北部、东北部、南部、东南部岩基主要是碎屑泥页岩及火成岩，由于气候炎热多雨，风化强烈，其表面几乎都覆盖由残坡积或坡残积形成的松散层，坡体上松散层的厚度在泥页岩区为3～5m，在火成岩区则有10m左右，当地民众习惯称之为土山。而土山表层因其性质比较软弱，遇水软化，极容易形成滑动面，在降雨特别是强暴雨的作用下往往产生崩塌、滑坡。③气候水文：西江经济带地处亚热带季风气候区，夏季湿热多雨，年平均降水量一般为1400～

1800mm。受台风影响，暴雨是常见的降水形式，年内日雨量大于等于 50mm 的日数（暴雨日数）为 6~10 天。降水量较短时间内数值较大是诱发崩塌、滑坡和泥石流等地质灾害最直接的因素，据统计，有 41.5% 地质灾害发生在日降水量大于等于 50mm（暴雨）的当天，20.5% 发生在 25~50mm（大雨）当天，32.5% 发生在日降水量大于 25mm 且前期有较大的连续降水的当天，只有 5.4% 出现在没有明显的降水时期，有 31.4% 地质灾害发生在时降水量大于 15mm 的时期。全区河流都是雨源型，汛期流量大，径流量占全年的 70%~80%，冲刷力大，常导致岸边崩塌、滑坡。

2）人为因素：地质灾害与人类活动和社会经济条件有密切联系，随着生产力水平的提高，人类对自然资源和地质环境的开发利用能力越来越强，对多种地质灾害的形成和发展的影响日益强烈。人类活动直接引发的地质灾害主要是在修建铁路、公路、桥梁、房屋等工程建设及采矿等活动中，因开挖、加载等原因，导致崩塌、滑坡；过量开采地下水引发地面沉降、地面塌陷等；不规范采矿则引发多种矿井地质灾害。近年来的地质灾害中有一半以上是人为因素造成。

（三）流域生态脆弱性总体评价

生态系统脆弱性是评估一个地区的生态环境脆弱程度的主要指标，是划分限制开发区域地区的主要因素。在对生态脆弱性分项评价的基础上，依据最大限制因素法对西江经济带生态脆弱性总体格局做出综合评价，评价结果分为脆弱、较脆弱、一般脆弱、略脆弱、不脆弱 5 个等级。西江经济带的生态脆弱性总体评价结果见图 2-25。

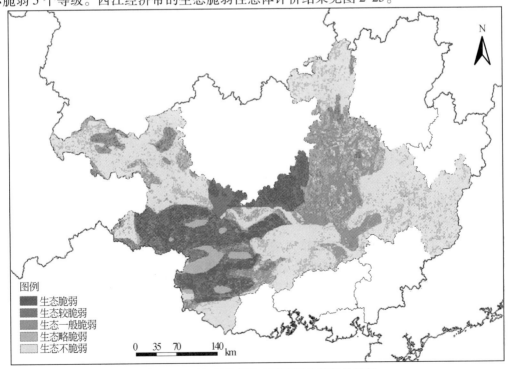

图 2-25　西江经济带生态脆弱性总体评价结果

西江经济带的生态脆弱性主要表现为：可溶性的碳酸盐岩广泛出露，岩溶发育广泛，地势起伏大，地面切割破碎；植被抗干扰能力低，在人类干扰下极易发生逆向演替，且恢复难度大；成土速度缓慢，土层薄且土被分布不连续，加上碳酸盐岩母岩与土壤之间通常存在着明显的硬软界面，岩土之间的亲和力与黏着力差，极易发生土壤侵蚀，喀斯特区域土壤长期处于负增长状态。降水量大且过于集中，加上喀斯特特有的双层水文地质结构，旱涝灾害频繁发生；该区人口压力大，毁林开荒、陡坡耕种等不合理利用方式加剧了土壤侵蚀、植被退化等生态问题的发生，导致整个区域生态环境的恶性循环。

从生态系统的脆弱性评价来看，大部分地区生态不脆弱，其中生态略脆弱地区呈零散分布状态，主要分布在西江经济带的西北、东北和南部地区。生态一般脆弱地区集中分布于经济带的东北部，面积较大，另外在西北部也有分布；生态较脆弱和脆弱地区集中分布于西部和中部地区，其中也有略脆弱地区的零散分布。

五、环境容量

针对西江黄金水道建设和西江经济带发展对水环境的特殊要求，环境容量评价重点将主要围绕水环境潜在容量展开。水环境潜在容量是评价水环境纳污潜力、表征区域水体水环境现状及其进一步容纳污染物潜力大小的集成性指标。具体可通过水体纳污能力、现状污染负荷两项指标来综合反映。

（一）算法及依据

1. 计算方法

[水环境潜在容量] ＝ [水体纳污能力] ／ [现状污染负荷]
[水体纳污能力] ＝f（[径流量]）＝g（[汇水面积]）＝ [汇水面积]
[现状污染负荷] ＝ [COD 排放量]
　　　　　　　 ＝ [生活污水 COD 含量] ＋ [工业废水 COD 含量]

[汇水面积] 指各评价单元（按流域划分）水系的汇水流域面积，即本单元面积与上游地区面积之和。

[生活污水 COD 含量] 指各评价单元城镇生活污水中的 COD 含量。无污水处理设施的部分按平均产污浓度计算，有污水处理设施的按照有关出水标准计算。

[工业废水 COD 含量] 指各评价单元入河工业废水中的 COD 含量。以各地级行政区工业废水 COD 排放量数据为基础，按照工业从业人口、工业产值等指标分配到各评价单元上。

2. 算法依据

西江经济带各河段水环境空间差异较大，部分地区已经超载，也有部分地区尚有较大潜力可挖。客观评价各河段现状水环境压力的大小，分析可供进一步开发利用的水环境容量，可以为西江经济带产业布局提供合理引导。

潜在水环境容量为水环境容量与已开发利用部分之差。其中，水环境容量主要与河流径流量、流速等因素相关，同时还要考虑河流的自净能力，协调上下游关系；已开发利用量主要与废污水排放量、污水浓度有关。

受数据条件限制，精确计算各河段的潜在水环境容量难度很大。本报告构建水环境潜在容量指标项，评价各河段及流域单元水环境容量潜力的空间差异。具体公式如下：

水环境潜在容量 = 水体纳污能力/现状污染负荷

西江流域各河段现状水环境质量总体较好，只是局部河段由于废污水排放量过大而水质不达标。废污水排放的影响范围有限，河段纳污能力受上游来水水质的影响相对较小。所以只考虑河流的稀释作用，用河流流量代替水体的纳污能力。进一步考虑到数据可获取性，用具体评价单元的集水面积代替。

由于 COD 污染是西江经济带水环境主要问题，本报告选用 COD 排放量来表征污染负荷。

（二）评价结果分析

1. 评价单元划分

由于水资源三级分区尺度较大，评价意义有限，本研究采用数字高程模型（DEM）提取河系和流域。为防止错误河网的生成，采用已填洼的 90m 分辨率 DEM 数据，以 ArcSWAT（Arc Soil and Water Assessment Tool）为工具进行河网提取和流域分割。如图 2-26 所

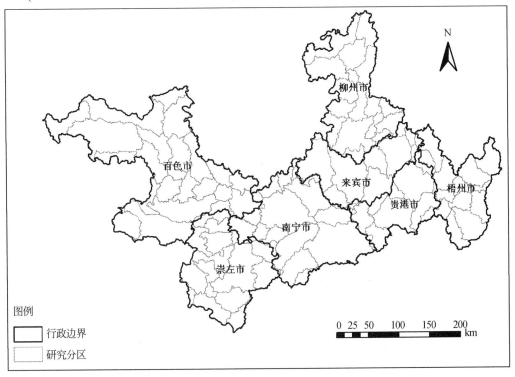

图 2-26　西江经济带水环境潜在容量评价单元划分

示，共划分87个评价单元。

2. 纳污能力

统计87个评价单元的汇水面积，并按照表2-21所示标准划分河流纳污能力等级。根据实际情况，对个别地区进行了调整。如南盘江沿线地区，考虑到该河段为省界缓冲区，没有完全统计上游汇水面积。

表2-21 河流纳污能力等级划分

等级	汇水面积（km²）	空间分布
低	小于5 000	区内主要河流支流上游地区，以山区为主
较低	5 000~20 000	右江、柳江干流上游地区
一般	20 000~50 000	右江、柳江干流中游地区；左江干流区
较高	50 000~100 000	柳江下游地区、郁江干流区
高	大于100 000	红水河、黔江、浔江、西江干流区

西江流域降水资源丰富，单位面积产流量空间差异较小。以汇水面积为基准的评价结果（图2-27）与河流径流量在空间上基本保持一致。区内红水河、黔江、浔江、西江干

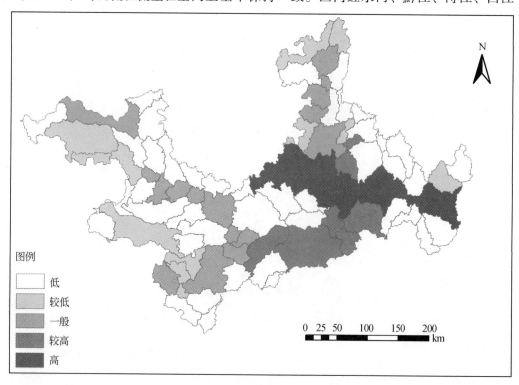

图2-27 西江经济带河流纳污能力

流区径流量较大，沿江地区纳污能力高；柳江、右江、左江、郁江流量相对较小，纳污能力次之；流域上游山区河流流量小，纳污能力较低。

3. 污染负荷

根据2005年各建制市、县城污水入河量，计算COD排放量。建制市污水处理率取20%，出水COD浓度100mg/L；未处理污水取产污浓度250mg/L计算。结果表明，西江经济带生活污水COD排放总量为16.3万t，与统计资料基本吻合。由于生活污水排放主要集中在县城、城市所在地，将生活污水COD排放量转化到评价单元上，结果如图2-28所示。南宁、柳州、贵港、梧州4市所在评价单元的生活污水COD排放量最大，均超过5000t，其中前3个城市超过10 000t。来宾、百色、崇左、桂平、合山、凭祥等市次之，所在评价单元生活污水COD排放量为2000~5000t。县城人口规模较小，所在评价单元COD排放量大多小于1000t。

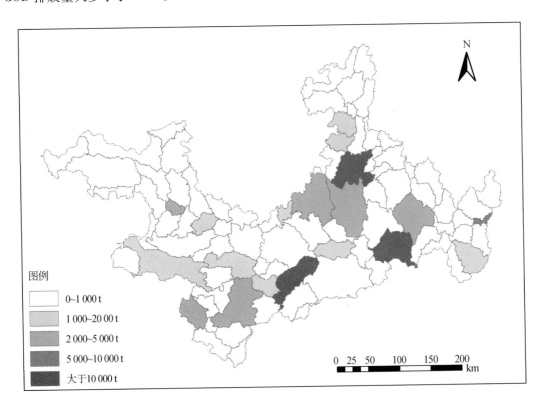

图2-28　西江经济带生活污水COD排放量

由于缺乏县级单元的工业废水排放数据，在计算中，按照工业从业人口、工业产值将地级行政单元工业废水COD排放量离散到县级单元上，再进一步划分到流域评价单元上，结果如图2-29所示。从图中可以看出，工业废水COD排放量最大的地区有南宁、柳州、贵港、来宾、百色、崇左、桂平所在的评价单元。

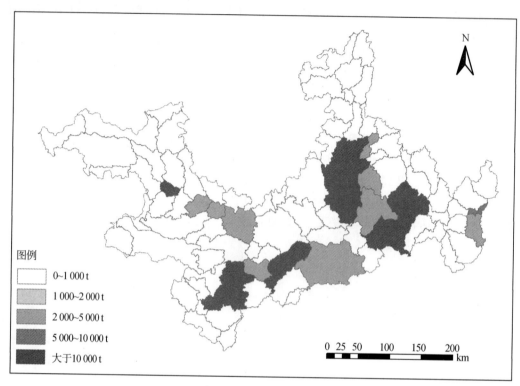

图 2-29　西江经济带工业废水 COD 排放量

将上述两项计算结果相加,可以得到各评价单元 COD 排放总量。按照表 2-22 所示标准,划分西江经济带水环境污染负荷等级,结果如图 2-30 所示。

表 2-22　水环境污染负荷（**COD 排放量**）等级划分

等级	标准（t）	特征
低	小于 2 000	人口密度较低,工业不发达
较低	2 000~5 000	人口密度较高,零星工业分布
一般	5 000~10 000	有较大县城分布,有一定工业规模
较高	10 000~20 000	较大城市所在地,工业较发达
高	大于 20 000	人口集中、工业发达的城市所在单元

从图 2-30 可以看出,西江经济带水环境污染负荷较高的地区有南宁、柳州、贵港、崇左、百色、来宾、桂平、梧州、平果、隆安等城市（县城）所在评价单元,横县、武宣、富川、忻城、田阳、田东等县所在区域次之。总体上表现出的空间特征为污染负荷主要集中在主要河流干流区间,重要城市河段（区域）水污染负荷高,这与西江经济带现状人口、工业空间分布格局基本相符,说明评价结果是可信的。

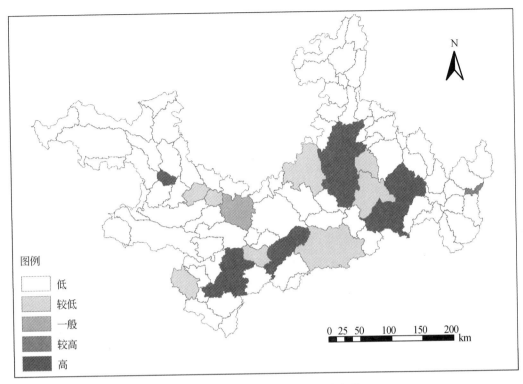

图 2-30　西江经济带水环境污染负荷

4. 水环境潜在容量

根据前文公式，计算西江经济带水环境潜在容量指标。对比西江经济带水环境现状，制定指标等级划分标准如表 2-23 所示，评价结果见图 2-31。

表 2-23　水环境潜在容量等级划分

等　级	指标值	特　征
大	大于 10	水环境容量利用率低，开发潜力较大
较　大	5～10	水环境容量利用率较低，有一定潜力
较　小	2～5	水环境容量利用率较高，开发潜力较小
超　载	小于 2	水环境容量利用过载，现状水环境问题突出

空间分布如下：

1）高值区。主要位于区内支流河流源区，以及部分干流沿江段。其中，河流源区人口密度较低，工业不发达，水环境容量利用率低。需要注意的是，尽管这些地区水环境潜在容量指标较高，但由于水环境容量总量有限，可供进一步开发利用的水环境容量绝对值并不高。红水河、柳江、黔江、浔江、西江干流、左江、郁江河流流量较大，纳污能力

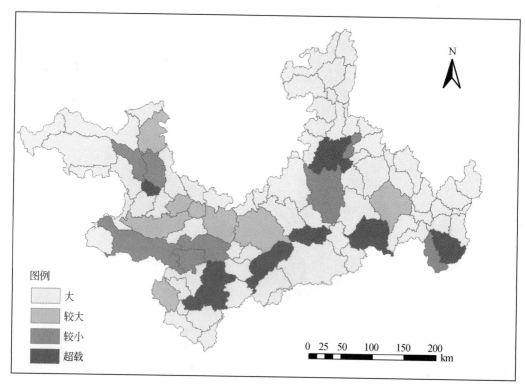

图 2-31　西江经济带水环境潜在容量

高,无大型城市、工业园区分布的河段,现状水环境良好,水环境潜在容量高,是未来高污染产业布局的合理区域。

2）较高值区。主要分布在右江干流区、桂平市区间。区内主要河流中,右江流量相对较少,水环境容量偏低。同时,右江流域工业较为发达,工业污水排放量大,导致右江流域整体水环境潜在容量较其他流域偏低。桂平市 COD 排放量高,尽管过境河流水量丰富,但水环境容量开发利用率也已达到一定规模。

3）较低值区。主要分布在百色、崇左两市部分支流地区,以及来宾市所在区域。这两部分区域水环境潜在容量偏低的原因不同,前者主要是由于水环境容量有限,后者主要是因为污染物排放量较高。

4）过载区。主要分布在南宁、柳州、贵港、百色、崇左 5 市所在河段,以及岑溪、宾阳地区。5 地级市污水排放量大,现状水环境问题突出,水质多为Ⅳ类以下,不能达到水功能区要求,未来需要通过有效措施,减少污染物排放量,改善河流水环境。岑溪、宾阳位于支流地区,河流纳污能力较低,同时这两县(市)有一定人口和工业规模,现状水环境问题相对突出,在未来的水资源开发利用中,需要特别注意水环境容量的问题。

基于上述评价结果,按照县级行政单元及其行政中心所在位置,计算行政单元水环境潜在容量,评价结果如图 2-32 和表 2-24 所示。

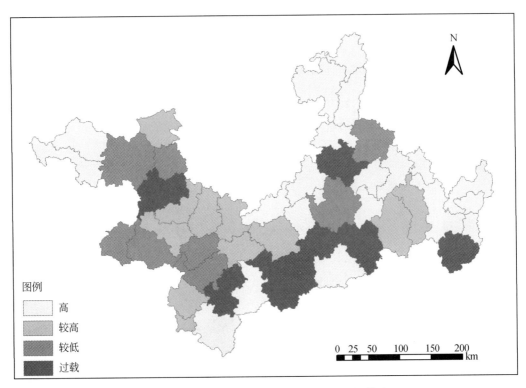

图 2-32 西江经济带水环境潜在容量(县级单元)

表 2-24 评价结果统计表

类 型	行政单元
高	马山县、上林县、横县、柳城县、融安县、融水苗族自治县、三江侗族自治县、万秀区、蝶山区、长洲区、苍梧县、藤县、蒙山县、西林县、隆林各族自治县、忻城县、象州县、武宣县、金秀瑶族自治县、合山市、扶绥县、宁明县
较 高	武鸣县、隆安县、平南县、桂平市、田阳县、田东县、平果县、德保县、乐业县、龙州县、凭祥市
较 低	鹿寨县、靖西县、那坡县、凌云县、田林县、来宾市市辖区、大新县、天等县
过 载	兴宁区、青秀区、西乡塘区、江南区、邕宁区、良庆区、宾阳县、城中区、鱼峰区、柳南区、柳北区、柳江县、岑溪市、港北区、港南区、覃塘区、百色市、崇左市市辖区

六、人口集聚度

人口集聚度是评价区域人口集聚程度、表征区域人口集聚能力和集聚潜力的集成性指标项。具体可通过人口密度和人口流动强度以及两项指标的综合指数来反映。

（一）算法及依据

1. 计算方法

［人口集聚度］＝f（［人口密度］，［人口流动强度］）
　　　　　　＝［人口密度］×d（［人口流动强度］）
［人口密度］＝［总人口］／［土地面积］
［人口流动强度］＝［暂住人口］×100%／［总人口］。

［总人口］指各县域单元的常住人口总数。根据广西的实际情况，总人口为自治区常住人口。

［暂住人口］指各县域单元的暂住半年以上的流动人口数。

d（［人口流动强度］）为暂住半年以上的人口占总人口的比例分级状况。

2. 测度依据

（1）人口流动强度的阈值划分

西江经济带人口流动强度值生成数据直方图及分布曲线如图2-33所示。西江经济带人口流动强度Skewness值为6.11，其分布不是正态分布，数据分布曲线峰值左偏，而其存在一个特殊数据值，并未落在分布内。表明全区人口流动强度整体上在0～11%的低值区集中分布，15%～40%是空值区（实际上10.7%～44%是空值区），40%～50%具有一个相对特值分布区（图2-33）。可见，大部分区县人口流动强度处于低值分布区，其中人口流动强度5%以内占绝大多数，多数地区流动性较弱。

与此同时，与全国平均水平相比，西江经济带人口流动强度还具有整体偏低的特点。因此，针对以上人口强度分布特点，同时由于西江县区中绝大多数人口流动强度为0～10%，因此在制定人口流动强度的阈值时，应对0～10%人口流动强度低值区再进一步细分，同时考虑有特殊值地区的人口流动强度特点。细分原则：①人口流动强度分布频率的自然分等以及分布曲线斜率变化；②按人口流动强度进行市县排序，以暂住人口占总暂住

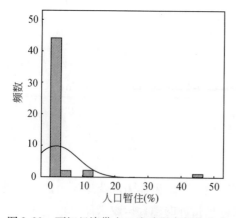

图2-33 西江经济带人口流动强度频数分布

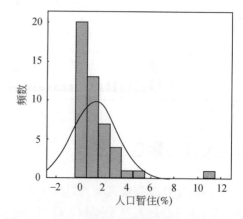

图2-34 西江经济带人口流动强度频数细分图

人口的比例值为界线进行人口流动强度细分，计算出各市县暂住人口占总暂住人口的累积百分比，由累积百分比百分位数展现不同细分段各县区。从细分结果来看，人口流动强度的阈值划分，基本上能够反映人口流动强度的等级分布，如图2-34、表2-25、图2-35所示。

表2-25 以县域为单元的西江经济带人口流动强度阈值划分的细分方法

人口流动强度	县区暂住人口比例占总暂住人口的累积百分比	县区分布
40%以上	达到47.3%	柳州市市辖区
40%~10%	达到75.6%	南宁市市辖区
10%~4%	达到76.4%	田林县
4%~3%	达到81.2%	梧州市市辖区、平果县、融水苗族自治县
3%~1%	达到96.5%	宾阳县、德保县、上林县隆林各族自治县、藤县、武鸣县、百色市市辖区、桂平市、凌云县、靖西县、象州县、崇左市市辖区、田阳县、大新县
1%~0.5%	达到99.2%	岑溪市、贵港市市辖区、苍梧县、武宣县、马山县、天等县、柳江县
0.5%~0.1%	达到99.99%	那坡县、宁明县、蒙山县、西林县、扶绥县、三江侗族自治县、忻城县、隆安县、乐业县、鹿寨县、凭祥市、合山市、金秀瑶族自治县、平南县
0.1%以下	达到100%	龙州县、田东县、横县、柳城县、融安县、来宾市市辖区

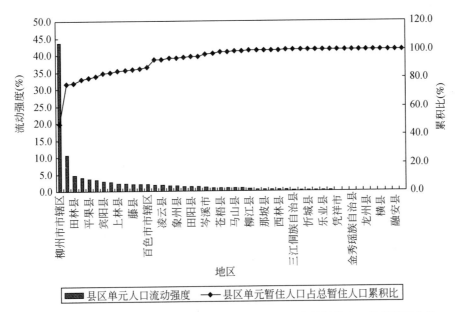

图2-35 西江经济带人口流动响度及其市县暂住人口占总暂住人口的累积百分比

（2）人口集聚度的阈值划分

人口集聚度分级阈值如表 2-26 所示。西江经济带人口集聚度生成数据直方图及分布曲线如图 2-36 所示，人口集聚度分布曲线峰值偏左显示出全省人口集聚程度整体上低值区较多，高值区较少。针对这种分布特征与海南陆地岛屿的人口分布密度的差异，对人口集聚度进行调整。调整原则：①适当放宽高值区的值域范围，对低值区进行更详尽的划分；②根据人口集聚度值，将各个市县按高值向低值顺序排列，计算各个图分市县人口集聚度自然分布频率（图 2-37）。

以市县人口集聚度值占总人口集聚度的累积百分比分析人口集聚度的分布情况，结果表明，累积百分比达到 85%、90%、95%、100% 百分位数界线时的人口集聚度分级较为合理。

表 2-26　人口集聚度分级阈值表

分类标准阈值	一级	二级	三级	四级	五级
	小于 100	100～200	200～500	500～2 000	大于 2 000

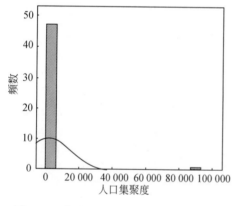

图 2-36　分县区人口集聚度自然分布频率

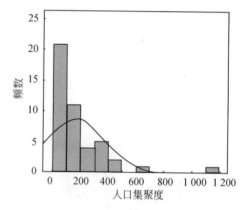

图 2-37　分县区细分人口集聚度自然分布频率

（二）评价结果分析

西江经济带在广西境内属于人口密度较高、人口流动强度较低的地区。截至 2008 年底，西江经济带总人口为 2756.7 万，人口密度为每平方公里 199 人，暂住总人口为 124 万，人口流动强度为 4%。

1. 人口密度

人口分布受自然环境、社会文化、经济交通、历史遗留等因素制约。西江经济带人口数量和密度分布总体上有以下特点（图 2-38）。

1）整体分布大致是西江中游邕江、郁江、浔江、柳江段人口总量大，上下游两头人口分布较少。以湘桂铁路由南向北直到凭祥为界，人口呈现东多西少的现象；沿江、沿铁

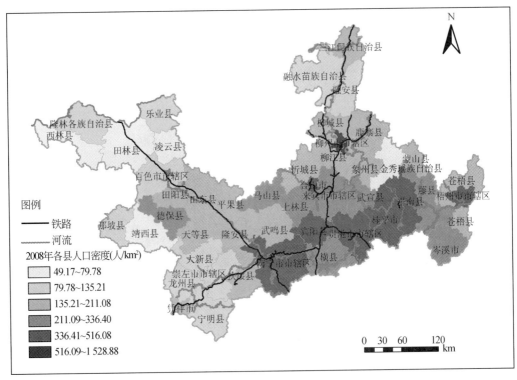

图 2-38 西江经济带各县人口密度分布

路交通线两旁人口密度较大。

2) 从行政区域分异看，百色、崇左等老少边地区人口总量少，人口密度低；南宁、柳州、贵港、来宾等中部地区人口数量多、人口密度高；东部梧州是集聚与稀疏并存。

2. 人口流动强度

据广西住房和城乡建设厅提供的暂住人口统计数据，西江经济带人口流动强度分布表现为以下特征（图 2-39）：

1) 总体上看，西江经济带人口流动强度整体水平不高，八成县区的人口流动强度小于 3%，其中还有个别县区几乎没有人口流动强度。

2) 以大城市带动人口流动与集聚，是西江经济带人口流动强度的重要特征。南宁市、柳州市是西江经济带人口最多的城市，其人口流动强度也最高，对周边区域的人口流动具有一定的向心力和辐射力。

3) 人口流动强度高值区主要分布在老少边地区，流动强度为 2%~4%，同时这些地区也是人口密度稀疏地区。这里的人口流动强度大一是由于总人口过少，二是这里边贸频繁、资源相对富集。

4) 广西西江下游地区人口流动强度相对最弱，多不到 1%。

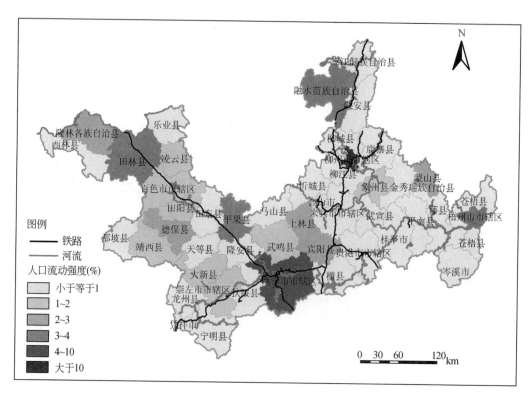

图 2-39 各县人口流动强度

3. 人口集聚度

人口集聚程度的空间差异如图 2-40 所示。

高值区：人口集聚度大于 5000，分布在南宁、柳州，形成西江经济带人口集聚增长极，也是自治区社会发展条件、经济活力和发展潜力最大的区域。

较高值区：人口集聚度为 500~5000，分布在西江穿越地区，共 3 个市县，分别是梧州市市辖区、平果县、宾阳县。该类型区域特点是亲水性、人口密度较高、有较好的经济基础。

中值区：人口集聚度为 200~500，分布比较分散，分别是隆林、百色市市辖区、德保、靖西、武鸣、上林、贵港市市辖区、平南、蒙山、象州、融水。具有人口和经济较为活跃的特点。

较低值区：人口集聚度为 50~200，主要分布在老少边等地区，包括田林、凌云、田阳、天等、大新、崇左市市辖区、宁明、马山、武宣、柳江、柳城、藤县、岑溪市。

低值区：人口集聚度值小于 50，主要分布左江一线、柳江上游和新兴城市及周边。包括西林、乐业、那坡、田东、隆安、扶绥、龙州、凭祥市、横县、忻城、合山市、来宾市市辖区、鹿寨、融安、三江、金秀、桂平、苍梧。

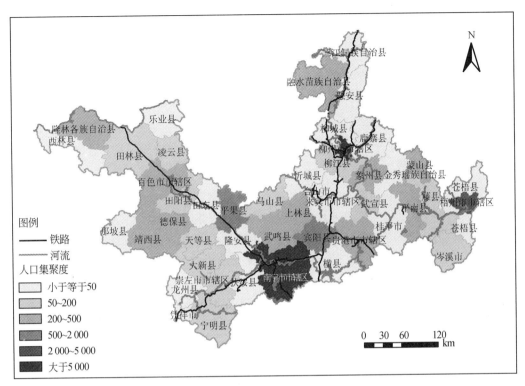

图 2-40　各县人口集聚度

七、经济发展水平

经济发展水平可以衡量一个地区在整体经济中所处的地位以及发展状态，具体由地均 GDP、人均地区 GDP 及地区 GDP 的增长率来反映。其中地均 GDP 和人均地区 GDP 主要反映一个地区的经济发展现状和基础，GDP 的增长率反映一个地区的发展活力和潜力。

（一）算法及依据

1. 计算方法

[经济发展水平] = f（[人均GDP]，[地均GDP]，[GDP 增长率]）
[人均GDP] = [GDP] / [总人口]
[地均GDP] = [GDP] / [总面积]
[GDP] 指的是各县级空间单元的地区 GDP 总量；
[总人口] 指各县级空间单元的人口总数，包括流动人口数。
[GDP 增长率] = ([GDP2008] / [GDP2000])$^{1/8}$ − 1
[GDP 增长率] 指近 8 年各县级空间单元的地区 GDP 的增长率。
[经济发展水平] = [地均GDP] × [人均GDP] × k ÷ 10 000

k 表示 GDP 增长强度，根据县域单元的 GDP 增长率分级状况确定，按照如表 2-27 所示的方式进行权重取值。

表 2-27　k 值的赋值

GDP 增长率	小于 14%	14%~16%	16%~18%	18%~25%	大于 25%
系数赋值	1	1.2	1.3	1.4	1.5

2. k 值的划分说明

西江经济带的经济发展正处于快速上升时期，经济发展格局和未来发展变化趋势都处于快速变动阶段，因此如果采用过长时间段的经济数据来进行地区经济增长率计算则会在很大程度上削弱西江经济带经济变动的强度，影响评价结果的正确性。为了更准确地反映近期经济的发展强度特征和未来发展趋势，本研究采用 2000~2008 年 8 年的经济统计数据进行计算。

对计算得到的经济增长率的数据进行数据分布频率考查，发现西江经济带经济增长率的分布密度曲线属于偏态分布，故此对经济增长率的阈值划分参照经济增长率的 1/4、1/2 和 3/4 分位数（图 2-41）。

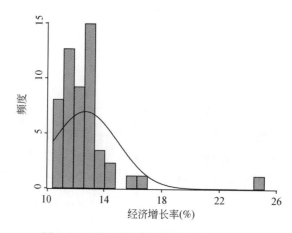

图 2-41　西江经济带经济增长率频度分布

（二）评价结果分析

西江经济带东西横跨广西，2008 年地区生产总值为 3977.3 亿元，占广西全区的 55.46%（均略高于其国土面积和人口在全区的水平），其中第一、第二和第三产业增加值分别达到 697.9 亿元、1810.1 亿元、1469.4 亿元，分别占广西全区的 48.0%、59.6%、54.8%。人均地区生产总值为 15 344.03 元，略高于广西全区 14 966.0 元的水平。

1. 经济发展水平的空间特征

经济发展水平的空间分布图（图2-42）基本反映了西江经济带经济发展的空间格局和区域经济发展的特征（表2-28）。

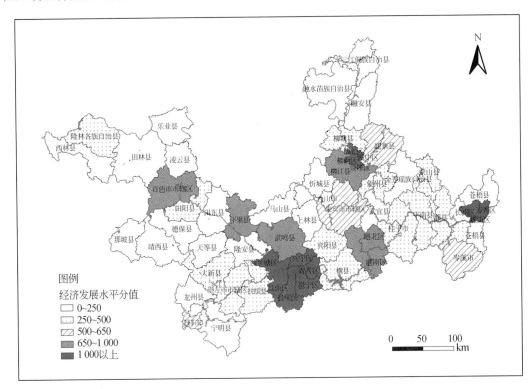

图2-42 经济发展水平空间分布图

表2-28 不同等级经济发展水平地区在西江经济带中的比重

分 类	最低类	较低类	中等类	较高类	最高类
分类标准（经济发展水平）	0~250	250~500	500~650	650~1 000	大于1 000
占总县（市、区）数比例（%）	26	28	23	17	6
占总面积比例（%）	16	23	28	18	8
占总人口比例（%）	23	27	23	18	15
占经济总量比例（%）	12	17	15	16	40

1）最高类。即经济发展水平分值大于1000的地区，包括柳州、南宁、梧州3市的市辖区，是西江经济带经济实力最强、发展条件最好的地区。最高类地区占西江经济带总面积比例仅为8%，但是经济总量比例达到40%。

2）较高类。即经济发展水平分值在650与1000之间的地区，包括百色、贵港2市的市辖区及经济发展水平最高类地区的周边地区。较高类地区占西江经济带总面积比例为18%，占经济总量比例为16%。该类地区依托区位优势和资源优势，发展潜力正处于最佳状态。

3）中等类。即经济发展水平分值在 500 与 650 之间的地区，在西江经济带的整体经济中处于中等水平。包括 5 个行政区，分别是来宾市市辖区、凭祥市、合山市、鹿寨县、岑溪市。该类地区占西江经济带总面积比例为 28%，占经济总量比例为 15%。

4）较低类。即经济发展水平分值在 250 与 500 之间的地区，属于西江经济带欠发达地区。该类地区占西江经济带总面积比例为 23%，占经济总量比例为 17%。该类地区主要分布于西江主要港口之间，因此河运交通的优势度较低。

5）最低类。即经济发展水平分值在 250 以下的地区，属于西江经济带经济最不发达地区。该类地区占西江经济带总面积比例为 16%，占经济总量比例为 12%。该类地区的空间分布特点是距离西江主干道相对较远，或者区域内航道级别相对较低，因此在内陆开放水平低，仅仅能够依托河运交通推动经济发展的背景下，逐渐被边缘化。

2. 人均 GDP 的空间差异

西江经济带人均 GDP 的空间差异与经济发展水平评价的结果有一定的相似性（图 2-43）。柳州、南宁、百色、梧州 4 市的市辖区人均 GDP 超过 20 000 元，并且在其辐射作用的影响下周边一部分地区人均 GDP 也达到了 15 000 元以上。与经济发展水平评价结果最明显的区别是，2008 年崇左市市辖区、作为沿边开放城市的凭祥市以及周边地区的人均 GDP 超过了贵港市市辖区。由此可以说明随着中国—东盟自由贸易区、"大湄公河次区域经济合作"以及中越"两廊一圈"发展步伐不断加快，连接中国与东盟区域的崇左市，

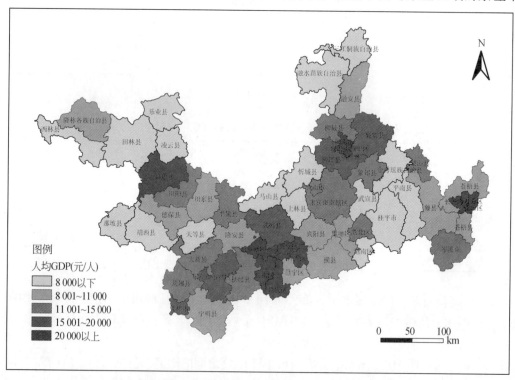

图 2-43　2008 年西江经济带人均 GDP 空间差异

其比较优势日益突出，逐渐成为西江经济带新的经济增长极。

3. 地均GDP的空间差异

地均GDP是一个反映产值密度，特别是反映此地的工业与商业密集程度的极好指标，它比人均GDP更能反映一个区域的发展程度和经济集中程度。从西江经济带地均GDP的空间差异图中可以发现，以柳州、南宁、贵港3市市辖区为顶点的三角地带，土地的使用效率比较高，在一定程度上反映了该区域的工业与商业密集程度和发展水平（图2-44）。目前，该地区在交通、产业、劳动力资源等多方面的比较优势突出，《国务院关于进一步促进广西经济社会发展的若干意见》（国发〔2009〕42号）提出的完善区域发展总体布局策略中，该地区处于北部湾、西江经济带、资源富集区的"黄金交汇地带"。因此在西江经济带产业发展的总体战略中，应该充分发挥该地区引领产业发展、带动产业优化升级的能力，打造成为高端产业重点布局区域。

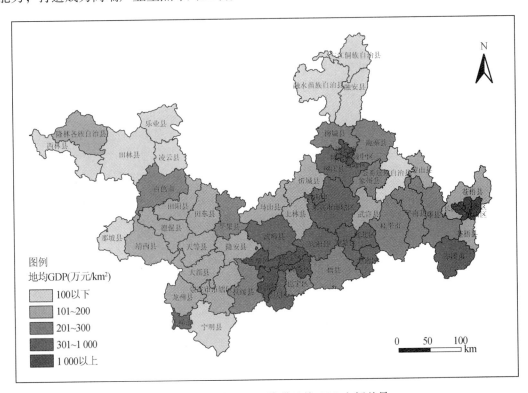

图2-44　2008年西江经济带地均GDP空间差异

八、交通优势度

交通优势度是评价区域交通设施优劣和通达性能，表征区域对外联系功能和对内辐射带动功能的集成性指标。具体可通过公路网密度、干线影响度和区位优势度以及以上指标的综合集成指标来反映。

（一）方法与技术流程

1. 计算方法

[交通优势度] = f（[公路网密度]，[交通干线的技术等级]，[与主要经济中心城市的距离]）

[公路网密度] = [公路交通线路里程] / [国土面积]

[交通干线技术等级] = [按复线铁路、高速公路、主枢纽港、单线铁路、国道、一般港口、干线机场顺序赋权重]

[与主要经济中心城市的距离] = [与最近中心城市的运输距离]

2. 计算技术流程

第一步，获取国道、省道和县道的公路总里程，铁路干线和公路干线、港口和机场的技术等级等数据。

第二步，计算县级行政单元与最近中心城市的距离，每个县级行政单元只对应一个中心城市，中心城市原则上为地位突出的地级市。

第三步，对数据进行处理，计算交通优势度：

1）以我国公路网小康标准（31.25km/100km²）为参照，对县级公路网密度进行无量纲化处理；然后参考表2-29给予分级赋值。

表2-29 公路网络密度的层级赋值

方案	子类型	等级	值域（A）
以小康目标为标准方案	相对密度参数 $\check{D}_i$	1	$\check{D}_i > 2.0$
		2	$2.0 > \check{D}_i \geq 1.5$
		3	$1.5 > \check{D}_i \geq 1.25$
		4	$1.25 > \check{D}_i \geq 1.0$
		5	$1.0 > \check{D}_i \geq 0.75$
		6	$\check{D}_i < 0.75$
	实际密度	1	$\check{D}_i > 62.6$
		2	$62.6 \geq \check{D}_i > 46.9$
		3	$46.9 \geq \check{D}_i > 39.0$
		4	$39.0 \geq \check{D}_i > 31.25$
		5	$31.25 \geq \check{D}_i > 23.4$
		6	$\check{D}_i \leq 23.4$

2）交通干线设技术等级赋值计算见表2-30。

3）与中心城市可以根据情况分级，依据距离远近进行加权处理。建议计算分级或赋值（表2-31）。

4）计算交通优势度，即对以上数据求和（数据要进行无量纲处理）。

表 2-30 交通干线技术等级评价建议表

类 型	子类型	等 级	标 准	权重赋值
铁 路	铁路 A_{i1}	1	拥有复线铁路	2.0
		2	距离复线铁路 30km	1.5
		3	距离复线铁路 60km	1.0
		4	其 他	0.0
	单线铁路 A_{i5}	1	拥有单线铁路	1.0
		2	距离单线铁路 30km	0.5
		3	其 他	0.0
公 路	高速公路 A_{i2}	1	拥有高速公路	1.5
		2	距离高速公路 30km	1.0
		3	距离复线铁路 60km	0.5
		4	其 他	0.0
	国道公路 A_{i6}	1	拥有国道	0.5
		2	其 他	0.0
水 运	港口 A_{i3}	1	拥有主枢纽港	1.5
		2	距离主枢纽港 30km	1.0
		3	距离主枢纽港 60km	0.5
		4	其 他	0.0
	一般港口 A_{i7}	1	拥有一般港口	0.5
		2	其 他	0.0
机 场	干线机场 A_{i8}	1	拥有干线机场	1.0
		2	距离干线机场 30km	0.5
		3	其 他	0.0
	支线机场 A_{i9}	1	拥有支线机场	0.5
		2	其 他	0.0

表 2-31 与中心城市距离的分级及评价赋值

级 别	距离（km）	权重赋值
1	0~100	2.0
2	100~300	1.5
3	300~600	1.0
4	600~1 000	0.5
5	大于 1 000	0.0

（二）评价结果分析

1. 现状评价

对所有的县和市辖区（共 47 个评价单元）进行交通区位优势的定量评价，包括铁路、公路、航运和航空4种交通运输方式,并将4种交通运输方式的结果进行综合。从现有的交通区位格局,发现交通区位条件较好的县市主要沿西江沿岸分布及柳州—南宁—柳州这一横一纵两个轴向分布,而其他远离这两个轴线的县市交通区位条件相对较差。其中综合交通区位条件好的县市一共有6个,包括南宁市区、柳州市区、梧州市区、苍梧县、百色市区、柳江县。综合区位条件较好的县市有6个,包括横县、贵港市区、来宾市区、平果县、天阳县、田东县。此外,交通条件较差和差的县市分别为10个和11个(图2-45,表2-32)。

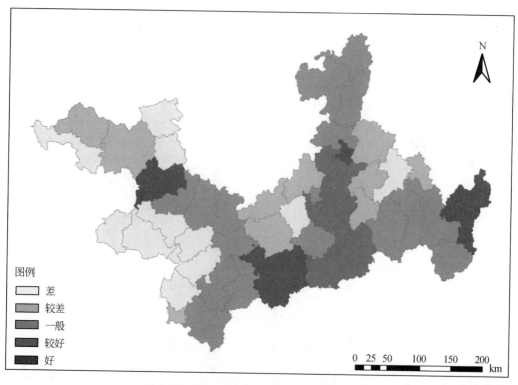

图 2-45 西江经济带交通区位优势现状评价

表 2-32 西江经济带综合交通区位优势现状评价

综合交通区位	分值	个数	县市
好	大于8	6	南宁市区、柳州市区、梧州市区、苍梧县、百色市区、柳江县
较好	6~8	8	横县、贵港市区、来宾市区、平果县、田阳县、田东县、崇左市区、扶绥县
一般	4~6	12	宾阳县、隆安县、岑溪市、藤县、平南县、桂平市、柳城县、融水县、融安县、三江县、合山市、宁明县
较差	1~4	10	鹿寨县、象州县、武宣县、凭祥市、武鸣县、马山县、田林县、蒙山县、忻城县、隆林县
差	0	11	上林县、金秀县、靖西县、那坡县、西林县、乐业县、凌云县、德保县、大新县、龙州县、天等县

2. 优势模拟评价

如果按照目前的规划实施，至 2020 年末，西江经济带整体的交通条件将得到大幅度改善，但交通区位的总体格局未发生大的变化。梧州—贵港—南宁—百色与柳州—来宾—南宁—崇左这两个轴的交通区位优势明显，并较现有的情况得到了强化。两轴所经过的县市交通区位优势都得到了不同程度的强化，综合交通区位条件好的县市达到 19 个，比现状增加了 13 个。交通条件差的县市从现状的 11 个减至 2 个（图 2-46，表 2-33）。

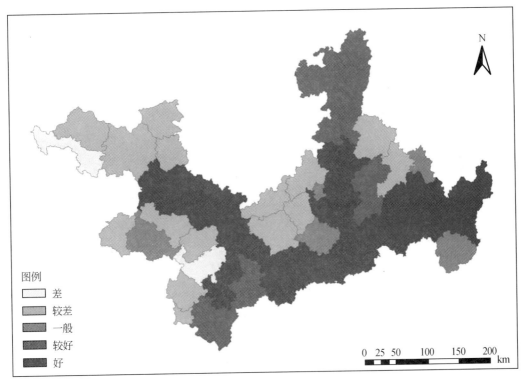

图 2-46　西江经济带交通区位优势模拟评价

表 2-33　西江经济带综合交通区位优势规划评价

综合交通区位	分　值	个　数	县　市
好	大于 8	19	南宁市区、柳州市区、梧州市区、柳江县、百色市区、苍梧县、贵港市区、来宾市区、藤县、平果县、田东县、平南县、桂平市、横县、田阳县、崇左市区、隆安县、三江县、象州县
较　好	6~8	8	扶绥县、柳城县、融水县、融安县、宁明县、武宣县、合山市、靖西县
一　般	4~6	10	宾阳县、岑溪市、蒙山县、鹿寨县、凭祥市、武鸣县、马山县、田林县、金秀县、德保县
较　差	1~4	8	隆林县、上林县、那坡县、乐业县、凌云县、龙州县、天等县、忻城县
差	0	2	西林县、大新县

西江经济带的综合交通区位优势改善存在一定的空间分异。综合交通区位改善较大的县市为19个,但基本上没有改善或改善较少的县市为10个。其中区位提升最大的县市包括柳州市区、柳江县、南宁市区、梧州市区、百色市区、藤县和靖西县。其分布呈斑块状,但主要围绕西江经济带重点城市分布(图2-47,表2-34)。

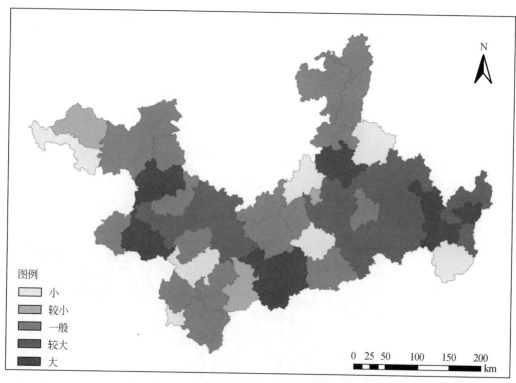

图2-47 西江经济带交通区位优势改善模拟评价

表2-34 西江经济带综合交通区位改善评价

综合交通区位改善程度	分值	个数	县市
大	6~9	7	柳州市区、柳江县、南宁市区、梧州市区、百色市区、藤县、靖西县
较大	4~5	12	苍梧县、贵港市区、平南县、桂平市、隆安县、蒙山县、来宾市区、象州县、金秀县、平果县、田东县、德保县
一般	2~3	18	三江县、武宣县、田阳县、崇左市区、武鸣县、横县、上林县、马山县、柳城县、融水县、融安县、那坡县、田林县、乐业县、凌云县、龙州县、宁明县、天等县
较小	1	2	合山市、隆林县、扶绥县
小	0	8	宾阳县、岑溪市、鹿寨县、忻城县、西林县、大新县、凭祥市

第四节 综 合 评 价

一、沿江岸带综合评价

（一）过程与方法

基于开发建设适宜性评价的体系架构和技术流程，针对西江经济带 7 个地市沿江 20km 范围进行精准评价，评价 20km 缓冲区内的开发建设适宜性，并计算适宜建设用地面积、后备适宜建设用地面积和后备适宜建设用地强度。

1）基础图件处理。对数字地形高程分级图、数字地形坡度分级图、土地利用图、分县行政区划图进行投影转换、配准和叠加，并将基础图件的比例尺统一到 1∶5 万。

2）以西江（左江，右江，郁江，浔江，柳江，邕江等）岸线为基线，向外按 2km、5km、10km 和 20km 分别做缓冲，并将每个带以 D2、D5、D10、D20 编号。具体分带含义与覆盖范围见表 2-35。

表 2-35 西江岸线向外扩展分带含义及覆盖范围

编 号	含 义	覆盖范围
D2	距离江岸线 2km 以内的带状区域	沿江县、市、区
D5	距离江岸线 2~5km 的带状区域	沿江县、市、区
D10	距离江岸线 5~10km 的带状区域	沿江县、市、区
D20	距离江岸线 10~20km 的带状区域	沿江县、市、区

3）针对各带的地形条件和土地利用状况进行本底评价。

4）在第 3 步工作的基础上，基于开发建设适宜性评价的思路和方法，对沿江 20km 范围以及 7 地市市域沿江 20km 范围的开发建设适宜性展开综合评价。

（二）地形和土地利用本底评价

1. 地形条件本底评价

由于沿江 20km 范围高程绝大部分都在 400m 以下，因此地形基础的评价主要是对地形坡度进行评价。从表 2-36 和图 2-48 可见，从横向对比看，坡度在 8°以下的面积随着到岸线的距离的增大呈现出先减后增再减的趋势。而 8°以下的面积比重随着距岸线距离的增大大致呈现下降的趋势，其中较为明显的是百色市域坡度 8°以下的区域只分布在沿江 5km 范围内。同时 D2 带内坡度在 8°以下的面积在所有 4 个带中是最大的，特别是其范围内贵港市域 8°以下的面积占到总面积的 81.85%。此外，从 D2 扩展至 D20，贵港的变化最大，由沿江2km范围内的877.20km²变为距岸线10~20km带状区域的1221.82km²，相对增加了344.62km²，其他市域的变化依次是南宁、来宾、梧州、崇左、百色、柳州。从纵向对比看，从D2到D20，都是贵港在相应带8°以下的面积最大，百色的面积最小。此外，坡度统计能够反映当地地形的起伏变化，从折线图可看出，沿江20km范围内的地形起伏变化较为显著。

表2-36　各市域沿江20km范围坡度8°以下面积及比重

城市	D2		D5		D10		D20	
	8°以下面积（km²）	比重（%）	8°以下面积（km²）	比重（%）	8°以下面积（km²）	比重（%）	8°以下面积（km²）	比重（%）
百色	45.20	4.96	2.22	0.19	0.00	0.00	0.00	0.00
崇左	181.07	31.22	116.90	17.99	143.01	13.31	65.80	3.59
贵港	877.20	81.85	988.56	74.90	1 356.34	70.98	1 221.82	39.83
南宁	638.21	47.63	593.27	33.47	622.49	46.26	511.81	16.58
来宾	763.86	62.74	661.27	54.14	519.82	32.06	410.85	17.37
柳州	231.56	50.98	172.36	33.46	193.25	10.93	199.76	14.95
梧州	133.39	32.07	137.97	23.83	237.15	25.17	341.53	19.26

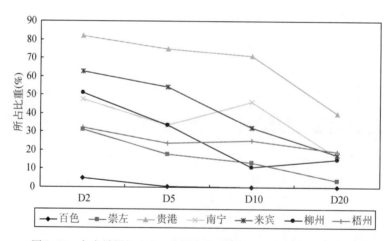

图2-48　各市域沿江20km范围内坡度8°以下面积所占比重变化

2. 主要土地利用类型评价

（1）耕地

根据统计结果（表2-37，图2-49），耕地面积随着距岸线距离的增大呈现上升的趋势，由沿江2km范围内的2621.58km²变化为距江10~20km带状区域的5007.86km²，相对增加了2386.28km²。7个市域耕地面积的比重，除了南宁的耕地面积比重随着距岸线的距离增大而增大，并最终达到总面积的87.24%外，其余6个市域大体上都是随距岸线的距离的增大而减少的。从D2扩展至D20，面积相对变化最大的是南宁，其他依次是贵港、崇左、来宾、柳州、百色和梧州。

表 2-37　各市域沿江 20km 范围耕地面积及所占比重

城　市	D2		D5		D10		D20	
	耕地面积（km²）	比重（%）	耕地面积（km²）	比重（%）	耕地面积（km²）	比重（%）	耕地面积（km²）	比重（%）
百　色	365.98	40.20	357.51	30.09	303.87	19.69	561.57	16.75
崇　左	262.05	45.19	298.64	45.95	387.69	36.09	639.61	34.88
贵　港	635.58	59.30	740.09	56.07	1 080.04	56.52	1 102.37	35.94
南　宁	669.37	41.74	662.67	37.38	846.34	62.89	1 165.41	87.24
来　宾	515.35	50.67	630.97	51.66	668.80	41.24	842.31	27.28
柳　州	94.74	20.86	117.27	22.77	240.65	13.61	419.87	17.75
梧　州	78.51	18.88	83.95	14.50	145.83	15.48	276.72	15.61

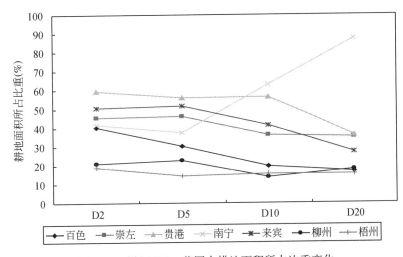

图 2-49　沿江 20km 范围内耕地面积所占比重变化

（2）建设用地

根据统计结果（表 2-38，图 2-50），从横向对比看，建设用地面积随着距岸线距离的增大呈现先降后升的趋势，由沿江 2km 范围内的 586.20km² 变化为距江 10~20km 带状区域的 398.35km²，相对减少了 187.85km²。建设用地面积的比重，随到岸线距离的增大而减少。从 D2 扩展至 D20，面积相对变化最大的是来宾，其他依次是百色、柳州、崇左、梧州、南宁和贵港。

从纵向对比看，从 D2 到 D20，每个带内建设用地面积最大、最小的市域有所差别，其中在 D2 和 D5 中面积最大的是南宁，面积最小的是梧州，而在 D10 和 D20 范围内面积最大的是贵港、面积最小的是百色。

表 2-38　各市域沿江 20km 范围建设用地面积及所占比重

城市	D2		D5		D10		D20	
	建设用地面积（km²）	比重（%）	建设用地面积（km²）	比重（%）	建设用地面积（km²）	比重（%）	建设用地面积（km²）	比重（%）
百色	76.50	8.40	24.23	2.04	1.87	0.12	8.67	0.26
崇左	45.90	7.91	25.11	3.86	31.17	2.90	59.46	3.24
贵港	125.00	11.66	81.77	6.19	119.97	6.28	126.29	4.12
南宁	174.96	10.91	127.76	7.21	102.04	7.58	75.20	2.44
来宾	57.75	5.68	42.53	3.48	44.53	2.75	23.57	1.00
柳州	73.79	16.24	42.65	8.28	33.80	1.91	85.73	6.42
梧州	32.30	7.77	15.79	2.73	14.85	1.58	19.42	1.10

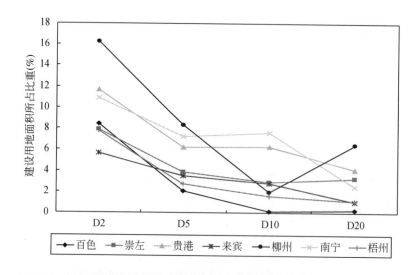

图 2-50　沿江 20km 范围建设用地面积所占比重变化

南宁市等沿江 20km 范围内土地利用现状及地形条件本底评价结果如图 2-51～图 2-71 所示。

（三）沿江 20km 范围综合评价

1. 沿江 20km 范围总体评价

根据开发建设适宜性评价结果（表 2-39，图 2-72，图 2-73），沿岸 20km 缓冲区内可作为开发建设用地面积总和为 11 497.21km²，其中适宜、较适宜和条件适宜类分别为

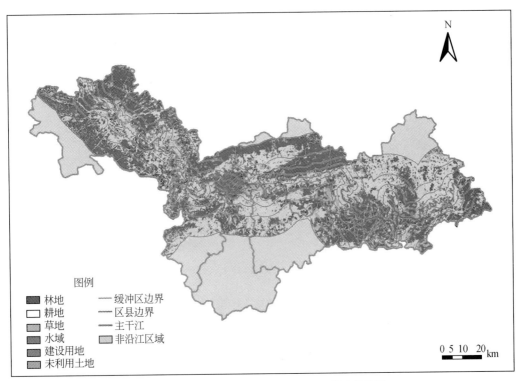

图 2-51　南宁市沿江 20km 范围土地利用现状图

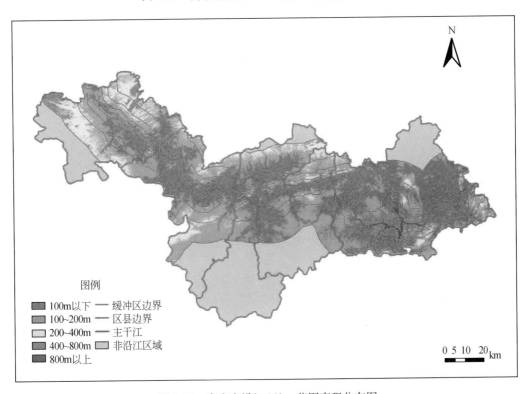

图 2-52　南宁市沿江 20km 范围高程分布图

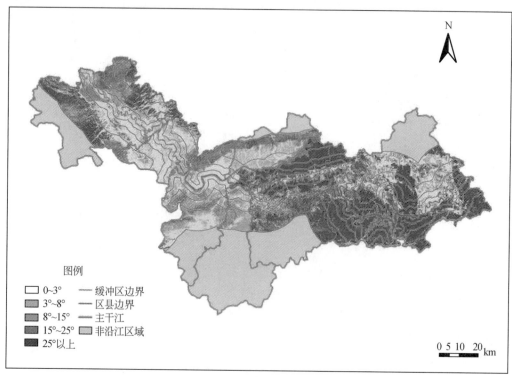

图 2-53　南宁市沿江 20km 范围坡度分布图

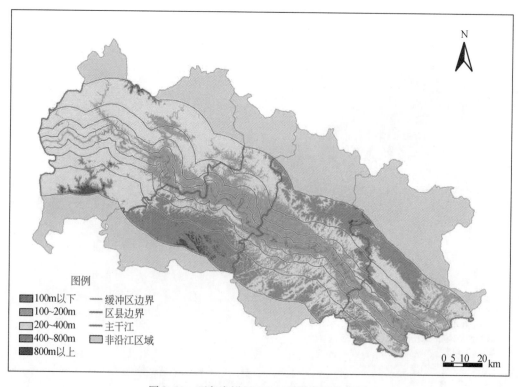

图 2-54　百色市沿江 20km 范围高程分布图

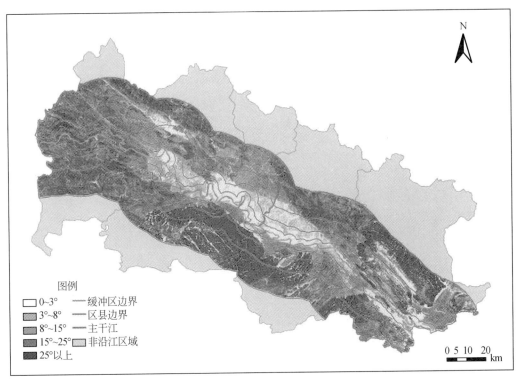

图 2-55 百色市沿江 20km 范围坡度分布图

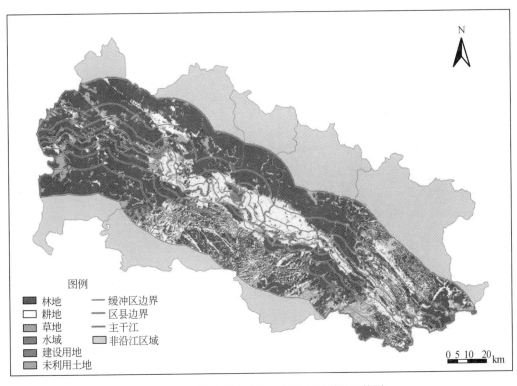

图 2-56 百色市沿江 20km 范围土地利用现状图

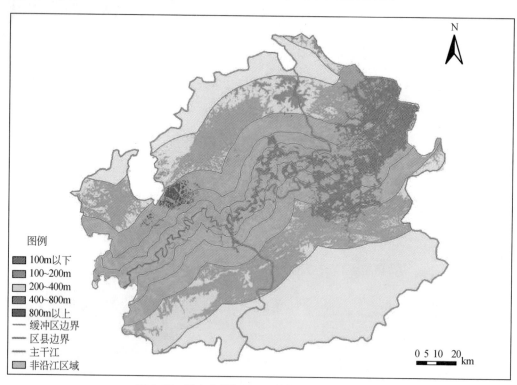

图 2-57 崇左市沿江 20km 范围土地利用现状图

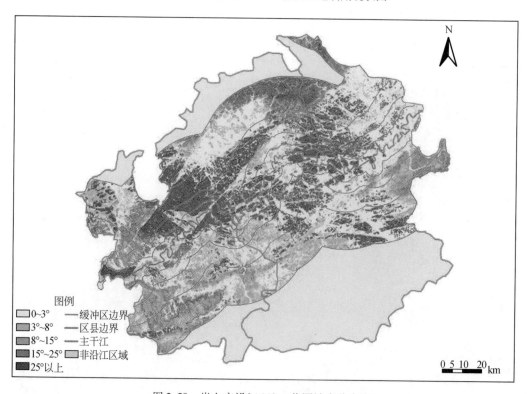

图 2-58 崇左市沿江 20km 范围坡度分布图

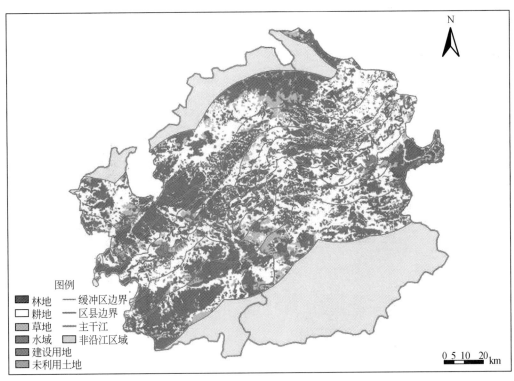

图 2-59　崇左市沿江 20km 范围土地利用现状图

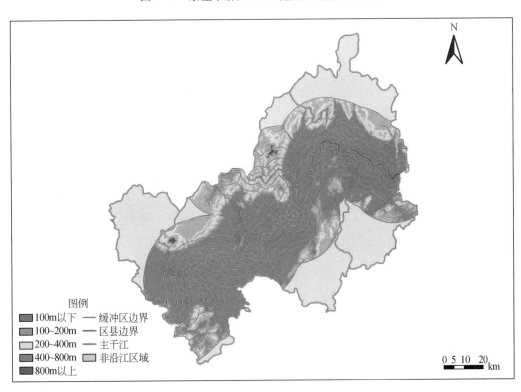

图 2-60　贵港市沿江 20km 范围高程分布图

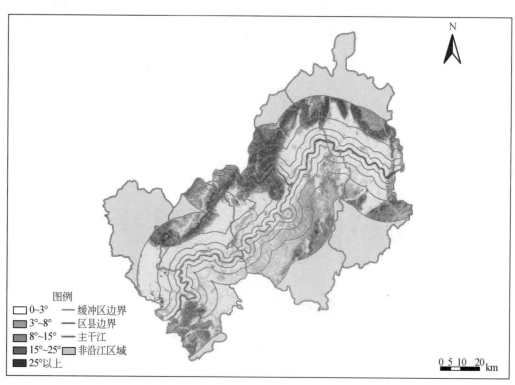

图 2-61　贵港市沿江 20km 范围坡度分布图

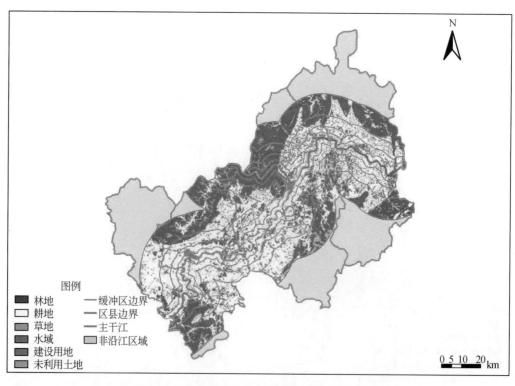

图 2-62　贵港市沿江 20km 范围土地利用现状图

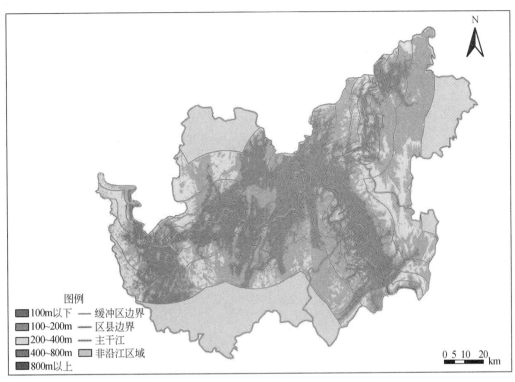

图 2-63　来宾市沿江 20km 范围高程分布图

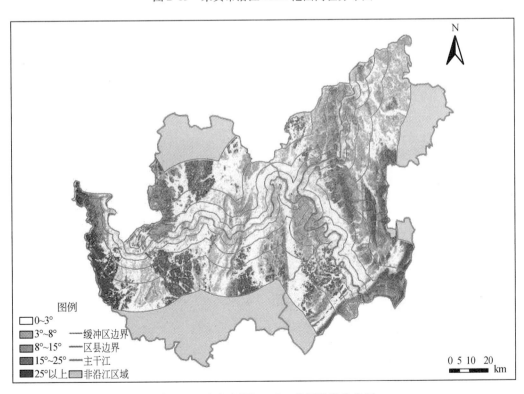

图 2-64　来宾市沿江 20km 范围坡度分布图

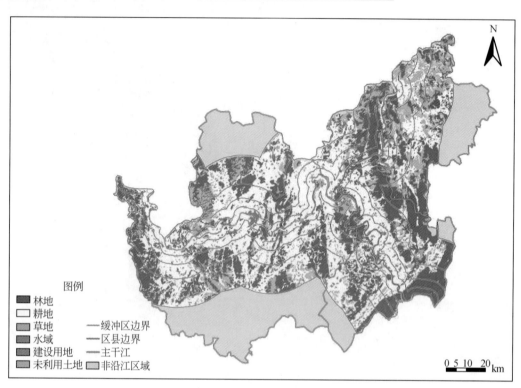

图 2-65　来宾市沿江 20km 范围土地利用现状图

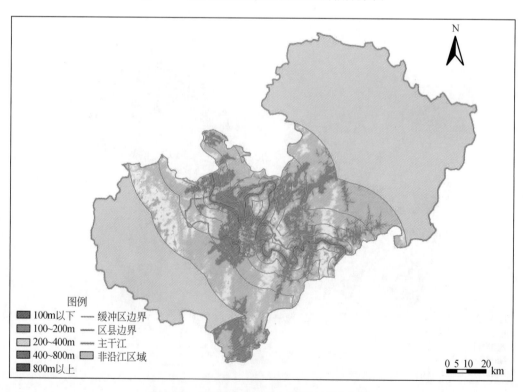

图 2-66　柳州市沿江 20km 范围高程分布图

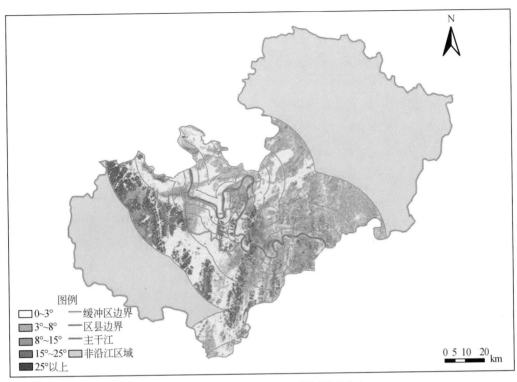

图 2-67　柳州市沿江 20km 范围坡度分布

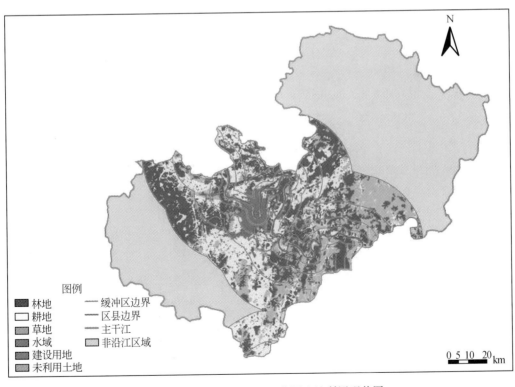

图 2-68　柳州市沿江 20km 范围土地利用现状图

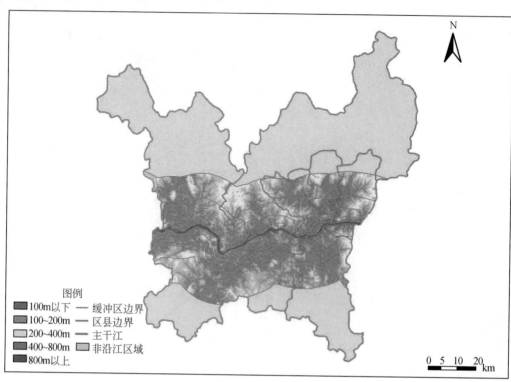

图 2-69 梧州市沿江 20km 范围高程分布图

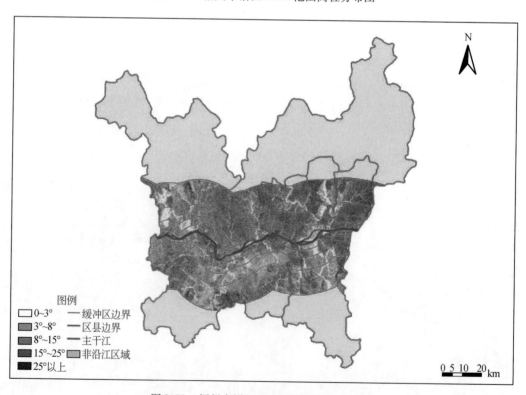

图 2-70 梧州市沿江 20km 范围坡度分布图

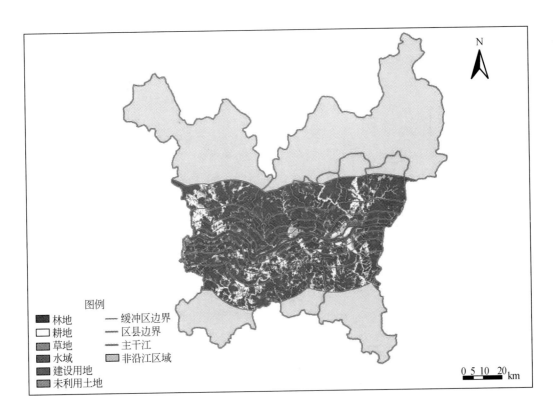

图 2-71 梧州市沿江 20km 范围土地利用图

4247.09km²、2782.82km² 和 4467.3km²。在所有适宜开发建设用地面积中,有 1560.8km² 是已开发建设用地(现有建设用地总面积为 1694.78km²)。根据评价体系架构中的公式计算,沿江 20km 缓冲区后备适宜建设用地面积为 9936.41km²,整个区域适宜的建设用地强度为 28.25%,其中后备适宜建设用地强度为 24.41%。

表 2-39 沿岸带适宜建设用地及后备建设用地面积统计

分区	适宜建设用地面积(km²)	已开发建设用地面积(km²)	后备适宜建设用地面积(km²)	沿岸带面积(km²)	适宜建设用地强度(%)	后备适宜建设用地强度(%)
D2	1 717.28	543.29	1 174.00	6 050.93	28.38	19.40
D5	2 056.59	326.73	1 729.86	7 256.56	28.34	23.84
D10	3 012.23	323.41	2 688.82	10 563.63	28.52	25.45
D20	4 711.10	367.37	4 343.73	16 831.34	27.99	25.81
合计	11 497.21	1 560.80	9 936.41	40 702.46	28.25	24.41

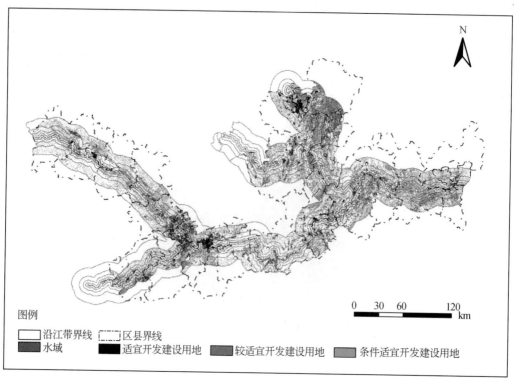

图 2-72　沿岸 20km 范围适宜建设用地空间分布

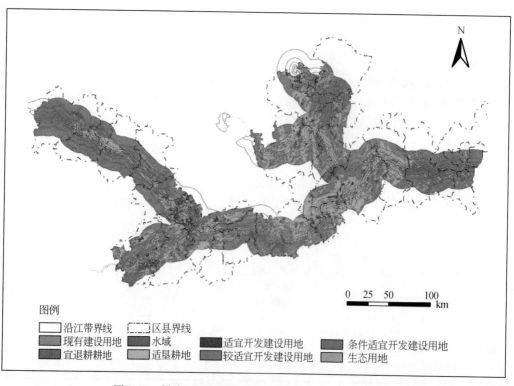

图 2-73　沿岸 20km 范围开发建设适宜性综合评价结果

2. 沿江20km范围各市域评价分析

（1）百色市域

根据开发建设适宜性评价结果（表2-40，图2-74，图2-75），百色市域沿岸20km缓冲区内可作为开发建设用地面积总和为1427km²，其中适宜、较适宜和条件适宜类分别为326.36km²、332.69km²和767.95km²。在所有适宜开发建设用地面积中，有105.21km²是已开发建设用地（现有建设用地总面积为113.43km²）。根据评价体系架构中的公式计算，百色市域沿岸20km缓冲区后备适宜建设用地面积为1321.8km²，适宜建设用地强度为19.44%，其中后备适宜建设用地强度为18.01%。

表2-40 百色市域岸带适宜建设用地及后备适宜建设用地面积

沿江带	适宜建设用地面积（km²）	已开发建设用地面积（km²）	后备适宜建设用地面积（km²）	沿江带面积（km²）	适宜建设用地强度（%）	后备适宜建设用地强度（%）
D2	231.47	72.74	158.73	910.78	25.41	17.43
D5	270.14	22.56	247.57	1 188.69	22.73	20.83
D10	364.45	3.52	360.93	1 892.77	19.25	19.07
D20	560.95	6.38	554.57	3 348.09	16.75	16.56
合　计	1 427.00	105.21	1 321.80	7 340.33	19.44	18.01

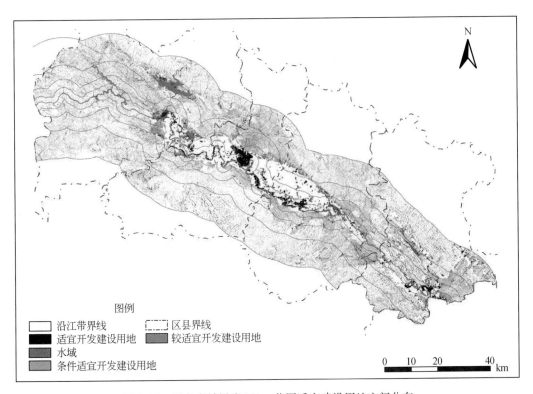

图2-74 百色市域沿岸20km范围适宜建设用地空间分布

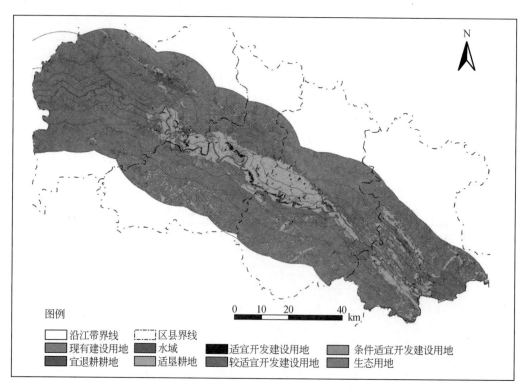

图 2-75 百色市域沿岸 20km 范围开发建设适宜性综合评价

岸带 20km 缓冲区内百色市域的 4 个区县中,百色市市辖区的适宜建设用地面积和后备适宜建设用地面积最大,分别 499.54km² 和 476.96km²。后备适宜建设用地占适宜建设用地总面积的比例最高的同样是百色市市辖区,达到 95.48%,开发潜力较大(表 2-41)。

表 2-41 百色市域沿岸带各区县适宜建设用地及后备适宜建设用地面积统计

区县	沿江带	适宜 (km²)	较适宜 (km²)	条件适宜 (km²)	适宜建设用地总面积 (km²)	已开发建设用地面积 (km²)	后备适宜建设用地面积 (km²)
百色市市辖区	D2	16.81	14.78	34.27	65.86	19.11	46.75
	D5	14.54	23.49	56.49	94.52	1.29	93.23
	D10	19.13	31.03	82.08	132.24	0.06	132.18
	D20	32.21	43.77	130.95	206.92	2.12	204.80
	合计	82.68	113.07	303.79	499.54	22.58	476.96
平果县	D2	18.18	10.03	13.44	41.65	13.03	28.62
	D5	15.45	12.10	21.22	48.77	5.88	42.89
	D10	19.90	23.63	46.27	89.80	1.72	88.07
	D20	27.22	30.66	60.32	118.20	42.83	75.37
	合计	80.75	76.42	141.25	298.42	63.47	234.95

续表

区 县	沿江带	适宜（km²）	较适宜（km²）	条件适宜（km²）	适宜建设用地总面积（km²）	已开发建设用地面积（km²）	后备适宜建设用地面积（km²）
田东县	D2	31.62	15.03	22.43	69.09	16.92	52.17
	D5	17.14	19.16	37.93	74.23	3.82	70.41
	D10	14.75	18.76	46.14	79.65	0.60	79.05
	D20	18.39	31.59	85.60	135.58	13.28	122.30
	合 计	81.90	84.55	192.10	358.54	34.62	323.93
田阳县	D2	32.56	8.60	13.71	54.87	23.68	31.19
	D5	20.66	10.81	21.15	52.61	11.57	41.04
	D10	8.87	15.06	38.83	62.76	1.13	61.63
	D20	18.95	24.18	57.12	100.25	5.57	94.68
	合 计	81.03	58.66	130.80	270.49	41.96	228.54

(2) 崇左市域

根据开发建设适宜性评价结果（表2-42，图2-76，图2-77），崇左市域沿岸20km范围可作为开发建设用地面积总和为1273.33km²，其中适宜、较适宜和条件适宜类分别为500.84km²、369.17km²和403.32km²。在所有适宜建设用地面积中，有153.31km²是已开发建设用地（现有建设用地总面积为161.64km²）。根据评价体系架构中的公式计算，崇左市域沿岸20km范围内后备适宜建设用地面积为1120.02km²。适宜建设用地强度为30.77%，其中后备适宜建设用地强度为27.06%。

表2-42 崇左市域沿岸带适宜建设用地及后备适宜建设用地面积

沿江带	适宜建设用地面积（km²）	已开发建设用地面积（km²）	后备适宜建设用地面积（km²）	沿江带面积（km²）	适宜建设用地强度（%）	后备适宜建设用地强度（%）
D2	127.01	43.51	83.51	579.04	21.93	14.42
D5	162.01	22.99	139.02	649.85	24.93	21.39
D10	341.61	29.54	312.07	1 072.93	31.84	29.09
D20	642.70	57.27	585.43	1 837.04	34.99	31.87
合 计	1 273.33	153.31	1 120.02	4 138.87	30.77	27.06

西江崇左段沿岸带20km缓冲区内的2个区县中，崇左市市辖区的适宜开发建设面积和后备建设用地面积最大，分别764.54km²和691.53km²。后备建设用地占适宜开发建设总面积的比例最高的同样是崇左市市辖区，达到90.45%，开发潜力较大（表2-43）。

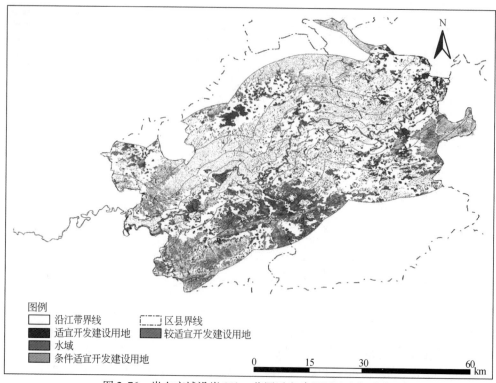

图 2-76 崇左市域沿岸 20km 范围适宜建设用地空间分布

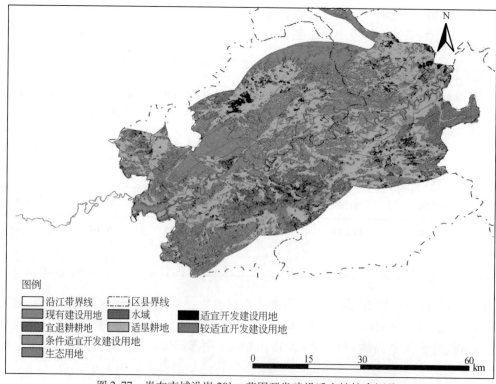

图 2-77 崇左市域沿岸 20km 范围开发建设适宜性综合评价

表2-43 崇左市域沿岸带各区县适宜建设用地及后备适宜建设用地面积统计

区县	沿江带	适宜（km²）	较适宜（km²）	条件适宜（km²）	适宜建设用地总面积（km²）	已开发建设用地面积（km²）	后备适宜建设用地面积（km²）
崇左市市辖区	D2	33.00	22.53	21.93	77.47	20.50	56.97
	D5	34.21	25.90	31.71	91.82	11.93	79.89
	D10	68.97	58.27	72.92	200.16	13.43	186.73
	D20	134.78	113.68	146.64	395.09	27.14	367.95
	合计	270.95	220.39	273.20	764.54	73.01	691.53
扶绥县	D2	30.53	12.08	6.93	49.54	23.01	26.54
	D5	33.40	19.71	17.08	70.19	11.06	59.13
	D10	63.42	39.72	38.31	141.46	16.11	125.34
	D20	102.54	77.27	67.80	247.61	30.13	217.48
	合计	229.89	148.78	130.12	508.80	80.30	428.49

（3）贵港市域

根据开发建设适宜性评价结果（表2-44），贵港市域沿岸20km范围可作为开发建设用地面积总和为2057.13km²，其中适宜、较适宜和条件适宜类分别为957.54km²、419.82km²和679.76km²。在所有适宜开发建设用地面积中，有449.17km²是已开发建设用地（现有建设用地总面积为453.03km²）。根据评价体系架构中的公式计算，贵港市域沿岸20km范围后备适宜建设用地面积为1607.95km²。适宜建设用地强度为27.94%，其中后备适宜建设用地强度为21.84%。

表2-44 贵港市域沿岸带适宜建设用地及后备适宜建设用地面积

沿江带	适宜建设用地面积（km²）	已开发建设用地面积（km²）	后备适宜建设用地面积（km²）	沿江带面积（km²）	适宜建设用地强度（%）	后备适宜建设用地强度（%）
D2	272.40	124.56	147.84	1 070.36	25.45	13.81
D5	363.46	81.07	282.39	1 321.52	27.50	21.37
D10	509.18	119.39	389.79	1 909.35	26.67	20.41
D20	912.08	124.15	787.93	3 060.58	29.80	25.74
合计	2 057.13	449.17	1 607.95	7 361.81	27.94	21.84

贵港市域沿岸20km范围的9个区县中，桂平市的适宜建设用地面积和后备适宜建设用地面积最大，分别948.06km²和770.34km²。后备适宜建设用地占适宜建设用地总面积的比例最高的是港南区的82.79%，开发潜力最大（表2-45）。

表 2-45 贵港市域沿岸带各区县适宜建设用地及后备适宜建设用地面积统计

区 县	沿江带	适宜（km²）	较适宜（km²）	条件适宜（km²）	适宜建设用地总面积（km²）	已开发建设用地面积（km²）	后备适宜建设用地面积（km²）
港北区	D2	22.05	3.62	0.94	26.61	13.51	13.10
	D5	33.34	3.18	1.39	37.91	11.17	26.74
	D10	39.59	6.10	11.18	56.86	19.80	37.06
	D20	59.13	38.67	92.46	190.26	22.79	167.47
	合 计	154.11	51.56	105.97	311.65	67.26	244.38
港南区	D2	22.84	5.14	6.20	34.17	15.91	18.26
	D5	29.74	12.68	16.42	58.84	7.90	50.95
	D10	36.92	17.74	20.71	75.38	10.40	64.98
	D20	51.15	24.66	36.53	112.34	14.11	98.23
	合 计	140.65	60.22	79.86	280.73	48.33	232.41
桂平市	D2	88.42	26.63	30.79	145.83	56.74	89.10
	D5	88.11	38.64	53.33	180.09	34.67	145.41
	D10	118.66	64.11	91.41	274.17	42.93	231.24
	D20	99.05	88.11	160.82	347.97	43.39	304.58
	合 计	394.23	217.49	336.34	948.06	177.73	770.34
平南县	D2	40.05	5.82	5.77	51.64	31.82	19.81
	D5	47.43	8.32	8.91	64.67	22.36	42.31
	D10	60.54	11.87	13.53	85.93	40.09	45.85
	D20	53.71	48.74	113.70	216.15	26.71	189.44
	合 计	201.73	74.75	141.91	418.38	120.97	297.41
覃塘区	D2	10.14	2.43	1.59	14.16	6.58	7.58
	D5	14.91	4.76	2.28	21.95	4.98	16.98
	D10	12.63	2.40	1.80	16.83	6.18	10.66
	D20	29.13	6.22	10.01	45.36	17.15	28.21
	合 计	66.81	15.81	15.68	98.30	34.88	63.42

（4）来宾市域

根据开发建设适宜性评价结果（表 2-46，图 2-78，图 2-79），来宾市域沿岸 20km 范围可作为开发建设用地面积总和为 2024.65km²，其中适宜、较适宜和条件适宜类分别为 697.76km²、545.08km² 和 781.81km²。在所有适宜开发建设用地面积中，有 212.50km² 是已开发建设用地（现有建设用地总面积为 220.01km²）。根据评价体系架构中的公式计算，来宾市域沿岸 20km 范围后备适宜建设用地面积为 1812.15km²，适宜建设用地强度为

32.54%,其中后备适宜建设用地强度为29.13%。

表2-46 来宾市域沿岸带适宜建设用地及后备适宜建设用地面积

沿江带	适宜建设用地面积（km²）	已开发建设用地面积（km²）	后备适宜建设用地面积（km²）	沿江带面积（km²）	适宜建设用地强度（%）	后备适宜建设用地强度（%）
D2	313.29	56.27	257.02	1 014.75	30.87	25.33
D5	355.24	41.44	313.81	1 221.12	29.09	25.70
D10	543.47	43.09	500.38	1 619.36	33.56	30.90
D20	812.64	71.70	740.94	2 365.93	34.35	31.32
合　计	2 024.65	212.50	1 812.15	6 221.17	32.54	29.13

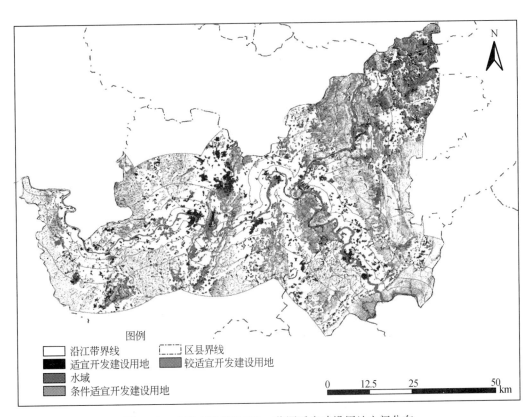

图2-78 来宾市域沿岸20km范围适宜建设用地空间分布

来宾市域沿岸20km范围3个区县中，来宾市市辖区的适宜建设用地面积和后备适宜建设用地面积最大，分别为868.46km²和759.25km²。后备适宜建设用地占适宜开发建设总面积的比例最高的是象州县的95.8%，开发潜力较大（表2-47）。

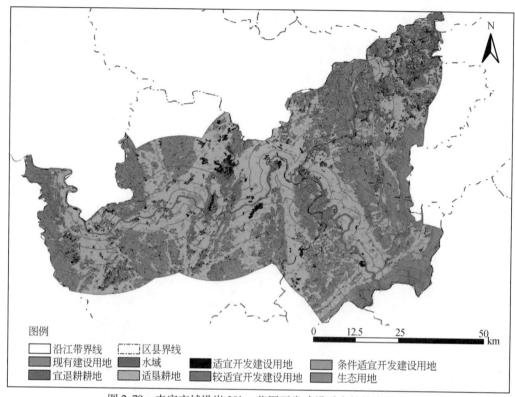

图 2-79 来宾市域沿岸 20km 范围开发建设适宜性综合评价

表 2-47 来宾市域沿岸带各区县适宜建设用地及后备适宜建设用地面积统计

区县	沿江带	适宜（km²）	较适宜（km²）	条件适宜（km²）	适宜建设用地总面积（km²）	已开发建设用地面积（km²）	后备适宜建设用地面积（km²）
来宾市市辖区	D2	61.76	33.17	39.35	134.28	27.48	106.80
	D5	56.57	42.35	64.51	163.43	20.74	142.69
	D10	68.86	52.04	71.40	192.29	20.34	171.96
	D20	151.82	93.78	132.86	378.46	40.65	337.81
	合计	339.00	221.34	308.12	868.46	109.20	759.25
武宣县	D2	38.77	21.24	30.66	90.67	21.10	69.58
	D5	28.07	16.31	25.86	70.24	17.43	52.81
	D10	30.68	30.78	58.76	120.22	14.45	105.77
	D20	41.77	30.70	56.61	129.07	19.00	110.08
	合计	139.28	99.03	171.90	410.21	71.98	338.23
象州县	D2	24.24	25.68	38.42	88.34	7.70	80.64
	D5	32.70	32.73	56.15	121.58	3.27	118.31
	D10	66.24	70.44	94.27	230.96	8.30	222.65
	D20	96.29	95.86	112.95	305.10	12.05	293.05
	合计	219.47	224.72	301.79	745.98	31.32	714.66

(5) 柳州市域

根据开发建设适宜性评价结果（表2-48，图2-80，图2-81），柳州市域沿岸20km范围可作为开发建设用地面积总和为1424.69km²，其中适宜、较适宜和条件适宜类分别为493.76km²、346.02km²和584.91km²。在所有适宜开发建设用地面积中，有167.34km²是已开发建设用地（现有建设用地总面积为173.81km²）。根据评价体系架构中的公式计算，柳州市域沿岸20km范围后备适宜建设用地面积为1257.34km²。适宜建设用地强度为46.41%，其中后备适宜建设用地强度为40.96%。

表2-48 柳州市域沿岸带适宜建设用地及后备适宜建设用地面积

沿江带	适宜建设用地面积（km²）	已开发建设用地面积（km²）	后备适宜建设用地面积（km²）	沿江带面积（km²）	适宜建设用地强度（%）	后备适宜建设用地强度（%）
D2	245.33	70.24	175.09	454.80	53.94	38.50
D5	275.99	40.40	235.59	520.89	52.98	45.23
D10	357.80	33.61	324.20	745.92	47.97	43.46
D20	545.57	23.10	522.47	1 348.04	40.47	38.76
合　计	1 424.69	167.34	1 257.34	3 069.65	46.41	40.96

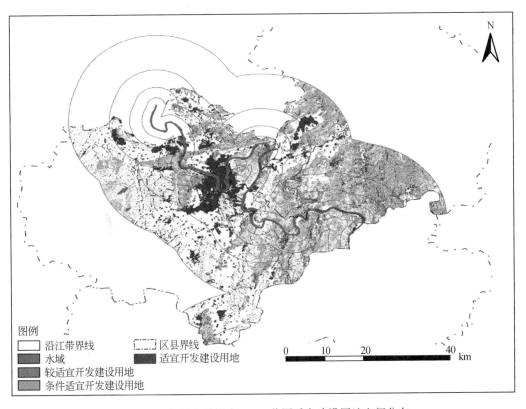

图2-80 柳州市域沿岸20km范围适宜建设用地空间分布

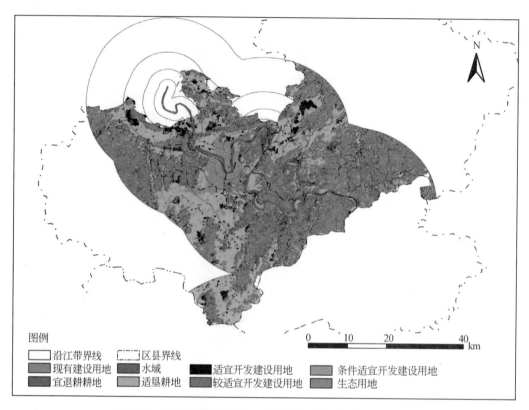

图 2-81 柳州市域沿岸 20km 范围开发建设适宜性综合评价

柳州市域沿岸 20km 范围 6 个区县中，柳江县的适宜开发建设面积和后备适宜建设用地面积最大，分别为 516.99km² 和 474.16km²。后备适宜建设用地占适宜开发建设总面积的比例最高的是鹿寨县的 97.82%，开发潜力最大（表 2-49）。

表 2-49　柳州市域沿岸带各区县适宜建设用地及后备适宜建设用地面积统计

区县	沿江带	适宜（km²）	较适宜（km²）	条件适宜（km²）	适宜建设用地总面积（km²）	已开发建设用地面积（km²）	后备适宜建设用地面积（km²）
城中区	D2	10.79	7.01	9.84	27.64	8.67	18.97
	D5	1.11	1.84	3.62	6.57	0.39	6.19
	D10	—	—	—	—	—	—
	D20	—	—	—	—	—	—
	合计	11.90	8.84	13.47	34.21	9.06	25.15
柳北区	D2	30.79	10.96	11.58	53.33	22.69	30.65
	D5	20.46	12.41	19.44	52.31	8.52	43.79
	D10	22.26	12.20	15.61	50.07	4.01	46.05
	D20	1.14	1.18	3.04	5.36	0.00	5.36
	合计	74.65	36.75	49.67	161.08	35.22	125.85

续表

区 县	沿江带	适宜（km²）	较适宜（km²）	条件适宜（km²）	适宜建设用地总面积（km²）	已开发建设用地面积（km²）	后备适宜建设用地面积（km²）
柳江县	D2	21.56	21.66	35.06	78.28	4.25	74.03
	D5	22.73	21.43	41.29	85.44	0.77	84.68
	D10	54.33	29.83	44.33	128.50	19.21	109.29
	D20	86.32	52.89	85.56	224.77	18.61	206.16
	合 计	184.94	125.80	206.25	516.99	42.83	474.16
柳南区	D2	12.84	4.75	5.07	22.66	13.75	8.91
	D5	26.60	9.77	9.42	45.79	24.20	21.59
	D10	10.81	7.07	10.81	28.69	6.44	22.25
	D20	0.07	0.09	0.28	0.44	0.00	0.44
	合 计	50.32	21.68	25.58	97.59	44.39	53.20
鹿寨县	D2	9.92	11.45	18.51	39.87	2.75	37.13
	D5	18.07	18.70	37.35	74.12	1.53	72.59
	D10	41.30	38.71	69.39	149.39	3.82	145.58
	D20	76.82	78.42	159.76	314.99	4.49	310.50
	合 计	146.10	147.28	285.01	578.38	12.59	565.79
鱼峰区	D2	18.24	3.16	2.14	23.53	18.13	5.41
	D5	7.04	2.22	2.49	11.76	5.00	6.76
	D10	0.57	0.28	0.31	1.15	0.13	1.03
	D20	—	—	—	—	—	—
	合 计	25.85	5.66	4.94	36.44	23.25	13.19

（6）南宁市域

根据开发建设适宜性评价结果（表2-50，图2-82，图2-83），南宁市域沿岸20km范围可作为开发建设用地面积总和为1970.81km²，其中适宜、较适宜和条件适宜类分别为1017.51km²、440.51km²和512.79km²。在所有适宜开发建设用地面积中，有400.25km²是已开发建设用地（现有建设用地总面积为490.49km²）。根据评价体系架构中的公式计算，南宁市域沿岸20km范围后备适宜建设用地面积为1570.56km²。适宜建设用地强度为22.30%，其中后备适宜建设用地强度为17.77%。

表2-50 南宁市域沿岸带适宜建设用地及后备适宜建设用地面积

沿江带	适宜建设用地面积（km²）	已开发建设用地面积（km²）	后备适宜建设用地面积（km²）	沿江带面积（km²）	适宜建设用地强度（%）	后备适宜建设用地强度（%）
D2	375.35	147.12	228.23	1 603.04	23.42	14.24
D5	417.87	105.46	312.41	1 772.08	23.58	17.63
D10	539.63	80.84	458.80	2 374.40	22.73	19.32
D20	637.95	66.83	571.12	3 089.95	20.65	18.48
合 计	1 970.81	400.25	1 570.56	8 839.47	22.30	17.77

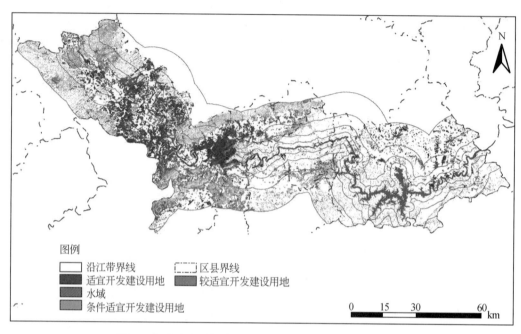

图 2-82　南宁市域沿岸 20km 范围适宜建设用地空间分布

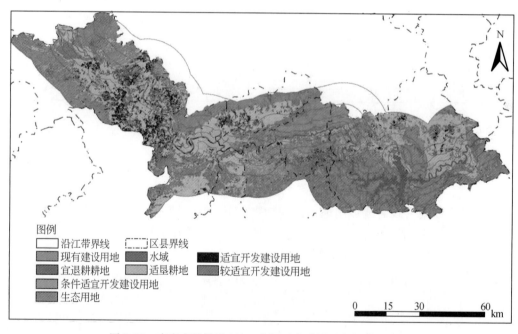

图 2-83　南宁市域沿岸 20km 范围开发建设适宜性综合评价

南宁市域沿岸 20km 范围 9 个区县中，隆安县的适宜建设用地面积和后备适宜建设用地面积最大，分别 533.91km² 和 472.59km²。后备适宜建设用地占适宜开发建设总面积的比例最高的是隆安县的 88.52%，开发潜力最大（表 2-51）。

表 2-51　南宁市域沿岸带各区县适宜建设用地及后备适宜建设用地面积统计

区县	沿江带	适宜（km²）	较适宜（km²）	条件适宜（km²）	适宜建设用地总面积（km²）	已开发建设用地面积（km²）	后备适宜建设用地面积（km²）
横县	D2	48.34	8.68	11.64	68.66	27.26	41.40
	D5	29.52	5.07	7.94	42.53	13.80	28.73
	D10	41.29	8.77	11.43	61.49	19.46	42.03
	D20	43.23	10.34	9.92	63.49	24.33	39.17
	合计	162.38	32.86	40.94	236.18	84.85	151.33
江南区	D2	38.73	13.14	7.54	59.40	27.32	32.09
	D5	35.30	20.41	19.23	74.95	18.52	56.43
	D10	16.89	21.34	39.20	77.42	2.41	75.01
	D20	33.62	27.23	42.56	103.42	10.86	92.56
	合计	124.54	82.12	108.54	315.19	59.11	256.08
良庆区	D2	7.46	4.03	3.62	15.10	9.19	5.91
	D5	5.39	4.09	3.82	13.29	4.57	8.72
	D10	3.85	4.54	6.92	15.31	2.30	13.01
	D20	9.62	12.36	21.39	43.37	2.94	40.43
	合计	26.32	25.01	35.74	87.07	19.00	68.07
隆安县	D2	50.21	24.01	18.92	93.14	24.71	68.43
	D5	58.42	31.17	32.57	122.16	11.88	110.27
	D10	70.42	38.64	43.71	152.77	14.48	138.28
	D20	51.09	39.44	75.31	165.84	10.24	155.60
	合计	230.14	133.26	170.51	533.91	61.32	472.59
南宁市市辖区	D2	0.26	0.37	0.13	0.76	0.00	0.76
	D5	1.04	0.22	0.14	1.39	0.17	0.76
	D10	0.01	0.00	0.00	0.01	0.00	0.01
	D20	—	—	—	—	—	—
	合计	1.31	0.59	0.27	2.17	0.17	1.54
青秀区	D2	17.22	4.26	3.70	25.18	14.42	10.76
	D5	16.75	3.23	3.99	23.97	14.65	9.31
	D10	21.32	2.69	4.26	28.28	3.29	24.99
	D20	14.38	2.34	3.42	20.14	0.95	19.19
	合计	69.67	12.53	15.36	97.56	33.32	64.24

续表

区 县	沿江带	适宜（km²）	较适宜（km²）	条件适宜（km²）	适宜建设用地总面积（km²）	已开发建设用地面积（km²）	后备适宜建设用地面积（km²）
西乡塘区	D2	77.71	18.96	9.28	105.95	39.48	66.47
	D5	87.88	23.12	13.87	124.87	34.42	90.45
	D10	87.45	27.97	21.10	136.52	22.26	114.26
	D20	51.26	21.05	24.94	97.24	9.40	87.84
	合 计	304.29	91.10	69.18	464.58	105.55	359.02
兴宁区	D2	2.08	0.14	0.01	2.24	2.00	0.24
	D5	4.47	3.11	2.84	10.42	5.62	4.79
	D10	25.08	21.21	15.91	62.19	15.71	46.49
	D20	35.66	33.49	44.40	113.55	6.23	107.32
	合 计	67.29	57.94	63.16	188.39	29.56	158.84
邕宁区	D2	3.16	0.49	1.26	4.91	2.74	2.17
	D5	3.24	0.45	0.61	4.30	1.81	2.49
	D10	4.31	0.54	0.80	5.65	0.93	4.72
	D20	20.87	3.61	6.42	30.90	1.89	29.02
	合 计	31.58	5.10	9.08	45.76	7.36	38.40

（7）梧州市域

根据开发建设适宜性评价结果（表2-52，图2-84，图2-85），梧州市域沿岸20km范围可作为开发建设用地面积总和为1319.6km²，其中适宜、较适宜和条件适宜类分别为253.32km²、329.54km²和736.75km²。在所有适宜开发建设用地面积中，有73.02km²是已开发建设用地（现有建设用地总面积为82.36km²）。根据评价体系架构中的公式计算，梧州市域沿岸20km范围后备适宜建设用地面积为1246.58km²。适宜建设用地强度为35.37%，其中后备适宜建设用地强度为33.41%。

表2-52 梧州市域沿岸带适宜建设用地及后备适宜建设用地面积

沿江带	适宜建设用地面积（km²）	已开发建设用地面积（km²）	后备适宜建设用地面积（km²）	沿江带面积（km²）	适宜建设用地强度（%）	后备适宜建设用地强度（%）
D2	152.42	28.85	123.57	418.15	36.45	29.55
D5	211.88	12.81	199.07	582.41	36.38	34.18
D10	356.09	13.43	342.66	948.90	37.53	36.11
D20	599.21	17.93	581.28	1 781.71	33.63	32.62
合 计	1 319.60	73.02	1 246.58	3 731.17	35.37	33.41

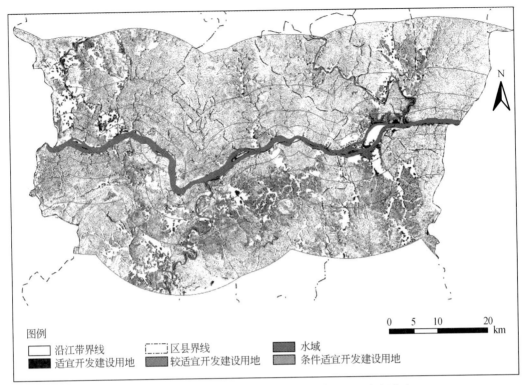

图 2-84　梧州市域沿岸 20km 范围适宜建设用地空间分布

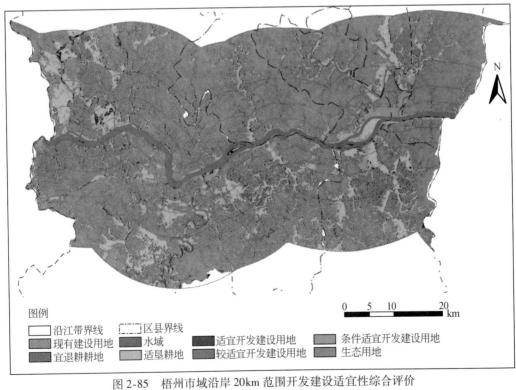

图 2-85　梧州市域沿岸 20km 范围开发建设适宜性综合评价

梧州市域沿岸20km范围5个区县中,藤县的适宜建设用地面积和后备适宜建设用地面积最大,分别为779.7km² 和751.59km²。后备适宜建设用地占适宜开发建设总面积的比例最高的是梧州市市辖区,达到96.39%,开发潜力较大(表2-53)。

表2-53 梧州市域沿岸带各区县适宜建设用地及后备建设用地面积统计

区县	沿江带	适宜(km²)	较适宜(km²)	条件适宜(km²)	适宜建设用地面积(km²)	已开发建设用地面积(km²)	后备适宜建设用地面积(km²)
苍梧县	D2	6.18	5.85	10.16	22.19	4.18	18.01
	D5	6.72	9.71	21.95	38.39	3.48	34.91
	D10	15.09	20.58	48.12	83.79	1.84	81.95
	D20	25.60	37.21	90.71	153.51	4.97	148.55
	合计	53.59	73.35	170.94	297.87	14.46	283.41
长洲区	D2	8.87	4.03	5.24	18.14	11.84	6.30
	D5	1.95	2.68	6.08	10.71	1.02	9.69
	D10	2.01	3.51	9.21	14.72	0.26	14.46
	D20	8.87	14.31	32.99	56.17	1.80	54.37
	合计	21.69	24.54	53.52	99.74	14.92	84.82
蝶山区	D2	4.14	2.87	4.82	11.83	5.07	6.76
	D5	2.93	3.24	6.76	12.93	3.83	9.10
	D10	2.78	2.33	5.03	10.14	1.44	8.70
	D20	5.96	7.66	16.22	29.84	1.98	27.86
	合计	15.80	16.10	32.83	64.74	12.33	52.41
藤县	D2	20.65	23.20	49.48	93.33	6.97	86.36
	D5	27.97	34.71	77.22	139.90	3.95	135.95
	D10	45.61	58.80	121.26	225.68	8.21	217.47
	D20	56.89	79.39	184.52	320.80	8.99	311.81
	合计	151.12	196.11	432.48	779.70	28.11	751.59
万秀区	D2	1.03	1.73	4.19	6.95	0.79	6.16
	D5	1.25	2.36	6.33	9.95	0.53	9.42
	D10	3.34	5.48	12.94	21.76	1.68	20.07
	D20	5.49	9.88	23.52	38.89	0.20	38.69
	合计	11.12	19.45	46.98	77.55	3.20	74.35

二、沿江核心城市区域综合评价

（一）过程与方法

基于开发建设适宜性评价的体系架构和技术流程，针对西江经济带沿江 7 个核心城市及周边地区进行精准评价，评价 16km 缓冲区内的开发建设适宜性，并计算适宜建设用地面积、后备适宜建设用地面积和后备适宜建设用地强度。

1）基础图件处理。对数字地形高程分级图、数字地形坡度分级图、土地利用图、分县行政区划图进行投影转换、配准和叠加，并将基础图件的比例尺统一到 1∶5 万。

2）以南宁、柳州、来宾、贵港、百色、崇左、梧州 7 个核心城市的市政府所在地为中心，向外以 2km 为单位做缓冲。除南宁和柳州做了 8 个圈层外，其余 5 个市做了 6 个圈层，并将每个圈层以 D2、D4、D6、D8、D10、D12、D14、D16 编号（表 2-54）。

表 2-54　中心城市向周边地区扩展分圈层含义

编号	含义
D2	距离城市中心 2km 以内的区域
D4	距离城市中心 2~4km 的带状区域
D6	距离城市中心 4~6km 的带状区域
D8	距离城市中心 6~8km 的带状区域
D10	距离城市中心 8~10km 的带状区域
D12	距离城市中心 10~12km 的带状区域
D14	距离城市中心 12~14km 的带状区域
D16	距离城市中心 14~16km 的带状区域

3）针对各带的地形条件和土地利用状况进行本底评价。

4）在第 3 步工作的基础上，基于开发建设适宜性评价的思路和方法，对沿江 7 个中心城市及其周边地区的开发建设适宜性展开综合评价。

（二）地形和土地利用本底评价

1. 地形条件本底评价

7 个沿江中心城市及其周边地区高程绝大部分都在 400m 以下，地形基础评价主要是对地形坡度进行评价。从图 2-86 和表 2-55 可以看出，坡度在 8°以下的面积占整个圈层面积的比重随到城市中心距离的增大而呈现下降趋势。D2 圈层内坡度在 8°以下的面积比重在所有 8 个圈层中是最大的。其中，南宁、贵港 D2 圈层 8°以下的面积占到总面积的 99.09%、100%，其次是来宾、柳州、崇左、百色、梧州。从折线图上看出，南宁、柳州、贵港、来宾地形较为平缓，8 个圈层坡度在 8°以下的面积所占比重均在 50% 以上，而梧州的地形坡度在 8°以下的区域不到总面积的一半。以南宁为例，从 D2 圈层扩展到 D16

圈层，8°以下面积所占比重减少了49.67%，变化尤为明显；而梧州的值仅为16.83%，7个城市从D2圈层到D16圈层8°以下面积所占比重平均减少26.74%。

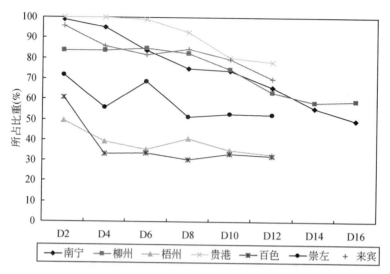

图2-86　7城市周边地区坡度8°以下面积比重折线图

表2-55　中心城市周边地区坡度8°以下面积及比重统计表

城　市	D2		D4		D6		D8	
	8°以下面积 (km²)	比重 (%)	8°以下面积 (km²)	比重 (%)	8°以下面积 (km²)	比重 (%)	8°以下面积 (km²)	比重 (%)
南　宁	11.49	99.09	33.01	95.11	48.33	83.70	60.58	74.92
柳　州	9.58	83.83	28.66	83.59	48.36	84.64	65.78	82.24
梧　州	5.70	49.56	13.50	39.14	20.33	35.36	32.57	40.47
贵　港	11.53	100.00	34.58	99.99	56.94	98.79	74.82	92.72
百　色	6.98	60.90	11.46	33.33	19.20	33.50	24.35	30.35
崇　左	8.32	71.77	19.36	55.70	39.65	68.44	41.42	51.07
来　宾	10.99	95.79	29.51	85.72	46.87	81.68	67.96	84.59
城　市	D10		D12		D14		D16	
	8°以下面积 (km²)	比重 (%)	8°以下面积 (km²)	比重 (%)	8°以下面积 (km²)	比重 (%)	8°以下面积 (km²)	比重 (%)
南　宁	76.59	73.68	83.37	65.61	83.25	55.45	85.62	49.41
柳　州	76.82	74.70	79.45	63.21	86.51	58.23	101.44	59.18
梧　州	36.15	34.96	38.30	32.73				
贵　港	83.09	80.08	99.07	78.12				
百　色	34.14	33.09	40.60	32.20				
崇　左	54.85	52.60	66.58	52.24				
来　宾	82.16	79.54	88.26	69.91				

2. 主要土地利用类型评价

（1）耕地

耕地面积所占分圈层总面积的比重随到城市中心距离的增大而呈现先增加后减小，最后趋于平稳的趋势（表2-56，图2-87）。7个城市耕地面积所占比重达到最大值的位置不同，其中贵港、崇左在D6圈层出现最大值，且贵港在D6圈层的耕地面积所占比重为7个城市的最大值，值为79.75%；来宾、百色、梧州的耕地面积所占比重大部分集中在D8圈层；南宁、柳州的耕地面积所占比重最大值则出现在D10圈层。在7个市的8个圈层中，梧州是耕地面积最少的城市，耕地面积所占比重最大值为23%，而来宾的平均耕地面积比重则达到了55.18%。

从市中心向外扩展至D16圈层，贵港的耕地面积所占比重增加的幅度最大，达到47.68%；其次是南宁、柳州等；耕地面积所占比重增加幅度最小的为百色，仅为10.58%。7城市耕地面积所占比重平均增加的幅度为27.02%。

表2-56　7个核心城市周边地区耕地面积及所占比重统计表

城市	D2		D4		D6		D8	
	耕地面积(km²)	比重(%)	耕地面积(km²)	比重(%)	耕地面积(km²)	比重(%)	耕地面积(km²)	比重(%)
南宁	11.59	0.00	34.71	0.40	57.74	6.02	80.86	21.01
柳州	0.00	0.00	0.12	0.34	7.42	12.99	30.65	38.32
梧州	0.00	0.00	1.24	3.60	6.42	11.17	17.17	21.34
贵港	1.92	16.68	19.60	56.67	45.97	79.75	62.49	77.45
百色	0.71	6.19	6.96	20.24	15.89	27.72	26.37	32.87
崇左	0.96	8.29	13.95	40.12	32.95	56.88	40.12	49.46
来宾	4.33	37.72	17.10	49.67	32.45	56.54	57.15	71.14

城市	D10		D12		D14		D16	
	耕地面积(km²)	比重(%)	耕地面积(km²)	比重(%)	耕地面积(km²)	比重(%)	耕地面积(km²)	比重(%)
南宁	103.96	43.71	127.07	44.64	150.15	35.63	173.28	36.42
柳州	43.25	42.06	45.88	36.50	52.96	35.65	59.02	34.44
梧州	23.33	22.56	21.95	18.76				
贵港	69.35	66.84	81.63	64.36				
百色	20.55	19.92	21.14	16.76				
崇左	43.48	41.70	47.34	37.14				
来宾	68.06	65.89	63.30	50.14				

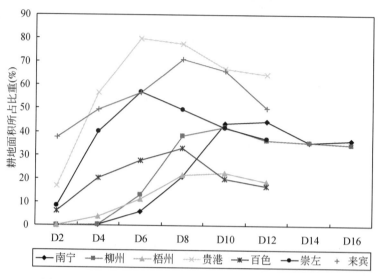

图 2-87　7 个核心城市周边地区耕地面积所占比重折线图

（2）建设用地

7 个城市及周边地区的建设用地整体呈有规律的递减趋势（表 2-57，图 2-88）。其中曲线可以分为两类，南宁、柳州为凸变型，梧州、贵港、百色、崇左、来宾呈凹变型。曲线呈凹变型的城市在 D4 圈层处有锐减的趋势，而凸变型的城市呈现缓慢减小的趋势，直到 D6 至 D8 圈层之间曲线明显下降。7 个城市 D2 圈层以内的建设用地所占比重均在 56% 以上，其中，南宁的建设用地所占比重最大，高达 86.08%，其次为柳州、贵港。D4 圈层以内，凹变型的城市建设用地的面积比重均低于 40%，贵港值较大，为 36.79%，崇左的建设用地所占比重最小，仅为 10.89%。南宁为建设用地强度最大的城市，D8 圈层的建设用地面积所占比重仍达到 54.91%。

7 城市从市中心向外扩展到 D16 圈层处，建设用地面积所占比重减少幅度最大的为南宁，高达 81.46%，其他依次为柳州、贵港、百色、崇左、来宾，减少幅度最小的城市为梧州，为 52.68%，7 城市建设用地面积所占比重减少的幅度均值为 64.76%。

表 2-57　7 个城市周边地区建设用地面积及所占比重统计表

城　市	D2		D4		D6		D8	
	建设用地面积（km²）	比重（%）	建设用地面积（km²）	比重（%）	建设用地面积（km²）	比重（%）	建设用地面积（km²）	比重（%）
南　宁	9.98	86.08	30.43	87.66	45.33	78.50	44.40	54.91
柳　州	9.26	81.02	28.27	82.47	38.40	67.21	26.14	32.69
梧　州	6.49	56.47	8.43	24.44	5.91	10.28	6.54	8.13
贵　港	8.74	75.86	12.78	36.97	9.00	15.61	7.54	9.34
百　色	7.07	61.68	8.19	23.81	4.52	7.88	0.85	1.06
崇　左	6.89	59.49	3.79	10.89	3.59	6.19	2.10	2.59
来　宾	6.48	56.46	8.93	25.95	2.43	4.23	2.06	2.57

续表

城市	D10 建设用地面积(km²)	比重(%)	D12 建设用地面积(km²)	比重(%)	D14 建设用地面积(km²)	比重(%)	D16 建设用地面积(km²)	比重(%)
南宁	22.51	21.65	13.36	10.51	10.18	6.78	8.00	4.62
柳州	16.64	16.18	10.01	7.96	6.40	4.31	4.89	2.85
梧州	3.32	3.21	4.44	3.79				
贵港	6.03	5.81	8.29	6.54				
百色	0.29	0.28	1.28	1.02				
崇左	2.92	2.80	3.63	2.85				
来宾	2.43	2.35	2.64	2.09				

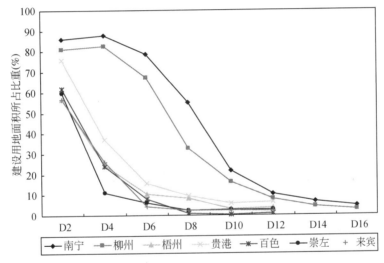

图 2-88 7个地市周边地区建设用地面积及所占比重折线图

南宁市等周边 12km（16km）缓冲区坡度分级及土地利用评价结果如图 2-89～图 2-102 所示。

（三）沿江核心城市及周边综合评价

1. 沿江核心城市总体评价

根据开发建设适宜性评价结果（表 2-58），7 个城市周边 16km 缓冲区内可作为开发建设用地面积总和为 1331.52km²，其中适宜、较适宜和条件适宜类分别为 624.51km²、297.92km² 和 409.08km²。在所有适宜建设用地面积中，有 456.31km² 是已开发建设用地（现有建设用地总面积为 493.00km²）。根据评价体系架构中的公式计算，7 个沿江核心城市 16km 缓冲区后备适宜建设用地面积为 875.20km²。整个区域适宜建设用地强度为

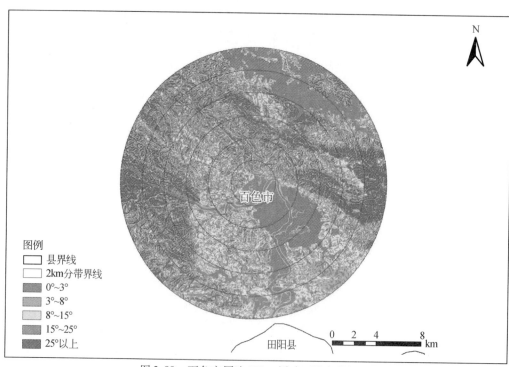

图 2-89　百色市周边 12km 缓冲区坡度分级图

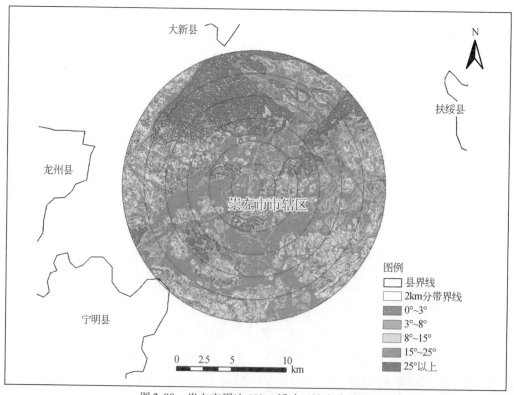

图 2-90　崇左市周边 12km 缓冲区坡度分级图

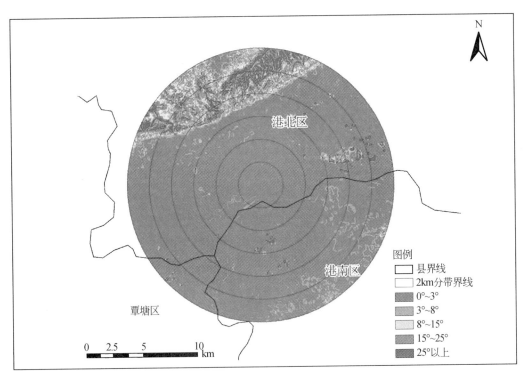

图 2-91　贵港市周边 12km 缓冲区坡度分级图

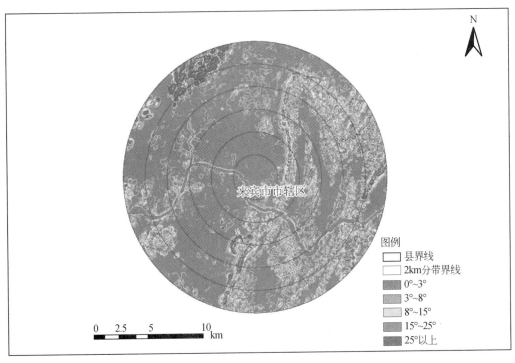

图 2-92　来宾市周边 12km 缓冲区坡度分级图

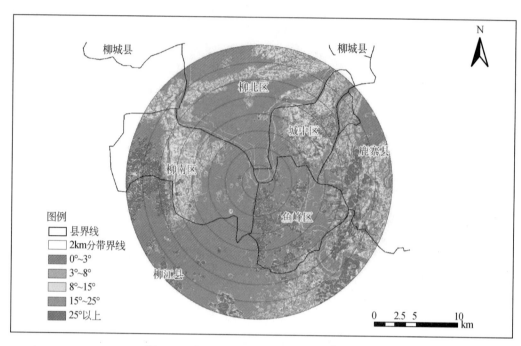

图 2-93　柳州市周边 16km 缓冲区坡度分级图

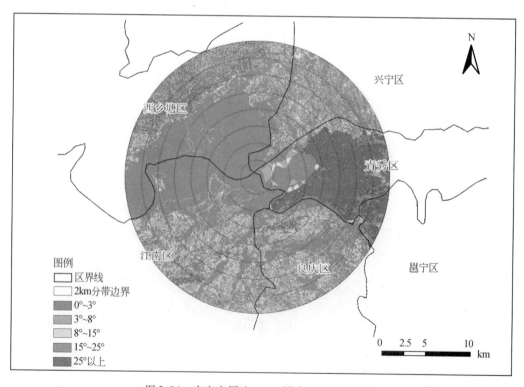

图 2-94　南宁市周边 16km 缓冲区坡度分级图

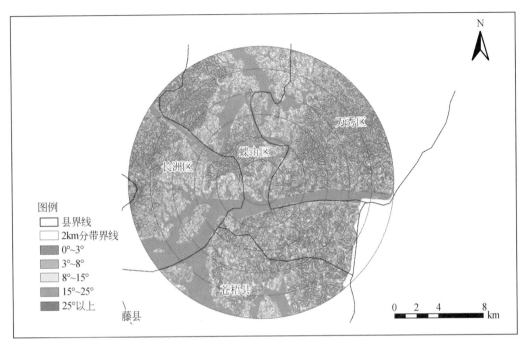

图 2-95　梧州市周边 12km 缓冲区坡度分级图

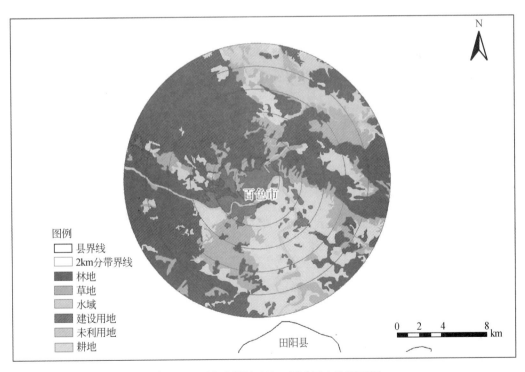

图 2-96　百色市周边 12km 缓冲区土地利用图

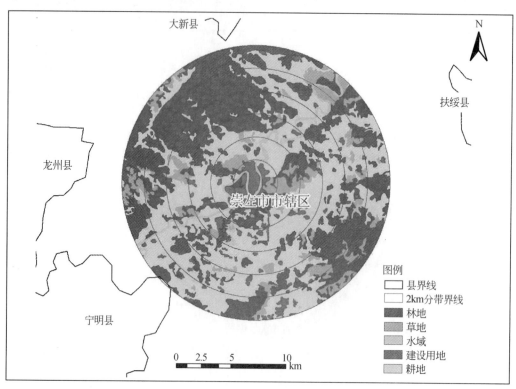

图 2-97　崇左市周边 12km 缓冲区土地利用图

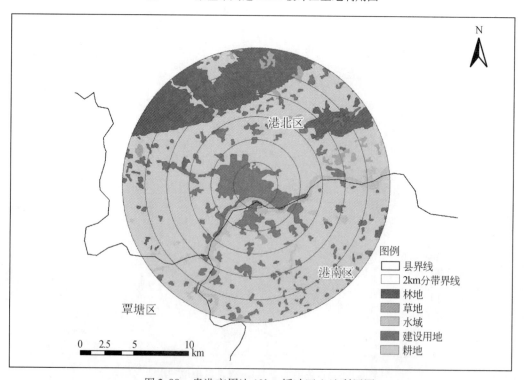

图 2-98　贵港市周边 12km 缓冲区土地利用图

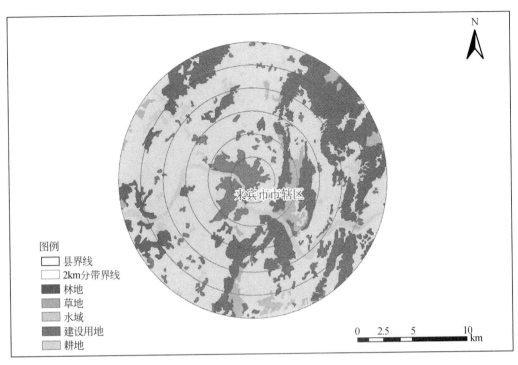

图 2-99 来宾市周边 12km 缓冲区土地利用图

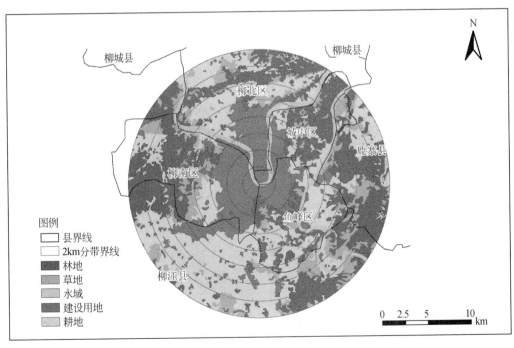

图 2-100 柳州市周边 16km 缓冲区土地利用图

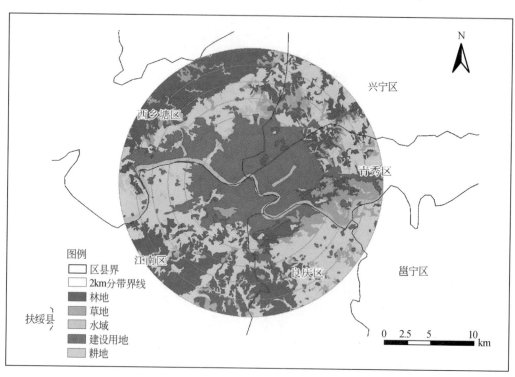

图 2-101 南宁市周边 16km 缓冲区土地利用图

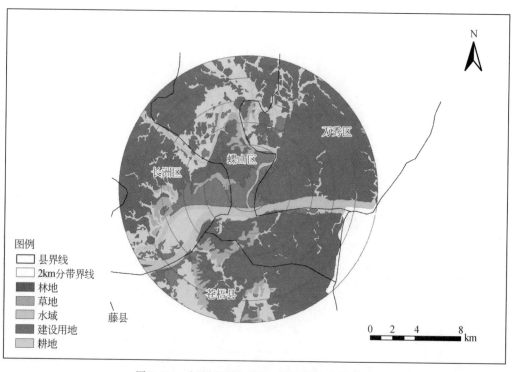

图 2-102 梧州市周边 12km 缓冲区土地利用图

34.55%，其中后备适宜建设用地强度为22.71%。从适宜建设用地面积看，南宁和柳州市较大，分别为332.65km²和366.56km²。但这两个城市适宜建设用地面积中已开发建设用地面积也是最大的，分别为166.38km²和137.33km²。从后备适宜建设用地强度来看，除贵港仅为7.57%外，其他6个城市周边地区的后备适宜建设用地强度均为20%~30%。

表2-58 7个城市周边适宜建设用地及后备适宜建设用地面积

城 市	适宜建设用地面积（km²）	已开发建设用地面积（km²）	后备适宜建设用地面积（km²）	评价区域面积（km²）	适宜建设用地强度（%）	后备适宜建设用地强度（%）
南 宁	332.65	166.38	166.27	804.23	41.36	20.67
柳 州	366.56	137.33	229.23	804.23	45.58	28.50
百 色	129.31	19.59	109.72	452.38	28.58	24.25
梧 州	134.58	30.65	103.92	436.33	30.84	23.82
贵 港	89.04	54.80	34.24	452.38	19.68	7.57
来 宾	136.89	25.81	111.08	452.38	30.26	24.55
崇 左	142.49	21.75	120.74	452.38	31.50	26.69
合 计	1 331.52	456.31	875.20	3 854.31	34.55	22.71

2. 各城市周边开发建设适宜性评价

（1）南宁市

据开发建设适宜性评价结果（表2-59，图2-103，图2-104），南宁市周边16km缓冲区内可作为开发建设用地面积总和为332.65km²，其中适宜、较适宜和条件适宜类分别为191.96km²、70.39km²和70.30km²。在所有适宜开发建设用地面积中，有166.38km²是已开发建设用地（现有建设用地总面积为186.61km²）。根据评价体系架构中的公式计算，南宁市周边16km缓冲区后备适宜建设用地面积为166.27km²，整个区域适宜建设用地强度为41.36%，其中后备适宜建设用地强度为20.67%。

表2-59 南宁市分圈层适宜建设用地及后备适宜建设用地面积

沿江带	适宜建设用地面积（km²）	已开发建设用地面积（km²）	后备适宜建设用地面积（km²）	圈层总面积（km²）	适宜建设用地强度（%）	后备适宜建设用地强度（%）
D2	10.86	10.86	0.00	12.56	86.46	0.00
D4	33.04	32.06	0.98	37.70	87.64	2.60
D6	48.30	43.45	4.85	62.83	76.87	7.72
D8	49.04	38.11	10.93	87.96	55.75	12.43
D10	38.64	17.80	20.84	113.10	34.16	18.43
D12	46.04	9.62	36.42	138.23	33.31	26.35

续表

沿江带	适宜建设用地面积（km²）	已开发建设用地面积（km²）	后备适宜建设用地面积（km²）	圈层总面积（km²）	适宜建设用地强度（%）	后备适宜建设用地强度（%）
D14	55.09	10.33	44.76	163.36	33.72	27.40
D16	51.64	4.15	47.49	188.49	27.40	25.19
合计	332.65	166.38	166.27	804.23	41.36	20.67

根据南宁市分圈层开发建设适宜性评价，适宜建设用地强度随圈层往外扩展呈现出递减的规律，而后备适宜建设用地强度随圈层扩展呈现递增的趋势。南宁市距离市中心4km范围内已基本没有后备适宜建设用地，而距市中心10km以外的区域仍然还有较多的后备适宜建设用地可用。

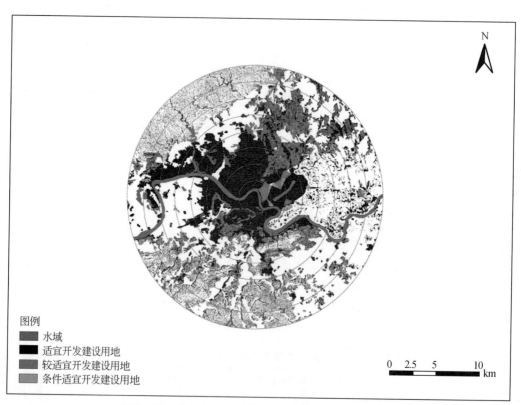

图2-103　南宁市16km缓冲区适宜建设用地空间分布

（2）柳州市

根据开发建设适宜性评价结果（表2-60，图2-105，图2-106），柳州市周边16km缓冲区内可作为开发建设用地面积总和为366.56km²，其中适宜、较适宜和条件适宜类分别为187.60km²、76.67km²和102.28km²。在所有适宜开发建设用地面积中，有137.33km²是已开发建设用地（现有建设用地总面积为142.99km²）。根据评价体系架构中的公式计算，柳州市周边16km缓冲区后备适宜建设用地面积为229.23km²，整个区域适宜建设用地强度为45.58%，其中后备适宜建设用地强度为28.50%。

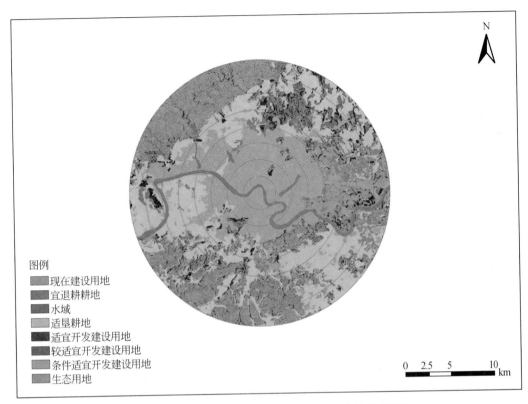

图 2-104　南宁市 16km 缓冲区开发建设适宜性综合评价

表 2-60　柳州市分圈层适宜建设用地及后备适宜建设用地面积

沿江带	适宜建设用地面积（km²）	已开发建设用地面积（km²）	后备适宜建设用地面积（km²）	圈层总面积（km²）	适宜建设用地强度（%）	后备适宜建设用地强度（%）
D2	9.24	9.17	0.07	12.56	73.57	0.56
D4	30.61	29.37	1.24	37.70	81.19	3.29
D6	41.87	37.02	4.85	62.83	66.64	7.72
D8	40.45	24.49	15.96	87.96	45.99	18.14
D10	50.11	16.09	34.02	113.10	44.31	30.08
D12	52.60	9.10	43.50	138.23	38.05	31.47
D14	64.86	6.55	58.31	163.36	39.70	35.69
D16	76.82	5.54	71.28	188.49	40.76	37.82
合计	366.56	137.33	229.23	804.23	45.58	28.50

根据柳州市分圈层开发建设适宜性评价，适宜建设用地强度随圈层往外扩展呈现出递减的规律，而后备适宜建设用地强度随圈层扩展呈现递增的趋势。柳州市距离市中心 4km

范围内已基本没有后备适宜建设用地，而距离市中心 8km 以外还有较丰富的后备适宜建设用地。

图 2-105　柳州市 16km 缓冲区适宜建设用地空间分布

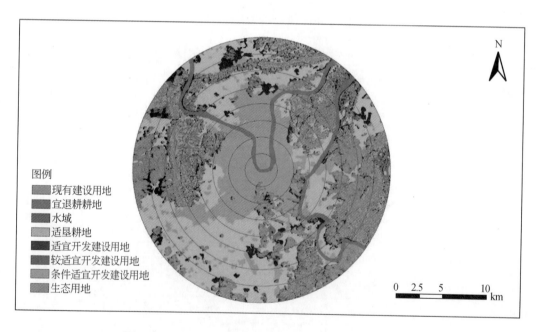

图 2-106　柳州市 16km 缓冲区开发建设适宜性综合评价

（3）百色市

根据开发建设适宜性评价结果（表 2-61，图 2-107，图 2-108），百色市周边 12km 缓冲区内可作为开发建设用地面积总和为129.31km^2,其中适宜、较适宜和条件适宜类分别为29.08km^2、31.94km^2和68.29km^2。在所有适宜开发建设用地面积中,有19.59km^2是已开发建设用地(现有建设用地总面积为22.77km^2)。根据评价体系架构中的公式计算,百色市周边12km缓冲区后备适宜建设用地面积为109.72km^2,整个区域适宜建设用地强度为28.58%,其中后备适宜建设用地强度为24.25%。

表2-61 百色市分圈层适宜建设用地及后备适宜建设用地面积

沿江带	适宜建设用地面积(km^2)	已开发建设用地面积(km^2)	后备适宜建设用地面积(km^2)	圈层总面积(km^2)	适宜建设用地强度(%)	后备适宜建设用地强度(%)
D2	7.36	6.34	1.02	12.56	58.60	8.12
D4	14.48	7.56	6.92	37.70	38.41	18.36
D6	17.72	3.55	14.17	62.83	28.20	22.55
D8	22.03	0.72	21.31	87.96	25.05	24.23
D10	31.10	0.26	30.84	113.10	27.50	27.27
D12	36.62	1.16	35.46	138.23	26.49	25.65
合计	129.31	19.59	109.72	452.38	28.58	24.25

根据百色市分圈层开发建设适宜性评价,适宜建设用地强度随圈层往外扩展呈现出递减的规律,而后备建设用地强度随圈层扩展呈现递增的趋势。

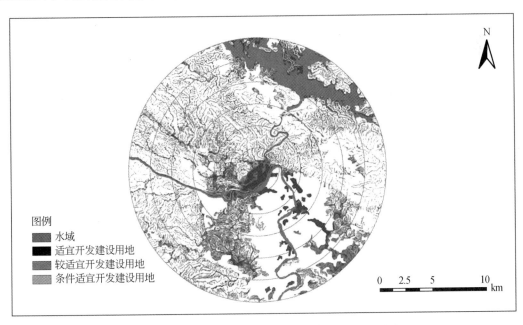

图2-107 百色市12km缓冲区适宜建设用地空间分布

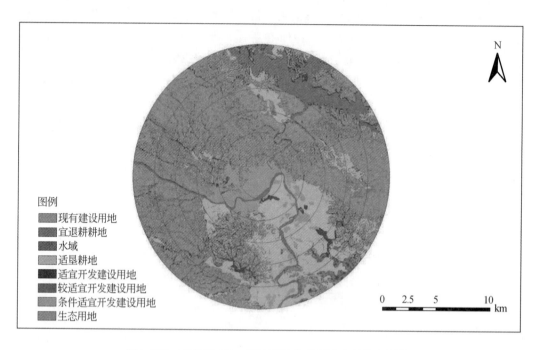

图 2-108　百色市 12km 缓冲区开发建设适宜性综合评价

(4) 贵港市

根据开发建设适宜性评价结果（表 2-62，图 2-109，图 2-110），贵港市周边 12km 缓冲区内可作为开发建设用地面积总和为 89.04km^2，其中适宜、较适宜和条件适宜类分别为 67.64km^2、6.81km^2 和 14.59km^2。在所有适宜开发建设用地面积中，有 54.79km^2 是已开发建设用地（现有建设用地总面积为 55.14km^2）。根据评价体系架构中的公式计算，贵港市周边 12km 缓冲区后备适宜建设用地面积为 34.24km^2，整个区域适宜建设用地强度为 19.68%，其中后备适宜建设用地强度为 7.57%。

表 2-62　贵港市分圈层适宜建设用地及后备建设用地面积统计

沿江带	适宜建设用地面积（km^2）	已开发建设用地面积（km^2）	后备适宜建设用地面积（km^2）	圈层总面积（km^2）	适宜建设用地强度（%）	后备适宜建设用地强度（%）
D2	9.38	9.38	0.00	12.56	74.68	0.00
D4	12.91	12.91	0.00	37.70	34.24	0.00
D6	9.83	9.46	0.37	62.83	15.65	0.59
D8	13.47	7.77	5.70	87.96	15.31	6.48
D10	17.60	5.62	11.98	113.10	15.56	10.59
D12	25.85	9.66	16.19	138.23	18.70	11.71
合计	89.04	54.80	34.24	452.38	19.68	7.57

根据贵港市分圈层开发建设适宜性评价，适宜建设用地强度随圈层往外扩展呈现出递减的规律，而后备建设用地强度随圈层扩展呈现递增的趋势。

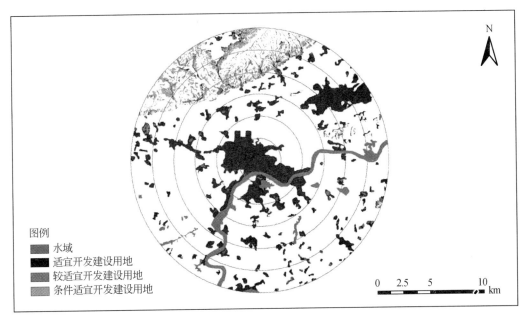

图 2-109　贵港市 12km 缓冲区适宜建设用地空间分布

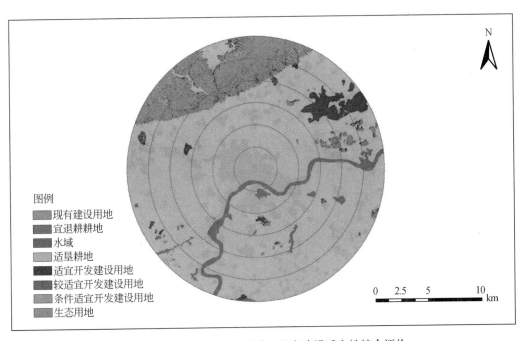

图 2-110　贵港市 12km 缓冲区开发建设适宜性综合评价

（5）来宾市

根据开发建设适宜性评价结果（表 2-63，图 2-111，图 2-112），来宾市周边 12km 缓冲区内可作为开发建设用地面积总和为 136.89km²，其中适宜、较适宜和条件适宜类分别为 64.02km²、35.56km² 和 37.31km²。在所有适宜开发建设用地面积中，有 25.81km² 是已开发建设用地（现有建设用地总面积为 26.01km²）。根据评价体系架构中的公式计算，来宾市周边 12km 缓冲区后备适宜建设用地面积为 111.08km²，整个区域适宜建设用地强度为 30.26%，其中后备适宜建设用地强度为 24.55%。

表 2-63　来宾市分圈层适宜建设用地及后备适宜建设用地面积

沿江带	适宜建设用地面积（km²）	已开发建设用地面积（km²）	后备适宜建设用地面积（km²）	圈层总面积（km²）	适宜建设用地强度（%）	后备适宜建设用地强度（%）
D2	6.83	6.82	0.01	12.56	54.38	0.08
D4	16.36	8.92	7.44	37.70	43.40	19.73
D6	20.37	2.46	17.91	62.83	32.42	28.51
D8	18.28	2.03	16.25	87.96	20.78	18.47
D10	30.24	2.47	27.77	113.10	26.74	24.55
D12	44.81	3.11	41.70	138.23	32.42	30.17
合　计	136.89	25.81	111.08	452.38	30.26	24.55

根据来宾市分圈层开发建设适宜性评价，适宜建设用地强度随圈层往外扩展呈现出递减的规律，而后备适宜建设用地强度随圈层扩展呈现递增的趋势。

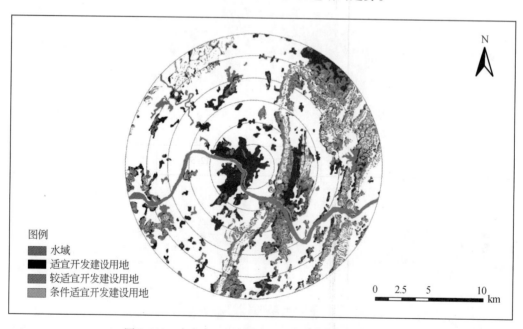

图 2-111　来宾市 12km 缓冲区适宜建设用地空间分布

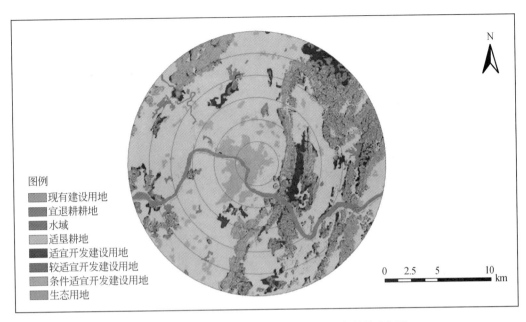

图 2-112 来宾市 12km 缓冲区开发建设适宜性综合评价

(6) 崇左市

根据开发建设适宜性评价结果(表 2-64,图 2-113,图 2-114),崇左市周边 12km 缓冲区内可作为开发建设用地面积总和为 142.49km²,其中适宜、较适宜和条件适宜类分别为 48.83km²、42.69km² 和 50.97km²。在所有适宜开发建设用地面积中,有 21.75km² 是已开发建设用地(现有建设用地总面积为 23.53km²)。根据评价体系架构中的公式计算,崇左市周边 12km 缓冲区后备适宜建设用地面积为 120.74km²,整个区域适宜建设用地强度为 31.50%,其中后备适宜建设用地强度为 26.69%。

表 2-64 崇左市分圈层适宜建设用地及后备适宜建设用地面积

沿江带	适宜建设用地面积(km²)	已开发建设用地面积(km²)	后备适宜建设用地面积(km²)	圈层总面积(km²)	适宜建设用地强度(%)	后备适宜建设用地强度(%)
D2	7.95	6.56	1.39	12.56	63.30	11.07
D4	10.76	3.13	7.63	37.70	28.54	20.24
D6	13.32	4.01	9.31	62.83	21.20	14.82
D8	18.78	1.40	17.38	87.96	21.35	19.76
D10	37.59	2.91	34.68	113.10	33.24	30.66
D12	54.09	3.74	50.35	138.23	39.13	36.42
合计	7.95	6.56	1.39	12.56	63.30	11.07

根据崇左市分圈层开发建设适宜性评价，适宜建设用地强度随圈层往外扩展呈现出递减的规律，而后备适宜建设用地强度随圈层扩展呈现递增的趋势。

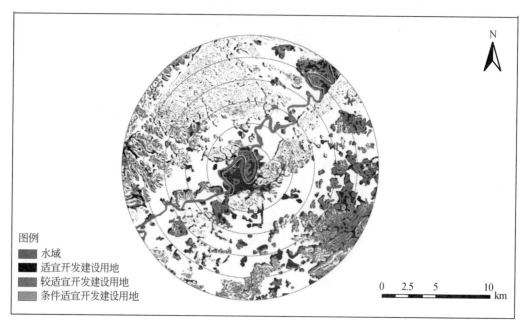

图 2-113　崇左市 12km 缓冲区适宜建设用地空间分布

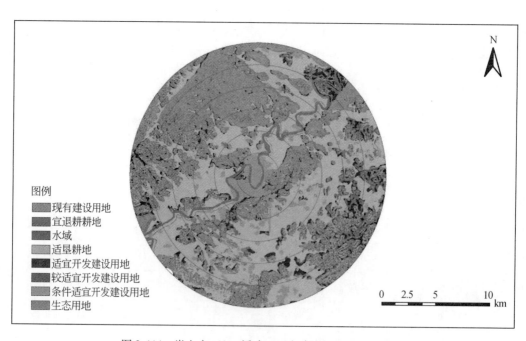

图 2-114　崇左市 12km 缓冲区开发建设适宜性综合评价

（7）梧州市

根据开发建设适宜性评价结果（表 2-65，图 2-115，图 2-116），梧州市周边 12km 缓冲区内可作为开发建设用地面积总和为 134.58km², 其中适宜、较适宜和条件适宜类分别为 35.38km²、33.86km² 和 65.34km²。在所有适宜开发建设用地面积中，有 30.65km² 是已开发建设用地（现有建设用地总面积为 35.95km²）。根据评价体系架构中的公式计算，梧州市周边 12km 缓冲区后备适宜建设用地面积为 103.92km²，整个区域适宜建设用地强度为 30.84%，其中后备适宜建设用地强度为 23.82%。

表 2-65　梧州市分圈层适宜建设用地及后备建设用地面积统计

沿江带	适宜建设用地面积（km²）	已开发建设用地面积（km²）	后备适宜建设用地面积（km²）	圈层总面积（km²）	适宜建设用地强度（%）	后备适宜建设用地强度（%）
D2	7.34	5.67	1.68	12.57	58.42	13.35
D4	13.10	7.07	6.03	37.70	34.76	15.99
D6	20.03	5.40	14.64	62.83	31.88	23.29
D8	26.28	5.14	21.14	87.96	29.88	24.04
D10	31.07	3.25	27.83	110.71	28.07	25.13
D12	36.74	4.13	32.61	124.56	29.50	26.18
合计	134.58	30.65	103.92	436.33	30.84	23.82

根据梧州市分圈层开发建设适宜性评价，适宜建设用地强度随圈层往外扩展呈现出递减的规律，而后备适宜建设用地强度随圈层扩展呈现递增的趋势。

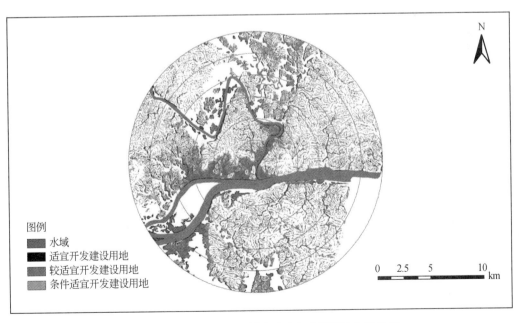

图 2-115　梧州市 12km 缓冲区适宜建设用地空间分布

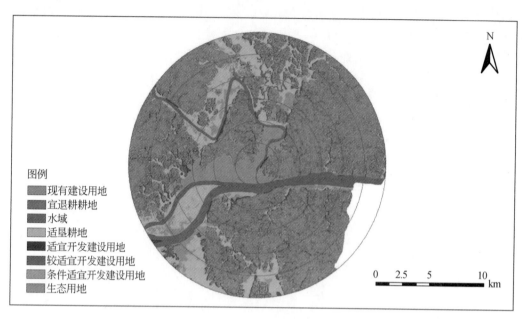

图 2-116　梧州市 12km 缓冲区开发建设适宜性综合评价

第三章 可持续发展过程解析与战略选择

总结已有理论、实践可以发现，可持续发展研究的领域及其内涵在不断拓展，从最初、比较纯粹的资源环境对人类社会发展的支撑能力，即自然系统的可持续发展，拓展到经济社会对人类发展的支撑能力，即人文系统的可持续发展。本部分侧重于对经济社会可持续发展支撑能力的分析，从典型流域开发历程分析流域可持续发展的可能性及实现路径、从西江经济带可持续发展的外部动力和内部需求分析西江经济带可持续发展的基础条件、从经济社会发展的区域分异特征分析不同地区可持续发展的重点。在深入研究基础上提出西江经济带可持续发展的战略选择。

第一节 典型流域可持续开发的经验借鉴

水是人类生产、生活必不可少的资源。人类的发展，无论是古代文明还是现代文明都与大江大河有着密切的联系。流域开发往往对于实现一国经济的发展、实现流域经济社会与资源环境的协调互动有着重要的影响。科学合理的流域开发模式可以提升流域的可持续发展能力和竞争力，不合理的开发模式则会阻碍流域比较优势的发挥，甚至阻碍流域经济社会的持续健康协调发展。通过对国内外典型流域（表3-1）开发情况的梳理，总结已有经验和教训，为西江经济带建设提供经验借鉴。

表3-1 主要典型流域基本情况

河流	干流长度（km）	流域面积（万 km²）	通航条件	发展基础	开发模式
田纳西河	1 600	10.6	好	差	政府主导
莱茵河	1 400	25.2	好	好	市场主导
长江	6 300	180	一般	较好	—

一、田纳西河流域开发的成就与经验借鉴

（一）流域开发的背景

1. 自然背景

田纳西河流域位于美国东南部，阿巴拉契亚山脉西坡，地处中纬度，东靠大西洋，南临墨西哥湾，是美国第一大河——密西西比河支流俄亥俄河一条流程最长、水量最大的支

流。田纳西河发源于弗吉尼亚、北卡罗来纳、田纳西和佐治亚的山区，向西汇入俄亥俄河。地跨弗吉尼亚、北卡罗来纳、佐治亚、亚拉巴马、密西西比、田纳西和肯塔基7个州，长1600km，流域面积10.6万 km^2。

田纳西河流域四季分明，可划分为3种气候类型：阿巴拉契亚山地温和气候、温和大陆性和海洋性气候、温湿亚热带气候。阿巴拉契亚山地温和气候分布于流域的东部，约占流域面积的一半，该类型区夏季不炎热、冬季气温下降快，是流域内气温最低的地区。温和大陆性和海洋性气候分布于流域的北部，面积很小。该类型区夏季炎热、冬季气温较低。温湿亚热带气候分布于流域的南部，所占比例较大，该区冬暖夏热，植物生长期长。

流域雨量充沛，年降水量为1100~1800mm，多年平均降水量为1320mm。由于地形条件的影响，各地区年降水量存在差异；降水最多的阿巴拉契亚山区，最高可达2290mm；大谷地和整个西半部降水较少，多为1000~1250mm；其他地区介于1250~1500mm。

2. 区域发展问题

田纳西河流域开发较早（图3-1），18世纪下半叶就有较为发达的农业，流域内盛产棉花和马铃薯等蔬菜，并有大片牧场。当时河流两岸到处是原始森林，河水量平稳，是一个山清水秀、土地肥沃的地区。但是从19世纪后期以来，尤其是20世纪初已经逐渐沦为"衰退地区"。由于对资源的不合理开发利用，在早期移民的过度开垦下，土壤肥力下降、农产品产量减少。由于流域人口绝大多数是农民（1933年农业人口占流域总人口的60%以上），农业衰败迫使很多人背井离乡，外出谋生。人均收入168美元，仅为美国全国平均水平的45%，是美国最贫穷落后的地区之一。过度开垦，森林、煤炭等资源的过度开采使得水土流失严重。由于田纳西河洪枯季水量变化大，季节分配不均匀（降水多集中在10月~次年4月），洪涝灾害频发，不利于航运。同时，1933年以前大部分未经处理的污水

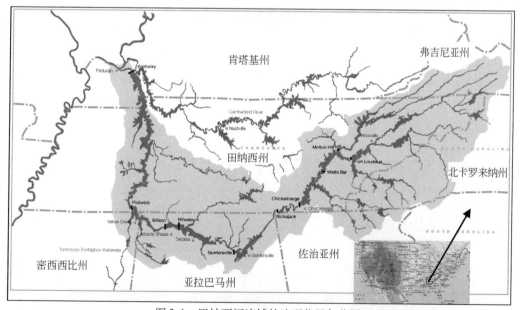

图3-1 田纳西河流域的地理位置与范围

和废弃物直接排进河流。冶炼厂烟囱排放的滚滚浓烟,含有大量污染物质,如二氧化硫等,使周边和流经该区的河流下游寸草不生。东部山地的达克镇铜矿被发现后,掠夺式的开采导致成片森林被砍伐,用作燃料。矿区周围约12km²变成秃山,环境恶化,形势危急。

3. 国际国内环境

田纳西河流域开发始于1933年。在此之前(1914～1918年)爆发了第一次世界大战。随着欧洲战局日趋紧张,美国开始进入战备状态。美国的经济社会受到战争的严重影响,政府开始对生产和分配等原本市场机制作用的领域进行监管,成立了一系列的局、委员会或公司来控制,包括1916年成立的"国防委员会",监督和统一防务计划。宣战前6个月,美国开始让"国防委员会"处理军火、制造、运输、工程与教育、医药与外科治疗、原料、军需和劳工等方面的问题。当时美国制造军火所需的硝酸盐严重依赖智利。为避免因此造成的安全隐患,1916年美国《国防法》颁布。按照规定,"总统有权决定设立硝铵工厂的最佳位置,政府有权建造和运营这类工厂、水坝等设备"。1917年,威尔逊总统根据矿业局的报告,在田纳西河流域确定了两处地点作为美国硝铵炸药的生产基地。同时,鉴于田纳西河上游水流湍急,对发电和生产炸药极为有利,联邦政府修筑了威尔逊大坝(Wilson Dam)。虽然在停战后不久,战时的管理机构都撤销了。但有关实践使政府的许多领导人获得了国家直接经营方面的经验,并相信"政府控制"并不意味着有损私人利益。

1929～1933年发生了资本主义历史上最严重的经济危机。工业生产下降幅度前所未有且延续时间也异常持久。当时美国也发生了严重的经济危机(表3-2),新任美国总统罗斯福为摆脱经济危机的困境,决定实施"新政"。"新政"为扩大内需开展的公共基础设施建设,推动了美国历史上大规模的流域开发。田纳西河流域被当做试点,即试图通过一种新的独特的管理模式对其流域内的自然资源进行综合开发,达到振兴和发展区域经济的目的。1933年罗斯福总统经美国国会批准成立田纳西河流域管理局(Tennessee Valley Authority,TVA),作为联邦政府的独立机构,被授予规划、开发、利用田纳西河流域内各种资源的权力,主要任务是:

——疏通田纳西河河道,以利于航运;
——建筑水坝,调节水量,以利于防洪和灌溉;
——利用丰富的水能资源,大力发展水电,提供廉价的电力,吸引工业向流域集聚;
——推进植树造林,绿化田园;
——发展化学工业,利用低价电力生产肥料。

表3-2 大萧条时期的经济状况(以1926年为基数,指数为100)

年 份	批发价格	就 业	发放工资额	失业人数
1929	95.3	97.3	100.5	—
1930	86.4	84.7	81.3	434
1931	70.0	72.2	61.5	802
1932	64.8	60.1	41.6	1 206
1933	65.9	64.6	44.0	1 300

资料来源:H.N. 沙伊贝,H.G. 瓦特,H.U. 福克纳,1983

此外，TVA 还有责任帮助流域各州发展，改善流域内居民的贫困状况。每当地方在建设方面遇到从美国联邦政府或各州政府得不到解决的问题时，TVA 即予以协助。

4. 综合开发的新理念

16 世纪以来，美国的国土开发是从东海岸向西推移的，一直到 19 世纪末，对自然资源的开发一直按单目标、单要素进行。例如，沿河修坝，只用于发电，却没有考虑到航运和灌溉等；一方面在河流下游防洪，另一方面在河流上游砍伐树木。这样既浪费资金，又不能充分利用资源。到了 20 世纪初，美国兴起了"保护主义运动"，一些具有远见卓识的科学家、政治家意识到自然资源必须综合开发，方能充分利用资源，发挥有利于社会的作用。田纳西河流域作为美国江河流域的组成部分，一直受到重视。美国陆军工程师团对田纳西河的干支流进行了全面的调查，在已完成的自然力综合利用方案中，拟定的航运业于 1922 年被国家批准。1925 年又增补了防洪、发电和灌溉，并在 1930 年由美国国会通过。整个开发田纳西河的具体项目——包括 200 座大坝、150 座水电站和 3057km 渠化航道均由联邦政府通过。政府、其他公共机构以及被吸纳的私人公司都必须严格按照计划参与建设。当时的基本资料、地质材料来自联邦地质局和州的相应机构，土壤、农业的资料来自联邦农业部。根据这些资料拟定开发方案，确定开发的目标是：

——改善田纳西河的航运条件，控制洪水危害；

——在河流的边缘地带恢复林业、合理使用土地；

——阐明河流溪谷中农业、工业发展条件；

——为与流域内的国防工业合作开发创造条件；

——其他目标，包括肥料生产试验、建设水库、签订承包合同、销售剩余电能等。

（二）流域开发的成就

田纳西河流域开发在提高航运、防洪、发电能力，促进产业发展、城镇化，改善民生和保护生态环境等方面取得了显著成就。

1. 航运效益

1933 年，田纳西河航道仍处于原始的自然状态（表 3-3）。全年航运量仅 100 万 t，货物周转量 5000 万 t·km 左右，只具有地区性的航运价值。

表 3-3　田纳西河干流航道初始状态

区段	离河口距离（km）	主要障碍区	坡度（m/km）	平均宽度（m）	备注
帕杜卡到瑞文顿	363.6	大板纳德肖尔斯	0.066	305	偶尔困难
考尔本塔肖尔斯	378.1	考尔本塔肖尔斯	0.544	671	航运困难；轻载船可通行
考尔本塔肖尔斯上端到弗朗里斯	413.5	布克岛和兔斯卡姆比亚巴斯	0.118	518	航运困难

续表

区　段	离河口距离（km）	主要障碍区	坡度（m/km）	平均宽度（m）	备　注
弗朗里斯到布朗斯岛	471.4	马瑟肖尔斯	0.677	305～2 928	航运最困难
布朗斯岛上端到赫尔斯巴	693.5	比尔弗特岛和威杜斯巴肖尔斯	0.08	366	航运困难
赫尔斯巴到查塔努加	746.6	山区段	0.182	213	航运有障碍
查塔努加到诺克斯维尔	1 042.6	许多滩和窄河道	0.182	213	航运不稳定

TVA 成立后，《田纳西流域管理局法》规定整条田纳西河干流应开辟一条深 2.7m（9 英尺）以上的航道。按照法规要求，TVA 从 1933 年开始在田纳西河干流上建了一系列带有船闸的水利枢纽，同时在支流上建设不带船闸、发挥调峰蓄水功能的大坝。干流上建设的 9 座大坝使河道达到了渠化。航道水深达 3.4m（11 英尺），船只吃水 2.74m，满足了水深要求。自渠化以来，航道增长了 241km，达到 1291km。通过俄亥俄河及密西西比河与美国 21 个州的内陆水运系统连接，直通北方五大湖、墨西哥湾以及世界各大洋。货运量逐年增加，目前 1050km 的干流和 400km 支流可以全年通航，每年有超过 38 000 艘驳船运送超过 5400 万 t 的货物，水运的通航效益每年约 4 亿美元（图 3-2）。

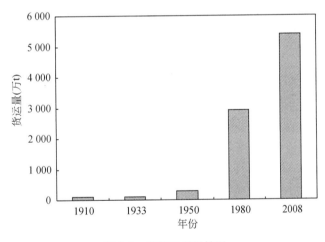

图 3-2　货运量增长情况

2. 防洪效益

通过整治河道，建设水利工程，使肆虐的洪水得到控制，防洪标准达到百年一遇。田纳西河流域共有大小水库 60 多座，有效库容量 148 亿 m^3，为田纳西河年径流量的 58%，对控制洪水起到了很大的作用。自 1936 年以来，建设水利枢纽所避免的洪水损失已经远远超过了项目投资。查塔努加市是最易受洪水影响的城市，也是防洪效益的集中体现者。仅 1936～1978 年，由于水库体系的防洪作用，查塔努加市就避免了 26.2 亿美元的损失，实际洪灾损失 3900 万美元。而整个流域所避免的洪灾损失估计达到 30.3 亿美元。TVA 的水库系统不仅使本流域的 11 个重灾区的水灾受灾程度大大降低，而且在下游的俄亥俄河和密西西比河处于汛期时，TVA通过和美国陆军工程兵团及俄亥俄河管理委员会合作，优化水库调度，还可以共同防止下游发生大水灾的可能（表3-4）。

表3-4 上游洪水对查塔努加市的直接影响及蓄洪效益

日　期	洪峰水位（m）			洪水损失（美元）		
	实际水位	原始水位	蓄洪减少的水位	实际损失	未控制时损失	蓄洪减少的损失
1936.3	11.3	12.6	1.3	170 000	2 100 000	1 930 000
1936.4	10.8	11.8	1.0	21 000	660 000	639 000
1942.12	10.9	12.1	1.2	35 000	1 100 000	1 065 000
1944.3	9.7	11.5	1.8	0	300 000	300 000
1946.1	10.9	14.0	3.1	90 000	12 050 000	11 960 000
1946.2	9.1	11.2	2.1	0	400 000	400 000
1947.1	9.7	13.6	3.9	0	11 700 000	11 700 000
1978.2	10.3	13.5	3.2	160 000	13 400 000	13 240 000

3. 发电效益

TVA的电力生产，经历了一个从小到大，从单一的水力发电到水电、火电、核电并举综合发展的过程。燃料、水源和运输是影响火电站布局的重要条件，TVA供电区地处美国最大的产煤区阿巴拉契亚煤田地带。肯塔基州西北及其邻近地区属于中央煤田分布区的一部分。田纳西河流域及相邻各州均由煤炭储藏，肯塔基、田纳西、伊利诺伊等州储量和产量都很大。在水源和运输方面，田纳西河主干流都保持了一定的水位，可以作为火电站冷却水池使用。煤炭运输则可通过内河航运，短距离也可以通过公路运输。水源、水运条件、接近负荷中心是影响核电站布局的重要因素。田纳西河水源充沛，水运条件优越，对于大型设备运输极为便利。同时，化肥、核燃料生产等高耗能产业是田纳西河流域的重要工业门类，电力需求大（专栏3-1）。

专栏3-1　　　　　　　　**核电站布局的一般原则**

第一，在确保安全距离的基础上，临近人口稠密、工业发达的主要用电负荷中心布局。运输核燃料费用极小，因此核电站布局可以不受原料产地的限制，主要考虑接近负荷中心，最大限度减少输电损失。

第二，核电站应靠近现有输电网，利用原有电力系统和借用水电等进行系统调峰之用。

第三，一些核电站可以靠近核燃料的生产、加工中心。核燃料工业本身也是高耗能工业，核电站布局于此，是为了接近负荷中心。

第四，水运条件对核电站布局有很大影响。用铁路运输的最大压力容器大致只能供30万~40万kW的压水堆电站或10万~20万kW的沸水堆电站之用。更大设备通过水运才经济、方便。

经过60多年的发展,目前TVA共拥有电站44座,总装机容量约3200万kW,其中水电站30座,装机容量456.3万kW,占14%;火电站11座,装机容量1740.7万kW,占55%;核电站3座,装机容量591.7万kW,占18%;燃油、燃气机组容量251万kW,占8%;抽水蓄能装机容量153万kW,占5%。TVA的电力系统共拥有输电线路28 000km,电压等级为26~500kV,并和其他电力系统联网运行,交换电力电量。目前,TVA已成为美国最大的电力生产商,158家输电企业为TVA销售电力,1996年TVA电力销售收入57亿美元,占TVA年度预算的98%,电力生产经营已成为TVA进行流域开发、管理的主要的经济支柱。

4. 产业发展效益

田纳西河流域产业的发展经历了工业化和服务化两个阶段。第一个阶段构建了经济发展的基础。20世纪30年代初,田纳西河流域工业基础很差,以采矿业为主,制造业极不发达。1933年以来,工业得到迅速发展,电力在其中发挥了关键性作用。30~40年代的水能开发提供了廉价的电力,吸引大量高耗能工业进入该地区。如化学工业、原子工业和电解铝工业等。50年代中期开始,流域内在橡胶、纺织、金属加工、机械和运输设备等工业方面的发展居于突出地位。1960~1970年,上述行业的总投资达19亿美元,共增加13.6万个就业机会(同期流域制造业部门共增加25.6万个就业机会)。雇用的劳动力占制造业总就业的比重从16%增长到26%。70年代以来,流域工业发展集中在运输设备、金属加工、机械、电器、橡胶、造纸、食品等行业。肥料技术(专栏3-2)和农业机械化促进了农业的发展。1934年,流域内农产品销售总额1.1亿美元,到1978年已经达到17亿美元,增长了15倍。其中,作物收入从6200万美元上升到5.37亿美元,牲畜和牲畜产品收入从5100万美元上升到7.2亿美元,家畜收入从600万美元上升到4.4亿美元。农业生产率的提高导致农业人口的迅速下降,从1933年的51.2%下降到1969年的23.4%。第二阶段以产业继续升级为导向。具体表现为两个方面,一是从事非农业人口占比重继续上升,2000年非农就业占到总就业的97.8%;二是工业占比逐年下降,服务业占比不断提升。制造业占总就业的比重从1969年的23.4%下降到2000年的12.9%;服务业占总就业的比重则从63.5%上升到78.1%。商业服务、健康服务以及工程管理服务(3个行业

专栏3-2　　　　　　　　　　化肥工业的发展

依托廉价的电能资源,在硝铵厂、水电站以及后来的电炉制磷厂的基础上发展起肥料产业,形成国家肥料发展中心(NFDC)和国际肥料发展中心(IFDC),成为美国最大的综合性化肥研究基地。国家肥料发展中心(NFDC)的业务范围涵盖从实验室到发展、制造新品种高效化肥,从土壤改造到暖房研究工作以及促进与组织示范性农场等。以它为中心已经形成全国性的包括整个化肥工业和大专院校的肥料研究协作网。361个化肥企业订有采用NFDC化肥研究成果的合同,几乎所有州的有关院校(3个州除外)都采用NFDC的化肥教学大纲。国际肥料发展中心(IFDC)则为发展中国家,特别是热带、亚热带的农业进行肥料技术的帮助。

占其他服务业的比重从21.9%增长到51.6%)等其他服务业增长最快,1969年到2000年共提供了474.4万个新的工作岗位,其中商业服务、健康服务以及工程管理服务业提供了289.5万个工作岗位(图3-3)。

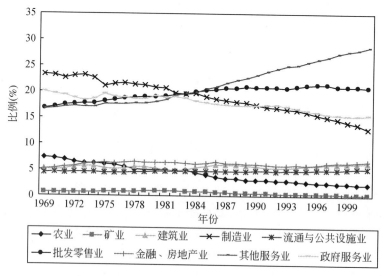

图3-3 20世纪60年代末以来产业结构变化情况

5. 城镇化推进效益

与产业发展相适应,田纳西河流域城镇化也经历了两个阶段。

第一阶段是随着基础设施的改善和工业化的推进,形成了诺克斯维尔、查塔努加、金斯敦—布里斯托尔、亚拉巴马北部都市区、亚什维尔—帕杜卡、纳什维尔、孟菲斯为核心节点的沿田纳西河工业走廊。诺克斯维尔都市区由诺克斯维尔、橡树岭、拉弗伦特、克林顿、哈里曼、罗克伍德、利纳伊尔、阿耳考、马里维尔、摩利顿套、杰弗尔逊、纽波特等城镇组成。诺克斯维尔以纺织、化学、有色冶金工业为主,是流域东部的主要城市。查塔努加都市区由查塔努加、克莱温兰、索迪戴斯、辛格尔姆腾、红班克、东岭、莱克维西、奥格莱稍皮堡等城镇组成,查塔努加有着发达的有色冶金工业、机械制造业和金属加工业,同时还有一定规模的化学工业和纺织工业。金斯敦—布里斯托尔都市区由金斯敦、布里斯托尔、约翰逊城、布卢明戴尔、林恩加登、艾里查白斯顿等组成,以森林工业、纺织工业为主。亚拉巴马北部都市区包括享茨维尔、德卡兔、弗罗伦斯、马瑟肖尔斯、什费尔德、兔斯卡姆比亚、阿森斯等城镇组成。享茨维尔是美国航空技术基地。弗罗伦斯、马瑟肖尔斯、什费尔德、兔斯卡姆比亚是肥料工业的研究开发中心。流域东部的亚什维尔市是具有发达旅游业的工业城镇。帕杜卡是核工业中心。纳什维尔是田纳西州的首府,也是美国重要的高等教育、艺术、宗教、贸易和金融中心。化学工业、纺织工业、食品工业也很发达。孟菲斯是重要的港口城市和流域西部的经济中心,是棉花中心和美国最大的硬木市场,主要工业有化学、机械制造、食品、木材加工等几大类。

第二阶段则是随着产业结构的调整升级,主要城镇的服务功能和可持续发展能力得到提升。纳什维尔已经发展成为医疗卫生、音乐、出版和交通运输的重要中心,同时是美国乡村音乐之都。获美国最佳居住地第一名(2006 年),多次获得全美企业迁址和扩张最热门城市第一名(2005 年、2006 年、2007 年),是美国最有智慧的城市之一(2006 年 8 月),是 10 大最适宜商务的城市。诺克斯维尔纺织业和制造业地位下降,旅游业得到迅速发展。孟菲斯仍是世界上最大的棉花和硬木现货市场,同时也是世界的"蓝调音乐之都"和第一大货运吞吐量空港(图 3-4)。

图 3-4 田纳西河现代化的城市面貌

6. 生活质量改善效益

田纳西河流域开发的宗旨是促进地区发展和繁荣,70 多年的实践表明已经实现了这一目标。在航运、防洪、水运、农业技术条件的改善的基础上,在工业化、城镇化效益的发挥和提升的促进下,流域居民生活水准显著提升。到 1940 年,该地区 7 个州的人均收入比 1933 年增长了 73%,而同期全国人均收入只增长了 56%。1933~1939 年,该地区银行存款增加了 76%,全国只增加了 49%;商品零售总值增加了 81%,全国只增加了 71%。

该地区贫穷落后的面貌得到显著改变，成为美国经济充满活力的地区。之后，流域居民收入持续提升，到 2000 年流域居民人均收入水平已经居于美国的中上水平。其中佐治亚州、弗吉尼亚、北卡罗来纳分别居美国 54 个统计区中人均收入水平的第 12、13 和 14 位（图 3-5）。

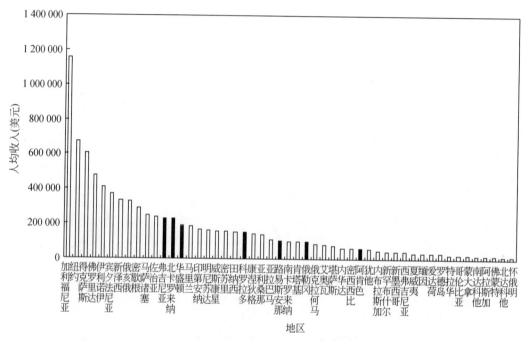

图 3-5　美国各州和大都市区的人均收入水平

流域收入水平较高，生活成本却相对较低。2005 年统计调查数据显示，流域内的生活成本指数明显低于区外的城镇（图 3-6）。

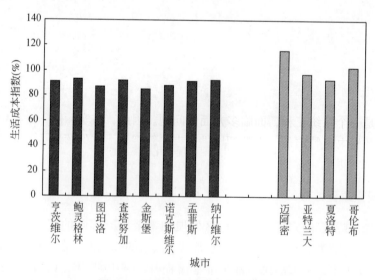

图 3-6　生活成本的流域内外比较

(三) 流域开发的经验

田纳西河流域是政府主导的经典流域开发模式。在政府的直接干预下，田纳西河流域从贫穷落后的衰落地区，发展成为美国比较富裕、经济充满活力的地区。其主要经验有：

1. 采用统一开发的模式

在管理和运营方式上，田纳西流域的开发采取了统一开发、统一管理的模式。美国是联邦制国家，州的权力很大。要实现对田纳西流域的统一开发管理，避免无序开发是美国政府首先要解决的问题。为此，美国总统罗斯福提出成立TVA。美国国会于1933年通过《田纳西流域管理法》，宣布成立TVA，并将TVA的职能、开发各项自然资源的任务和权力写进了法律，如TVA有权为开发流域自然资源而征用流域内土地，并以联邦政府机构的名义管理；有权在田纳西河干支流上建设水库、大坝、水电站、航运设施等水利工程，以改善航运、供水、发电和控制洪水；有权将各类发电设施联网运行；有权销售电力；有权生产农用肥料，促进农业发展等。《田纳西流域管理法》的这些重要规定，为对田纳西流域包括水资源在内的自然资源的有效开发和统一管理提供了保证。《田纳西流域管理法》自1933年颁布后，根据流域开发和管理的变化和需要，不断进行修改和补充，使凡涉及流域开发和管理的重大举措（如发行债券等）都能得到相应的法律支撑。

TVA对流域水资源和其他自然资源的开发和管理，除水资源综合开发带来的各方面的效益外，TVA电力系统为流域内800万居民提供了廉价电力；在农业方面，TVA建有全国最大的肥料研究中心，引导农民因地制宜合理利用土地，增施肥料，改良土壤，使农业单产比20世纪30年代提高两倍多；TVA设立经济开发贷款基金促进了地区经济发展，1995年以来共提供金额约为1.1亿美元，创造新的投资额达30亿美元。TVA在水利、电力、农业、林业、化肥等方面的综合开发和经营，以及对自然资源的保护，在发展经济的同时，为田纳西河流域提供了大量的就业机会，极大地促进了田纳西河流域整体的经济发展和社会稳定。

2. 采取广泛合作的路径

流域开发是一个系统工程，面临多方面的问题。因此，在实际操作过程中，TVA除对防洪、航运以及发电等特定的、少数领域进行直接管理外，其他领域主要通过与其他机构和部门的合作来实现发展目标。与TVA合作的机构包括官方机构，也包括民间的各类合作社、协会。与这些机构组织的良好合作，为TVA各项工作的开展奠定了坚实基础。TVA非常依赖领域内的各类机构，它总是避免直接去做，尽量采用间接的方式完成使命。它总是着力于引导和推动其他机构发挥作用，而不是去取代它们。同时在必要的时候还发挥补充功能，如在促进流域农业发展上，虽然TVA承担着调查研究与教育示范的任务，但是TVA从机构设置上不再重复建设新机构，而充分利用流域范围内各大学的研究人员及其长期积累的经验来提升农业科学与教育的水平，并且TVA对高校服务农业发展所耗费的成本进行补贴（表3-5）。

表 3-5 TVA 向各大学提供的补贴（1935~1943 年）

大学名称	补贴金额（万美元）	农业合同总价值（万美元）
亚拉巴马工艺技术学院	69.9	50.4
佐治亚大学	40.2	31.2
肯塔基大学	32.1	20.0
密西西比大学	23.2	1.8
北卡罗来纳大学	43.7	40.2
田纳西大学	228.3	187.4
弗吉尼亚工艺技术学院	32.3	31.8

此外，TVA 比较合理地处理了政府和市场的关系，如肥料产业的发展、电力的发展都以不与市场争利为原则，国家肥料中心（NFDC）主要着重于研发，而非肥料的生产。电力产业则主要集中于发电，输电环节基本由市场来调节。

3. 以水利开发带动流域经济发展

田纳西河流域开发走的正是以水利综合开发为龙头，带动流域经济发展的成功之路。成立 TVA 以前的田纳西河流域，洪水泛滥成灾，交通闭塞、水运不通，水土流失严重，自然环境恶化，疾病流行，私人供电不足 30 万户，仅为全国平均水平的 44%，是美国最贫穷落后的地区之一。通过整治河道，建设水利工程，发展电力，肆虐的洪水得到控制，防洪标准达到百年一遇；众多的河闸保证了 1050km 的干流和 400km 支流可以全年通航；电力消耗在全美处于前列；基础设施得到根本改善；水利开发、河流的综合治理，彻底改变了这一地区贫困落后的面貌，为流域内经济发展、社会进步打下坚实基础。一定程度上讲，没有田纳西河流域水利综合开发，田纳西州及其流域内地区经济发展不会这样快。时至今日，TVA 机构及其形成的水利水电工程，在当地的社会经济生活中仍在发挥着重要作用。

4. 重视生态环境保护

TVA 成立之初，主要是对田纳西河流域水资源集中进行开发。当时的目标是以航运和防洪为主，结合开发水电。到了 20 世纪 50 年代，基本完成了田纳西河流域水资源传统意义上的开发利用，同时对森林资源、野生生物和鱼类资源开展保护工作。60 年代后，随着对环境问题的重视，TVA 在继续进行综合开发的同时，加强了对流域内自然资源的管理和保护，为提高居民的生活质量服务。正是这种转变保证了流域的可持续发展能力和竞争力。随着森林覆盖率的提升、水质和大气环境的改善、采矿区的生态恢复、对野生动物的保护意识加强，一方面，营造了一个宜居的生产、生活环境，田纳西河成为垂钓、野营、旅游观光的户外休闲地带；另一方面，生产、生活环境的改善提升了产业层次，为新型产业的发展提供了空间。

二、莱茵河流域开发的经验借鉴

（一）流域开发条件的评价

莱茵河发源于欧洲南部阿尔卑斯山脉，全长约为1400km，流经瑞士、法国、德国、荷兰等国，注入北海，流域面积达25.2万km²，其中有大约870km的河段流经德国境内。莱茵河的主要支流有摩泽尔河、内卡河、鲁尔河、美因河、纳卡尔河等，是一条著名的国际河流（图3-7，图3-8）。

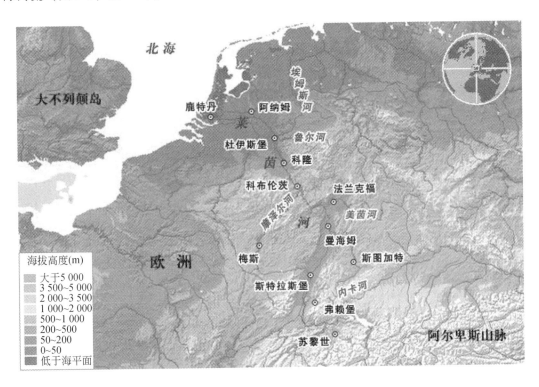

图3-7 莱茵河流域的地理概况

莱茵河流域地形以平原和丘陵为主。河流上游流经瑞士境内的阿尔卑斯山，蕴藏着丰富的水能资源；中游主要在德国境内，地势较为平坦，适合农业的发展；下游主要汇聚在荷兰境内。莱茵河流域因受大西洋暖湿气流的影响，属于温带海洋性气候：夏季凉爽，冬季温和，年降水丰沛。莱茵河水流量大且季节变化不大。来自高原的支流——海拔高的春季水量最大，海拔低的冬季水量最大，从而有效调节了莱茵河的流量。此外，莱茵河适航地区冬季一般都很温和，河水在冬季偶尔结冰。因此，莱茵河航运条件极佳，是目前世界上航运量最大、航运最为繁忙、密度最大的内陆河流，通航里程已达千余公里，航运总吨位超过1500万t，年货运量超过3亿t。莱茵河的年货运量相当于20

图 3-8 莱茵河流域风貌

条铁路干线的货运量。7000吨级的船舶可以直达德国的科隆港，2000吨级船舶可直达法国的斯特拉斯堡，1500吨级的船舶可以顺利地航行到上游瑞士的巴塞尔。不仅如此，标准的1350吨级的船舶可以在莱茵河的几大主要支流——摩泽尔河、内卡河、美因河、鲁尔河自由通航。莱茵河及其支流有一系列河港，其中杜伊斯堡港年吞吐量为2000多万t，是欧洲最大的河港，曼海姆、路德维希也是重要的河港。

莱茵河流域蕴藏着丰富的煤炭和铁矿石资源，鲁尔煤田是主要的产煤区，硬煤储量2200亿t，含煤层平均厚达80m，所含瓦斯少，煤种齐全，主要为优质炼焦煤。在早期以煤铁工业为主体的时代，莱茵河流域的工业获得了较快发展，成为欧洲工业的中心。之后，这个地区又逐步发展了化学、机械、电力、建材等工业部门，始终是欧洲重要的工业中心。目前莱茵河流域已形成以荷兰的鹿特丹，德国的杜伊斯堡、埃森、多特蒙德、法兰克福、科隆、曼海姆、卡尔斯鲁厄、弗赖堡等城市为中心，以钢铁、煤炭、化学、机械、石油等工业为主导，以铁路、高速公路和内河航运为主体的综合性交通经济带。整个莱茵河交通经济带的发展与其交通运输业的发展有着密切的关系，正是莱茵河流域交通运输业的发展才促使了本地区交通产业带的形成。

（二）初始期——水运的大发展和以煤为主的产业结构

1. 莱茵河航运的综合整治

莱茵河流域在 19 世纪中期以前，其交通方式基本上以内河运输为主。由于莱茵河发源于阿尔卑斯山脉，春夏的融雪和降水往往携带大量泥沙顺流而下；而中莱茵河段的地势相对平缓，下游又多洼地，河床的比降较小，造成泥沙易淤积于中下游河道导致河床升高，因此在未对莱茵河进行整治之前，沿岸极易遭受洪涝灾害。18 世纪以来，莱茵河两岸的各国人民通过不断的修筑堤坝、整治岸线、疏浚河道、开挖运河，对河水资源进行系统整治和综合开发，使莱茵河的航运条件不断得到改善，成为德国的运输网骨干和瑞士、法国东部地区的重要外出通道。加之下游有若干运河与其连接，形成干支通达、河海港口相连、运网纵横交错的航道网。

2. 莱茵河流域早期煤炭工业的发展

在水运占主导地位的时期，与之相应的产业结构是以煤炭工业为主体。莱茵河流域的采煤业历史悠久，煤炭资源集中分布于德国的鲁尔区，鲁尔区的采煤活动则源于多特蒙德地区，距今已有 500 多年的历史。18 世纪中期以前，采煤业只是当地农民临时性的、间断性的一项副业，直到 18 世纪末，才作为一项正式的行业在鲁尔河中下游地带和多特蒙德附近的埃姆河上游地区发展起来。1793 年，德国鲁尔区共有 154 个小煤窑，总产煤量 17.7 万 t，职工 1357 人。19 世纪初，随着蒸汽机在采煤工业的应用，煤炭工业获得较大发展。19 世纪前 50 年，鲁尔区煤炭产量提高了 7 倍，职工总数增加了 8 倍。1850 年，鲁尔区共有 198 个煤矿，生产煤炭 166.5 万 t，煤炭职工 12 741 人。每个矿井的年平均生产规模已由 1800 年的年产 1500t 增至 1850 年的 8400t，每个矿井的职工由 10 人增至 64 人（图 3-9）。

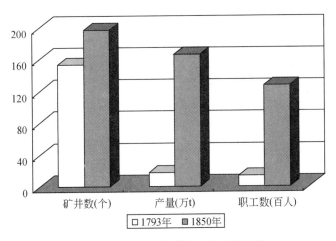

图 3-9　鲁尔区早期煤炭工业发展情况

1850年以前，整个莱茵河流域的工业结构比较简单，除了煤炭工业初具规模外，钢铁和化学工业刚刚萌芽，炼焦业开始出现。煤炭工业由于主要集中在德国的鲁尔区，除少数靠牲畜运输外，绝大多数通过鲁尔河、莱茵河向外运出。

这一时期，莱茵河交通经济带处于萌芽阶段，区内运输方式较为单一，产业也单一，缺乏产业间的分工合作，并且区内的城市数量不多，城市规模较小，城市职能单一，主要是作为商业中心和工矿点而存在。

（三）产业带形成期——水运和铁路复合交通带的发展及产业结构的多样化

1. 莱茵河流域内河航运和铁路运输复合交通通道的形成

随着莱茵河流域采煤业和其他产业的发展以及人口的增长，莱茵河的内河航运已经很难满足不断增加的运输需求。19世纪火车的出现为莱茵河流域的铁路运输提供了可能。1838年，第一条铁路在德国鲁尔区正式开通，从而引发区内大修铁路的热潮。铁路具有运输速度快、运输能力大的特点，逐步成为煤炭运输的主力。随着运输能力的增加，煤炭的产量也进一步增加。1850年，鲁尔区产煤166.5万t，其中55%靠水路运输，45%凭借铁路和公路运输。鲁尔区的铁路由南向北迅速扩展，先后建起5条东西向的干线，厂矿的铁路专线又与干线相连，形成稠密的矿区铁路网。19世纪末至20世纪初，德国又在莱茵河南北各修建了一条铁路，它们与早先的铁路相连，构成了莱茵河铁路运输的网络架构。然而，铁路的大发展并没有削弱莱茵河的航运价值，其优良的航运条件和独特的水运优势不容忽视，流域各国均加强了对莱茵河航运开发的力度。内河航运和沿岸铁路共同构成了莱茵河产业带的运输通道。

这一时期，各国在开发水运的同时，也加快了对莱茵河水能资源的开发步伐。从19世纪60年代起，沿岸各国就着手大力开发水电资源，首先是对中上游河段进行水电开发，其次是逐步扩展到下游河段，至1970年已建成几十座梯级水电站。

2. 莱茵河流域产业结构的多样化发展

莱茵河流域内铁路和内河航运的进一步发展以及大量廉价水电的开发，极大地促进了莱茵河产业带的发展，尤其是促进了德国鲁尔区的工矿业迅猛发展，成为以煤、钢为主导产业的强大的工业区，进而推动了整个莱茵河产业带的经济发展，产业结构趋于多样化。

（1）煤炭和钢铁工业成为区域经济的主导产业

煤炭工业在这一时期仍然占有重要地位，是莱茵河产业带的基础工业部门。莱茵河流域的煤炭生产主要集中于德国的鲁尔区。1850~1870年是鲁尔矿区奠基时期，煤炭的产量由1851年的212.6万t增至1869年的1125万t，增加了4倍以上；同时矿井规模也发生了变化，早期的小矿井被规模较大的矿井所取代，截至1870年，年产量在10万~50万t的矿井已达51个，其产量占总产量的71%。1870~1913年是煤炭工业大发展的时期。在此期间，加大了对老矿井的技术改造，矿井平均规模由原来的26万t增至65.3万t，煤炭的产量也由1869年的1125万t提高到1913年的11 400万t。煤炭工业与电力、化学、钢铁、机械等工业部门之间形成紧密的联系,成为整个莱茵河产业带发展的基础工业部门,占有举足轻重的地位。1914~1950年是现代煤炭工业形成和发展的阶段。此阶段因受两次世界大战的影响,煤炭生产出现较大的波动,产量也相对不稳定,但煤炭工业的整体素质获得了提升。1914~1956年,煤炭生产技术有了质的变化,其中采煤技术与采煤方法发生根本性变革,煤炭的运输和提升技术有了很大发展,采煤机械化与煤矿生产集中化在深度和广度上有了进一步提高,选煤技术水平获得飞跃,煤炭的综合利用技术又有了新的突破。

钢铁工业在此阶段也获得较快发展,并逐步成为莱茵河产业带的支柱产业。19世纪初,德国炼铁业主要集中在盛产铁矿石和木材资源丰富的南威斯特法伦区,而鲁尔区内炼铁厂则很少。1849年,鲁尔区试用焦炭炼铁一举成功,盛产焦炭的鲁尔区遂对钢铁工业产生了强大的吸引力,大批炼铁厂纷纷迁入,并购买煤田,开发煤炭,自行炼焦,供应本企业的需求,形成早期的钢煤联营形式,有力地推动了钢铁和煤炭工业的发展。1850~1870年是鲁尔区钢铁工业的奠基时期,生铁产量由1.15万t增至36.1万t,铁矿石除少部分来自本区,大部分通过莱茵河及其支流和铁路运输从区外进口。1871~1913年是钢铁工业大发展的时期,1913年鲁尔区的钢产量已达1011万t,占当时德国钢产量的60%。1899年修建的多特蒙德—艾姆斯运河对矿区东部钢铁工业的发展至今仍起着重要作用。这一期间,煤、钢间的合作更加紧密。两次世界大战间,鲁尔区的钢铁产量有较大幅度的增长,1913~1939年,鲁尔区生铁产量由820.9万t增至1286.8万t,钢产量由1011.2t增至1508万t(图3-10)。第一次世界大战后,鲁尔区的冶金企业的特点是向专业化分工发展。

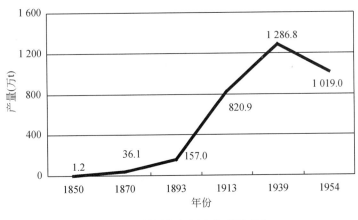

图3-10 德国鲁尔区生铁产量变化

(2)莱茵河交通产业带工业的综合发展

随着煤炭和钢铁工业的发展,与之相关的动力工业也相继在鲁尔区建立,主要是煤气工业和电力工业。1818年鲁尔区开始使用煤气照明。1826年,德国在柏林和汉诺威建起煤气厂后,用煤造气的技术开始传入鲁尔区。1850年,鲁尔区建立第一个公用煤气厂,生产发生炉煤气,随后煤气生产遍及全矿区。19世纪末,炼焦厂开始回收焦炉气。20世纪初,供应城市煤气的煤矿日益增多。1905年,图森公司修建了第一条远程输气管道,开始向鲁尔区以外供气。1926年,成立了鲁尔煤气公司。1926~1940年,一些大的合成氨厂、煤加氢液化厂、化学公司等大的煤气用户相继在矿区建立,促使煤气公司不断扩大煤气管网，此期间鲁尔煤气公司管网已扩展到汉诺威和卡尔斯鲁厄。1884年，鲁尔区开始兴建第一座公用照明电厂，1897～1906年，鲁尔区各大城市陆续建起电厂。进入20世纪以后，这些电厂基本上都是利用劣质煤来发电。20世纪二三十年代随着大批耗电企业的建立鲁尔区的电力工业获得快速发展。1950年，鲁尔区装机容量为110.7万kW，年发电47.6亿kW·h。

煤炭与化学工业有着密切的关联。1816年，鲁尔区建立第一座炼焦厂，揭开了本区化学工业的序幕。1905年，鲁尔区开始利用氨和氧气生产硝酸，而用煤焦油蒸馏提取的产品——蒽、苯，促进了医药、农药、染料等行业的发展。1926年，鲁尔区建成第一个合成氨厂。1939年，德国合成氨产量92.4万t，其中鲁尔区占20%。20世纪三四十年代鲁尔区还发展了煤炭加氢液化工业，但由于成本过高，第二次世界大战后基本停止了此项生产。

鲁尔区的有色金属工业的发展主要是受到煤矿和矿区良好的交通条件的激励，各种矿石可以通过莱茵河及各主要铁路运抵矿区。炼锌业需要大量的煤作燃料，因此鲁尔区较为适合发展炼锌业。19世纪40年代，鲁尔区开始建立炼锌厂。1899年，在埃森建起欧洲第二大炼锡厂，锡矿石来自玻利维亚和澳大利亚，经莱茵河运入矿区。同时，由于煤电资源丰富，鲁尔区又是建立炼铝厂的理想地点。1938年，在律恩建立了联合铝业公司，铝矾土主要经利伯河运来，煤炭电力公司又为炼铝厂建起一座电厂，该厂主要利用律恩附近的劣质煤。

鲁尔区的机械工业随蒸汽机的出现而产生，19世纪60年代已成为本区重要的经济部门，可以生产蒸汽机、机车、蒸汽船、泵、起重设备、轧制设备、扇风机和锅炉、绞车、桥梁，以及纺织机械、缝纫机等。19世纪90年代，随着煤矿机械化的发展，机械制造业进入一个新阶段，杜伊斯堡、多特蒙德、埃森、奥伯豪森是其主要生产基地。杜伊斯堡不仅是欧洲最大的钢铁工业中心，也是欧洲最大的内河港口，便于机械产品的出口，因此又是最大的机械工业中心，除德马克公司外，还有其他许多大型企业驻足于此。

鲁尔区的轻纺工业主要是为满足矿区的消费品需求而建立和发展。主要有以下工业部门：纺织、服装、啤酒、玻璃和建材工业。19世纪，纺织工业在本区有着重要地位，当时的重点城市是杜伊斯堡、米尔海姆、维尔登、哈廷恩等。这些城市发展纺织工业具备两个优点：一是交通便利，莱茵河完善的内河航运系统使水运非常方便；二是拥有丰富的动力资源。啤酒是本区矿工喜爱的饮料，其生产主要集中于杜伊斯堡和多特蒙德，其中，多特蒙德是本区最大的啤酒产地。鲁尔区的玻璃工业由于靠近原料、燃料产地和消费中心，发展迅速，成为德国重要的玻璃加工基地。鲁尔区的建材工业与煤炭、冶金工业关系密切，许多煤矿都有黏土副产品，是生产建筑用砖的好材料，1952年，煤矿最高生产建筑用砖3.5亿块。冶金工业为水泥生产提供了原材料，水泥厂一般建在高炉旁边，用高炉渣做原料，生产高炉渣水泥。

(3) 农业的发展和城市带的初步形成

在工业化以前，鲁尔区曾是一个农业区，这里的土壤、气候非常适合农作物的生长，农产品有大量剩余，并销往区外。随着煤炭和其他工业以及交通运输业的发展，农业用地日益减少。因此，矿区农业发展除了复垦造田扩大土地种植面积外，主要是提高农业生产水平，提高单产。鲁尔区的粮食作物主要是燕麦、冬小麦和大麦，畜牧业主要以养猪业和奶牛饲养业为主。

这一时期，城市纷纷涌现于整个莱茵河交通产业带内，不仅数量大为增加，规模也不断扩大，在一些地区，城市交错分布，甚至形成城市绵延区。城市的结构体系也日趋合理，功能分工也更加明确。基本上形成了以鹿特丹、埃森、科隆、杜伊斯堡、法兰克福等城市为中心的城市带。

20世纪50年代前，随着鲁尔工业区的向外扩展，在德国境内，沿莱茵河的交通产业带已基本形成。其形成的一个最基本条件就是莱茵河流域良好的内河航运条件。莱茵河无论是干流还是支流都具备优良的通航条件，而且在干流和支流之间、支流与支流之间所修建的众多的运河，把莱茵河流域的内河航运连成一体；同时，德国政府又在莱茵河两岸修建了沿岸铁路，与境内其他铁路一起构成莱茵河流域的路网基础。正是莱茵河流域便利的交通促使了莱茵河产业带的形成和进一步发展。

莱茵河产业带内的企业之间存在着密切的产业联系。煤炭工业是整个莱茵河产业带最基础的工业部门，整个莱茵河产业带的工业都是在以煤为燃料、动力或原料的基础上发展起来的。产业带内鲁尔区的煤炭产量占德国煤炭总产量的80%，其中75%在区内消费，生产的焦炭也大部分供钢铁工业使用（表3-6）；丰富的煤炭资源和良好的交通吸引了钢铁工业的布局，使本区成为欧洲著名的钢铁工业中心，钢铁工业和煤炭工业一起构成此阶段莱茵河产业带的主导工业部门；煤炭资源的丰富和钢铁工业的兴起，为煤炭化学工业的发展创造了条件，本区此阶段的化学工业主要是在回收焦炉气基础上的煤化学工业；区内煤炭工业的发展自然又促使电力产业的形成壮大，同时莱茵河的水电资源也举足轻重；丰富的电力又使需要消耗大量电力的有色金属冶炼工业获得极大的发展；在发达的钢铁工业、充足的电力保障的基础上，本区的机械工业获得较快发展，成为欧洲机械工业的中心之一；在这些工业的基础上，轻工业需求有增无减。可以看出，在此阶段，整个莱茵河产业带基本上形成了以煤铁工业为主体的多样化的产业聚集带。

表3-6 1970年鲁尔区硬煤销售分配

类别		销售量（万t）	占比（%）
矿区内	炼焦	3 665	40.0
	发电	2 500	27.5
	制煤砖	220	2.4
	其他	600	6.5
	合计	6 975	76.4
区外及出口		2 132	23.6

（四）稳定发展期——综合运输网的形成以及产业结构的高级化

莱茵河交通产业带在20世纪50年代后又获得较大发展，交通运输网络更加复杂高效，产业结构也进一步趋于高级化，煤炭、钢铁、冶金等老工业部门获得改造并重新焕发青春,而电子、石油化学、高技术产业也逐步发展并成为区域经济新的增长点,从而带动整个莱茵河产业带产业结构的升级。

1. 高速公路的大发展及综合交通通道的形成

早在20世纪20年代魏玛共和国时期(1927~1929年),德国就开始建设自法兰克福附近沿莱茵河河岸到达德国、荷兰边界附近的高速公路,并于1933年后陆续建成。第二次世界大战期间,为战争需要又修建了大量高等级公路。第二次世界大战后,特别是在50~60年代,原西德掀起高速公路建设高潮,在扩建原有的莱茵河沿岸高速公路的同时,又在河流的另一岸修建高速公路,从而形成了沿莱茵河岸的高速公路运输网络体系。目前,公路运输因其快捷、方便而在莱茵河交通产业带中占有重要地位,成为短途运输的主力,其货运量几乎占运输总量的80%。

在发展高速公路的同时,德国也加强了对铁路和内河航运的改造。铁路方面主要是改进机车,增加电气化铁路的里程,提高运输效率,铁路仍然是大宗货物运输的主要通道;对莱茵河及其支流,主要是进一步整治河道,修建船闸,改进港口设施,从而进一步提高了莱茵河的通航运输能力,如今莱茵河仍然承担着比较大的运输任务。

除此以外,德国的远程输油管道、输气管道以及欧洲电力系统也有干线沿莱茵河分别向南北延伸,法兰克福还是欧洲最大的航空货运中心。它们和莱茵河内河航运、铁路、公路一起构成莱茵河交通经济带的复合型发展轴,把北部荷兰境内河口密集产业区、"德国与欧洲心脏"的鲁尔工业区、中部的"莱茵—美茵工业区"和南部的"路德维希—曼海姆—海德堡"工业区连接起来,形成完整的莱茵河产业带。自20世纪50年代美国援助原联邦德国的150亿美元的"马歇尔计划"资金几乎全部投在莱茵河地区以来,原联邦德国也把自己的资金大部分集中于这个南北向的轴线上,今天莱茵河交通产业带已经成为德国乃至欧洲最大的密集产业带。交通通信水平的提高,改善了莱茵河交通经济带的投资环境,莱茵河成为生产、生活理想的区位选择(表3-7)。

表3-7 对决策层的问卷调查

集聚地	对理想区位的选择比例(%)	
	理想的企业位置	理想的居住地
慕尼黑	18.5	29.6
汉 堡	5.7	9.0
斯图加特	22.3	—
鲁尔区	6.6	—
法兰克福	13.8	—
柏 林	—	6.3
波 恩	—	5.6

2. 莱茵河交通产业带产业结构的高级化过程

20世纪50年代以后,德国经济驶入快速发展轨道,莱茵河流域由于经济基础良好,交通便利，继续成为德国经济发展的亮点地区。但是，由于本区煤炭产业的老化，加上德国乃至整个世界的能源结构从煤炭型向石油型的转变，莱茵河交通产业带以煤为主的产业结构受到极大的挑战，特别是老的工业区，如鲁尔区面临的困难更大。尽管如此，德国政府和鲁尔区的管理机构并没有放弃煤炭工业，而是在原有的基础上加大了对煤炭工业的改造，使之走向全面现代化；与此同时，利用老工业基地的技术和人才优势，加快了以石油化学、汽车、机械、光学电子等为主导的新兴产业建设，使老工业基地焕发出新的蓬勃生机（图3-11）。

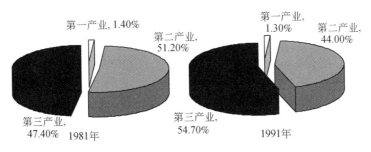

图 3-11　德国产业结构的变化

（1）对传统工业的改造

煤炭和钢铁工业曾是鲁尔区的基础产业部门，20 世纪 50 年代后却都面临着较大的困难，尤其是煤炭工业更遭受着严重的危机。但是，德国政府没有坐视不管，任其自生自灭，而是加大了对基础产业部门的改造力度。

1958 年以来，由于受到廉价石油的排挤，煤炭生产日趋萎缩。为使煤炭工业尽快摆脱困境，提高工业竞争性，主要煤炭产区的矿井都普遍开展了技术改造，实行集中化生产。在大力发展采煤机械化的同时，努力提高各主要生产环节的机械化水平，如煤炭运输的机械化等；70 年代进而向采煤综合机械化、矿井生产现代化方向发展。二十多年来，通过对采煤技术、掘进技术、提升与运输技术以及煤矿管理手段的改进，煤矿的技术面貌焕然一新，技术经济指标有明显提高。1960～1980 年，德国鲁尔区的矿井数量从 100 个减至 29 个，生产工作面也由 1372 个减至 180 个，而工作面平均日产量却由原来的 304t 提高到 1385t，矿井平均日产量也超过 1 万 t。

德国煤炭工业的恢复发展除与技术改造密切相关以外，也离不开政府的大力资助。第二次世界大战以后，德国政府从投资贷款上，劳动力来源上采取了有力措施以保证煤炭生产的恢复。国家采取了广泛性的保护措施，最主要的是政府控制煤价，对煤矿实行投资补助、煤价补贴和运费补贴。60 年代，为消除石油工业的竞争而导致的煤炭工业的危机，政府又采取了一系列政策和措施，主要包括经济补助政策、法律保护措施以及提高矿工待遇等。

第二次世界大战后德国的钢铁工业几近瘫痪，但根据"培特斯堡协议"，钢铁生产得以迅速恢复。鲁尔区作为德国主要的钢铁工业基地，在战后重建的过程中增加了许多现代化的设施，冶金工业的机械化和自动化水平有很大发展。1954～1964 年，生铁产量由 1019 万 t 增加到 1858.8 万 t，钢产量由 1379 万 t 增加到 2538.8 万 t。在推行生产机械化和自动化的同时，莱茵河产业带的钢铁工业布局更加紧密，鲁尔区的钢铁工业主要分布在3个地区：西部的杜伊斯堡和莱因豪森、东部的多特蒙德以及中部的米尔海姆。随着技术的进步和市场竞争的加剧，钢铁工业企业的规模也进一步扩大，大型钢铁联合企业成为钢铁工业的主力。第二次世界大战后德国钢铁工业的铁矿石主要来自澳大利亚、玻利维亚等国，大部分通过莱茵河及其支流运入。

（2）新兴工业的快速发展

20世纪50年代以后，德国除了加大对老工业基地传统产业的改造外，还进一步发展了石油化学、机械电子等新兴的行业，带动了整个产业带经济水平的提升，促进了经济带产业结构的转变。1981~1991年德国鲁尔区制造业结构发生了较大变化，采掘业和原材料工业的比重下降，设备制造业、食品饮料业和消费品制造业的比重上升，说明鲁尔区以煤铁为主的产业结构发生了较大的转变（图3-12）。

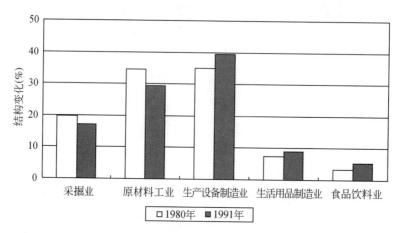

图3-12 德国鲁尔区制造业结构变化

德国境内缺少石油资源，因此发展炼油业所需的石油必须依靠进口，所以炼油工业主要集中于莱茵河交通产业带内的鲁尔区与中莱茵地区的法兰克福和卡尔斯鲁厄，所需石油主要通过输油管道由鹿特丹和威廉港以及法国的地中海沿岸输入。在炼油工业发展的基础上，第二次世界大战后德国的化学工业已由煤化学工业转变为石油和天然气化学工业，现今石油和天然气已经占全国有机化工原料的90%以上。以石油为原料的有机合成工业发展较快，塑料、合成纤维、合成橡胶是其中3个重要的部门。1980年，德国生产合成塑料671万t，仅次于美国居世界第二位。德国的化学工业也主要集中于莱茵河产业带，以北莱茵—威斯特法伦州、莱茵河中游地区为重要分布区，其中心是鲁尔区以西的克雷费尔德、鲁尔区南面的勒沃库森、法兰克福附近以及科隆等城市。

机械工业在第二次世界大战后同样获得较大发展，除了过去的重型机械和机床工业的技术水平不断提高以外，汽车、电子、仪器仪表等新兴的行业也获得发展，并逐步成为整个产业带经济的主体。德国是世界上第二大汽车生产国，而莱茵河产业带内的杜塞尔多夫、科隆、法兰克福是重要的汽车工业中心。埃森、多特蒙德、法兰克福是军事工业和机床工业的中心。电子工业在本区的分布也较为广泛，是莱茵河产业带的新兴支柱产业。

(3) 莱茵河交通产业带内的城市带的发展

随着莱茵河流域水资源和航运资源的充分开发利用，以及沿岸各国工业化和现代化建设的发展，莱茵河流域的城市开始了大面积的滋生，并形成了与莱茵河交通产业带相应的城市带。据不完全统计，仅在莱茵河干流上，就已建成近 50 座中等规模城市，其中包括近 20 座科教文化中心城和近 10 座著名的金融中心城。著名的城市有鹿特丹、阿姆斯特丹、海牙、波恩、科隆、杜伊斯堡、埃森、考布伦茨、法兰克福、卡尔斯鲁厄、斯特拉斯堡、弗雷堡、康斯坦茨等。20 世纪 50 年代以后，这些城市不断发展，连成一片，城市间形成一定的分工与合作关系，形成了城市绵延地带。从表 3-8 可看出，1955 年德国莱茵河城市带人口已占全国的 31%。莱茵河交通产业带内城市的繁衍，使城市服务业得以迅速繁荣发展，市政管理、医疗卫生、学校教育、文化娱乐、商业服务和金融服务业也获得相应的生存空间。

表 3-8 德国主要人口与产业集聚变化情况

集聚区	面积 (1000km²)	人口（百万）			增长率（%）	
		1968 年	1961 年	1955 年	1961~1968 年	1955~1961 年
汉堡	3.50	2.41	2.32	2.24	3.80	3.40
不来梅	1.66	0.83	0.77	0.72	7.60	6.90
汉诺威	2.45	1.07	1.00	0.93	6.40	7.50
莱茵—鲁尔区	10.71	11.27	10.78	10.01	4.60	7.70
莱茵—美茵区	3.43	2.89	2.59	2.17	11.80	19.30
莱茵—奈卡区	3.24	1.67	1.54	1.45	8.30	6.20
斯图加特	3.05	2.06	1.85	1.69	11.50	9.50
慕尼黑	2.20	1.69	1.42	1.27	18.50	11.80
纽伦堡	2.25	1.07	0.99	0.93	8.10	9.40
莱茵河产业带合计	20.42	17.98	16.76	15.48	9.05	10.70
集聚区合计	32.48	24.96	23.26	21.41	7.30	8.70
德国合计（柏林除外）	248.00	58.02	53.98	50.50	7.50	6.90
集聚区在德国比重（%）	13.00	43.00	43.00	42.00	14.90	
产业带在德国比重（%）	8.20	31.00	31.10	30.60	—	
产业带在集聚区比重（%）	63.00	72.10	72.05	72.30		

(五) 流域开发的经验

莱茵河是市场主导流域开发的典型模式。政府在流域开发过程中发挥的作用有限，主要表现在对生态环境和重点岸段的保护方面。

1. 加强生态环境建设

第二次世界大战期间，由于战火纷飞，莱茵河沿岸约 50% 的森林被毁，导致水土流失严重，河道淤积日益剧烈。第二次世界大战后，各国迫切追求经济的恢复和重建，许多任务矿企业的污水、废气未经处理便大量排入莱茵河中，释放到大气中，致使生态环境进一步恶化，大量鱼虾死亡，一些珍贵物种灭绝或已濒临灭绝。

整治和保护环境的首要任务是减少空气污染。首先是对大工业城市、工矿地区、自然保护区以及莱茵河水域进行整治，然后扩大到对森林、土地和历史文物免受空气污染的治理。主要措施是对主要空气污染源（能源生产、工业、居民和交通等），特别是对大型燃烧装置（发电站、供暖站和汽车废气）所排放的有害物质进行整治；同时制定空气污染排放标准，并严格实施。治理空气中的二氧化硫是莱茵河流域所有国家面临的共同任务，为此，各国于1983年在日内瓦签订了《关于超越国界大面积空气污染协定》，并于同年开始实施。

其次是加强对莱茵河流域的水环境保护。在20世纪五六十年代工业大发展的阶段，由于各国忽视了对莱茵河流域水资源的保护，致使莱茵河水体受到严重污染，河水变黑、发臭，大量珍贵的水生动物死亡、灭绝。70年代，莱茵河水域的环境保护问题开始引起各国的普遍重视，水环境有了明显改善。近20年来，一些一度污染特别严重的莱茵河段河水的含氧量已从原来的4mg/L增加到9mg/L。其主要措施是对沿岸工矿企业增建排污净化装置，架设下水管道以及增收废水排放税等。此外，沿岸各国也加大了与相关国际机构的协作力度，共同致力于莱茵河水环境的综合治理。

保护自然环境和风景区也是建设良好生态环境的重要内容。第二次世界大战后20年里，莱茵河沿岸各国因为致力于重建家园和恢复经济，在城乡大兴土木，修建工厂、道路、住宅等，从而人为地破坏了许多自然风景区和良好的生态环境，在遭受破坏的乡村自然风景区里，据不完全统计，大约有一半的动物物种和1/3的植物物种濒临灭绝。1950～1970年，各国相继制定了许多保护法规，以制止上述严重后果的发展和蔓延，努力恢复自然环境，如德国制定了内容广泛的《自然保护法》和《保护土地法》。近几十年来，在流域各国的切实努力下，美丽旖旎的莱茵河风光又重新展现在了世人的面前，众多的旅游景点和疗养度假地，把这条奔腾不息的国际河流点缀得更加绚丽多彩。

2. 优先发展莱茵河航运业和建设沿河综合交通网

莱茵河交通产业带之所以能够得以形成和发展，主要是莱茵河内河航运的开发和综合交通网的建设的必然结果。煤铁工业时期，正是莱茵河内河航运的便利带动了煤炭工业的进一步发展以及钢铁工业规模格局的形成。莱茵河干流及其主要支流鲁尔河、摩泽尔河、美因河、内卡河，以及其他众多的运河构成了四通八达的内河航运网络；以此为基础，修建沿河铁路和高速公路，开展综合交通网建设，便形成了立体交叉、快速便捷的综合交通运输体系。莱茵河综合交通网的优先发展，创造了优越的现代化交通条件，不仅有效地促进莱茵河流域经济的进一步发展，而且加速了莱茵河交通产业带的形成。

3. 完备的法制建设

莱茵河交通产业带的形成过程，是与沿河各国各行各业的法制建设的逐步形成、不断完善和健全配套的过程相伴而行的。在此过程中，其法制建设主要有两方面的内容：一是沿河各国纷纷制定了或双边或多边的相关法规和条约,如《曼海姆航运修订公约》、《莱茵河研究项目》、《莱茵河行动计划》和《防止莱茵河化学污染公约》等;二是建立起众多的跨国管理机构,以有效的监督相关公约的实施,如莱茵河航运共同管理委员会等。法制建设的不断加强与完善,不仅有力地维护了莱茵河这条国际内陆水运航道的正常航运秩序,极大地促进了以内河航运为发展基点的莱茵河综合交通运输网的形成和发展;而且也有效地保障了对莱茵河的综合性、多目标的开发和利用,为莱茵河交通产业带的生成提供了一个和谐恰当的法制保护环境。

三、长江流域开发的经验借鉴

(一)流域开发的优势条件

长江是我国第一大河,自西向东横贯我国中部,干流流经青、藏、川、滇、渝、鄂、湘、赣、皖、苏、沪11个省(自治区、直辖市),全长6300km,流域面积180万km^2,约占全国陆地总面积的1/5。长江流域气候温暖、雨量充沛、支流湖泊众多。

长江经济带具有得天独厚的综合优势:

1)区位优势。长江经济带横贯我国腹心地带,经济腹地广阔,不仅把东、中、西三大地带连接起来,而且还与京沪、京九、京广、皖赣、焦柳等南北铁路干线交汇,承东启西,接南济北,通江达海。

2)资源优势。首先是具有极其丰沛的淡水资源,其次是拥有储量大、种类多的矿产资源,此外还拥有闻名遐迩的众多旅游资源和丰富的农业生物资源,开发潜力大。

3)产业优势。这里历来就是我国最重要的工业走廊之一,我国钢铁、汽车、电子、石化等现代工业的精华大部分汇集于此,集中了一大批高耗能、大运量、高科技的工业行业和特大型企业。此外,大农业的基础地位也居全国首位,沿江9省市的粮棉油产量占全国40%以上。

4)人力资源优势。长江流域是中华民族的文化摇篮之一,人才荟萃,科教事业发达,技术与管理先进。

5)城市密集,市场广阔。长江中下游9省(直辖市)拥有大小城市216个,城市密度为全国平均密度的2.16倍。这一地区人口密集,居民收入水平相对较高,消费需求可观。

(二)新中国成立以来长江流域开发的主要阶段

1. 现代工业起步阶段

长江流域开发虽然历史悠久,但是新中国成立初期,仍是以农业为主、现代工业基础相当薄弱的区域。且工业集中布局在下游的少数城市,并以轻工业为主。大规模工业建设始于20世纪50年代初。1949~1952年,长江流域的主要建设任务是工业企业的恢复和改造、成渝铁路的续建、荆江分洪工程建设以及一些新工业项目（如武汉棉纺厂）的兴建等。

1953年开始，随着156项工程和以重工业为主的694项大型新扩建项目的建设，一批钢铁和机械工业向沿江的川、鄂等省，重庆、武汉等地布局。1957年，武汉钢铁公司正式开工，武汉大桥同年通车。1958年，"二五"计划的实施为沿江工业走廊的形成奠定了基础。兴建了马鞍山钢铁厂，续建了重庆钢铁厂和上海钢铁厂，扩大了武汉钢铁厂。围绕钢铁工业，还上马了一批机械、电子工业。1960年，沿江区域重工业产值首次超过轻工业，占工业的53.37%。

2. "三线"建设阶段

出于战备需要，1964年国家开始了大规模的"三线"建设。"大三线"主要是西南、西北地区，川、鄂是两个最大的重点。全国产业布局重点进一步西移。川、鄂两省的固定资产投资占当时长江沿江区域总投资的比重在"三五"期间达到54.11%，为历史之最。而下游的苏、浙、沪仅占19.09%。

"三线"建设中，长江上游最大的工程是1964年筹备、1966年全面动工的攀枝花钢铁基地。配合该基地，开通了成昆铁路，建成宝鼎煤矿和发电厂等，攀枝花成为大型的钢铁工业区。"三线"建设形成了区域间的分工关系。重庆与川南主要发展钢铁和机械，重庆至万县的川东地区以造船为主，湖北则以汽车制造（第二汽车制造厂）、船舶制造为主。"三线"建设对长江中上游开发意义重大。不仅奠定了中上游较为完整的产业基础，而且开展了金沙江、嘉陵江、赣江的整治与开发，兴建了葛洲坝水利枢纽，对提升区域的可持续发展意义深远。

3. 对外开放阶段

党的十一届三中全会以后，我国经济发展出现重大转折。经济建设成为党的中心任务，改革开放成为国策，国土空间开发的重点由内陆向沿海转移。与此相适应，长江流域开发的重点由中上游地区向下游地区转移。苏、浙、沪两省一市的投资比重不断增加，"六五"和"七五"期间固定资产投资占全流域总投资的45%和48%，经济增长速度不断加快。通过引进国外先进技术，改造传统产业，发展新型产业，上海、苏南等地区对原有的部分工业企业进行大规模的设备更新和技术改造，电子、家用电器、机械、纺织、食品等工业都有很大的发展。随着产业布局的调整，流域产业结构也随之变化。轻工业的比重回升，重工业比重回落。1978~1988年重工业比重下降了2个百分点。

4. 流域整体发展阶段

20世纪80年代中期，《全国国土总体规划纲要》提出开发沿江轴线。1990年国家提出开发浦东的重大举措，党的十四大提出"以上海浦东开发为龙头，进一步开放长江沿岸城市，带动长江三角洲和整个长江流域地区经济的新飞跃"。长江经济带的经济社会发展取得了前所未有的巨大成就。到2004年，整个长江经济带的GDP已经占到了全国的一半左右（45%），综合经济实力显着增强，已发展成为具有全局性战略意义的发展主轴线。

沿江各地区纷纷将经济发展重点更加集中或日益集中于沿江地区。上海至铜陵段已建成产业密集带，环鄱阳湖城市群、武汉城市圈、长株潭城市群、成渝都市圈加快发展。

流域上下游合作加强。2005年11月27日，整合长江沿岸七省二市资源的《长江经济带合作协议》在北京签订，确定了构筑长江经济带首尾呼应、联动发展的战略格局。2005年12月10日，上海国际航运中心核心工程——洋山深水港区一期工程与保税港区建成启用。上海港成功参股或控股南京港、武汉港。随着官方和民间各环节的打通，长江沿线集疏运系统重构开始起步。三峡工程的建成、沿江城市港口吞吐能力的扩大以及上海国际航运中心的建设，都为长江进一步发掘航运潜能提供了机遇。

（三）流域开发的主要经验

1. 长江三角洲的带动功能

改革开放以来，长江下游地区（长江三角洲地区）的经济、技术等位势不断提升，产业不断升级、产业结构不断调整，发挥了显著的区域经济的带动作用。从其可能的带动方向看，主要有两个方向，一是沿海向北对上游带动徐州为中心的苏北地区的发展；二是沿江向西带动整个长江流域的发展。而从GDP增长率反映的实际带动方向看，长江三角洲长期的辐射方向是沿江拓展。这样一方面有利于流域各地区的发展和流域内部更为紧密的合作，另一方面也有利于长江三角洲地区功能的提升。正是由于对上游地区的带动作用，大大拓展了长江三角洲的发展空间。

2. 南北向交通路网的辐射作用

长江流域交通联系主要以南北向为主要方向。东西向交通运输方式比较单一，主要依赖航运。这样的交通路网组织模式虽然不利于上下游之间的联系，但是却发挥了带动各省腹地发展的重要作用。各种交通路网的节点区域往往与本省的经济中心相耦合，而经济中心又通过交通路网辐射和带动周边地区的发展。从而形成了一系列典型的经济发展的中心区域，如湖南省的长沙—株洲—湘潭—岳阳—衡阳地区，湖北的武汉—黄石地区，安徽的合肥—芜湖地区，江西的南昌—九江地区以及四川的成都及周边地区。

第二节　区域发展现状与可持续发展的外部动力

一、区域概况

广西西江经济带的范围包括南宁、柳州、梧州、贵港、崇左、百色、来宾7个地级市，19个市辖区、4个县级市和36个县（自治县）。2008年陆地面积13.09万km^2，人口2756.77万，实现地区GDP 3977.33亿元，分别占广西总量的55.3%、54.6%、55.5%，人均GDP和地均GDP与广西平均水平相当（表3-9）。

表3-9 西江经济带基本情况（2008年）

名称	总人口（万）	土地面积（km²）	地区生产总值（亿元）	工业增加值（亿元）	进出口总额（万美元）	城镇化率（％）	人均GDP（元）
南 宁	691.69	22 112	1 316.21	350.45	187 063	50.2	19 102
柳 州	364.90	18 617	909.85	511.23	40 594	49.3	24 776
梧 州	313.20	12 588	400.12	190.96	50 843	38.6	13 115
贵 港	501.86	10 606	398.53	141.69	16 388	28.0	9 387
百 色	392.37	36 201	416.24	189.29	48 915	29.2	11 517
来 宾	252.74	13 411	271.58	102.41	52 269	28.9	11 903
崇 左	240.01	17 351	264.80	81.75	159 887	28.6	12 226
7市总计	2 756.77	130 886	3 977.33	1 567.78	555 959	37.9	14 428
占桂比重（％）	54.6	55.3	55.5	59.7	42.0	—	—

（一）自然条件

1）气候。西江经济带地处低纬度地区，北回归线横贯中部，跨越北热带、南亚热带和中亚热带3个气候亚带。季风气候明显，冬季盛行偏北风，夏季盛行偏南风。在太阳辐射、大气环流和地理环境的共同作用下，形成了热量丰富、雨热同季、降水丰沛、干湿分明、日照适中、冬少夏多的气候特征。年平均气温16.5～23.1℃，气温由南向北、由河谷平原向丘陵山地递减，大于等于10℃的日平均积温5000～8300℃，为多熟制和多样作物生长提供了有利的自然条件。区域降水丰富，各地年降水量1080～2760mm，地理分布具有东部多、西部少，丘陵山区多、河谷平原少，夏季迎风坡多、背风坡少等特点。由于受季风气候影响，干湿季分明，季节降水分配不均，主要集中在4～9月。

2）地形。西江经济带南濒热带海洋，北接南岭山地，西延云贵高原，属云贵高原向东南沿海的过渡地带，具有周高中低、形似盆地，山地多、平原少的特点。地势由西北向东南倾斜，属山地丘陵盆地地貌，分中山、低山、丘陵、台地、平原、石山6类。石灰岩地层分布广，岩层厚，褶皱断裂发育，为典型的岩溶地貌地区。盆地内部有酸性基岩地貌和岩溶地貌交错发育。

3）水文和水资源。境内河流众多，主要属珠江流域的西江水系，主要河流有红水河、柳江、黔江、左江、右江、郁江、浔江等，流域面积12.89万km²，分别占西江经济带和广西陆地总面积的98.5%和85.4%。河流总体呈现山地型多、平原型少的特点，流向大多与地质构造一致。水量丰富，季节性变化大；水流湍急，落差大；河岸高，河道多弯曲、多峡谷和险滩；含沙量少，岩溶地区地下伏流普遍发育。水资源丰富，多年平均地表水资源量887.6亿m³，人均水资源占有量3405m³，是全国平均水平的1.4倍。

4）土地资源。西江经济带内山多地少，山地和丘陵面积占土地总面积的69.7%，人均耕地面积低于全国平均水平。根据国土资源部 2008 年土地利用变更调查数据，土地利用以林地为主，占 47.51%，耕地占 20.11%、园地占 1.63%、草地占 2.96%、其他农用地占 3.46%、建设用地占 3.86%（全国平均为 3.48%）、水域占 1.97%、未利用地占 20.46%。

5）矿产资源。西江经济带内矿产资源具有种类多、分布广、储量大、集中度高等特点，有色金属（锡、锑、铅、锌、铝、钨）、黑色金属（锰、铁）、贵金属（银、金）等保有资源储量较大[①]。

6）农业资源。西江经济带是中国南方重要林区，林副产品享誉中外，还是中国热带、亚热带水果主要产区和中国最大的桑叶种植基地。

7）灾害。西江经济带地处我国南部地区主要暴雨中心，暴雨出现几率大，防洪形势严峻。主要河流径流年际、年内变化较大，径流量年际间丰枯相差 2.9 倍左右，大部分河流 4~9 月的径流量约占全年径流量的 80%，洪水峰高量大，灾害频繁。受降水时空分布不均及喀斯特地貌等影响，桂中、左江等干旱缺水问题最为突出，旱情频发，持续时间长，对粮食、蔗糖等产业发展和城乡供水安全带来严重影响。此外，低温冻害、热带气旋、强对流天气、高温天气等气象灾害和滑坡、崩塌、泥石流、地面塌陷（岩溶塌陷和采空地面塌陷）等地质灾害也比较普遍。

（二）经济社会

1）产业。2008 年西江经济带三次产业结构为 17.5∶45.5∶36.9，相比 2005 年，第一产业比重下降了 4.1 个百分点，第二产业比重上升了 6.4 个百分点，第三产业比重下降了 2.3 个百分点。2008 年实现工业增加值 1567.78 亿元，工业增加值在"十一五"前三年年均增长 26.4%（按当年价）。沿江初步形成了以冶金、机械、电力、汽车、制糖、建材为主的优势产业和年销售收入超 50 亿元的强优企业。形成了一批具有一定规模的企业群，如柳州汽车零部件产业群、梧州宝石加工群、贵港羽绒加工群和崇左锰业群等，产生了良好的集聚和带动效应。产业技术水平明显提高，铝、锡、铟深加工技术、制糖技术及装备水平处于国内领先水平，汽车机械工业在微型车、装载机等领域的新产品取得了一批自主知识产权的突破。交通运输业、邮政业、批发零售贸易业保持较快增长，金融保险业、房地产业、旅游发展总体良好，科技、教育、文化、卫生、体育等其他服务业取得新发展。

2）城镇。2008 年西江经济带市镇人口为 1045.02 万，城镇化率 37.9%。根据全区"四群四带"城镇发展的总体格局，西江经济带主要涵盖"二群二带"，分别是以柳州为中心的桂中城镇群、以梧州和贵港为中心的桂东南城镇群、以百色—平果为轴心的右江走廊城镇带、以凭祥—崇左—宁明为轴心的桂西南走廊城镇带[②]。

3）其他各项事业。规模以上国有工业企业基本完成产权制度改革，农村税费改革取得重大突破，社会主义市场经济体制基本建立。中国—东盟博览会已成为重要平台，对外

---

① 广西国土厅. 2009.《西江经济带发展总体规划》编制调研材料.
② 广西建设厅. 2009. 在西江经济带发展总体规划编制调研工作座谈会的发言材料.

贸易较快增长，招商引资成效显著，区域合作不断深化。各项社会事业全面发展，扶贫开发取得新成效。城乡居民生活水平明显提高，城镇社会保障体系初步建立。

（三）交通运输

1）内河水运。西江经济带内基本形成了以"一干三通道"为主骨架的发展格局，沿西江水运干线相继建成了一批专业化的煤炭、水泥、集装箱泊位，水路输送能力和服务水平有较大提高，西江水运干线成为西南地区完成货运量最大、运输最繁忙的通航河流。西南水运出海右江南线通道、红水河中线通道、柳黔江北线通道建设取得了积极进展，相继建成右江那吉航运枢纽、金鸡船闸、红水河乐滩至三江口航道整治工程和乐滩、桥巩枢纽船闸等一批水运重点项目，右江鱼梁、老口航运枢纽、百色枢纽升船机、大藤峡枢纽船闸等一批重点项目正加快推进。2008年年底，西江经济带内已建成1000吨级航道574km、500吨级航道233km、300吨级航道768km；建成枢纽30座、船闸21座，最大船闸（长洲水利枢纽）设计货物年单向通过能力3920万t；建成生产性码头泊位398个，散装、件杂货物年设计通过能力4355万t，集装箱32万标箱。2008年完成内河港口吞吐量、货运量、货物周转量分别为4676万t、6285万t和202亿t·km[①]。

2）公路。"十一五"前三年，公路通车里程进一步增加，公路网路日益完善，网络技术等级不断提高。2008年西江经济带公路通车总里程54 435km，其中等级公路41 815km，高速公路1325km，公路密度达到41.49km/100km^2。

3）铁路。通车里程1618km，路网密度1.24km/100km^2，高于全国（0.83km/100km^2）和广西（1.02km/100km^2）平均水平。基本形成了以南宁为主中心、柳州为副中心，南昆、黔桂、焦柳、湘桂、黎湛5条干线为骨架，接内地、通港口、连越南的出省、出海、出国铁路运输网络。

4）民航。西江经济带内共有民用或军民合用机场6个，其中：南宁吴圩机场为4E级机场，柳州白莲机场为4D级，梧州长洲岛机场和百色田阳机场为4C级机场。此外，还有崇左的宁明机场和桂港的桂平机场。

5）管道。中石化西南成品油管道东起广东茂名，西至云南昆明，途经广东、广西、贵州、云南，全长1740km，其中在西江经济带内426.2km（贵港市80.9km，南宁市128.5km，来宾市105.4km，柳州市111.4km），年设计输量为1000万t。该管道建成投用，有效地释放了西南地区铁路运输能力，对缓解西南地区铁路运输紧张局面、保证成品油市场供应、促进经济发展和巩固国防有重要意义。

（四）生态环境

1）保护区。截至2008年，西江经济带已建立37个自然保护区、15个风景名胜区和旅游度假区、21个森林公园、6个地质公园，保护区网络基本形成。森林覆盖率为

[①] 广西环保局.2009.西江黄金水道建设环境保护工作调研报告.

54.2%，大大高于全国平均水平（20.4%）。

2）水环境。近年来随着对重点流域的环境综合整治，以及工业污染、城镇生活污染和规模化养殖业污染防治的力度加大，主要河流水环境质量按Ⅲ类水标准达标率在90%以上，主要城市饮用水源达标率在95%左右。

3）城市环境。城市环境空气质量整体保持二级水平，南宁、柳州两个全国环保重点城市环境质量考核位居全国前列。

4）农村环境。结合新农村建设，编制了《广西农村环境综合整治规划》，启动实施一批村庄环境综合整治试点项目，因地制宜开展了农村生活污水、垃圾和畜禽养殖业污染防治，推进农村改水、改厕、改栏舍和沼气普及化，农村环境状况明显改善。

二、我国对外开放的战略格局

（一）对外开放的新动向

改革开放以后，我国进入了全面对外开放时期。过去30多年的实践证明，我国的对外开放取得了巨大的成就，也开创了全球开放式发展的成功范例。与此同时，为适应我国自身发展阶段和国际形势的变化，我国的对外开放战略也在不断调整。

改革开放早期，我国对外开放的主要目标是利用国外的资本和技术优势推动国内的经济发展，最初只是发展条件比较好的地区与个别发达国家、地区之间的合作。随着改革开放的不断深入，对外开放的规模和范围也不断扩大，但合作的主要对象仍然是发达国家和地区，这是由我国在改革开放初期物质基础薄弱、建设资金匮乏的现状决定的。在利用发达国家的资金和先进技术的同时，发挥我国在资源、劳动力方面的比较优势，使得我国经济飞速发展，综合国力大幅提高，并且成功融入全球化的世界经济格局中，成为全球产业分工体系中的关键环节。

随着经济水平的不断发展，我国的对外开放面临新形势，主要体现在：①我国工业化发展阶段的演进使得先发展的地区面临产业转型的压力，其作为发达国家制造基地的地位必须改变；②在经济发展的过程中，随着我国本地资本量的积累以及产业结构的改变，发达国家资本的边际效益降低，外来资本不再是推动我国经济持续发展的唯一动力；③随着全球化的不断深入，我国在全球经济体系中的地位和角色发生了变化，亟须与广大发展中国家建立更加紧密的经济联系；④加入WTO以后，我国在世界经济中承担的责任和义务越来越多，与发达国家之间的贸易摩擦也不断升级；⑤经过30年的经济持续快速增长之后，我国经济也面临着资源、环境等多方面问题，亟须通过国内、国际两个市场在全球配置资源。

因此，进入21世纪之后，我国的对外开放战略出现了以下一些新的动向：①重视与发展中国家的合作，充分发挥中国的经济优势与发展中国家在资源、劳动力、市场等方面各自的比较优势，互惠互利，共同发展；②重视与周边国家的关系，在加强睦邻友好的基础上，在经济、社会、文化、资源环境、国土安全等领域展开更深入的合作；③重视区域发展，由过去以项目为依托、以园区为载体的点对点的合作模式拓展到国际性的区域合作，进一步提升对外开放的程度。

在这样的背景下，西江经济带作为与东盟相毗邻的地区，将从上述3个动向中受益良多，成为下一个阶段我国对外开放战略格局中最重要的地区之一。

（二）西江经济带开发的国际背景

我国国土辽阔，国境线漫长，拥有众多的邻国。改革开放之后，我国与周边国家的国际合作日益加深，形成了多元化的对外开放空间格局。西江流域地处我国南大门，长期以来就是我国同东南亚各国联系的重要前沿地带，西江经济带的开发与我国对外开放格局具有密切的联系。

1. 中国—东盟合作是我国对外开放战略格局的重要环节

当前我国与周边国家的对外开放格局主要分为四大板块：①东北亚区域合作，涉及的国家主要有日本、韩国、朝鲜、俄罗斯和蒙古等；②中亚区域合作，涉及的国家主要有俄罗斯、中亚五国、伊朗、阿富汗等；③南亚区域合作，涉及的国家主要有印度、巴基斯坦、孟加拉国、尼泊尔、不丹等；④东南亚区域合作，涉及的国家主要是东盟十国。

在这四大板块中，相较于其他区域的国际合作形式，东南亚区域合作具备最好的发展条件。在东北亚区域合作方面，虽然拥有中、日、俄、韩等多个大国参与，国际影响度较高，但是受朝核问题的影响，长期以来难以实现实质性的突破；在中亚区域合作方面，长期以来的主要议题集中在区域安全局势和能源方面，对经济的影响有限；在南亚区域合作方面，由于我国与之毗邻的地区尚属欠发达地区，国际交通受地形限制也很不方便，缺乏有力的带动。与此同时，我国在东南亚区域的国际合作则具有很多不可替代的优势：

（1）周边局势稳定

近20年以来，东南亚地区国际局势十分稳定，各国和平发展的态势良好，虽然围绕南海领土等问题上仍存在一些争议，但不存在大的国际争端，为中国和东南亚各国进行深入长久的国际合作创造了良好的外部条件。

（2）经济充满活力

东南亚地区原先只有新加坡经济发展水平较高，其他国家普遍贫穷落后，缺乏发展动力。但自20世纪90年代以来，东南亚各国经济迅速发展，马来西亚、泰国等国家一跃成为亚太地区新兴的对区域有重要影响的经济体，菲律宾、文莱、印度尼西亚等国也实现了经济腾飞，越南、老挝、缅甸、柬埔寨等国摆脱了战乱的阴影，经济发展的势头趋于良好。从总体上看，虽然受到了1997年国际性金融危机的影响，东南亚各国在经济发展上的进步仍然是主流，其活力必将进一步增强。

（3）互惠互利性强

东南亚各国同属发展中国家，需求相近，利益相通。由十国组成的东南亚国家联盟是亚洲唯一的区域性国家组织，各国以平等与协作精神共同努力促进东南亚地区的经济增长、社会进步和文化发展，与我国也开展了长期的深入合作，中国—东盟自由贸易区的建成使得我国与东盟国家的双边合作已经走在了前列。我国和东盟国家都认识到，各国的经济发展和整个东南亚地区的繁荣是密切联系在一起的,只有不断加大开放力度、加深合作强度,才能开创更全面的双赢局面。因此从长远看,我国和东南亚各国的合作远远大于竞争。

综上所述,在我国与周边国家的对外开放格局中,与东盟国家的合作将是风险最小、利益最大、基础最好、现实条件下实施最为便利的一个板块,中国面向东盟国家的前沿地区将在对外开放方面走在全国其他同类地区的前列。

2. 中国—东盟合作的联系通道仍需进一步加强

中国和东盟国家联系密切,交通方便,长期以来形成了多条联系通道(图3-13)。在海上通道方面,我国沿海各地都可以通过南海、马六甲海峡与东盟各国形成联系。在陆上联系通道方面,主要有以下几条:①东兴通道。位于北仑河口,在广西东兴市通过普通公路与越南芒街相连,沟通北部湾地区的钦州、防城港等城市与越南东北部的重要海港海防,东兴通道是我国与东盟国家唯一的一个海陆两用口岸。②凭祥通道。位于广西凭祥市,在友谊关通过南友高速公路、湘桂铁路与越南谅山相连,沟通了南宁与越南首都河内。③河口通道。位于云南省河口瑶族自治县,沿红河河谷通过滇越铁路与越南老街相连,沟通了昆明与河内,并进一步延伸到海防。④勐腊通道。位于云南省勐腊县,通过公路与老挝相连。⑤瑞丽通道。位于云南省瑞丽市,通过公路与缅甸相连,沟通昆明和曼德勒、仰光。

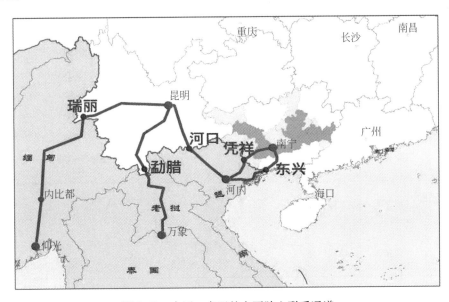

图3-13 中国—东盟的主要陆上联系通道

从上述通道的分布可以看出,广西是我国唯一同时拥有与东盟国家陆上和海上通道的地区,而位于广西境内的两大通道则是所有通道中最重要的,尤以凭祥通道的地位最为突出,其优势主要体现在:

(1) 综合运输优势

凭祥通道是5条陆路通道中唯一同时拥有公路、铁路和水运3种运输方式的口岸;其他通道中，勐腊、瑞丽只有公路运输，河口只有铁路运输（红河不能通航），东兴只有公路和海运，均不及凭祥通道完善。

（2）交通干线等级高

凭祥通道通过南友高速公路与越南1号公路相连接，堪称"国门第一路"，湘桂铁路直通河内，加上未来建设的南宁—新加坡国际铁路，基础设施优势将更加明显；而其他各通道的干线等级都较低，勐腊、瑞丽为国道连接，东兴为二级公路连接，通过河口的滇越铁路仍为19世纪修建的窄轨铁路，差距都比较明显。

（3）区域发展势头强劲

凭祥通道连接广西西江经济带和越南北部地区，集聚人口最多、发展条件最好、基础设施最优越、合作历史最悠久，近年来经济交流越来越密切，又连接了中国—东盟博览会永久举办地南宁和越南首都河内，其他通道与之相比均存在一定的差距。

由此可以看出，目前中国和东南亚国家的陆上联系通道普遍存在等级低、运力小、联系不便的状况，在未来中国和东盟的国际合作日益加深的背景下，提升现有联系通道并打通大运量的新的联系通道具有很大的必要性。而根据现有的5条通道对比可以看出，通过西江流域出境的通道在区位、现有基础和建设条件上都拥有明显的优势，因此在未来具备最佳的开发前景（表3-10）。

表3-10 中国—东盟各联系通道概况

通道	起点	终点	公路等级	铁路等级	水运等级
东兴	广西南宁	越南河内	中：二级（S312） 越：国道（#18）	无	有海运
凭祥	广西南宁	越南河内	中：高速（G7501） 越：国道（#1）	单线（湘桂线、河谅线）	无
河口	云南昆明	越南河内	中：二级（G326） 越：国道（#70）	单线窄轨（滇越线）	无
勐腊	云南昆明	老挝万象	中：二级（G213） 老：国道（#13）	无	无
瑞丽	云南昆明	缅甸仰光	中：一级（G320） 缅：高速（NH3）	无	无

3. 中国在东南亚区域合作中的主导地位还需进一步巩固

在我国其他3个区域国际合作板块中，东北亚区域合作由中日两国主导，美国、俄罗斯和韩国也发挥着重要的作用，中亚区域合作由中俄两国主导，南亚区域合作则由中印主导，因此都明显具有多个大国共同主导的特征。与之相比，中国与东南亚各国有着数百年的和平交流历史，东南亚各国也与我国建立起了传统性的睦邻友好关系，加上文化渊源、种族、软硬实力对比等多方面的因素，中国在东南亚区域合作中具备突出的主导地位，这与我国的其他区域国际合作具有显著的差别。然而在全球一体化的背景下，中国在东南亚地区的优势地位十分稳固，还需要进一步的加强。主要体现在以下两方面：

(1) 全球范围内，美国积极介入东南亚事务

美国作为世界上唯一的超级大国，对于全球一些重要的热点地区都有举足轻重的话语权，也不同程度地参与了各个区域的国际事务。近年来，美国对东南亚区域事务日益热心，显示出积极介入的姿态。2009年7月22日，美国国务卿希拉里签署《东南亚友好合作条约》（TAC），美国成为TAC的第16个区域外成员国。对此，日本共同社的评论认为，由于中国在东南亚地区的影响力与日俱增，美国的加入"体现出了奥巴马政府对亚洲的重视及与东盟建立亲密关系的愿望"。英国广播公司（BBC）也援引分析人士的话说，签署这一条约预示美国有意更深地介入东盟事务，同时遏制中国在这一地区日益扩张的影响力。而美国还向泰国、越南、柬埔寨与老挝等湄公河流域四国提出了建立新合作框架的提案。此前的"湄公河流域开发计划"等其他的合作框架都包括中国和缅甸，而此次美国并未将中国和缅甸列为磋商对象。美国的目标是与四国共同建立"美湄合作"的新框架，在环境、教育、保健3个领域内就气候变化和艾滋病对策等问题展开合作。因此种种迹象表明，美国正在深度介入东南亚。过去，安全先于经济是美国东南亚政策的基本信条，现在则是经济与安全并重，这对于中国—东盟自贸区的发展也将形成某种牵制。

(2) 亚太范围内，区域性大国对东盟国家影响日益加深

在亚太地区各国联系日益密切的同时，东南亚地区作为联系东亚、南亚和大洋洲的纽带，战略地位凸显，各个区域行动的大国都在加深自己对东南亚的影响。

日本方面，深化与东南亚关系是日本区域战略的重要组成部分。过去日本积极建立与西方国家的关系，如"脱亚入欧"、"脱亚入美"等战略，意在扩大自己在全球经济中的地位。然而近年来，由于全球金融危机，以及亚洲各国经济快速发展和国际交往日益密切的大环境的影响，日本重新将战略中心调整至亚洲各国，"脱美入亚"、"回归亚洲"成为近期日本对外战略的主流，特别是2009年日本首相鸠山由纪夫倡议建立"东亚共同体"更是这一战略的代表。然而，日本回归亚洲的战略一方面为亚太各国建立更紧密的合作关系带来了诸多好处，另一方面也带来了激烈的竞争。近年来，日本加大了与东盟国家的合作力度，特别是通过各种渠道积极参与并援助大湄公河次区域（GMS）的合作。2009年11月，首次"日本—湄公河地区各国首脑会议"在日本东京闭幕，日本、柬埔寨、老挝、缅甸、泰国和越南各国首脑都参加了会议，会议通过了《东京宣言》，旨在加强日本与湄公河地区国家之间的合作。根据会议披露的内容，日本将把湄公河地区作为外援重点，继续扩充对该地区整体，特别是柬埔寨、老挝、越南三国的政府开发援助，今后3年内将共向该地区提供5000亿日元以上的政府开发援助，目前日本已成为GMS最大的援助国和投资国。因此，日本在东南亚地区的影响虽没有历史优势，但在经济优势的主导下，近日又有不断升温的态势。

澳大利亚方面，该国长期以来也十分注重加深在东南亚区域的影响。由于地缘相近，澳大利亚一直将与东南亚国家的关系视为周边国际合作的重中之重，"脱澳入亚"也是该国一直在实施的战略。进入21世纪以来，澳大利亚在东南亚地区战略布局的实际行动越

来越多。该国在2005年12月加入了《东南亚友好合作条约》,之后便向东盟有关国家提供了总额960万美元的援助,与东盟各国建立起更加密切的联系。此后,澳大利亚和新西兰率先与东盟签订了自由贸易协定,随着东盟与澳大利亚新西兰自由贸易区的建成,该国对东盟国家日益上升的影响力也不容小视。

印度方面,该国作为南亚地区的区域性大国,近年来也逐渐把目光放远。1991年,印度政府正式提出了"东向"外交政策,即全方位加强与东盟国家的合作关系,谋求分享东亚经济成果,扩大地缘政治影响。1995年,印度正式成为东盟地区论坛的全面对话国和亚太安全合作委员会的联系国,但此后合作只是"雷声大,雨点小";到瓦杰帕伊政府执政后期,双方合作才陆续迈出一系列实质性步伐;自辛格政府执政以来,印度进一步加快了这一政策的实施。在中国—东盟自由贸易区启动的同时,印度也与东盟签订了自由贸易协定,表面上看,印度急于建立印度—东盟自贸区是为了拉动本国出口,但更深层次上,这是印度"东向"政策在经济上的具体表现。一方面,拉拢东盟对抗中国,可以削弱中国在东南亚经贸领域的优势地位;另一方面,可以借机扩大印度商品在东南亚市场的占有率,提升印度的区域大国地位。虽然目前印度对东南亚地区的政治、经济影响力还比较有限,但在未来印度综合国力不断成长的情景下,其对于加深在东南亚地区影响力的诉求将会越来越大。

此外,韩国、新西兰等国家都在积极参与东南亚事务,谋求在该地区取得更大的话语权,这势必会对中国在东南亚区域合作中的主导地位产生动摇。如之前中国和东盟国家的"10+1"合作早已变成"10+3"、"10+6",随着各大国各自与东盟国家建立自贸区等形式的合作渠道后,又发展成若干个"10+1"的局面。这些现象,一方面既是区域一体化发展的必然趋势,有利于东亚地区的共同发展,另一方面也隐含着各个区域大国对于东南亚事务主导权的角力。

综上所述,中国仍需进一步巩固在东南亚区域合作中的主导地位,为实现这一目标,除了依靠我国不断增强的综合国力之外,直接面向东南亚地区的前沿地带的发展则是更紧迫的需求。广西是我国与东盟国家交流的窗口,西江流域更是与东盟国家直接对话的区域平台,西江经济带的开发将大大增加我国对东盟国家的直接吸引力,而这样的"窗口效应"在未来将成为我国所具备的独特优势,有效的加深我国对东盟国家的直接影响。

(三)广西西江流域在中国—东盟合作中的多方优势对比

中国—东盟合作在总体上涉及11个国家,但东盟各国以及我国各地区在其中的参与程度均有所不同,有的仅限于个别事务的交流,有的仅限于经贸层面的交流。在中国—东盟合作的格局中,参与程度最高的应该是进行全方位区域合作的地区,即东盟国家中我国的邻国以及我国直接与东盟接壤的地区。具体到本地区的国际合作,主要涉及广西、云南和越南三方的关系。广西西江流域是广西与东盟合作的直接纽带,通过桂、滇、越三方的对比可以更全面的分析西江流域在中国—东盟合作中的地位。

1. 桂、滇、越三地竞争大于合作

在国家层面上，中国和东盟各国有着共同的核心利益，与此同时经济发展的结构与需求又存在互补性，没有直接的利益冲突，因此呈现出合作大于竞争的局面。但缩小到区域尺度情况就会发生变化。广西、云南和越南作为中国—东盟合作空间格局中的前沿地带和最大的交集，之所以会形成竞争大于合作的态势，是与三地所处的发展阶段密切相关的。

（1）桂、滇在我国均属于欠发达地区

广西、云南都属于我国的西部地区，经济发展水平低于全国平均水平，工业化处于起步阶段，因此我国改革开放30年以来所积累起来的种种优势和竞争力在这两地并没有很好地体现出来，在全球化带来的国际产业分工体系中尚没有占据一定的地位。在这样的背景下，两地同样具有强烈的发展需求，正处于对各种有利于发展的资源十分渴求的历史阶段。

（2）越南并非区域发展所能依靠的"外部推力"

在我国的对外开放大局中，最主要的贸易伙伴均是对我国经济有巨大推动作用的发达国家，因此在全球化带来的国际产业分工中发展了"共存共荣"的合作关系。但在与东盟国家的合作中则不完全如此。具体到越南来说，越南与中国同属发展中国家，同样也经历了长时期的计划经济体制，在20世纪80年代实行"革新开放"之后经济开始持续发展，因此越南经济成长的路径与我国是一致的，不仅没有什么优势，其经济发展的成果与综合国力更无法与我国相比，因此在中越两国的区域合作中，对于越南一方我国"无力可借"。

（3）"弱弱关系"中竞争的可能性更大

无论是从桂、滇在我国所处的地位来看，还是从越南在东盟所处的地位来看，三者都处在相对弱势的一方，因此可以说，中国—东盟合作具体到桂、滇、越三方，所形成的相互关系其实是一个"弱弱关系"。"弱弱关系"下的区域合作，各方由于发展的阶段和需求雷同，必然存在大量的利益竞争。目前，双方在发展需求和产业结构上十分相似，都迫切需要外部投资和外部推动，都难以成为对方的投资来源地，也难以形成产业转移和垂直分工，在互补性较小而同构性较大的情况下，三地在中国—东盟自由贸易区的框架下很可能形成实际的竞争关系。

2. 在国内具备一定的优势

广西是我国与东盟国家相邻的省区之一，也是中国—东盟合作在我国境内的载体，在中国—东盟合作的大格局中，广西具备比较明显的优势，主要体现在：

（1）综合实力优势

广西全区的综合实力在西南各省（自治区、直辖市）中保持领先。尤其是与对外开放相关的指标中，广西的外贸、出口、实际利用外资的优势十分明显，其中直接面向东盟的进出口完成情况，广西不仅在数值上领先于西南诸省（自治区、直辖市），而且在金融危机对东盟进出口受影响的大背景下，西南各省对东盟的外贸总额均有所下降，广西则实现了进口增长56.8%、出口增长8%的成绩，发展态势良好。因此，虽然包括广西在内的西南诸省（自治区、直辖市）在我国同属欠发达地区，但广西的综合实力是具备一定的领先优势的。

（2）区位价值优势

在面向东盟的战略格局中，广西由于区位的因素，是唯一连接我国中东部地区的省份。在中国西南地区和东盟都处于经济发展起步阶段的情况下，最需要的都是强大的外部推动，包括强有力的投资以及产业转移。对于这些要素，我国的西部地区并不具备，也是一个需求方；而广西所联结的中东部地区，尤其是其直接面对的珠江三角洲地区，恰恰是这些要素的富集区，能够给正好处于发展起步阶段的广大地区提供强有力的外部支撑。两相对比，在面向东盟邻国所形成的"弱弱结构"的格局下，由于得以连接我国的中东部地区，广西在对东盟合作的小格局中呈现出局部的互补性，规避了同构性的弱势。因此，广西在中国—东盟合作中所体现出的区位价值相比而言是十分具有优势的。

（3）区域发展优势

北部湾地区开发上升为国家战略之后，填补了中国沿海地区开发的最后空白，广西在全面融入沿海经济带的同时，也拥有了区域发展的强力引擎。北部湾地区开发将推动广西的跨越式发展，并成为广西率先实现现代化的突破口。北部湾地区开发对于中国—东盟合作的意义在于，一个新兴的具备强大经济活力的地区将为东盟的诸多发展中国家提供强大的外部推力，同时将中国的发达地区由距东盟尚有一段距离的珠江三角洲推进延伸到面向东盟的前沿地区。届时，广西也将由输送区域发展要素的通道转变成辐射区域发展要素的源，进一步扩大对东盟国家的影响，这样的优势是广西所独有的。

（4）中心城市优势

在跨国次区域合作中，区域中心城市发挥的作用是巨大的。在中国—东盟合作的空间格局中，南宁争取成为区域中心城市的优势更为明显。在区位方面，南宁更接近珠江三角洲地区，在接受东部地区辐射带动作用方面明显优于昆明，同时也更接近东盟国家，处于中国和东盟经济关系和经济往来的主流上；在基础设施方面，在公路、铁路、航运等综合交通体系上，南宁的优势更加全面；在面向东盟国家的国际交往上，近年来南宁举办了大量的面向东盟的国际活动，知名度大大提高，还成为中国—东盟博览会的永久举办地。因此综合来看，区域中心城市的竞争中，广西的优势明显。

（5）合作伙伴优势

在与东盟的合作中，广西的对象主要是越南，也是中南半岛东线国家的主要合作对象。广西与越南的合作旨在打通经柬埔寨、泰国至马来半岛的联系通道。从东南亚区域的发展空间格局来看，靠近太平洋的东部在经济发展方面优于靠近印度洋的西部，因此中南半岛的人口、产业以及其他各类要素会更多地向东部集聚。这样的背景下，与广西合作的对象国家将拥有更多的资源，这也是广西所具有的一个独特优势。

3. 在国际上优势不明显

与越南相比，广西也具有一定的优势，除了中越两国的实力对比之外，仅广西全地区的综合经济实力就优于越南全国。然而在区域合作的格局中，一些重要的因素抵消了广西的综合优势，使得其优势变得并不明显，主要体现在：

（1）政策地位

越南与广西相邻的北部地区，是越南国家的中枢地区，同样也是越南最发达、最重要的经济区之一，其发展对于越南来说是十分重要的；而广西在中国属于欠发达地区，其在全国的重要性与越南北部地区在全国的重要性不能相比。因此，广西从国家得到的支持相对越南北部地区明显偏少，而与越南全国相比则更具有明显的劣势。

(2) 区位价值

在中国—东盟合作的大局上，越南是联系中国和中南半岛的通道和枢纽，从这点上看，其意义比广西连接中国东部地区和越南的联系通道要更重要。具体地看，无论是面向中国一方，还是面向东盟一方，越南的联系方向都多于广西：越南除了通过广西联系中国中东部地区之外，还可以通过河内—昆明的通道联系中国西部地区；越南除了可以向南连接泰国、马来西亚和新加坡等东盟最为发达的地区之外，还可以直接联系柬埔寨、老挝等中南半岛腹地国家。因此在中国—东盟合作中，越南的枢纽地位明显，而广西则偏向中国一边，区位价值大打折扣。

(3) 中心城市

虽然南宁在与昆明的对比中，更有可能成为中国—东盟合作的区域中心城市，但与河内相比就没有太大优势。河内作为越南的首都，行政资源、人力资源、信息渠道及其聚集外部资源的能力和辐射影响力大大优于南宁；河内在中南半岛的地位也举足轻重，虽然南宁也具有区域型国际城市的性质，但河内作为中南半岛重要的区域性中心城市的历史更为悠久，更具有传统性；同时，越南北部的重要港口海防与河内只相距90km，近期海防与河内联系日益密切，长远看将成为河内的附属，因此弥补了河内的内陆缺陷，使河内成为陆路、海路和航空的综合枢纽。

(4) 资源

越南和广西同处于经济发展的起步阶段，各自的发展都极其依赖资源，而广西与越南在资源方面的对比并不占优势。矿产资源方面，广西所富集的各类矿产资源，如煤、锰、有色金属等，也同样是越南的优势所在，甚至无论从储量、品位还是开采便利性来看，越南的矿产条件大部分优于广西；劳动力方面，经过改革开放30年的发展以及人民生活水平和消费水平的不断提高，中国已经不再具备明显的劳动力成本优势，而与越南相比反而存在一定的劣势；土地资源方面，虽然广西在一定程度上土地资源比较丰富，但在我国土地供需矛盾已经十分突出的大背景下，与越南相比并没有明显的优势；环境容量方面，虽然中越同为发展中国家，但随着中国经济实力的不断增长、占全球排放总额比例的不断扩大以及所需承担国际责任的不断提高，中国未来在碳排放等方面的约束比越南要更为苛刻，这势必也波及广西发展所需的环境容量；农产品方面，随着中国—东盟自由贸易区的建成，包括越南在内的东盟国家向中国出口农产品实现了零关税，至此，作为热带农副产品重要产地的广西，在面对中国内地市场时与越南相比也已经没有优势。

综上所述，虽然广西在综合实力上要强于越南，但由于政治地位、区位、国家背景等各方面的原因，在中国—东盟合作的大局下，其与越南相比并不存在明显的优势。

(四) 西江经济带在中国—东盟合作格局中的定位

在中国—东盟合作的空间格局中，处于竞争中的广西、云南、越南三方各有优势，其中广西优于云南，却不优于越南。因此，从我国对外开放的大局出发，广西肩负着代表中国与越南竞争的使命，其要点在于破解目前越南所积累起的优势局面。这其中，西江经济带要起到十分重要的作用。

1. 越南优势局面的核心是"两廊一圈"

"两廊一圈"是由越南提出的一个中越区域空间开发构想。2004年5月20日，越南总理潘文凯在对我国进行国事访问时，向温家宝总理提出了共建"两廊一圈"的提议。2004年10月6~7日，温家宝总理对越南进行了正式友好访问，期间两国政府发表了《中越联合公报》（简称《公报》）。《公报》强调了两国之间在"长期稳定，面向未来，睦邻友好，全面合作"方针的指引下，从全局和战略高度出发，拓展互利合作，不断推动中越关系迅速、全面和深入发展。《公报》中重点提到了双方同意在两国政府经贸合作委员会框架下成立专家组，积极探讨"昆明—老街—河内—海防—广宁"、"南宁—谅山—河内—海防—广宁"经济走廊和环北部湾经济圈的可行性。至此，"两廊一圈"进入两国政府的合作构想。与此相关的广西、云南两地反应积极，希望借此实现中国—东盟自由贸易区建设及对东盟合作的突破。

首先必须指出，"两廊一圈"对于中越两国在中国—东盟自由贸易区的框架下合作是具备共同利益的，无论从中越关系、区域战略还是从广西、云南发展的角度来看，"两廊一圈"的提出和启动都是具有积极意义的，因此才得到了中国政府与广西、云南两省（自治区）政府的积极响应，成为桂越、滇越合作的热点和主题。但是，该战略既然是由越南提出，自然包含着越方的战略企图。

在"两廊一圈"的空间架构中，河内位于"两廊"的交汇点上，而中国的昆明和南宁则各自只占一头。区域发展中廊道的作用是各种资金、人力、物资和信息流的联系通道，因此按照"两廊一圈"所设定的中越合作空间格局，河内则汇聚了从中国西部和中东部所输送来的所有利益，而南宁和昆明则只能得到从河内方向分流的利益，加上河内所具有的中心城市优势，河内的获利还将更大。对于"一圈"，即环北部湾经济圈，由于环北部湾地区并不是一个闭合的圆环，因此所谓"一圈"还是一个带状区域，其一方的端点仍然位于河内的附属城市海防。因此在"两廊一圈"的框架下，越南在中国—东盟合作的空间格局中实现了利益最大化，并且将河内的战略地位提升到中国—东盟区域的中心城市的高度，而中方的广西和云南的利益则受到了削弱。因此"两廊一圈"虽然是对于广西、云南、越南三方都有利，但实际上是对越南更加有利，对广西和云南不利。

2. 对"两廊一圈"战略的实施对策

一方面，"两廊一圈"的提出及其启动实施是中国—东盟自由贸易区合作框架下的次区域合作的具体举措，推动"两廊一圈"建设是基于中越两国关系不断全面深入发展在经贸合作方面的具体成果，标志着中越经济在迈向一体化方面步入了规划和实际操作层面；另一方面，"两廊一圈"也有对我国不利的一面，如果原封不动的按照越方的意图实施，将使得我国在中国—东盟合作的过程中利益受损。因此我国应当采取一些对策，在不违背"两廊一圈"框架的前提下来破解"两廊一圈"对我国的消极效应。

（1）将战略核心从"两廊"转移到"一圈"

中国应当提出将环北部湾经济圈的建设作为"两廊一圈"的实施重点，这也符合中国和东南亚各国的共同利益，也符合中越两国的共同利益。从中国—东盟合作的大局来看，其合作的范围不仅仅局限在中南半岛，更包括中南半岛以外的马来西亚、新加坡、印度尼西亚、文莱和菲律宾五国，中国—东盟合作不仅是陆上的合作，更是海上的合作。中越合作若将"两廊"作为"两廊一圈"战略核心，对于中国—东盟合作的总体布局来说将十分局限，不会有更高的影响力。而环北部湾经济圈一边连接中南半岛，一边连接南中国海，海陆兼备，既涵盖东盟十国，又面向东亚发达地区，为中国—东盟自由贸易区塑造了一个十分开放的姿态，将环北部湾经济圈作为"两廊一圈"的实施重点符合区域发展的一般规律，既有利于东盟所有国家的共同发展，也将大大提升中越合作在中国—东盟合作中的地位。如将"两廊一圈"的战略重点转移到"一圈"，则我国的北部湾地区开发将成为带动经济圈的核心力量，因此也维护了我国的国家利益。

（2）"两廊"的建设要有所侧重

"昆明—老街—河内—海防—广宁"和"南宁—谅山—河内—海防—广宁"的两条经济走廊虽然是中国—东盟合作的重要通道，但两者的地位和发展条件是不同的。其中，昆明—河内的通道连接我国欠发达的西部地区，又途经自然条件十分恶劣的山区。如果从越南经济发展的角度来看，该通道的带动作用比较有限；如果从打通我国西部地区出海口的角度看，越南沿海地区的发展水平与我国沿海地区仍有很大差距，该通道又明显不如通往珠江三角洲、北部湾地区的通道重要。因此，将"昆明—老街—河内—海防—广宁"建设成与"南宁—谅山—河内—海防—广宁"一样成熟程度的经济走廊并不现实。我国在实施"两廊一圈"战略时，应当重点打造连接发达地区、沿线人口产业密集、开发条件最好、接近沿海的"南宁—河内"通道，这既是基于区域发展条件的理性选择，又一定程度上削弱了河内的汇聚效应以及对于我国的分散效应。

（3）积极推动廊道从河内继续向南延伸

"两廊一圈"战略发挥了越南对于中国和中南半岛的枢纽作用，这是符合中越和桂、滇、越三方的共同利益的。但是，河内并非中国与东盟联系的终点，将"两廊"终结于越南北部沿海也不利于充分发挥越南的枢纽作用。因此，我国应当与越南及其他国家积极协商，推动将"两廊"继续向南延伸，连接中南半岛腹地以及泰国、马来西亚和新加坡3个东盟地区最为发达的国家，充分发挥"两廊"的效应，使得该走廊更具备广泛的代表性。

3. 西江经济带应成为中国—东盟合作的"金廊"

从我国的国家利益以及中越及东盟各国的共同利益出发，中国—东盟合作的空间格局应当在"两廊一圈"的基础上，重点打造南宁—河内的通道并将其向南延伸，因此可以预见，在未来南宁—新加坡的国际经济走廊将是中国—东盟合作的骨干（图3-14）。

南宁—新加坡经济走廊以南宁为起点，沿途连通越南、柬埔寨（或老挝）、泰国、马来西亚、新加坡等国家，以泛亚铁路和公路大动脉为载体与纽带，开展投资贸易及优势互补的产业合作，把中国与东盟从经济层面上更加紧密地连为一体，形成共同繁荣、共同发

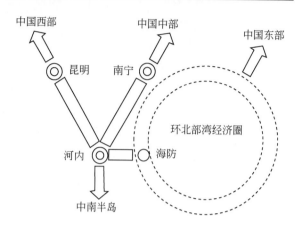

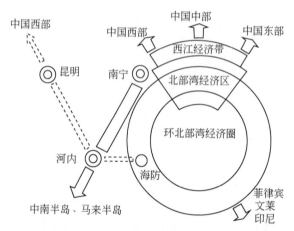

图 3-14 "两廊一圈"战略的越方意图（上）及我国的对策（下）

展的跨国通道经济带。目前，南新走廊经济带粗具雏形，以交通设施为主要内容的前期合作已经展开。南宁至新加坡公路通道已基本全线贯通，广西方面已建成南友高速公路，同时获批到越南的国际道路运输线 24 条中的 10 条已开通，未来将共同推动修建友谊关—河内、东兴—河内两条高速公路，推动改造新建南宁—河内、胡志明—金边两条铁路。此外，南宁至新加坡铁路线，除越南胡志明市至柬埔寨金边路段及金边至柬泰边境亚兰的部分路段外，其余已开通铁路运输，2009 年南宁—河内国际旅客列车也正式开通。

在南宁—新加坡经济走廊中，西江经济带发挥着举足轻重的作用。经济带中的南宁—崇左段就是南宁—新加坡经济走廊的起点段，而南宁—梧州段又是该经济走廊向我国发达的珠江三角洲地区的延伸。南宁—新加坡经济走廊连接了中国—东盟自由贸易区中两大发达地区：珠江三角洲和新加坡，如果没有西江经济带，该走廊就是一条"断头路"，无法发挥应有的作用；同样，没有广西西江流域的发展，我国沿海发达地区的带动作用也无从发挥，东南亚诸多发展中国家也无法得到有力的外部推动。

因此，西江经济带在我国对外开放格局中的定位应当是：①连接珠江三角洲和中南半岛的纽带；②南宁—新加坡经济走廊的起点段；③中国—东盟自由贸易区的重要增长极（图 3-15）。

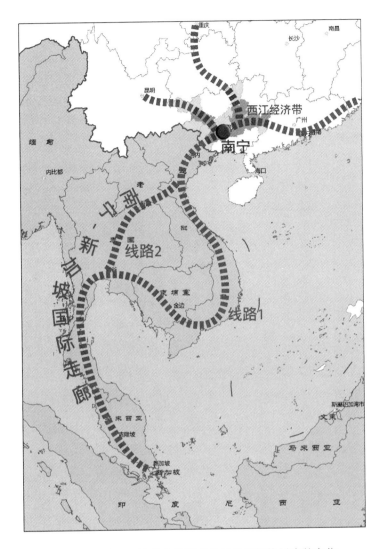

图 3-15　西江经济带在我国对外开放空间格局中的定位

三、我国国土开发的总体战略

西江经济带地处我国东、中、西三大地带的交汇处,在我国的国土开发总体格局中占据十分重要的地位。西江经济带的开发与我国一些重要的区域发展战略都存在交集,势必对我国国土开发总体格局产生重要的影响。

(一) 西江经济带开发的国内环境

1. 沿海地区发展的进一步强化

沿海地区是我国"T"字形发展战略中最重要的一条开发轴,自近代以来就是我国工业化最早起步、对外开放程度最高的地区。改革开放之后，沿海地区依靠优越的区位优势和较好的发展基础，发展成为我国发展程度和开放程度最高、城市人口和产业最为密集的开发地带，也是我国参与国际经济交流和合作的重要门户地区。在沿海地带，我国目前已经形成了京津冀地区、长江三角洲地区和珠江三角洲地区3个体现我国国家最高竞争力的大都市区，并且正在形成辽中南地区、山东半岛地区、海峡西岸地区和北部湾地区4个重要的城市群地区，因此从总体上来看，我国沿海地区一直处于、并且在相当一段时间内将继续处于进一步集聚的发展状态（图3-16）。

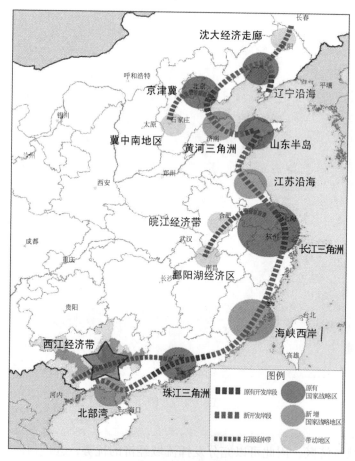

图3-16 沿海地区近年来发展示意图

近年来，我国沿海地区的区域发展呈现出新的动态，主要体现在：①沿海岸线的开发呈现加密的态势，如黄河三角洲地区、江苏沿海地区的开发上升为国家战略；②沿海地区的开发有向纵深延伸的趋势，如长江三角洲地区带动了皖江地区、鄱阳湖地区的发展，京津冀地区沿京广线向冀中南地区延伸等。而西江经济带的开发则完全顺应了以上两大趋势。

一方面，位于沿海发展轴最南端的北部湾地区虽然处于刚刚起步阶段，从长远看，其人口产业集聚程度将进一步加强，向网络化城市群发展，届时包括西江流域的广西中南部地区都将更紧密的融入沿海地区；另一方面，珠江三角洲地区在产业结构向高效率、精加工和高附加值转变的同时，其发展空间向纵深地区拓展的趋势十分明显，而沿西江流域上溯将是珠三角向内地辐射的一个主要方向。

因此，在沿海地区进一步集聚的大背景下，西江经济带作为连接珠江三角洲地区和北部湾地区的纽带，将承载更多的人口产业集聚功能，发展成一个新兴的流域经济区，提升广西全区的区域竞争力，最终成为我国沿海发达地区的有机组成部分。

2. 西部大开发中的率先发展需求

我国西部地区是我国经济欠发达、需要加强开发的地区，由于自然、历史、社会等原因，西部地区经济发展相对落后，人均GDP仅相当于全国平均水平的2/3，不到东部地区平均水平的40%，迫切需要加快改革开放和现代化建设步伐，全国尚未实现温饱的贫困人口大部分分布于该地区，也是我国少数民族聚集的地区。

我国西部地区疆域辽阔、人口分散，西部大开发是一向长期的工作，同时也不可能实现各个地区完全同步的发展，必然要求一部分地区率先发展，最终带动整个西部的发展。2001年3月，九届全国人大四次会议通过的"十五"规划纲要对实施西部大开发战略进行了具体部署，提出西部大开发要"发挥中心城市作用，以线串点，以点带面"；2006年12月8日，国务院常务会议审议并原则通过的《西部大开发"十一五"规划》又提出"重点地区和重点产业的发展达到新水平"。因此，西部地区要实现最终与中东部地区共同实现现代化的目标，必须在重点地区实现率先发展，培育起具有一定竞争力的城市群、经济圈、经济带，发挥对人口和产业的集聚效应，成为带动欠发达地区发展的增长极。

目前，在西部12个省（自治区、直辖市）范围内已经形成了一系列初具规模的城市群地区，如成渝地区、关中地区、北部湾地区等，这些地区已经开始发挥其"极核"的作用。但是，迄今为止西部地区还没有形成一个经济带，如果没有这样的经济带，西部地区已经形成的城市群地区就无法发挥其带动作用，"以线串点，以点带面"就无从实现。因此，在西部开发的过程中必须积极培育经济带，促进沿线人口产业集聚，从而带动更大区域的发展。

在这样的背景下，广西西江流域最有可能成为西部地区率先发展的经济带。它主要具备以下优势：①在西部地区现已形成的一些沿线分布的人口产业集聚地区中，广西西江流域最靠近东部发达地区，具备最好的发展基础；②广西西江流域是西部地区唯一一个大规模的流域经济区，因此可以充分发挥流域经济的优势；③广西西江流域是西部地区唯一一条由多种运输方式共同构成的综合性出海信道，最有利于区域发展各类要素的聚集。因此，广西西江流域具备率先发展的条件，将在西部大开发中发挥更重要的作用。

3. 西南地区区域合作的要求

进入21世纪以来，随着区域一体化的加深，我国各地区跨行政区范围的大区域合作越来越密切，西南地区区域合作就是其中之一。

西南地区区域合作主要以西南6省（自治区、直辖市）经济协调会为中心展开。从总体上看，西南6省（自治区、直辖市）国土面积为257万km^2，约占全国27%，人口2.5

亿，占全国的19%。西藏、云南、广西还与印度、尼泊尔、不丹、缅甸、老挝、越南等7国接壤，有陆地国境线8800多公里。西南6省（自治区、直辖市）经济协调会成立于1984年，是我国改革开放以来最早的跨省区、开放型、区域型高层次横向经济协调组织，包括广西、重庆、四川、云南、贵州、西藏。随着6方在基础设施、能源、旅游、产业等方面合作的深入，西南地区正朝着建设统一、开放、有序的西南大市场迈进。在经济协调会的大框架下，西南6省（自治区、直辖市）实现了联合加强大通道和通信网络建设、联合加快区域市场体系建设、联合推进生态和环境保护建设、联合实施跨省区旅游开发合作和联合开拓东南亚、南亚市场的"五大联合"。此外，六方特别加强了区域经济合作，内容涉及农业与农村经济、建筑市场与扶贫攻坚等。

西南地区的区域合作具有诸多必要性：

（1）西南6省（自治区、直辖市）面临的困扰相近

西南6省（自治区、直辖市）人均GDP低，经济发展基础也非常薄弱，在交通、农田、水利及产业发展上，都与东中部地区有相当差距，没有西南地区的发展，全国的小康进程就会大打折扣。

（2）可以在优势资源开发中发挥更大作用

西南6省（自治区、直辖市）是各种资源蕴藏较丰富的片区，突出表现在矿产、水能和旅游等方面。从全国来看，西南6省（自治区、直辖市）自然资源空间组合条件相对优越，开发条件较为便利，有利于区域整合，把资源优势转变为经济优势。

（3）可最大限度发挥对外开放的优势

西南6省（自治区、直辖市）与东盟国家有地理毗邻、资源互补、关系良好、社会基础广泛等有利条件，西南地区很早就已成为我国西部与东南亚、南亚的陆路商道，即"南方丝绸之路"。西南6省（自治区、直辖市）与东盟国家都有进一步拓展区域市场，实现区域各国和地区优势互补的共同愿望。

（4）可以集中力量加强生态环境建设

西南林区林木蓄积量占到全国的1/3，区域西部平均森林覆盖率为12%以上。可以集中力量加快长江、珠江防护林建设，并保护好生态环境，使之成为我国和东南亚、南亚国家重要的生态屏障。

在西南区域合作的大背景下，西江经济带的开发具有深远的意义。①西江经济带连接我国经济发达的珠江三角洲地区，是西南地区与珠江三角洲地区联系的重要纽带，也是珠江三角洲西拓、发挥其辐射带动作用的走廊；②西江经济带是西南地区唯一的出海通道，西江经济带的发展将是西南地区东进出海的必由之路；③西江经济带是中国—东盟合作的重要区域型国际走廊，对于西南6省（自治区、直辖市）的对外开放具有重要的战略意义。

（二）西江经济带在我国国土开发总体格局中的定位

西江经济带将成为我国"三纵两横"的国土开发总体格局中具有枢纽性作用的连接带（图3-17）。

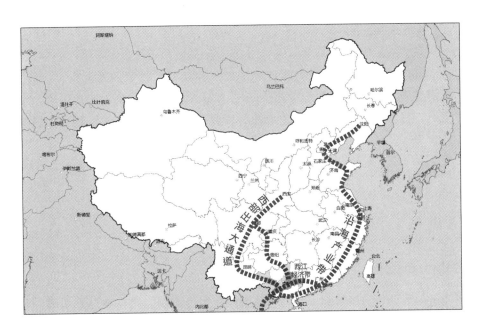

图 3-17　西江经济带在我国国土开发总体格局中的定位

1. 沿海产业带的内部拓展轴

沿海产业带是我国"三纵两横"的国土开发总体格局中最重要的一条纵线,也是发展最早、经济发展水平最高的一条。在经历了多年的发展之后,沿海产业带日趋成熟,逐渐向纵深拓展,进入轴带的扩充期。沿海产业带在局部地区的宽度增加后,会衍生出一些次生的开发轴,以满足沿海地区区域内部人口产业集聚的需要。

在这样的背景下,西江经济带将成为我国沿海产业带南端的一条重要的内部开发轴。该轴东起广东省境内的西江流域,贯穿广西全区,最终与珠江三角洲地区、北部湾地区连为一体,构成沿海产业带南端的一部分。

2. 西部出海通道的率先发展段

西部出海通道北起陕西关中地区,向南延伸至成渝地区,之后分为两条,一条经贵州、广西北部地区至北部湾,一条经云南、广西西部地区至北部湾,是我国"三纵两横"的国土开发总体格局中起步最晚、发育程度最低、潜力最大的一条。

西江经济带是该开发轴与沿海产业带的交汇处,是该开发轴两条分支的汇合点,同时也是该开发轴出海的终点,战略地位十分重要,区位优势明显。同时,西江经济带又是一个具备珠江三角洲、西南、北部湾、东盟等多个方向的综合性联系通道,具备多向连通性的特征,该优势是西部其他地区不具备的。

因此,西江经济带将成为该通道最先发展的一段,发挥人口产业集聚功能,成为西部地区第一个带状的经济区,未来将继续延伸,成为带动西部地区发展的主要引擎。

四、发展条件综合评价

经过改革开放 30 多年的发展，西江经济带已经具备了较好的发展条件，既有南宁、柳州、梧州等发展条件好、潜力大的中心城市，又有桂西山区等集中连片的贫困地区和革命老区；既有丰富的矿产、旅游、特色农业等资源，又有制约资源优势转化为经济优势的交通、能源、人才、资金等瓶颈；既有参与国际国内区域合作的有利区位条件，又存在深化开放合作的体制机制障碍；既有加快发展的难得机遇，又面临国际金融危机的严峻挑战。

（一）优势

1. 比较优越的区位条件和资源禀赋

西江经济带地处华南经济圈、西南经济圈与东盟经济圈的结合部，是中国—东盟自贸区建设的前沿地带，拥有近 1000km 的陆路边境线；南昆铁路建成后，云、贵、川的货物从广西出海比到广东湛江出海，陆路可缩短 380~680km，是西南地区最便捷的出海通道和联系粤港澳的水上通道；地处东亚板块与东南亚板块的结合部，是两大板块之间人流、物流、信息流的必经之地。与东盟中南半岛山水相连，民族相亲，文化相近，在中国—东盟自贸区大框架下开展国际合作具有十分便利的条件。优势矿产资源主要有锰、锑、锡、铟、铝土、重晶石、水泥用石灰岩、稀土等，其中铝土矿累计查明资源储量超过 8.5 亿 t，占广西的 98% 以上；水能蕴藏量大、落差集中、开发条件优越，可开发水电资源 656.78 万 kW，是我国水电资源最丰富的地区之一；后备土地资源丰富，未利用土地面积 267.71 万 hm^2，占广西未利用土地总面积的 54%；丰富的河流水域景观、风景独特的喀斯特地貌，以及五彩缤纷的少数民族风情和民歌文化构成了当地旅游的主要特色，是我国重要的旅游目的地。

2. 初步具备的工业基础

实施西部大开发战略以来，西江经济带工业发展有了长足进步。2008 年实现工业增加值 1567.78 亿元，比 2005 年翻了一番。"十一五"期间，工业增加值年均增长速度达到 26.4%，高于地区生产总值增长速度 7.7 个百分点。糖业国内市场占有率达到 60% 以上，汽车产量居国内前列，微型汽车产销量位居全国第二，铝工业基地不断壮大，电力、钢铁、建材、食品等优势产业较快发展，培育了一批优势、特色产品和知名品牌。"十一五"期间工业对经济增长的贡献率达到 39.4%，工业主导经济发展的格局基本形成，有力地推动了经济结构调整优化升级。

3. 不断加快的改革开放和区域合作步伐

经济结构将得到进一步优化、经济规模进一步扩大，经济实力进一步增强；中国—东盟自贸区全面建成和每年一届的中国—东盟博览会，进一步确立了广西和西江经济带作为沟通中国和东盟国家贸易通道的地位；中越"两廊一圈"合作、大湄公河次区域合作的推进，有利于促进西江经济带扩大对越南等大湄公河次区域国家的经贸交流与合作；泛珠江三角洲区域经济合作特别是内地与香港、澳门"更紧密经贸关系安排"（CEPA）协议的深入实施，将吸引粤港澳的制造业、物流、金融等产业向西江经济带转移，推动外向型经济的发展。

4. 良好的自然生态和民族和谐的社会环境

在经济快速发展的同时，生态环境保持基本稳定，总体良好。城市环境空气质量整体保持二级水平，主要河流水环境质量按三类水标准达标率在90%以上，主要城市饮用水源达标率95%以上。生物多样性得到充分保护，特有物种和珍稀物种多。

各民族人民在长期劳动生活中形成了朴实勤劳、热情好客、和睦相处的传统美德，长期以来维持了一个民族团结、和谐共生、共同发展的局面，有利于社会稳定和经济社会发展。

（二）问题

1. 产业层次和竞争力不高

2008年，西江经济带三次产业结构为17.5∶45.5∶36.9，与全国11.3∶48.6∶40.1的三次产业结构相比，第一产业比重高6.2个百分点，第二产业比重低3.1个百分点。工业化进程偏慢，2008年西江经济带的工业化率为2.25，全国平均水平为3.82。工业实现增加值1567.78亿元，占全区GDP的39.4%，比全国42.9%的水平低3.5个百分点。全国工业化整体已进入中级阶段，但广西仍处于工业化初级向中级过渡阶段。

规模以上工业完成增加值仅占经济带内工业增加值的75.2%，比广东省低近20个百分点。采掘业、原材料工业产值约占规模以上工业产值的60%，比全国高约10个百分点。高新技术产业比重偏低，2008年高新技术产业实现销售收入236.52亿元，实现工业增加值88.35亿元，仅占全区工业增加值的3.3%。

受国际金融危机的影响，工业生产减速，制糖、钢铁、铁合金、电解铝等生产企业面临困境，部分企业限产、减产甚至停产，工业利润下滑。

2. 交通运输的"瓶颈"制约明显

对外运输大动脉不畅通，连接邻省的区域性高速公路通道未能完全贯通，尤其是没有打通与广东的高速通道，使毗邻珠江三角洲经济增长极的地缘优势难以充分发挥，在接受珠江三角洲经济辐射、承接产业转移方面受阻。与湖南、江西相比，通往广东的公路和铁路建设落后5年左右，珠江三角洲需要转移的产业更多地选择交通更为便捷的湘赣地区。

铁路运力严重不足。主要货物运输通道南昆线和黔桂线，由于没有复线，运力已经不堪重负。

区内公路建设缺乏前瞻性。柳州未来的定位是100万辆汽车整车生产基地,百色要建成亚洲铝产业基地,但缺乏对实现上述目标的现代化交通网络和现代物流体系的规划。在目前柳州、百色等地通往主要生产企业的交通和物流已经基本饱和的前提下,未来的工业产品运输更缺乏有效的通道支撑。

航运条件有待改善。港口的通航目的地不多,航线少、周期长,港口与陆路运输的衔接不合理,导致交通运输成本增加。

3. 对外贸易发展水平低

出口商品结构有待优化。外向型产业基础薄弱,资源型、高能耗、高污染产品出口仍占主导地位,机电产品的技术含量不高,高科技产品规模偏小。2008年机电产品、高新技术产品出口的比重分别低于全国平均水平31个百分点和26个百分点。

贸易方式有待改善。加工贸易所占比重较低,大多属于劳动密集型产业,技术含量不高,2005年加工贸易出口额占出口总额的比重低于全国平均水平40个百分点。边贸互市点的基础设施简陋,限制边贸规模的进一步扩大。

出口主体和载体竞争力薄弱。出口企业竞争力不强,缺乏质量高、效益好、资信高的大型外贸龙头企业和自营出口生产企业,多数企业缺乏自主品牌、创新能力和营销网络。各类园区特别是出口加工区的产业集聚和出口带动效应没有形成,出口基地还有待培育。

对外经济技术合作规模偏小。"走出去"企业数量少、规模小、经济实力不强,难以取得国家金融信贷和担保政策支持。对外承包工程大项目少。缺乏为"走出去"的企业提供咨询和信息服务的中介结构。国有企业经营管理机制难以适应境外投资需要。

4. 区域发展水平差异大

以农民人均纯收入衡量区域发展水平,可以从图3-18中直观地看出,百色市北部和南部、柳州市北部、贵港市东北部和来宾市东北部是发展水平较低的地区,农民人均纯收入都低于4000元/人。2008年,金秀瑶族自治县农民人均纯收入仅相当于最高的柳州市鱼峰区的1/3左右。经济发展水平落后,既与地形、地质等自然条件有关,也与国家区域发展战略、历史基础、当地居民生产生活观念等人文因素有关。

尽管国家和自治区政府针对扶贫开发都开展了大量工作,但由于贫困覆盖面广、脱贫难度大、返贫现象比较严重等原因,西江经济带目前仍存在大量的国家级和自治区级扶贫开发工作重点县,截至2008年仍有国家级贫困县18个,自治区级贫困县8个,约占西江经济带县级行政单元的44.1%(图3-19)。大量贫困县的存在为区域统筹发展和城乡统筹发展带来了很大难题。

(三)机遇

1. 国务院若干意见的出台

2009年12月7日,国务院颁布了42号文,提出进一步促进广西经济社会发展的若干

第三章 可持续发展过程解析与战略选择

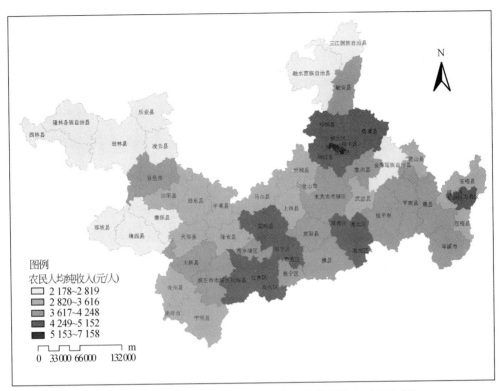

图 3-18 西江经济带分县（市、区）农民人均纯收入（2008 年）

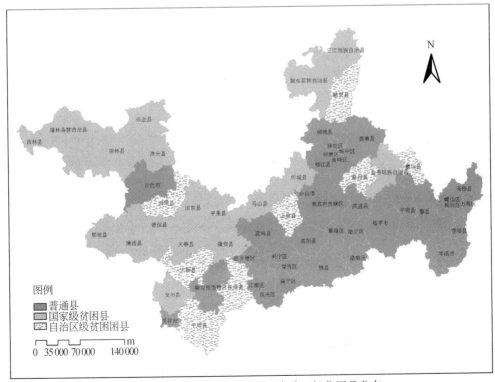

图 3-19 西江经济带国家级和自治区级贫困县分布

意见，特别是提出要"充分发挥西江经济带的集聚辐射带动作用，……，抓紧研究制定西江经济带发展规划"。国家将从资金、项目、政策等方面给予大力倾斜和支持，这为发挥西江经济带矿产资源、区位、水运等综合优势，加快核心城市和重点产业发展、促进城乡和区域统筹、扩大对东盟国家的开放合作提供了难得机遇。

2. 西部大开发进入新的阶段

西部大开发进入第二个十年，将会在政策上出现两大变化：一是更加重视民生，通过体制机制创新共享改革开放成果；二是在对外开放方面，利用西部地区的沿边境优势，探索通过发展次区域合作，使西部地区靠周边国家产生互利互动。西部大开发战略的深入实施将促进铁路和公路等基础设施建设、生态环境治理、民生改善和对外开放，这为西江经济带水电开发，信息、铁路、公路、港口、码头、空港等基础设施建设，西江上游生态屏障建设，教育、医疗、卫生等基本公共服务设施建设，以及加大与东盟国家的互利互惠发展和对外开放提供新的发展机遇。

3. 中国—东盟自由贸易区的全面建成

2010年1月1日，中国—东盟自由贸易区全面建成，7000余种商品免征进口关税，中国与东盟的合作将全面展开。这为西江经济带利用"两个市场"、"两种资源"，进一步扩大对外开放、加快区域发展创造了前所未有的机遇。同时，也为西江经济带提高口岸开放水平、调整产业结构提出更高的要求。

4. 产业转移和扩大内需政策的深入实施

国际金融危机虽然导致全球经济增长放缓，但国际产业转移仍然看好中国。

1）珠江三角洲产业转移继续看好广西。陶瓷、水泥建材、纺织服装等产业向西江经济带进一步集聚，这可以从近年来西江经济带主要城市招商引资来源地的情况得到佐证。经过20多年的高速发展，珠江三角洲以出口拉动增长的外向型经济正受到竞争日趋激烈的挑战。另外，东西两翼经济发展不平衡，缺乏经济发展腹地和战略纵深已成为珠江三角洲可持续发展的重大制约因素。作为经济发展腹地的西江流域，比较发达的航运、陆运网络纵深到贵州、云南等资源丰富的地区，可以拓展巨大的资源空间和市场空间，是珠江三角洲实现产业转移和实施可持续发展战略的突破口。

2）中央实行积极的财政政策与适度宽松的货币政策，出台了4万亿元经济刺激计划和十大产业调整和振兴规划等一系列扩大内需、增加投资、保持增长的措施。4万亿元投资有近一半用于铁路、公路、机场和城乡电网建设，总额1.8万亿元；用于民生工程和农村基础设施3700亿元；生态环境3500亿元，保障性安居工程2800亿元，自主创新结构调整1600亿元，医疗卫生和文化教育事业400亿元。国家十大产业调整和振兴规划中，涉及西江经济带七大千亿元产业中的有色金属、汽车、钢铁、装备制造、轻工五大产业，以及七大特色产业中的纺织、船舶、电子信息3个产业。产业振兴规划对西江经济带进一步明确产业发展方向、调整发展目标、确立发展重点、制定政策措施具有重要的意义，将拉动能源、水泥、钢材、工程机械、有色金属等相关产业的发展。

（四）挑战

1. 周边地区的开发开放造成区域之间的竞争更加激烈

北部湾经济区上升为国家战略，进一步开发开放有可能在资源、市场、产业、交通、资金等方面与西江经济带展开竞争。例如，防城港钢铁精品基地建设将有可能压减柳州钢铁集团的生产能力，从而导致钢铁工业布局向南部沿海地区转移。

在泛珠江三角洲区域合作中，与江西、湖南、四川等省在承接广东和珠江三角洲产业转移中存在竞争。由于在公路、铁路等交通基础设施方面相对滞后，在承接产业转移中处于相对劣势地位。2003年上半年，湖南引进的内资企业中有44%来自广东，达到65.6亿元。江西从省外引进的企业中有3201家来自广东，占了江西引进企业的一半。广东对四川投资累计超过120亿元，川粤间的协议贸易额在近4年间（2001~2005年）已接近1000亿元，先后有乐百事、科龙、三九等大批知名企业落户四川。

在中国—东盟"一轴两翼"区域经济合作中，与云南省在战略地位、市场等方面存在激烈竞争。一是桥头堡地位的争夺。云南和广西地处中国西南边陲，是中国与东南亚地区仅有的有陆路接壤的地区，"桥头堡"战略地位的争夺其实质是想争取中央政策的倾斜。二是出口商品的雷同。出口商品主要是家用电器、摩托车、纺织服装、农产品和仪器设备等。由于没有技术优势，为达到增加出口的目的，双方不惜损害对方利益，以竞价出售的方式来抢占东盟市场。

2. 传统的经济发展模式难以为继

受国际金融危机的影响，世界经济发展速度趋缓，市场需求萎缩，国际原材料市场价格大幅下滑，贸易摩擦和争端明显增加，对工业的冲击和影响逐步加大，主要表现在：国内外市场全面恢复尚需一段时间，部分领域产能过剩的问题进一步突出，如电解铝产能大于产量500万t；政府性投资增长较快，企业生产性投资意愿和投资能力下降，出现"宽信贷、紧货币"的情况，有可能出现投资的挤出效应，影响部分工业重大项目的启动实施。

世界经济低迷将进一步收缩外部需求。2008年美国经济陷入次贷危机后，美元对人民币大幅贬值，使出口产品竞争力下降。世界经济增长速度放缓和人们对未来经济增长的悲观预期，导致糖、铝、铁合金、钢材等资源性产品需求骤降，产品价格大幅下跌，这给以资源型产品为主导的西江经济带出口带来较大的压力。同时，外向型较高的东部沿海地区在外需压缩后转向国内市场，挤占了同类产品的市场份额。

西江经济带正处于加快推进工业化、城镇化的关键时期，产业结构中对能源、矿产资源依赖度较高的重化工业所占比重大且发展快，节能减排面临严峻挑战。同时，经济发展与资源环境的矛盾日益突出，如不及时改善，将会影响西江经济带的持续健康发展。

3. 地缘政治仍存在不稳定因素

1）整合的一面。中国在亚洲地缘政治新格局中发挥了关键作用，没有中国的崛起和外部影响力，就不会有整合的新动力。亚洲经济增长的动力在20世纪60～70年代来自日本，80年代来自亚洲"四小龙"，现在主要来自中国。无论是"10+1"还是"10+3"，中国都扮演了一个重要的角色。

2）分裂的一面。近年来逐渐形成的以美、日、澳三国为轴心的亚洲版"北约"无疑给中国构成了一个传统安全困境。可以相信，这个轴心一旦正式形成就会有相当强大的扩张力。实际上，这个轴心已经引起印度和亚洲其他一些国家的兴趣。与此同时，日本也在提倡建立包括东南亚、澳大利亚、新西兰和印度在内的十六国贸易伙伴协定。

3）究竟会是哪一面？20世纪90年代初，东盟也出现过中国安全威胁论，因为中国与越南、菲律宾等国家在南沙群岛等问题上有历史性矛盾。但中国非常理性地处理了南中国海问题。之后，东盟又有中国经济威胁论，担心中国会吸走本来应当流向东盟的外资，担心中国产品对东盟构成竞争等。但中国在1997年亚洲金融危机中保持人民币不贬值，有效帮助了东亚国家，中国的责任开始体现出来。同时，中国提倡建立中国—东盟自贸区，营造一个双赢的构架。随着中国从资本短缺国家向资本剩余国家转变，中国资本开始流向东盟，东盟对中国的态度有快速转变。东盟意识到抵制中国的经济崛起是无效的，更重要的是提升自己的工业结构和竞争力。所以，东盟把中国的崛起看成是一个机会，而非威胁，这已成为东盟的一个共识。

（五）综合判断

1. 经济增长速度

经济增长速度比较快，但在广西的地位有所下滑，粗放型的经济增长方式难以为继。2008年西江经济带地区GDP为3977.33亿元，比2005年增加了1596.8亿元，年均增长18.7%（按当年价），高于全国同期平均水平。但与广西同期相比，增长幅度略低于全区平均水平。2008年西江经济总量占广西的55.5%，与2005年相比，下降了2.9个百分点。2008年人均GDP为14 428元，高于全区平均水平（14 204元），与2005年相比，由高于全区平均水平730元下降到高于全区平均水平224元，无论是经济总量和还是人均量在广西的地位都有所下滑。

2008年广西规模以上万元工业增加值能耗2.34tce，万元工业增加值取水量242m^3，工业用水重复利用率62%，工业固体废物综合利用率62.4%，再生资源回收利用率70%，这些指标均处于全国较高水平。以万元工业增加值取水量为例，广西是全国同期平均水平的2倍，与万元工业增加值取水量最小的天津相比，是后者的22倍（表3-11）。西江经济带由于在经济发展阶段、产业结构特点、技术装备水平等方面与广西基本相似，因此经济增长方式也存在类似的问题。

表 3-11 "十一五"时期西江经济带分地市万元工业增加值能耗情况 （单位：tce）

地区	2005 年	2008 年	规划到 2010 年	2008 年全国平均
广　西	3.19	2.34	2.41	2.189*
南　宁	2.03	1.48	1.62	
柳　州	3.18	2.23	2.38	
梧　州	1.33	0.95	1.13	
贵　港	4.22	4.46	2.83	
百　色	4.05	3.65	2.84	
来　宾	10.48	4.52	7.65	
崇　左	3.64	3.24	2.58	

* 国家统计局, 国家发展和改革委员会, 国家能源局. 2009. 2008 年各省、自治区、直辖市单位 GDP 能耗等指标公报
资料来源：广西经委. 2009. 广西工业化"十一五"发展规划中期评估报告

粗放型的经济增长方式导致资源保障能力下降。如主要矿产储采比下降，保有资源储量不断减少，大、中型老矿山后备接替资源匮乏；能源供需缺口不断扩大，2008 年有 4700 余万吨标准煤需要从区外输入，原油和煤炭的对外依存度高；山地丘陵面积占土地总面积的 68.3%，适宜建设的土地面积少，新增建设用地空间十分有限。

2. 工业化水平

工业化水平不断提高，形成了一批特色优势产业，但整体上仍处于工业化初级向中级过渡阶段，产业升级改造任务艰巨。

工业化率（工业增加值/农业增加值）是对工业化水平的一种简便测算，能够较为直观地反映工业化水平。根据该指标，2008 年西江经济带工业化率[①]为 2.25，相比 2005 年，工业化率提高了 0.74。工业对经济增长的贡献率为 39.4%，高于第一产业的 17.5% 和第三产业的 36.9%，也高于"十五"期间工业对经济增长的贡献率，工业对经济发展的第一推动力效应进一步凸显。

在工业化的强力推动下，形成了冶金、汽车、机械、电力、制糖等优势产业和医药、建材、造纸等特色产业，以及电子信息、生物医药、新材料等高技术产业。西江经济带 7 地市也形成了各具特色的优势产业（表 3-12）。

表 3-12 沿江 7 地市优势产业

地区	优势产业
南宁	化工、铝加工、机械与装备制造、农产品加工业、电子信息、生物工程与制药
柳州	汽车、机械、冶金、化工、建材、机电仪一体化与电子信息产业、新能源及环保产业
梧州	有色金属、机械制造、林产林化、建材、化工、电力
贵港	水泥建材、制糖及综合利用、冶金、电力、农产品加工

---

① 由于缺少分地市的农业增加值数据，在计算时这里使用了第一产业增加值的数据。因此，计算结果可能存在低估的现象。

续表

地区	优势产业
来宾	铝业、制糖及综合利用、冶金、电力、农产品加工
百色	铝业、石化、冶金、电力、农产品加工
崇左	糖业、锰业、建材、电力、农产品加工、林产林化

资料来源：根据广西工业化"十一五"发展规划中期评估报告汇总而得

目前通行的判断经济发展所处阶段的方法是从经济发展的水平和结构的变化来研究，即采用人均指标和结构指标作为阶段划分的依据，并进行经济发展的国际比较。由于近现代经济的发展主要以工业化为标志，因此，经济发展阶段的划分与工业化的发展过程紧密相连。

2008年西江经济带人均GDP为2102美元[①]，从经济发展阶段与人均GDP的关系看（表3-13），仍处在工业化初级阶段。

表3-13 经济发展阶段与人均GDP

阶段	人均GDP（1996年美元值）	发展阶段描述	
1	620~1 240	初级产品生产阶段	
2	1 240~2 480	工业化初级阶段	工业化实现阶段
3	2 480~4 960	工业化中级阶段	
4	4 960~9 300	工业化高级阶段	
5	9 300~14 880	发达经济初级阶段	发达经济阶段
6	14 880~22 320	发达经济高级阶段	

以三次产业结构变动反映的工业化阶段看（表3-14），第一产业的比重已降低到20%以下，且第二产业的比重已经上升到高于第三产业而在GDP结构中占最大比重，因此判断工业化进入中级阶段。

表3-14 三次产业结构变动所反映的工业化阶段

三种主要研究结果		第一产业比重（%）	第二产业比重（%）	第三产业比重（%）
库兹涅兹模式人均GDP（1958年美元）	150	36.1	28.4	35.5
	300	26.5	36.9	36.6
	500	19.4	42.5	38.1
	1 000	10.9	48.4	40.7
钱纳里、艾尔金顿和希姆斯模式人均GNP（1964年美元）	200	36.0	19.6	44.4
	300	30.4	23.1	46.5
	400	26.7	25.5	47.8
	600	21.8	29.0	49.2
	1 000	18.6	31.4	50.0
	2 000	16.3	33.2	49.5
	3 000	9.8	38.9	48.7

---

① 以2008年12月10日美元兑人民币汇率1:6.8630计算。

续表

三种主要研究结果		第一产业比重（%）	第二产业比重（%）	第三产业比重（%）
赛尔奎因和钱纳里模式人均GDP（1980年美元）	300	39.4	28.2	32.4
	500	31.7	33.4	34.6
	1 000	22.8	39.2	37.8
	2 000	15.4	43.4	41.2
	4 000	9.7	45.6	44.7

根据工业化的经验，在以原材料工业为主的重工业化时期，工业化处于初级阶段；当工业结构转向以加工装配工业为主，高加工度化阶段迅速推进时，工业化进入中级阶段；而当工业结构转向技术集约化阶段，技术密集型产业对工业增长起主要支撑作用时，工业化到了后期阶段。西江经济带目前主要以冶金、建材等原材料工业和电力、制糖、造纸等资源型产业为主，根据上面的经验，可以判断其仍处于工业化初级向中级过渡阶段。

从中国—东盟自贸区建设的要求和产业结构演进理论所揭示的发展规律，未来西江经济带仍面临着产业升级和改造的任务，提升工业化水平和质量任重道远。

3. 城镇化进程

城镇化进入快速发展时期，但与全国平均水平的差距有所拉大，整体上仍处于相对落后地位。

2008年西江经济带城镇化率为37.9%，根据国际经验，城镇化进入快速发展时期。2005~2008年城镇化率每年提高约1个百分点，城市建成区面积（不含下辖县）由395km²扩大到458km²，每年约有10万乡村人口转变为城镇人口。南宁、柳州等中心城市的人口规模和建成区面积增幅明显，一批县城和重点镇发展势头良好。初步形成了以柳州为中心的桂中城镇群，以梧州、贵港为中心的桂东南城镇群，以百色、平果为轴心的桂西南走廊城镇带，以凭祥、崇左、宁明为轴心的桂西南走廊城镇带。城镇道路、供排水、燃气、通信和电网等基础设施有效供给能力大幅度提高。县城以上城市自来水普及率达到84.2%，城市燃气普及率达到73.5%，城市垃圾无害化处理率36%。中心城市对区域增长的拉动作用逐步加大，城乡就业水平进一步提高。同时，也促进了人居环境改善和城乡文明。

横向对比看，2008年西江经济带的城镇化率低于同期北部湾经济区的城镇化率（45.2%），也低于同期全国平均水平（45.7%）。与东部沿海发达地区和西部城镇化水平相对较高的地区相比，城镇基础设施仍薄弱，服务功能欠缺，城镇化质量不高。从经济职能和建设水平看，许多市县财政困难，缺乏对道路、供排水、垃圾处理等城镇基础设施和公共设施的必要投入（表3-15）。城镇基础设施建设滞后，配套不完善、管理水平低，城镇集聚能力较弱。

表3-15 沿江7地市污水和垃圾处理率（2008年）

处理率	南宁	柳州	梧州	贵港	百色	来宾	崇左
生活污水（%）	87.50	66.07	2.71	52.13	7.71	0.89	2.76
生活垃圾（%）	58.35	70.86	45.93	54.95	15.27	69.17	10.46

资料来源：广西2008年城市建设统计年报

按照城镇化发展的一般规律，在城镇化的初期，主要通过工业化带动城镇化。但西江经济带的工业化水平较低，在全国排名靠后（图3-20）。除个别工业城市外，城镇的工业增加值所占比重不高，吸纳农村剩余劳动力的能力不强，工业化对城镇化的拉动作用不足。

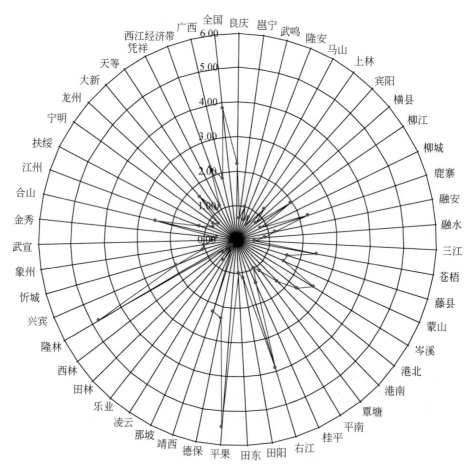

图3-20 西江经济带分县工业化率（2008年）

大型工业企业不到25家，年主营业务收入或产品销售收入超100亿元的工业企业只有31家，且主要集中在南宁和柳州，缺少一批带动力强的大公司、大集团（表3-16）。

表3-16 年销售收入超100亿元的工业企业（2009年）

企业名录	营业收入（万元）	企业名录	营业收入（万元）
柳州钢铁（集团）公司	3 781 876	南宁糖业股份有限公司	329 784
广西电网公司	3 252 437	八一铁合金有限责任公司	308 714
上汽通用五菱汽车股份有限公司	2 134 536	富满地农资股份有限公司	275 569
中国烟草总公司广西公司	1 397 430	中信大锰矿业有限责任公司	273 856
柳工集团有限公司	1 030 175	凤糖生化股份有限公司	272 986
广西农垦集团有限责任公司	933 338	柳州正菱集团有限公司	271 737

续表

企业名录	营业收入（万元）	企业名录	营业收入（万元）
广西南华糖业集团有限公司	932 054	来宾东糖集团有限公司	234 144
广西中烟工业有限责任公司	906 467	广西扬翔饲料有限公司	185 480
柳州五菱汽车有限责任公司	839 588	南宁化工股份有限公司	177 231
大唐集团公司广西分公司	810 502	贵港钢铁集团有限公司	156 728
广西有色金属集团有限公司	708 411	南南铝业股份有限公司	147 010
东风柳州汽车有限公司	644 161	广西贵糖股份有限公司	138 811
中石化广西南宁石油分公司	568 810	平铝集团有限公司	124 291
广西水利电业集团有限公司	424 651	柳州特种汽车厂	121 395
龙滩水电开发有限公司	394 231	百色融达铜业有限责任公司	117 079
广西机电设备有限责任公司	362 736		

大多数城镇的职能存在较大的雷同性，城镇的发展方向与分工不明确，缺乏优势产业和特色经济，资源的合理开发和综合利用不够，区域经济效益不高。就城镇规模而言，经济带内缺少200万人口以上的特大城市，南宁、柳州、梧州等中心城市虽有较大的发展，但与全国同等规模的城市相比，综合实力和竞争力弱。一些新设的地级市的经济实力不能辐射到相应的行政管辖范围。量大面广的小城镇发展动力不足，人口集聚程度不高，规模偏小，特色经济不突出，公共服务水平低，基础设施建设滞后，未能发挥对广大农村地区人口和产业的吸纳作用。

4. 交通基础设施水平

交通基础设施水平有了长足进步，但各种交通运输方式之间缺乏有机衔接，与扩大对外开放和区域合作的要求仍存在较大差距。

近年来，由于不断加大基础设施建设力度，交通状况有了很大改善。2008年，除4个县外，其余县城均通二级以上公路，基本实现县县通二级公路；所有乡镇通公路，91%的行政村通公路。铁路通过扩能改造等措施，使南昆、湘桂、黔桂等干线铁路的运输能力有所提高。内河港口、机场和管道运输也取得了令人瞩目的成绩。

但总体上看，西江经济带交通发展水平仍然较低，综合交通体系的规模、质量、结构和布局还不能完全适应西江经济带快速发展和对外开放的需要，尤其是近年来国民经济发展进入新一轮快速增长期，煤电油运需求全面紧张的背景下，交通设施总量及运输供给能力仍然不足（表3-17）。

表3-17　未来广西各方式旅客运输需求量预测

年份		客运量（万人）				旅客周转量（亿人·km）				
		总计	铁路	公路	水运	民航	总计	铁路	公路	水路	民航
绝对值	2005	52 356	2 034	48 700	883	535	589	130	439	2.6	
	2010	71 307	2 840	66 470	962	1 035	931	205	723	3.0	
	2015	90 596	3 240	84 611	1 043	1 702	1 300	273	1 024	3.6	
	2020	111 156	3 850	103 498	1 124	2 684	1 750	350	1 397	4.1	

续表

年份		客运量（万人）					旅客周转量（亿人·km）				
		总计	铁路	公路	水运	民航	总计	铁路	公路	水路	民航
发展速度（%）	2001~2005	5.6	1.8	5.8	-1.6	8.7	8.4	7.9	8.6	-1.8	
	2006~2010	5.6	4.6	5.7	1.7	7.3	7.8	6.8	8.1	2.9	
	2011~2015	4.9	2.7	4.9	1.6	6.7	6.9	5.9	7.2	3.7	
	2016~2020	4.1	3.5	4.1	1.5	6.0	6.1	5.1	6.4	2.6	

资料来源：广西综合交通"十一五"规划

1）交通基础设施规模偏小。按土地面积计算的公路网密度为 40.94km/100km^2，低于全国平均水平，也低于邻省，约为东部沿海省份平均密度的 65%。按土地面积计算的铁路密度为 1.24km/100km^2，约为东部沿海省区平均密度的 70%。西江航运干线是广西内河航运的主通道，由于桂平航运枢纽船闸通过能力饱和，航道等级偏低，影响了通道能力的发挥。铁路通道偏少且等级低，铁路主要出省通道运输能力紧张，列车运行速度低，5条铁路出省通道中3条（南昆、黔桂、湘桂）仍存在路网性限制口。

2）各种运输方式之间的能力配套、服务功能尚不健全。港口运输、铁路运输、公路运输及运输站场之间缺乏有效衔接，运输效率不高，目前通过广西出海的部分大宗货物的运输效率与相邻的广东相比要低1~2倍，影响了西江经济带交通运输竞争力。大能力、高效率的大宗散货运输系统、集装箱运输系统等专业运输系统建设滞后，尚未形成适应现代物流业发展要求的综合交通运输平台（表3-18）。

表3-18 未来广西各方式货物运输需求量预测

年份		货运量（万t）					货物周转量（亿t·km）				
		总计	铁路	公路	水运	民航	总计	铁路	公路	水路	民航
绝对值	2005	40 691	8 139	27 900	4 642	5	1 194	775	258	173	
	2010	54 706	10 500	35 885	8 289	23	1 700	1 100	360	274	
	2015	70 589	12 900	44 375	13 548	36	2 350	1 500	520	423	
	2020	88 051	15 500	53 760	18 797	57	3 100	2 000	700	572	
发展速度	2001~2005	4.4	4.6	4.5	3.3	5.5	6.8	6.7	7.7	6.0	
	2006~2010	6.0	5.2	5.2	12.3	25.6	7.1	7.3	6.9	6.9	
	2011~2015	5.3	4.2	4.3	10.3	10.8	6.7	6.4	7.6	6.6	
	2016~2020	4.4	3.7	3.9	6.8	9.9	6.8	5.9	6.1	11.6	

资料来源：广西综合交通"十一五"规划

3）不适应对外开放和区域合作的需要。与东盟联系的铁路运输早已饱和，且中越铁路未能形成技术衔接；南友高速虽已建成，但因越南未同步建设，尚未形成国际高速公路通道；广西与云南、贵州对接公路的技术等级不对称，限制了区际社会经济交流；西江干线目前航道等级偏低，枢纽船闸过船能力不足，上游通往云贵的航道未能按规划全线通航，西江航运干线的综合效益未能充分发挥。

5. 生态环境

生态环境整体良好，但生态系统并不稳定且人为影响日益加剧，污染治理设施建设相对滞后。

2008 年，西江经济带主要污染物排放量继续保持下降态势，环境质量总体良好。根据 7 地市的环境空气质量常规监测结果，除柳州市外，其他 6 个城市的环境空气质量保持二级水平。降水酸度 pH 平均值范围为 4.65～6.90，平均值为 4.83，较 2007 年降低了 0.11pH 单位。年平均酸雨频率为 34.7%，比 2007 年下降 2.7%。对境内主要河流断面水质例行检测结果表明，主要河流水质总体良好，大部分河流可满足水环境功能区目标要求。红水河、黔江、浔江、柳江、桂江、左江、邕江、郁江全年水质均达到或优于 Ⅱ 类。地下水质量总体良好，水中有机物污染程度较轻。

广西现有石漠化土地 237.91 万 hm^2，占岩溶土地面积的 28.6%[①]。石漠化已成为广西最突出的生态问题。根据全国第二次土壤侵蚀遥感调查结果，广西全区现有水土流失面积 281.22 万 hm^2（不含石漠化土地面积），其中强度侵蚀以上面积占 16.8%。水土流失类型以水力侵蚀为主，重力侵蚀和泥石流在局部地区也有发生。

资源利用效率低，工业污染物排放量大，结构性污染突出，每万元工业增加值能耗、水耗和万元生产总值排放二氧化硫、化学需氧量远高于全国平均水平，部分江河、湖库水环境质量下降，酸雨频率居高不下。农药、化肥等农业化学品使用强度较大，不仅导致农业面源污染日趋严重，而且农产品出口也已受到国际贸易技术壁垒的明显制约。因长期受不合理开发活动的影响，局部地区自然生态系统受到破坏，天然林面积减少，森林质量下降，生态系统服务功能减弱，栖息地破碎化明显。

由于人均地方财政收入仅相当于全国平均水平的 50% 左右，在生态保护和污染防治领域投入有限，影响到环保基础设施建设和一些地方长期积累的环境问题的有效解决，如城镇生活污水、垃圾处理设施能力和处理率明显低于全国平均水平，环境历史欠账多。农村点源污染与面源污染共存、生活污染和工业污染叠加、畜禽养殖污染日益凸显。

第三节 可持续发展的内部需求

一、必须处理好的内部重大关系

1）大西江流域上下游的关系。流域开发的核心是如何处理好上下游之间不同利益主体的发展诉求问题。作为大西江流域的上游，广西沿江 7 市整体上仍处于经济发展的初级阶段，资源依赖型和高耗能、高污染的重工业仍然是经济发展的支柱，当地政府有发展经济和提高人民生活水平的冲动与迫切愿望。但西江也是下游大珠江三角洲人口产业集聚区的重要水源地和生态安全屏障，下游地区有保护好西江、控制入境水质和水量达到水环境

[①] 广西壮族自治区环保局. 广西岩溶地区石漠化综合治理规划（2006～2015 年）.

功能区划要求的合理诉求，这在很大程度上限制了上游地区的发展机会和选择。处理好上下游之间围绕水资源和水环境发生的矛盾和冲突，建立有效的利益协调和生态补偿机制是促进大西江经济带建设的核心。

2) 岸线利用中不同功能的关系。西江作为广西的母亲河，具有多重功能属性，如航运功能、水源地功能、农业灌溉和工业生产功能、旅游休闲功能等。如何科学识别某一岸段的功能属性，如何有效地处理好同一河段不同功能之间的关系，如何对不同岸段做出合理的发展指引，是促进西江流域岸线功能合理组织和利用的关键。对于西江水道用于航运、岸线用于码头同沿线人居环境改善、生态安全屏障建设、黄金旅游线路打造的关系，必须在空间和建设时序上给予统筹安排。

3) 与北部湾经济区的关系。北部湾经济区开发开放已经上升为国家战略，国家在北部湾经济区的钦州、防城港已经布局了中石油千万吨炼油基地、沿海钢铁精品基地、红沙核电等重大项目，但这些项目与西江经济带已有的南宁化工、柳州钢铁、贵港钢铁等存在争夺资源和市场的问题，如何处理好已有项目和新建项目之间的关系？北部湾经济区是我国沿海开发轴的重要组成部分，而西江经济带是我国南方大西江开发轴的重要组成部分，两者在我国国土开发总体格局中都占据重要的地位，在此背景下西江经济带应坚持怎样的功能定位和开发战略，从而在两者竞合关系中实现双赢，避免盲目竞争和不必要的内耗。

4) 近期资源依赖型经济与远期产业升级的关系。目前，西江经济带整体上仍处于工业化初级向中级的过渡阶段，铝加工、水泥、制糖等资源依赖型经济和原材料工业占据工业经济的主体地位，与长远发展定位于全国重要的先进制造业基地与现代服务业基地存在矛盾和差距。缩小这种矛盾和差距，必须在近期用尽可能少的能源原材料工业生产空间，采取大工业和大项目战略，提高产业的技术水平和高效集约布局，谋求尽可能大的发展效益。同时，要以优质的生态空间带动高端生产空间的形成，通过发展虚拟会展、电子商务等努力培育和建设无形的服务空间，扩大国土空间规模和影响范围。

5) 路径依赖和制度创新的关系。从战略全局出发，特别是从我国南方发展轴的重要组成部分的功能定位出发，西江经济带必须大力推进体制机制创新，着力转变发展方式和发展路径。积极探索和实践生态补偿机制，在国家财政纵向补偿的同时，开展下游发达受益地区对中上游欠发达生态保育区的横向生态补偿试点；加大港、澳和珠江三角洲产业定向转移的政策优惠力度和扶持政策，建立西南地区在广西沿江布局企业、开发工业园区的异地开发政策体系；优先在南宁开展区域性金融中心、人民币结算试点；开展边境合作、建立出口加工区的新试验，扩大我国出口规模；在延伸产业链、提高资源深加工度的过程中，提高科技进步在产业发展中的贡献度，加强产业的地方配套和协作能力。

二、广西自治区的战略要求

"七五"计划以来，广西国民经济和社会发展战略经历了一个逐步变迁的过程，由最初重视发挥资源优势，处理好效益和速度关系，保持总供给与总需求基本平衡过渡到关注民生，建设和谐广西，注重增长质量和可持续发展能力，强调科技进步和人力资源开发在经济增长中的贡献率。总体上看,不同的发展战略都具有鲜明的时代特征,反映了特定历史条件下的客观规律和发展愿景(表3-19)。

表3-19 "七五"以来广西国民经济和社会发展战略的主要提法

时间	战略要点	背景	着力解决的关键问题
1986~1990年("七五"计划)	·对外开放,对内搞活 ·发挥资源优势 ·处理好效益和速度的关系,保持供需基本平衡 ·科技进步	全面进行经济体制改革、促进广西经济进一步发展的关键时期	①与全国人均经济发展水平的差距进一步拉大;②商品经济不发达,自然经济比重大;③亚热带优势没有很好发挥,农业基础脆弱;④工业比重和资源开发程度低;⑤老少边穷地区的贫困状况比较突出
1996~2000年("九五"计划)	·科教兴桂战略 ·对外开放,外向型经济 ·扶贫开发,实现"八七"扶贫攻坚目标	实现党中央确定的第二步战略目标,并为实现第三步战略目标奠定基础的关键时期	①农业投入不足,抗灾能力不强,农村贫困面大;②企业经济运行质量不高,生产经营困难较多;③物价涨幅过高,社会发展滞后
2001~2005年("十五"计划)	·大公司、大集团战略;品牌战略 ·城镇化战略 ·科教兴桂战略 ·人才战略 ·开放带动战略 ·以质取胜、科技兴贸和大经贸战略;市场多元化战略;"走出去"战略	新世纪,进入加快推进社会主义现代化建设新的发展阶段,是全面建设小康社会、实施西部大开发战略、进行经济结构战略性调整、推进工业化和城镇化进程、扩大对外开放的重要时期	①经济的总体水平与全国相比仍有较大差距;②经济结构不合理,农业基础薄弱,第二产业比重小,城镇化水平低,特色经济不明显,经济外向度低,非公有制经济发展较慢;③经济增长的科技含量不高,市场竞争力不足;④地区经济发展水平不平衡,就业压力增大,农民收入增长缓慢,部分群众生活困难;⑤可持续发展能力不足,生态环境问题突出
2006~2010年("十一五"规划)	·全力推进以富裕广西、文化广西、生态广西、平安广西为中心内容的和谐广西建设 ·科教兴桂;人才强桂战略 ·工业兴桂战略 ·开放带动战略,"走出去战略"	富民兴桂新跨越、全面建设小康社会的重要阶段	①经济总量不大,增长方式粗放;②工业化程度不高,自主创新能力较弱;③城镇化进程不快,中心城市的辐射带动能力不强;④制约经济发展的瓶颈因素较多,加快发展的基础不牢固;⑤部分城乡居民的生活还比较困难;⑥政府行政效能有待提高

资料来源:根据广西国民经济和社会发展五年计(规)划纲要整理而得

三、地方政府的发展需求

区域规划方案最终需要规划区内各行政实体的贯彻和实行,规划方案实行效果的好坏在很大程度上取决于对规划区整体状况和未来趋势进行宏观把握的准确度以及对各地方政府需求的理解程度。

在西江经济带发展总体规划工作正式启动后,沿江7地市政府均对本次规划给予了厚望,表现出积极参与和配合的态度,并在座谈和各种形式的交流中结合本地区的特点与需求对西江经济带发展总体规划提出了各种需求和希望解决的问题。

1)基础设施建设。各地市普遍给予了高度关注,但在具体领域上又有所差异,如柳州提出尽快修建柳（州）肇（庆）铁路和柳（州）韶（关）铁路加强与广东方向的联系，梧州也相似；同时，作为重要的内河航运中心，梧州与贵港在内河港口建设上存在很强的竞争关系，如何合理确定两者的港口功能是双方共同感兴趣的地方。百色和崇左都希望提高内河航道等级，促进本市大宗货物和大西南过境货物的运输；同时，百色还呼吁加快田阳军用机场的民用化或军民合用步伐，促进旅游业发展。

2) 产业分工布局。贵港和梧州作为承接珠江三角洲产业转移的前沿，在承接产业类型上主要集中在水泥、陶瓷等建材行业上，存在明显的竞争关系；百色、来宾、贵港、南宁等城市在铝工业发展上缺乏明确的产业链分工，铝工业加工程度明显偏低，存在低层次的产业竞争；未来广西将重点发展桂中、桂西的蔗糖工业，因此应逐步引导桂北、桂东、桂东南部分地区的蔗糖企业有序退出并确保蔗农利益得到有效保护。

3) 生态环境治理。桂中和桂西南是广西石漠化比较严重且集中分布的地区，柳州、来宾、崇左等地市对石漠化治理给予了特别关注；由于钢铁工业布局，柳州城市环境空气质量在沿江7地市中是最差的；百色、崇左作为西江的上游，生态重要性和脆弱性是显而易见的，地方政府对此也给予了高度重视。此外，由于沿江7地市城市污水处理率和垃圾无害化处理率都普遍偏低，城市污染处理设施建设滞后，导致个别河流岸段水环境质量未能达到地表水环境功能区的要求，加强生产生活污染治理已经刻不容缓，这不仅关系到广西沿江各地市千千万万居民的切身利益，而且由于流域生态系统的特殊性，还直接关系到粤港澳等下游地区的可持续发展问题（表3-20）。

表3-20 主要断面水质统计（2008年6月~2009年5月）

断 面	河 流	交界处	是否达标	主要超标污染物
智 信	左 江	崇左—南宁	不达标	粪大肠菌群
下 颜	右 江	百色—南宁	不达标	粪大肠菌群、溶解氧
大 岭	郁 江	南宁—贵港	不达标	溶解氧、总磷、高锰酸盐指数
勒 马	黔 江	来宾—贵港	不达标	溶解氧
武 林	浔 江	贵港—梧州	不达标	粪大肠菌群、总磷

4) 资源开发利用。由于正处于工业化初级向中级过渡阶段，资源型经济在7地市中都占有相当大的比重，柳州侧重煤、铁、锰、铜、锡等矿产资源的开发利用；百色、来宾、贵港侧重于铝土矿资源的开发利用和能源电力建设；梧州加强松脂等特色农业资源和稀土、铜、铅、锌、钨、钼、重晶石等矿物资源的开发利用；南宁、柳州、崇左、来宾、百色一直以来就是广西重要的蔗糖生产基地，蔗糖产量占到了广西的80%以上。

5) 对外开放合作。南宁是中国—东盟自由贸易区的区域性中心城市，在金融、会展、物流、信息等方面具有显著的优势，在引领西江经济带扩大对外开放水平、加强区域合作中扮演了非常重要的角色；柳州作为我国"一五"时期重点建设和西南地区首屈一指的工业城市，在承接珠江三角洲和长江三角洲产业转移过程中具有得天独厚的优势（图3-21）。同时，也是联系中南、西南和东部沿海发达地区的重要交通枢纽；百色和崇左与越南接壤，拥有众多的边境口岸和边民贸易互市点，具有发展边境贸易的区位优势，是中国—东盟自由贸易区建设的最前沿地带。

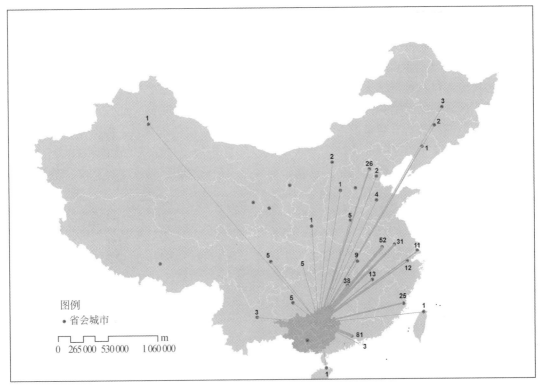

图 3-21　柳州市引进自治区外企业情况（2009 年 1 月 ~ 2009 年 10 月）

第四节　空间格局的演变与评价

一、人口和经济分布特征线识别

通过特征线识别的方法刻画西江经济带人口和经济分布的空间格局，有助于掌握本地区人口和经济分布的现状、相互联系和多尺度变化格局，对确定国土开发空间格局中的轴线和区域划分有很大帮助，是本地区空间布局设计的科学依据。

1. 分析方法

对人口数据或 GDP 数据进行空间离散并进行空间平滑处理，然后提取出特征线。通过动态变化数据，识别出分布格局变化的趋势。

根据西江经济带的面积大小，确定人口及 GDP 数据空间离散的基本单元采用 100m 格网数据人口或 GDP 空间离散化模型可选择多因素模糊综合评判模型，即

$$D = QE$$

式中：D 为人口密度或 GDP 密度；Q 表示人口或 GDP 分布概率；E 为根据人口或 GDP 统计

数据确定的修正系数。

$$Q = A \circ R$$
$$A = (a_1, a_2, \cdots, a_p)$$

式中：A 是权重向量；。为特定的算子；R 为模糊隶属度函数 $r(x)$ 构成的隶属度函数矩阵，$r(x)$ 包括地形、土地利用类型、距离城市交通线距离等影响人口或 GDP 分布的因素。

通过改变人口和经济离散化的分布概率，体现不同空间尺度上人口和经济的分布特征。为体现区域间的连续和一体性，将分析范围扩大到西江经济带、北部湾地区全部以及玉林市，将范围内的所有县级以上城镇作为人口和经济数据的承载点，并分别选取 10km、25km、50km、75km 和 100km 为搜索半径，获得不同空间尺度的人口和经济离散化分布图。搜索半径越低，数据精度越高，越能体现各地的量化结果；搜索半径越高，数据尺度越大，越能体现区域间的联系。

2. 人口空间分布分析结果

根据人口空间分布模拟结果（图3-22）分析，可以得出以下结论：

1）目前西江流域人口分布的集聚程度明显高于北部湾地区，是广西最主要的人口集聚区；与北部湾地区相比，西江流域"人多地少"的特征十分明显，这也符合广西历史以来形成的人口分布格局。

2）在空间尺度较低的分布结果［图3-22（a）、（b）］中，南宁地区突出最明显，反映出南宁城市人口集聚功能最高，极化能力最强；而在空间尺度较高的分析结果中，贵港、玉林及其附近地区突出最明显，反映出浔郁平原是本地区人口最稠密、城镇密度最高的地区，城市化潜力最大。综合来看，本地区人口集聚强度最高的地区分别是浔郁平原、南宁地区、柳江黔江平原、北部湾地区。

3）从高尺度的分布结果［图3-22（e）］中可以看出，本地区的人口联系呈十字形分布，即横向联系通道自南宁至桂平，纵向联系通道自柳州至钦州，其中横向联系强于纵向联系，而纵向联系中柳江黔江平原与西江干流地区的联系强于北部湾与西江干流地区的联系。

4）从中尺度的分布结果中［图3-22（c）、（d）］可以看出，十字形人口联系通道分化出一些具体的路径，包括：横向联系中，横县至梧州段分化出南北两条路径，南线经玉林、岑溪至梧州，北线经贵港、桂平至梧州；柳江、黔江平原与南宁地区的分布连续性强于其与浔郁平原之间的联系，且其联系通道的路径走向为自柳州经来宾、宾阳至南宁，比较偏西；西江上游地区也存在一定的联系，主要为右江河谷（南宁—百色）和左江河谷（南宁—凭祥）两条，其中右江河谷的联系强于左江河谷；北部湾地区北海、钦州、防城港三城市的内部分布连续性强于这些城市与南宁地区的联系。

3. 经济空间分布分析结果

根据 GDP 空间分布模拟结果（图3-23）分析，可以得出以下结论：

1）西江流域同样是广西经济集聚程度最高的地区，且高于北部湾地区，体现出西江流域在历史上积累的区域发展存量优势。

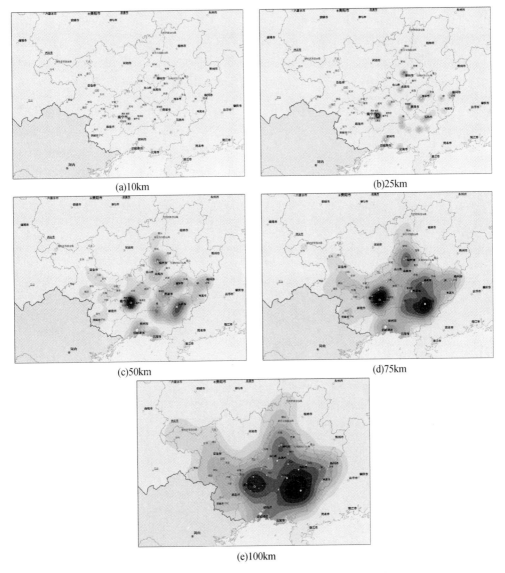

图 3-22 不同尺度（10km、25km、50km、75km、100km）人口空间分布模拟结果

2）无论从哪种空间尺度上看，南宁都是本地区经济集聚程度最高、极化能力最强的地区，其次分别是桂中城市群、桂东南城市群和北部湾地区（北钦防）。

3）在经济联系上，南宁和北部湾地区（北钦防）联系强度最高，形成统一的北部湾经济区，之后桂中城市群和桂东南城市群分别与北部湾经济区发生联系，右江河谷也存在与南宁的经济联系，而左江河谷地区则直接与北部湾地区发生经济联系。

4）从经济空间分布的角度看，南宁和桂中城市群（尤其是柳州）处于向外部辐射的状态，而北部湾地区（北钦防）、桂东南城市群、右江河谷和左江河谷地区均处于从外部接受辐射的状态。

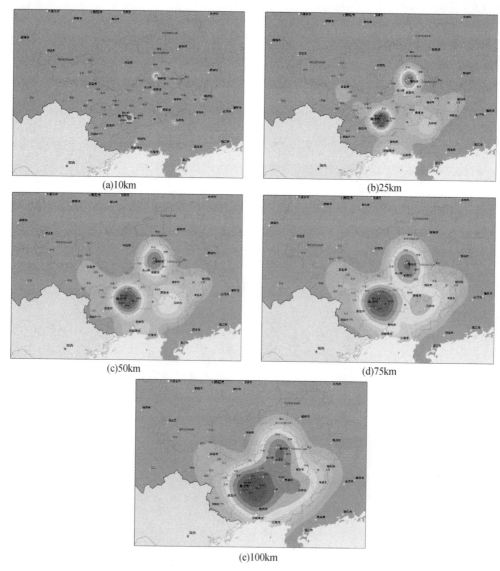

图 3-23. 不同尺度（10km、25km、50km、75km、100km）经济空间分布模拟结果

4. 空间分析结论

根据上述分析结果，可以得出以下结论：

1）在现阶段，西江流域仍是广西最重要的人口和经济集聚区，甚至强于北部湾地区，如果仅与北部湾地区的北海、钦州、防城港 3 市相比较，西江流域的人口经济集聚程度将更高。

2）本地区可以划分出 6 个内部联系紧密的区域，包括东部的桂东南区域、北部的桂中区域、南部的北部湾区域和中部的南宁区域，以上 4 个区域呈十字形分布，断裂点在横县；再向西为右江河谷区域，与南宁区域的断裂点在隆安；左江河谷区域，与南宁区域的断裂点在扶绥。以上各区域间的联系强度如图 3-24 所示。

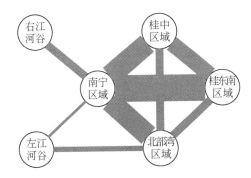

图 3-24　西江流域及北部湾地区各区域间联系强度示意图

二、西江流域空间格局历史演化过程

西江流域是广西境内开发历史最悠久的地区，在历史时期就形成了相互关联的空间开发体系，成为如今西江经济带开发的基础。认识西江流域过去空间格局的演化过程，将为确定西江经济带的空间布局提供科学的依据。

（一）工业化之前的空间格局

广西最早出现的人类聚落均是沿河流分布，早在 5 万年前，旧石器时代晚期，就有"郁江人"、"麒麟山人"在此生息繁衍，他们与自然融合、发展，建立了农耕社会的基础。秦始皇统一岭南后，开凿灵渠，把长江、珠江水系连接起来，促进了广西与中原经济和文化的交流。随着社会生产力的发展和加强封建统治的需要，广西各类城镇循着水路和陆路交通线，由近及远，由河谷平原到山区的轨迹形成、延续和发展起来。在这一过程中，形成了以水系为骨架的聚落体系。

1）汉代：城镇的发展轴线为湘江—灵渠—桂江—北流江—南流江，又以北半段为主。梧州为该时期的一级城镇，桂林、合浦、桂平为二级城镇。城镇主要分布于东半部，以沿水路运输线发展为主。

2）唐代：城镇发展的一级轴线仍为湘江—灵渠—桂江—北流江—南流江，二级轴线为浔江、郁江一线，呈"T"形分布。该时期的城镇职能偏重于军事、防御。一批军事职能突出的城镇涌现，如桂林、南宁、藤县。相应的，梧州的发展开始滞后。城镇分布偏在东部和南部，已出现城镇体系雏形。

3）宋代：城镇的发展轴线大变，一级轴线为桂江、浔江、郁江和桂邕陆路构成的三角形，二级轴线为湘江、南流江、北流江和邕钦陆路。一级中心城市为桂林，二级城市为贺县、玉林、合浦、南宁、柳州，三级城镇为其他 14 个州治，四级城镇为其他县城和邕州五寨，共 38 个，五级为各墟镇。城镇体系开始出现，城镇的职能开始向经济职能转变，分布向中部扩展，城市规模明显扩大。

4）明代：城镇的发展轴线的格局与宋代无大差别，城镇等级结构得到巩固。一级中心城市桂林，二级城市为梧州、平乐、桂平、南宁、柳州、合浦。三级城镇为东半部各州县与西半部各府、直隶州治，四级城镇为东半部各墟镇与其他州、县治。城镇体系得到进一步发展，经济职能下降，行政职能得到强化。梧州逐步恢复了地区中心的地位，桂林的交通地位相对下降。

5）清代：城镇发展轴线格局仍无大变，但相对地位有明显升降，浔江、郁江仍为突出的主轴线，南流江、北流江、桂江、桂邕陆路为次级轴线，湘江、贺江、左江、右江、邕钦陆路为三级轴线。一级中心城市仍为桂林，二级城市为梧州、合浦、桂平、柳州、庆远、南宁、崇左。三级城镇为各州县治以及作为现代县级城镇前身的土州司厅。四级城镇为各墟镇及作为现代乡镇前身的土州司厅。城镇分布向全境扩展，城镇等级间差异扩大，经济职能明显上升，桂林、梧州双中心局面的雏形出现。

（二）近现代的空间格局

1）近代前期城市发展轴线与清代相似，但浔郁江主轴线更延伸至左江一线；后期桂邕陆路南延崇左，成为又一主轴线。一级中心城市有5个，依次为桂林、梧州、柳州、南宁、北海。二级中心城市有贵县、百色、龙州、玉林、全州、宜山、平乐、宾阳、贺县、田阳、桂平、钦州、象县、平南、灵川、北流、钟山。三级城镇为工商业稍有起步或保持为区域物资集散地的其余53个县级城镇。四级城镇为数量众多，职能单一，规模不大的各墟镇。城镇体系有重大发展，职能进一步分化，突出了经济职能中的工商业职能，无明显的首位城市。

2）现代：城镇依托主要的铁路、公路干线及西江干流，已形成若干的城镇群、城镇带的雏形，城镇的规模等级和职能类型已趋于成熟。

（三）改革开放以来的空间格局

改革开放以来，西江流域空间格局的变化体现出以下特征。

1. 多中心结构突出，形成了若干大城市和特大城市

改革开放以来，在西江流域发育了若干重要的大城市和特大城市。广西人口规模最大的两座城市为南宁和柳州，均处在西江经济带的范围内，2008年其中心城区人口分别是328.5万和135万，两者的经济指标，尤其是人均GDP与地方财政收入差距不大，这两座城市在发展中形成了合理的分工，各自发挥着自治区中心城市和副中心城市的功能与作用。西江流域由于在历史上人口密集，因此与多数西部省区只有一个中心城市不同，本地区的城镇体系发展比较均匀。贵港、梧州、来宾已经属于大城市，百色也进入了中等城市的行列，多中心结构十分突出。

2. 南宁的首位度大大增强，逐渐成为区域性中心城市

新中国成立后，南宁成为广西的首府，此后在区域的地位不断上升，尤其是改革开放之后其行政、商贸、金融、文化和信息中心的职能日益突出。进入20世纪90年代，随着南昆铁路以及其他交通基础设施的建成，南宁的区域枢纽地位也日益凸现，成为华南地区重要的区域性中心城市之一。21世纪以来，南宁作为中国—东盟博览会的永久举办地，在东南亚地区国际交流中的地位不断提高，随着中国—东盟自由贸易区的建成，南宁正在向区域性国际城市迈进。2008年，南宁市在广西以及西江流域的城市首位度达到了2.43，为广西近几百年以来的最高值，其中心城市的地位十分突出。

3. 柳州地位提升，桂林、梧州地位下降

随着多条铁路的建成，柳州成为了广西的铁路枢纽，同时工业发展十分迅速，成为西南地区重要的工业中心，城市地位迅速提升，成为广西第二大城市，同时也是副中心城市。与此同时，桂林在新中国成立后即不再是广西的首府城市，改革开放之后地位仍有所下降；梧州由于在现代交通运输体系中地位的下降，改革开放以来区域型商贸中心的地位有所削弱；贵港等城市则成为后起之秀。

4. 出现了发育程度较高的城市群地区

改革开放之后，西江流域出现了多个城市群地区或城市群地区的雏形。目前，西江流域粗具雏形的3个城镇群和1个城镇带，它们大多沿主要交通干线分布。如依托南（宁）防（城港）和钦（州）北（海）铁路及南（宁）北（海）和钦（州）防（城港）高速公路，形成了南北钦防城市群；依托南（宁）梧（州）、玉（林）梧（州）高等级公路及西江干流，形成了桂东南城镇群；依托湘桂铁路、焦柳铁路及桂（林）北海高速公路，形成了桂中城镇群；依托南昆铁路及南宁至百色高等级公路，形成了右江走廊城镇带。

广西西江流域从东到西，地形由平原向山地过渡，经济逐步由强变弱，城镇分布从东到西也由密向稀变化。广西的大中城市均分布在中部和东部，西南部的崇左地区至今未形成中等城市，城镇在地域上表现出明显的不均衡分布特点。

三、部门规划的空间布局安排

1. 城镇体系规划

在《广西壮族自治区城镇体系规划（2006～2020）》中，对本地区的城镇等级规模、空间布局和职能分工等进行了详细的安排

（1）等级规模

至2020年，西江经济带范围将形成特大城市两个（全区共3个），为南宁和柳州；大城市两个（全区共5个），为梧州和贵港；中等城市11个（全区共21个），为百色、来宾、崇左、桂平、岑溪、宾阳、横县、平南、田东、武鸣和鹿寨；除田林、金秀以外的其他各县城为小城市。

（2）中心城市

南宁为广西的中心城市，定位是广西政治、经济、金融、信息、贸易、科教和文化中心，西南地区出海通道，中国和东盟自由贸易区、南贵昆经济带的枢纽城市与综合性核心城市。

柳州是广西两个副中心城市之一，定位是广西铁路交通枢纽、工业中心、国家历史文化名城。

区域中心城市 5 个（全区共 11 个）：梧州、贵港、百色、来宾、崇左。

区域副中心城市 4 个（全区共 8 个）：岑溪、桂平、平果、凭祥。

（3）轴线

一级城镇发展轴 3 条（全区共 4 条）：

南梧城镇发展轴（南宁—贵港—桂平—梧州及南宁—玉林—容县—岑溪—梧州），定位为广西经济建设与粤港澳联系的主要通道，承接珠江三角洲产业扩散和转移、主动接受广东经济的辐射的主要地区。

湘桂城镇发展轴（南宁—柳州—桂林—全州），定位为广西的工业基地，西南、华南重要的铁路枢纽和物资集散中心。

右江走廊城镇发展轴（南宁—平果—百色），定位为大西南出海通道广西段的骨干，直接沟通广西沿海与大西南的联系的重要通道。

二级城镇发展轴 1 条（全区共 3 条），即桂西南城镇发展轴（南宁—崇左—凭祥），定位为我国与东南亚的陆路通道之一，也是广西交通运输的主干线之一。

（4）城市经济区

城镇体系规划中共划分了 10 个城市经济区，西江经济区范围内有 6 个，分别是：

1）南北钦防城市经济区（部分）：包括西江经济带中南宁市的市域范围，将成为广西新兴的工业基地，中国南部国际贸易、运输、商业、旅游和信息中心。

2）柳州城市经济区：包括西江经济带中柳州市和来宾市的市域范围，将成为西南地区和华南地区交界地带的工业中心，重要的铁路运输枢纽和汽车、日用化工、有色金属的生产基地。

3）梧州城市经济区：包括西江经济带中梧州市的市域范围，将成为主动接受粤、港、澳（珠三角）的经济辐射和产业转移的城镇群地区。

4）贵港城市经济区：包括西江经济带中贵港市的市域范围，将成为桂东南最大的铁水联运中心。

5）百色城市经济区：包括西江经济带中百色市的市域范围，将成为国家新兴的铝工业基地、重要的水电基地和南昆铁路中段的经济中心。

6）崇左城市经济区：包括西江经济带中崇左市的市域范围，将成为以国际贸易、边境贸易、跨国旅游、边境民族风情旅游为特色的城镇群地区。

2. 关于进一步促进广西经济社会发展的若干意见

2009 年 12 月 7 日，国务院正式颁布了《国务院关于进一步促进广西经济社会发展的若干意见》（简称《意见》），其中明确提出广西要"推进沿海沿江率先发展，完善区域发展总体布局"，并将广西划分为北部湾经济区、西江经济带和资源富集的欠发达地区三大板块，其中西江经济带包括了本规划的大部分地区。这份重要文件中指出：

1）桂东、桂中、桂北沿西江地区，面向珠江三角洲，背靠西南腹地，交通运输便利，工业基础较好，要进一步整合资源、集聚优势，加快形成西江经济带。要加快西江黄金水道开发，提高通航能力，形成铁路、公路、水路相互衔接、优势互补的综合交通运输体系，有效降低综合物流成本，为产业拓展提升集聚提供强有力的支撑。以区域内重点城市为节点，以产业园区为载体，完善空间布局，形成分工明确、优势明显、协作配套的产业带。

2）柳州要加大产业结构调整力度，做优做强汽车、机械、冶金、化工等产业，加快建设先进制造业基地。

3）来宾要提升糖蔗综合加工利用水平，积极发展铝、锰深加工，培育壮大新兴资源加工型产业。

4）梧州、贵港等地要加快与珠江三角洲地区的市场对接，改善投资环境，增强配套能力，主动承接东部产业转移，壮大产业规模，提升发展水平。抓紧研究制定西江经济带发展规划。

而规划区中的百色、崇左两市在《意见》中被划归"资源富集的欠发达地区"，并指出：百色重点打造全国重要的铝工业基地和红色旅游目的地，加快发展煤炭、电力、农产品加工等产业。崇左重点发展糖业和锰深加工，加快发展旅游、水泥、剑麻深加工等产业。崇左、百色要利用沿边优势，加快发展边贸物流和出口加工业。

第五节 可持续发展的战略选择

广义的西江经济带穿越云南、贵州、广西、广东4省（自治区）160多个县（自治县），是连接东部沿海发达地区乃至世界性城市香港、澳门和大西南欠发达地区的黄金地带，是珠江三角洲产业转移的承载地和溯江而上发展的战略腹地，是大西南各省（自治区、直辖市）物资交流和运往东南亚、欧洲等地区的运输大动脉及出海大通道，是中国面向东盟各国开发开放的前沿地带。实施西部大开发战略，特别是广西党委、政府提出打造亿吨级黄金水道战略以来，西江经济带日益焕发出蓬勃的生机，成为中国南方最富有活力的大西江经济带的重要组成部分。但随着经济的快速发展，资源、环境问题日益突出，传统的经济发展模式对自然生态系统造成的压力越来越大，迫切需要从新的视角重新审视，既要实现经济繁荣和人民富裕，又要保证生态优美和民族团结，在实践中探索新型工业化和城镇化道路，促进经济社会又好又快发展，建设一个富裕优美和谐的新西江。

一、总体要求

加快西江亿吨级黄金水道建设和西江经济带发展，是贯彻落实科学发展观，转变经济发展方式，推动科学发展、创新发展、和谐发展、跨越发展的需要；是深入实施西部大开发战略，加快建设西南水运出海通道的需要；是扩大对外开放，主动融入珠江三角洲，承接东部产业转移，提升在国际国内区域分工合作中的地位的需要；是加快构建综合交通运输体系，促进沿江地区发展，把广西建成国际区域经济合作新高地、中国沿海经济发展新一极的需要。

（一）指导思想

以邓小平理论和"三个代表"重要思想为指导，贯彻落实科学发展观，坚持和完善民族区域自治制度，深入实施西部大开发战略，以"建设绿色通道、打造绿色经济带、促进绿色发展"为宗旨，进一步解放思想，深化改革，着力扩大对外开放和加强国际区域合作，着力推进新型工业化和优化产业结构，着力促进城乡和区域协调发展，着力提高资源综合利用和生态环境保护水平，着力发展社会事业和解决突出的民生问题，努力实现科学发展、创新发展、和谐发展、跨越发展，建设一个经济繁荣、生态优美、社会和谐的新西江。

（二）发展原则

1）坚持科学发展。加快转变发展方式，提高发展质量，促进铝、铜、锰、铅、锌、铟等不可再生资源和共伴生资源的综合利用，提高甘蔗、桑蚕、蜜橘等工业废料和城镇生活垃圾的循环利用水平；用现代化的管理和信息手段，提高流域资源调配和区域发展的效率；实行最严格的环境治理措施和管制要求，减少污染物排放，建设资源节约型和环境友好型社会，改善人居环境质量，成为经济社会发展与资源环境相协调的区域。

2）坚持创新发展。以科技进步为先导，以提升资源型工业与传统制造业的技术水平和创新能力为重点，大力开发、引进和推广先进高效、节能降耗、清洁生产的产业共性技术和关键技术，不断完善体制机制，增强自主创新能力。全面提高对外开放水平，增强全球化背景下区域发展能力，探索区域发展的新模式，成为引领广西参与国内外竞争的主体区域。

3）坚持和谐发展。以解决人民最关心、最直接、最现实的问题为重点，大力发展食品、纺织、造纸、汽车零部件等劳动密集型产业，完善养老、失业、医疗等社会保障制度，扩大覆盖面，不断满足人民享受基本公共服务均等化的要求。提升核心城市的辐射带动能力，积极支持桂西山区等落后地区发展，形成核心城市与周边地区协调发展的良好局面，努力形成人民安居乐业、社会祥和有序、民族安定团结的和谐区域。

4）坚持跨越发展。充分发挥区位、矿产资源、旅游资源、特色农业资源等优势，不断完善社会主义市场经济体制，提高区域综合实力和发展活力，在广西率先建设小康社会和基本实现现代化，在跨越式发展中带动帮助落后地区发展，成为广西经济社会发展的先行区域。

（三）功能定位

西江经济带的功能定位是指为确保西江经济带的可持续发展，实现综合效益最大化，根据自身条件、竞争环境、发展需要等动态变化，科学地确定整体发展的目标、占用的空间、扮演的角色、竞争的位置。

综合以上对国内外典型流域发展经验的借鉴、我国对外开放战略及国土开发格局对西江经济带的影响；通过与北部湾经济区的比较研究，明确了西江经济带的差距及其应当在未来发展中注意的问题；全面分析了西江经济带的优势、劣势、机遇和挑战，结合西江经济带未来发展的趋势判断，提出西江经济带的整体功能定位是（图 3-25）：

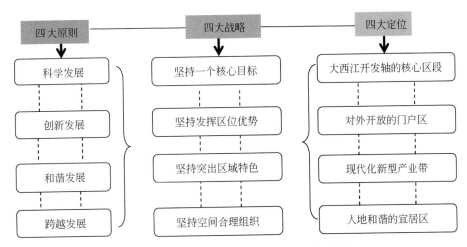

图 3-25　西江经济带的发展战略和功能定位

1）以西江黄金水道为纽带，以承接大珠江三角洲产业转移、加快大西南出海通道建设和促进广西沿江 7 市人口经济集聚为重点，建设我国南方重要开发轴的核心区段。

2）以中国—东盟自贸区建成为契机，以边境出口加工和商贸旅游、出海出国出省通道建设、承接产业转移为重点，建设具有较高对外开放水平和全方位区域合作的门户区。

3）以现代产业技术和循环经济园区为支撑，以汽车、机械、冶金等先进制造业和商贸物流、旅游休闲等现代服务业并举，建设具有国内领先水平的现代化新型沿江产业带。

4）以山水资源合理利用和民族文化传承为核心，以山青、水秀、地干净，民族团结和睦邻友好为特色，建设具有全国美誉度的生态优美、民族文化浓郁、人地和谐的宜居区。

二、发展战略

（一）战略内涵

在此功能定位下，西江经济带要遵循"坚持一个核心目标、坚持发挥区位优势、坚持突出区域特色、坚持空间合理组织"的"四个坚持"战略。

1. 坚持一个核心目标，建设开放富裕和谐的新西江

随着社会进步、人民生活水平提高和环境保护上升为我国的基本国策，区域发展的价值取向逐步由追求经济增长的单一目标转向经济增长、社会发展和生态环境保护三维一体的综合目标。在此背景下，西江经济带在不破坏生态环境的前提下，不仅要对内解决基本公共服务均等化等民生问题，还要对外解决以产业结构升级和技术进步为主的区域竞争力问题，最终在区域层面上实现环境、社会、经济的可持续发展（图3-26）。

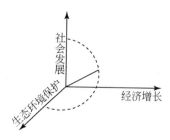

图3-26　经济增长、社会发展、生态环境保护的"三维目标"空间

"开放富裕和谐的新西江"是西江经济带发展的理想目标，是以人为本、科学发展观理念在西江经济带功能定位上的贯彻和体现，是经济现代化和社会现代化、物质文明与精神文明在塑造西江经济带品牌上的统一。"新西江"的具体内涵包括：①开放型西江，形成联系大西南、对接珠江三角洲、面向中国—东盟自由贸易区的全方位对外开放的格局；②富裕型西江，推进以汽车、机械、冶金、电力、制糖、纺织服装、特色农产品加工为主的新型工业化，打造七大千亿元产业，提高城镇居民和农民收入，缩小城乡收入差距；③生态型西江，以水环境保护和石漠化治理为重点，提高城镇和工业园区污染治理设施水平，维护良好的自然生态本底，提高环境自净能力和容量；④创新型西江，以科技进步为先导，围绕产业和民生问题加快科技创新步伐，整合各类资源，构建有利于创新发展的体制机制和社会氛围；⑤信息化西江，建立中国—东盟自由贸易区的信息交流中心，搭建航运实时信息网络，促进三网融合，实现数字西江。

2. 坚持发挥区位优势，打造中国—东盟自由贸易区的窗口

充分发挥西江经济带与东盟国家地缘临近的区位优势，以及中国—东盟博览会永久落户南宁的发展机遇，加强与东盟十国在农业、旅游、信息、人力资源、环境、交通、能源等领域的合作，合理确定与不同国家的合作重点、优先支持的合作领域，以及在国际金融危机影响下的应对策略等，加快边境口岸升级和陆路交通设施建设，把南宁（图3-27）、百色、崇左打造成为中国—东盟自由贸易区的"桥头堡"和"窗口"。

3. 坚持突出区域特色，走具有强大生命力的科学发展道路

西江经济带山水综合优势突出，文化积淀丰厚，具有全国少有的集山水文化于一体的特色，西江经济带的发展必须围绕山水文化特色定位，逐步转变传统的经济社会发展模式，按照循环经济理念，加大资源的节约集约利用水平，坚持科技创新，提高科技进步在实现经济增长中的贡献。通过发挥山水、文化、科技等特色优势，走出一条资源永续利用的具有强大生命力的科学发展道路。

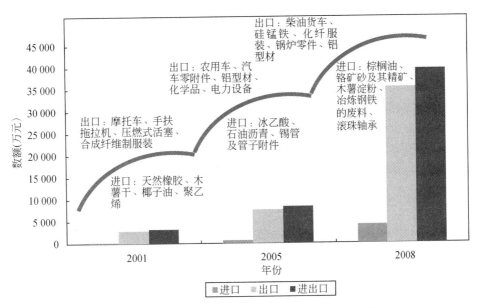

图 3-27　南宁市对东盟国家进出口情况（2001～2008 年）

4. 坚持空间合理组织，塑造富有活力和竞争力的空间结构

尽可能协调好生产空间、生活空间和生态空间，以优质的生态空间带动高端生产空间的形成，以工业和旅游生产空间的形成带动生活空间的合理布局；按照地域功能管制的原则，进行沿江岸线的功能区划，确定不同岸段的开发强度、开发时序和开发规模。

以大工业和大项目带动为依托，提高产业的技术水平和高效集约布局，用尽可能少的生产空间，谋求尽可能大的发展效益。

加大自然保护区和河流生态廊道建设，构建生态安全屏障，用尽可能稳定的自然生态空间，实现生态服务价值的最大化，提升生态服务能力和产出效益。用尽可能多的复合生态空间（农业—休闲—开敞空间），不断拓展总的生态空间。

以有形的空间为依托，努力建设虚拟的、无形的空间，形成无形市场、虚拟会展、电子商务等，扩大空间规模。

（二）战略任务

1. 建设开放型西江

按照"东靠西联，南向发展"的区域合作的总体构想，加强与西南、珠江三角洲、东盟国家的地区和国际合作，建设成为我国西南地区出海的最便捷通道和商品中转基地，珠江三角洲产业转移的承载基地，中国加强与东盟国家合作的门户区（图3-28，专栏3-3，表3-21）。

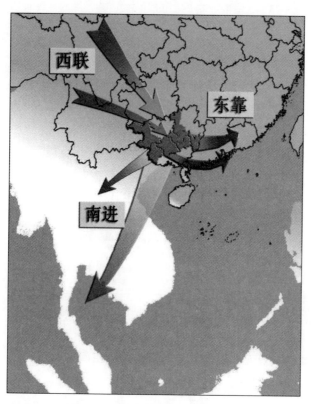

图3-28 西江经济带对外开放战略

专栏3-3　　　　　　西南省份货物为何"舍近求远"

与上海、广东等出海口相比，西南货物通过广西北部湾3个港口出口，运输距离更近。20世纪90年代初，国家将广西沿海港口确定为西南出海大通道的主要港口。为降低运输成本，四川、贵州等省曾在北海投巨资，希望打造自己的出海口。虽然西南货物从广西口岸出口的绝对量一直递增，但相对于广东、上海等出海口，广西港口仍未成为西南货物出口的主通道。究其原因：

一是铁路运输饱和。多年来，铁路运输一直是西南货物进出港口的主要交通方式。南昆铁路通车不久便处于超负荷运转状态。南宁至北部湾3个港口的铁路都属于地方铁路，与国铁干线缺乏有效衔接。云南、贵州、四川等许多货物因不能抵达防城港，只能舍近求远。近几年，许多货物因不能及时拉出来而压港现象比较严重。

二是公路运输成本高。由于铁路运输"卡脖子"，西南许多出口企业和物流公司只好利用公路。但是从成都到北海的西南出海公路通道长达1700多公里，与铁路运输相比运输成本高，使得这条公路通道的使用价值大打折扣。从成都到北海共有19个收费站，平均不到100km一个收费站，一辆集装箱货车共支付路桥费4628元。

三是出港货物周期长。货物出港周期长，而且很多货物不能直接抵达目的地，需要借助香港等港口中转。

表 3-21 南宁市对东盟各国进出口商品一览表（2008 年）

序号	国别	主要出口商品名称	主要进口商品名称
1	越南	柴油货车、车辆零件、公路牵引车、电镀设备装置、混凝土搅拌车	木薯淀粉、木薯干、哺乳动物
2	印度尼西亚	铝型材、化学品、果汁压榨机、钢铁制品	铁矿砂及精矿、冶炼钢铁废料、烟煤
3	泰国	锅炉及锅炉零件、硅锰铁、服装、化学品、	集成电路、冶炼钢铁废料、木薯淀粉、蒸气冷凝器
4	马来西亚	硅锰铁、服装、化学品、锰铁、桐油及其分离品	棕榈油液、锰矿砂及其精矿、稀土永磁体、改性动物油脂
5	新加坡	服装、硅锰铁、电脑零附件、牙刷、升降机	滚珠轴承、光学仪器
6	菲律宾	铝箔、电缆、汽轮机、化纤服装	铬矿砂及其精矿、集成电路、铜矿砂及其精矿、硫黄
7	缅甸	柴油货车、车辆零附件	木家具
8	柬埔寨	锅炉及锅炉零件、浮法玻璃、通风机、液体燃烧器	哺乳动物
9	文莱	菠萝罐头、玻璃	
10	老挝	柴油货车、植物用种子	哺乳动物、木炭

注：以上出口商品均为南宁市市属企业商品
资料来源：南宁市商务局

1）东靠。全面落实泛珠江三角洲区域合作框架协议，加强与区域内各省和港澳的产业、贸易、交通、科技、教育、旅游、会展、物流、信息、水利、生态保护等方面的合作，推进市场开拓、产业对接和资源开发。

2）西联。广西与云南、贵州、四川、重庆等西南省（直辖市）存在着天然联系，是西南地区出海的最便捷通道，也是商品输往珠江三角洲等地区的中转基地。加强与西南腹地的联系，重点是加快铁路、煤炭、边境贸易、旅游等方面的合作。

3）南进。加快建设并完善与东盟合作平台，拓展合作领域，扩大合作范围，创新合作机制，在中国—东盟自由贸易区发挥更大作用，增强参与国际经济合作和竞争的能力，提升经济国际化水平，构建内外联动、互利共赢、安全高效的开放型经济体系。加强在金融、旅游、投资、农业、信息、人力资源开发、环境保护、交通基础设施、能源等领域的广泛合作。围绕建立国际区域经济合作区的目标，鼓励和支持制糖、汽车、有色金属、纺织、电力、轻工、建材、制药和机械、农产品加工等优势企业到境外开展互惠互利的投资、承包工程、设计咨询和劳务合作等国际化经营活动。

2. 建设富裕型西江

坚持以信息化带动工业化，贯彻循环经济理念，走科技含量高、经济效益好、资源消耗低、环境污染少、人力资源得到充分发挥的新型工业化道路，通过"延伸、培育、集聚、承接"方式，将西江经济带建设成为我国西南地区以微型汽车和零部件、工程机械、铁铝铜锰铟冶炼、内河船舶为支柱的先进制造业基地，有色金属和冶金基地，"西电东送"南通道的重要电源基地（图 3-29）。

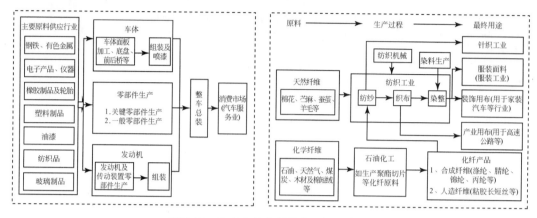

图 3-29 汽车和纺织服装产业链示意图

1）延伸。①以理顺电价为突破口，按照"优先发展氧化铝，铝电结合发展电解铝，积极发展铝深加工"的思路，延伸铝产业链，加快发展工业和建筑铝型材、工业电子铝箔、铝合金压铸件、新型铝装饰材料、稀土铝导线、铝合金制品等产业。②提高汽车行业的研发能力以及零部件生产和配套水平，做大做强汽车产业。③钢铁工业要在国内市场一般产品饱和的前提下，提高产品特色和市场竞争力。④以柳工集团工程机械改造升级为核心，整合相关机械制造企业，形成产业集群，建成具有国际竞争力的工程机械研发与制造基地。⑤制糖工业要进一步提高深加工和综合利用水平，延伸蔗渣造纸、特种酒精、饲料、复合肥等循环经济产业链条。⑥加快林地流转和提高林地集中度，重点发展松香及精深加工、林（竹）浆纸及制品、高中密度纤维板、家具、香精香料等林产品加工业。⑦推进木薯燃料乙醇示范项目建设，促进生物质产业发展。

2）培育。着力培育一批能够充分吸纳就业和促进西江经济带发展的基础性产业。①利用沿江良好岸线资源和较好的产业基础，加快发展船舶及船用机械、港口机械、起重机械等机械装备工业，重点在桂平、横县、藤县发展大吨位、多功能、集装箱综合运输、危险化学品专用船型。处理好与沿海大型修造船的错位发展，重点建设内河造船产业基地。②大力发展蚕丝绸、服装等劳动力密集型产业，提高城镇吸纳就业的能力，实现工业化与城镇化的良性互动。③依托丰富的特色农产品资源，积极发展粮油加工、果蔬加工、畜禽加工、乳品加工、水产品加工等农产品加工业，培育能够起到行业支撑作用的大型加工龙头企业和知名品牌。

3）集聚。①铝工业按照"靠近矿山建设氧化铝，靠近电源点建设电解铝，靠近消费地和电解铝企业发展铝加工"的原则布局项目。氧化铝项目主要布局在平果、德保和靖西，电解铝项目主要布局在百色和来宾，铝加工项目主要布局在南宁、百色、柳州和来宾。②汽车行业重点向柳州集聚，依托上汽通用五菱、东风柳汽、一汽柳特、柳州五菱等骨干企业，重点发展微车、轿车、中重型载货车、多功能乘用车、专用车等整车产品，围绕整车配套发展变速箱总成、车桥等汽车零配件产品，建成我国西南地区重要的汽车生产及零部件加工出口基地。③按照"依托资源和水电优势，以增量带动存量，做大做强优势企业"的布局原则，在来宾、崇左、百色建设铁合金和锰深加工项目。④以百色、来宾、贵港为重点，加快龙滩水电站、百色水利枢纽电站、岩滩扩建、桥巩水电站、来宾电厂改扩建、贵港电厂一期和永福电厂扩建等工程，建成"西电东送"南通道的重要电源基地。同时，加快中心城市老城区"退二进三"步伐，促进工业向城市工业园区集中。推动有色金属、石油化工、建材机械、修船造船等产业向西江沿线集聚，完善临江重工业布局，形成沿江工业区、开发区和物流园区集中带。

4）承接。积极承接珠江三角洲等发达地区产业转移（表3-22）。①充分发挥水电资源和铝土矿富集的优势，积极承接电解铝产业转移。②承接"东蚕西移"，培育一批产值超亿元的骨干企业，加强丝绸、丝织品、服装等蚕丝下游产品开发，形成种桑、养蚕、缫丝、织绸、印染、服装产业产品链。③发挥资源和水运优势，承接珠江三角洲水泥和建材等行业转移，加快用新型干法水泥生产技术取代立窑水泥生产工艺，大力发展浮法平板玻璃、建筑卫生陶瓷等产品。

表3-22　分地市承接的重点产业

地　区	承接的重点产业
贵港、梧州	水泥建材、建筑陶瓷
南　宁	石化、电子、能源、高新技术产业
柳　州	机械、汽车及零部件和相关产业
百色、来宾	铝、锌、铟等有色金属工业、锰加工、蚕丝绸加工
崇　左	糖业、锰加工

3. 建设生态型西江

以生态广西建设为契机，加强重点行业污染物排放控制和重点区域、流域的环境综合治理，部分已遭受破坏的自然生态系统得到有效恢复，促进环境保护和生态建设再上一个新台阶，将西江经济带建设成为广西生态友好、环境优美、人地和谐的示范区。

1）转变。依靠科技进步，发展循环经济，调整经济结构，推进新型工业化进程。创新发展思路，促进经济增长方式由高消耗、高污染型向资源节约型和环境友好型转变，提高经济增长的质量和效益，形成具有西江特色的生态经济体系。

2）预防。坚持"预防为主、保护优先"的原则，切实加强环境监管，严格执行环境影响评价制度、污染物排放总量控制制度和排污许可制度，从源头上防治污染和保护生态，改变"先污染，后治理"、"边治理，边破坏"的状况；综合防治工业污染、农业农村污染、城市污染和其他污染，改善环境质量，保障人民群众身体健康，并为发展腾出环境容量；优先保护天然植被，加大退化生态系统修复力度，恢复和提高自然生态系统服务功能，维护生物多样性，确保生态安全。

3）协调。加强环保、交通、渔政、水利等部门的协作，明确各部门在西江黄金水道生态环境保护工作中的职能，强化环保等部门的监管能力建设；加强与城市规划、饮用水源保护区规划、自然保护区规划的衔接与协调，避免饮用水源水质恶化和生态功能降低。

4）处理。建设跨部门、跨行政区突发事故应急反应机制，加强环保、交通、渔政、水利等部门应对水上危险品运输、船舶溢油等环境风险的应急能力建设，加大对环境污染应急装备的投入，提高西江流域突发事故环境污染应急处置能力。

4. 建设创新型西江

充分发挥西江经济带集聚辐射带动作用,以科技创新推动"江海联动"和中国—东盟科技合作,整合集聚区域优势创新资源,合理有效发挥各自区域的比较优势,实现区域间的优势互补、共同发展,建设创新型西江。

1)产业。围绕千亿元产业目标,突破具有关联性和带动性的关键技术,发展壮大生物技术、电子信息、软件、新材料、先进制造等高技术产业集群;打造农业科技创新链条,推动农业产业化,引领特色效益农业发展。

2)民生。发展民生科技,逐步解决环境、水资源、城镇化、重大疾病防治、人口健康以及公共安全等方面的突出科技问题,推进社会事业发展。

3)资源。坚持"引进来、走出去和本土化"相结合,在更广领域加强国内外科技交流合作,在更高层次上引进区外先进技术,在更高起点上推进自主创新,构筑国际区域科技合作新高地。

4)制度。完善有利于创新和竞争的投入机制、管理机制、激励机制和分配机制,加强知识创新体系和创新环境建设。

5. 建设信息化西江

1)区域信息交流中心。服务中国—东盟"一轴两翼"区域经济合作,发挥信息桥梁和窗口作用。未来应重点促进中国与东盟的信息产业合作,建设中国—东盟的互联网门户,建立数据库和信息处理体系。

2)港口电子数据交换(electronic data interchange,EDI)平台。尽快搭建与航运有关的交易、信息、服务平台和港口 EDI 信息平台,构建覆盖整个西江流域港口航运的实时信息网络。

3)农业信息化。以农业科技信息化、农业服务信息化和农村基层信息服务站建设为突破口,重点实施农业信息进村入户、"信息扶贫"和"百乡农业信息化试点"工程,加强农业信息网络建设,利用信息技术促进现代农业发展。

4)三网融合和数字西江。着力建设有线、无线和卫星传输相结合的通信网络;积极发展下一代广播电视网;大力发展宽带网络,实现高速宽带无线网络覆盖整个西江经济带;积极推进西江经济带三网融合,提升应急管理水平和信息服务能力,推进数字西江建设。

(三)战略目标

1. 发展目标

1)加快发展阶段(2010~2020年)。到2020年,实现全面建设小康社会目标,初步建成完善的社会主义市场经济体制。产业结构进一步优化,自主创新能力显著增强,生态环境质量明显改善,公共服务能力大幅提高,人民生活水平不断提升,区域一体化和对外开放格局进一步巩固。人均GDP达到3.8万元，工业化率达到4.5，城镇化水平达到53%左右，单位GDP能耗降低35%左右，形成以南宁为中心、辐射周边城市的2小时快速交通圈。

2) 深化提高阶段（2020~2030年）。到2030年，进一步提高各方面建设的水平，基本实现现代化，生态环境质量居于全国前列。建成空间布局合理、资源高效利用、环境友好宜居、社会和谐文明的区域。

2. 预期性指标

围绕西江经济带建设的总体目标和主要任务，依据国家有关规划的指标体系，从经济、社会、环境3个方面，选取具有代表性的指标32项，构成西江经济带建设的指标体系（表3-23）。

表3-23 不同阶段的主要预期性和约束性指标

分项	指标名称	单位	2008年	2015年	2020年	属性
经济	地区GDP	亿元	3 977	8 000左右	12 000左右	预期性
	规模以上工业增加值	亿元	1 568	4 000~4 200	7 200~7 500	预期性
	工业化率	—	2.3	4.0	4.5	预期性
	地方财政收入	亿元	510	1 000左右	2 000左右	预期性
	全社会固定资产投资	亿元	2 121	6 000左右	8 000左右	预期性
	城镇居民人均可支配收入	元	13 864	27 000	43 500	预期性
	农民人均纯收入	元	3 752	6 400	9 500	预期性
	港口货物吞吐量	亿t	0.44	1.0	1.6	预期性
	进出口总额	亿美元	55.6	150	300	预期性
社会	年末总人口	万	2 757	2 948	3 090	预期性
	城镇化率	%	40.1	48~50	53~55	预期性
	每年转移农业人口	万	—	≥20	≥16	约束性
	城镇登记失业率	%	4.1	≤4.0	≤4.0	约束性
	城镇企业职工基本养老保险覆盖率	%	87.5	≥90	100	约束性
	城镇职工基本医疗保险覆盖率	%	69	85	100	约束性
	农民参加合作医疗率	%	14.7	75	≥90	约束性
	互联网普及率	%	13.8	20	25	预期性
环境	万元工业增加值能耗	tce	2.34	1.76	1.43	约束性
	万元工业增加值用水量	m³	195	126	≤100	约束性
	水环境质量达标率	%	95.2	≥95	≥95	约束性
	降水pH年均值	—	4.83	≥5.0	≥5.2	预测性
	酸雨频率	%	34.7	32	30	预测性
	城镇污水集中处理率	%	22.75	60	80	约束性
	退化土地恢复率	%	—	75	85	约束性
	石漠化治理率	%		60	70	约束性
	城镇生活垃圾无害化处理率	%	36	73	83	约束性
	森林覆盖率	%	54.2	56	58	约束性

3. 指标解释及说明

1）地区 GDP。1978~2008 年，广西地区 GDP 年均增长 9.37%，其中 2000~2008 年年均增长 11.97%。结合西江经济带以冶金、机械、汽车、建材等为主的重工业产业结构特点和跨越式发展的战略需求，预计 2008~2015 年地区 GDP 保持 11% 的增长速度，2015~2020 年保持年均增长 9% 的增长速度。

2）规模以上工业增加值。1979~2008 年，广西规模以上工业增加值年均增长 10.73%，其中 1991~2008 年年均增长 14.21%。仅从西江经济带 7 地市规模以上工业增加值增长率看，"十一五"前三年年均增长 26.4%。结合同期全国规模以上工业增加值平均增加率，2008~2015 年西江经济带规模以上工业增加值年均增长 15% 计算，2016~2020 年按照 12% 计算。

3）工业化率。1978~2008 年，广西第一产业年均增长 4.93%，其中 1991~2008 年年均增长 5.13%。西江经济带农业增加值年均增长率按 5% 计算。

4）地方财政收入。1978~2008 年，广西地方财政收入年均增长 12.90%，其中 2000~2008 年年均增长 16.27%。西江经济带 7 地市规划期内地方财政收入按 13% 计算。

5）全社会固定资产投资。1991~2008 年，广西全社会固定资产投资年均增长 18.17%，其中 2000~2008 年年均增长 19.83%。西江经济带 7 地市规划期内全社会固定资产投资按 18% 计算。

6）城镇居民人均可支配收入。2008 年西江经济带城镇居民人均可支配收入按照各地市的城镇居民人均可支配收入乘以市镇人口所占比重的和计算。1986~2008 年，广西城镇居民人均可支配收入年均增长 11.00%，其中 2000~2008 年年均增长 9.49%。西江经济带 7 地市规划期内按照 10% 计算。

7）农民人均纯收入。2008 年西江经济带农民人均纯收入按照各地市的农民人均纯收入乘以乡村人口所占比重的和计算。1986~2008 年，广西农民人均纯收入年均增长 9.16%，其中 2000~2008 年年均增长 7.71%。西江经济带 7 地市规划期内按照 8% 计算。

8）进出口总额。根据 1990~2008 年广西进出口总额和年份的散点分布进行多个函数的模拟，选择拟合度最高的多项式函数作为最终的预测模型（图 3-30）。

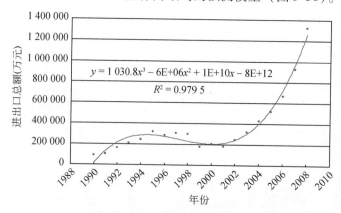

图 3-30　广西进出口总额及多项式曲线模拟（1990~2008 年）

2004～2008年，西江经济带进出口总额相当于广西的42%左右。假设该比例结构在规划期内不发生变化，这主要是基于以下几点考虑。一是2010年中国—东盟自由贸易区的全面建成，不仅给西江经济带提供发展机遇，同样也会对北部湾地区扩大进出口规模带来新契机，因此进出口规模在两个地区间的同向增长可能会相互抵消；二是"十一五"期间乃至更长一段时期，西江经济带的进出口额占广西全区的比重基本维持在42%左右。

9) 年末总人口。1990～2008年，广西总人口年均增长率0.96%。西江经济带与广西的情况基本相似，沿用该项指标进行预测，每年西江经济带增加约26万人。

10) 城镇化率。城镇化率的测算参照"城镇发展与社会事业"专题的研究结果。

11) 城镇登记失业率。城镇登记失业率=城镇登记失业人数/(城镇从业人数+城镇登记失业人数)×100%。

12) 城镇企业职工基本养老保险覆盖率。基期数据为2005年，来自《广西壮族自治区国民经济和社会发展第十一个五年规划纲要》。预测指标参考自治区相关规定和国家有关要求。

13) 城镇职工基本医疗保险覆盖率。同12。

14) 农民参加合作医疗率。同12。

15) 互联网普及率。基期数据来自《中国城市统计年鉴2009》。计算公式为互联网普及率=全市国际互联网用户数/总户数。

16) 万元工业增加值能耗的基期数据为广西2008年的平均水平，每年下降率按照国家"十一五"期间要求的4%计算。

17) 万元工业增加值用水量的测算参照"水资源、水环境与生态保护"专题的研究成果。每年下降率按照6%测算，这主要考虑了西江经济带7市的产业结构特点、经济发展趋势、供需水条件、国家政策等因素。按照这一速率，到2015年西江经济带7市的万元工业增加值用水量将达到全国2008年的平均水平。

18) 水环境质量达标率、降水pH年均值、酸雨频率、城镇污水集中处理率、退化土地恢复率、石漠化治理率、城镇生活垃圾无害化处理率、森林覆盖率。除退化土地恢复率和石漠化治理率的基期数据因无法获得而空缺外，其他指标的基期数据均为广西2008年的平均水平，其中2015年和2020年的规划目标参考了《生态广西规划纲要》的结果。

第六节 可持续发展的空间组织方案

一、空间布局原则

1. 以人为本、尊重自然

引导西江经济带的人口与经济在国土空间合理、均衡分布，以保护好自然生态为前提、在环境容量允许的范围内实现西江经济带各项事业的全面发展，同时逐步实现不同区域和城乡人民都享有均等化公共服务，确保生态安全，不断改善环境质量，实现人与自然和谐相处。

2. 集约开发、有序发展

坚持集约开发，引导产业相对集聚发展，人口相对集中居住，形成以城镇群为主体形态、其他城镇点状分布的城镇化格局，提高土地、水、气候等资源的利用效率，增强可持续发展能力。

3. 联系实际、发挥特色

联系本地区实际，立足西江经济带国土开发中出现的问题、结合本地区国土空间的自身特点，在贯彻国家指导思想、完成国家和自治区宏观部署的基础上，充分考虑西江经济带的地理环境、历史文化资源以及流域开发的特点，实现上下游之间、主干和支流之间、核心城市和其他城镇之间、产业密集地区和农业、生态地区之间的协调发展。

4. 重视全局、加强衔接

在广西的国土开发空间结构中，北部湾地区已经上升为国家战略，是广西全区最核心的城市群地区以及最重要的人口产业集聚区；在广西以外，中国—东盟自由贸易区的建立以及泛珠江三角洲的区域合作对广西有着深刻的影响。因此，西江经济带的空间结构设计应当充分与我国的对外开放格局、国土开发格局以及广西的区域发展格局相衔接，在空间布局上与东盟地区、珠江三角洲地区以及北部湾地区对接。

5. 远近结合、动态发展

根据规划前瞻性、动态性的要求，一方面，在准确把握现状特征以及国土空间开发所面临的重大问题的基础上，关注产业结构、人口集聚、城镇体系、资源开发、重大基础设施以及经济发展新因素的变化对国土开发空间结构的长远影响，做出着眼长远、顺应时代的规划方案；另一方面，要立足西江经济带发展所面临的一些迫在眉睫的问题，在服务于战略性目标的同时，也要本着有利于积极解决现实问题的原则，为满足本地区顺利实现近期规划设定的发展目标、实现经济又好又快发展服务。

二、总体空间结构

西江经济带是一条复合的轴带，根据流域的特征，安排有多条主干轴线和分支轴线构成的布局框架作为今后本地区发展的主要支撑。现提供4套方案以供选择：

1. 方案一：半十字（A）型

该方案由一条主轴和两条副轴组成。主轴由自梧州沿西江主航道至南宁、再沿左江河谷延伸至凭祥（梧州—贵港—南宁—崇左—凭祥），两条副轴分别是南北向的湘桂发展轴（柳州—来宾—六景）以及西北向的右江走廊发展轴（南宁—平果—百色）（图3-31）。

该方案将对接珠江三角洲地区和中国—东盟自由贸易区视为西江经济带空间布局的主要目标，尤其强调和重视中国—东盟自由贸易区对西江经济带发展的巨大影响，因此特别

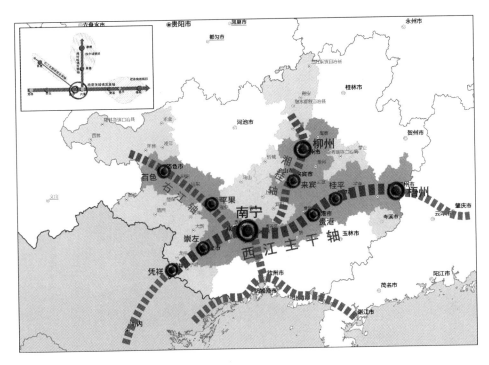

图 3-31 半十字（A）型空间布局示意图

将南宁—崇左—凭祥一线提升为一级发展轴，将《广西壮族自治区城镇体系规划》中的南梧城镇发展轴和桂西南城镇发展轴合二为一，形成一条东接珠江三角洲、西联东盟（越南）的西江经济带发展主轴。该轴线的梧州—贵港—南宁段，不仅是广西西江万吨黄金水道的主航道，而且还有铁路、高速公路和航空港与珠江三角洲地区和北部沿海港口城市保持密切的联系。这种轴线不仅是西江经济带甚至是广西的主要城镇密集带，并且在广西城镇体系中具有重要的东接（珠江三角洲）西联（东盟）、南承（北部湾）北射（桂北、桂中）的战略地位。

该方案将城镇体系规划中的湘桂二级城镇发展轴（柳州—来宾—六景）和原一级发展轴部分的右江走廊（南宁—平果—百色）作为二级开发轴，主要考虑这两条轴线上城镇的发展条件和发展潜力要逊于西江主干轴（梧南凭城镇发展主轴）。

2. 方案二：半十字（B）型

该方案同样由一条主轴和两条副轴组成。不同的是主轴由自梧州沿西江主航道至南宁后再沿右江河谷延伸至百色（梧州—贵港—南宁—平果—百色），两条副轴分别是南北向的湘桂发展轴（柳州—来宾—六景）以及西南向的左江发展轴（南宁—崇左—凭祥）（图3-32）。

该方案在注重沟通珠江三角洲地区的同时，更偏重于充分发挥西南出海大通道的作用，因此将右江走廊（南宁—平果—百色）与南梧城镇发展轴合并为一条一级发展轴，该方案也与自治区城镇体系规划中的一级城镇发展轴相一致，形成一条东联珠江三角洲、西

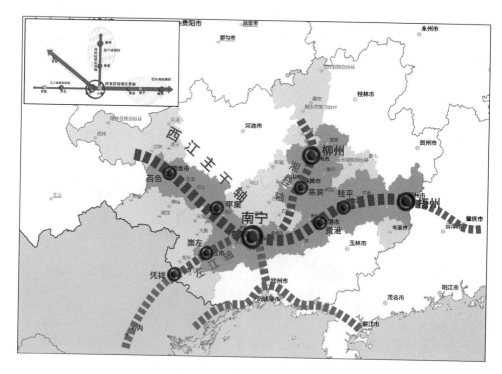

图 3-32　半十字（B）型空间布局示意图

联大西南腹地、东西横贯广西全区的西江经济带发展主轴。与方案一不同的是，该方案中西江黄金水道可贯穿一级发展轴的全部，使之形成一条集高速公路、铁路、航运等多种交通运输方式为一体的综合性走廊。这条轴线不仅横贯西江经济带甚至广西的主要城镇密集带，并且在广西城镇体系中同样具有重要的东接、西联、南承、北射的战略地位，只是"西联"的对象为大西南地区。

该方案将城镇体系规划中的湘桂二级城镇发展轴（柳州—来宾—六景）和桂西南三级发展轴（南宁—崇左—凭祥）作为二级开发轴，除考虑湘桂轴上城镇的发展条件和发展潜力要逊于西江主干轴之外，也认为虽然南宁—凭祥一线连接东盟的通道作用十分重要，但该轴线上的城镇发展潜力一时难以超越右江走廊。

3. 方案三：中心辐射型

该方案由一条主轴和三条副轴组成。主轴是由南宁至梧州的西江主航道（南宁—贵港—梧州），三条副轴分别为南北向的湘桂发展轴（柳州—来宾—六景）、西北向的右江走廊发展轴（南宁—平果—百色）和西南向的左江发展轴（南宁—崇左—凭祥），一主三副的四条发展轴均以南宁为中心，呈中心辐射状（图3-33）。

该方案将对接珠江三角洲作为西江经济带空间发展的主要目标，同时充分发挥南宁作为区域性国际中心城市的作用，并强化与以南北钦防城市群为核心的北部湾地区的联系，因此最能体现广西现有的各项空间发展战略。

该方案中，仅将广西城镇体系规划中的南梧城镇发展轴（南宁—贵港—桂平—梧州）

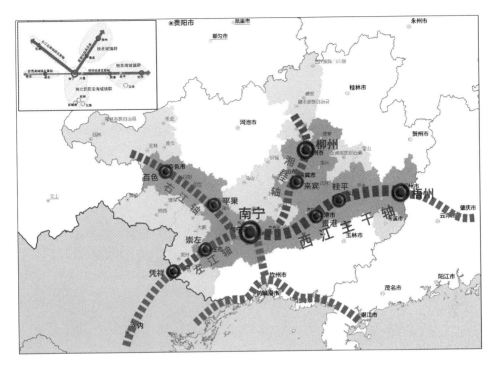

图 3-33 中心辐射型空间布局示意图

作为一级轴线,由梧州—南宁的西江主航道以及现南梧二级公路所组成,未来的交通轴线还包括南(宁)广(州)高速铁路。在这条轴线上,已初步形成了由多个规模相当、经济实力相差不大的,以梧州、贵港为重心,包括桂平、平南、藤县等中小城市所组成的桂东南城镇群,在城镇群内部,相邻城镇距离不远,有的甚至仅二十多公里,交通时间均在一小时左右或更短。随着这一区域高等级公路网的建成,各城镇间联系将更加便捷、密切。

二级轴线中,湘桂发展轴(南宁—六景—来宾—柳州)自东北向西南斜贯广西,位置居中,实力强,基础雄厚,是广西最重要的轴线之一,主要依托湘桂铁路和南柳高速公路等主要交通运输干线,并将以柳州为中心的桂中城镇群紧紧联系起来,该轴线加强了广西与中原地区的联系,并承担着大西南出海通道的部分功能。轴线上的桂中城镇群则是广西的工业基地,西南、华南重要的铁路枢纽和物资集散中心。右江发展轴(南宁—平果—百色),与云南、贵州相连,并形成了以百色、平果为轴心的右江走廊城镇带,主要由南昆铁路、南宁—百色—罗村口高速公路及右江等主要交通干线共同组成,轴线自南宁起,经过平果、田阳、百色、田林等主要城市,该轴线构成大西南出海通道广西段的骨干,直接沟通广西沿海与大西南的联系,在大西南经济社会发展战略中担当重要角色。左江发展轴(南宁—崇左—凭祥),自中心城市南宁起,向西南有铁路和公路与越南相接,为广西与越南的经济联系提供了便利的交通条件,是我国与东南亚的陆路通道之一,也是广西交通运输的主干线之一,主要依托湘桂铁路(南宁至友谊关段)、南宁至友谊关高等级公路等主要交通干线而形成,其中包括了以凭祥、崇左、宁明为轴心的桂西南城镇带。

该方案体现了当前广西的各项主要发展战略，与城镇体系规划吻合度较高，但由于原规划对西江经济带突出不明显，同时对中国—东盟自由贸易区的影响考虑也不足，本方案通过将左江发展轴提升为与湘桂发展轴、右江发展轴一样的重要性进行了修正。

4. 方案四：金三角型

该方案由三条主轴和两条副轴组成。主轴分别是由南宁至梧州的西江主航道（南宁—贵港—梧州）、南北向的湘桂发展轴（柳州—来宾—六景）以及东南向的黔江发展轴（柳州—桂平）构成，三者呈三角形状；两条副轴分别是西北向的右江走廊发展轴（南宁—平果—百色）和西南向的左江发展轴（南宁—崇左—凭祥）（图3-34）。

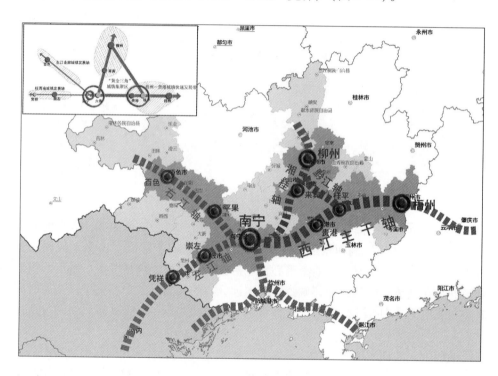

图3-34　金三角型空间布局示意图

三、中心地格局

中心地是区域发展中的增长极和集聚核，合理的中心地体系有利于在空间上指导西江经济带的人口产业集聚。

西江经济带的中心地体系空间格局可以归纳为"一主两副、多点带动"。"一主"指一个中心城市即南宁：南宁是广西的政治、经济、文化中心，区域性国际城市，同时也是北部湾地区的核心城市，将南宁作为西江经济带的中心城市合乎情理。"两副"指两个副中心城市，即柳州和梧州：柳州是自治区的副中心城市，重要的工业中心，梧州是西江流域最大的航运中心，两座城市又分别是桂中城镇群和桂东城镇群的核心，可以在空间上承担引领次区域的发展。"多点带动"是指其他的一些重要节点城市,包括贵港、来宾、百色、崇左、桂平、凭祥、平果。

1. 中心城市——南宁

定位:南宁是广西首府,西南地区交通枢纽,中国—东盟自由贸易区的区域性国际城市,也是西江经济带的中心城市及其与南北钦防城市群联系枢纽。

将南宁作为西江经济带的中心城市,是要充分发挥南宁作为西江经济带的核心城市的辐射带动功能,增强西江经济带与南北钦防城市群的联系。南宁要优化整合现有工业、扩大优势产业的规模。面向国际国内两个市场,配合中国—东盟自由贸易区、南(宁)贵(阳)昆(明)经济区的建设,扩大商贸、金融保险、信息服务、交通运输、物流配送、专业服务、房地产、咨询与中介以及旅游、会展产业等第三产业的经济总量,发展高新技术、高附加值的第二产业和现代化的亚热带农业。扩大高等教育规模,建设高水平的科研机构,加快南宁高新技术产业开发区和软件园的建设。加快建设南宁信息港、会展中心和体育中心。以建设中国绿城为目标,加强城市生态建设,提高人居环境质量,将南宁建设成为交通枢纽、对外贸易窗口和以第三产业为主导,经济文化发达,具备较完善综合性职能、环境优美、具有良好生态和居住条件的省会城市和区域性国际城市。

2. 副中心城市——柳州

定位:柳州是广西的副中心城市,广西铁路交通枢纽、工业中心,国家历史文化名城,也是西江经济带的中心城市之一及其与桂北城市群和湖南、贵州的联系枢纽。

柳州是广西重要的工业城市和第二大城市,是少数民族聚居区。不过,随着国家批准实施广西北部湾区域发展战略,广西在产业、资源、资金、人才、交通等方面的投入向南部地区倾斜;并且随着南昆铁路的建成、贵广高速客运铁路的建设、柳州铁路局的搬迁,以及广西其他城市及周边地区交通条件的改善,柳州的交通枢纽中心地位下降。柳州原有的地缘和交通两大优势正在弱化,在区域竞争格局中边缘化的危险正在加大。

西江经济带总体规划的制定与实施,并将柳州规划为经济带的副中心城市,将有助于柳州市应对被"边缘化"的风险,并充分发挥其作为广西工业中心、铁路交通枢纽和国家历史文化名城的优势,带动湘桂沿线和柳江与黔江沿岸城镇,如来宾市、黎塘镇、象州镇、武宣镇、桂平市等的发展。柳州要重点发展汽车、机械、冶金、食品、建材、日用化工等优势产业,加快城市基础设施建设,以工业发展带动经济、社会的综合协调发展。要加强环境保护,加快城区和大环境绿化建设,提升文化品位和城市景观环境质量,建成为经济文化发达的一流的山水园林城市。

3. 副中心城市——梧州

定位:梧州是西江经济带的门户城市和航运中心,桂东地区的区域性商贸旅游中心。

梧州是广西的内河交通门户、重要的外贸口岸城市,桂东地区与粤港澳(珠江三角洲)联系的水陆交通枢纽;历史悠久,旅游资源丰富,有国家4A级旅游景区两处,250多处名胜古迹,是"中国优秀旅游城市";工业发展基础较好,是广西的轻工业中心,已形成医药、食品、纺织、人工宝石四大特色产业和机械制造、林产林化、有色金属、电力能源、建材、化工六大优势产业。

将梧州规划为西江经济带的副中心城市，能够充分发挥梧州对接珠江三角洲的优越区位优势，进一步强化梧州长期以来形成的两广交界地区的区域性中心城市的地位，充分发掘其在航运方面的潜力，能够与贵港形成更加良好的互动，并带动西江干流藤县、平南、桂平等城镇的发展。

梧州要夯实现有工业基础，以发展工业、商贸、金融、旅游为主，借助洛湛铁路建设的有利时机，抓紧配套水陆中转联运体系，强化商贸和交通枢纽功能。要加强生态和环境建设，突出山城特色，提高人居环境质量，建成富有岭南建筑特色的景观优美的工贸城市。但梧州地处山地丘陵地区，用地空间狭窄，素有"山城"之称。宜采用"富而美"的发展策略，优先改善城市人居环境和服务功能，重点发展商贸物流、旅游休闲等用地较少、附加值高的服务业和都市型工业，可在外围地区适度发展机械制造、林产林化、有色金属等重化工业和陶瓷等产业。

4. 其他重要节点城市

1）贵港：西江经济带的区域性中心城市之一，西江内河港口工业与商贸物流基地。
2）来宾：红水河下游以冶金、电力工业为主导的区域中心城市。
3）百色：西江经济带的资源开发型产业基地、右江河谷走廊城镇带的中心城市。
4）崇左：桂西南城镇带的中心城市，左江流域交通枢纽和商贸、文化中心。
5）桂平：旅游业、商贸服务业等第三产业发达的现代化园林城市。
6）凭祥：桂西南城镇带的副中心城市。
7）平果：右江河谷走廊城镇带的副中心城市和重要工业城市。

四、经济圈

根据区位、城市间相互作用以及区域间产业联系，划分四大经济圈（走廊）（图3-35）。

1. 南宁经济圈

范围：南宁、扶绥、隆安、横县、崇左、凭祥、宁明、龙州。
定位：中国—东盟自由贸易区的龙头，我国面向东南亚对外开放的示范区，泛北部湾经济区的核心区域之一。

2. 柳州经济圈

范围：柳州、柳城、融水、融安、三江、来宾、合山、武宣。
定位：西南地区和华南地区交界地带的工业中心。

3. 梧州经济圈

范围：梧州、苍梧、岑溪、贵港、桂平、平南、藤县。

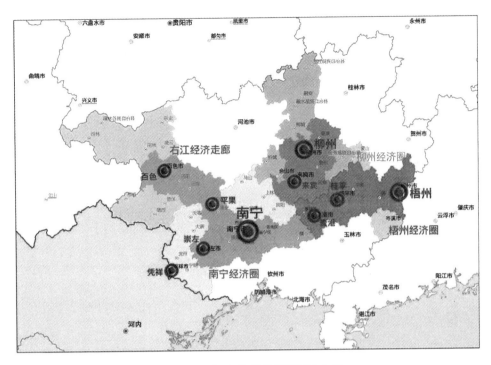

图 3-35　西江经济带经济圈划分方案

定位：面向粤港澳的产业基地，珠江三角洲产业转移的主要承载区，广西东部地区的工业中心。

4. 右江经济走廊

范围：百色、田阳、田东、平果。
定位：西江经济带的有色金属产业基地、水电基地，南昆铁路中段的经济中心。

五、岸线功能区划

岸线是西江经济带最核心的发展轴带，是今后本地区开发活动最密集、功能交织最复杂、可持续发展矛盾最突出的地区。岸线功能区划作为西江经济带总体规划的重要组成部分，是未来西江沿岸开发的导则。

1. 规划范围

规划范围包括以下河段两侧 10km 范围的区域：
西江干线：邕江（南宁—横县段）、郁江（横县—桂平段）、浔江（桂平—梧州段）、西江（梧州段）；
柳江、黔江：柳江（柳州—武宣段）、黔江（武宣—桂平段）；
红水河：来宾段；
右江：百色—南宁段；

左江：崇左—南宁段。

2. 区划依据

岸线功能区划主要遵循以下原则：

1）尊重河道自然条件。充分重视河道行洪、生态环境保护、水功能区划等方面的要求，根据河道的冲淤特性、河势演变、岸线稳定性以及水深条件等，合理安排城镇建设、工业、港口等各种用地。

2）维护流域生态平衡。充分考虑资源环境承载能力和生态系统服务功能，严格划分出对本地区生态系统具有重要意义的区域，引导开发行为的合理分布，满足流域生态建设和区域环境保护的需要。

3）保障沿线社会发展。根据沿线社会经济发展条件和总体、部门规划需求，以区域空间结构为导向，确定重点发展的岸段。

4）塑造美丽河流景观。充分发掘沿岸自然和人文旅游资源，根据旅游发展的需要，保持沿岸景观的连续性、完整性。

3. 功能分类

根据上述原则，将规划区划分为9类岸线利用区（表3-24）。

表3-24 岸线功能分类一览表

功能区	内涵	开发指向	控制指向	备注
保护区	流域防洪安全重要地区 水资源保护重要地区 水环境保护重要地区 重要的生态系统	+	++++	近岸地区禁止一切开发行为 腹地禁止大规模开发行为
保留区	防洪保留区 规划水源地	+	+++	禁止有碍防洪、供水和生态安全的开发行为
控制利用区	河势不稳定地区 现状开发过渡地区	++	+++	有序适度开发
防洪区	已划定的防洪区	++	+++	开发和保护方式严格遵照《防洪法》的规定
港口码头区	现状及预留的港口码头区位	+++	++	
城镇建设区	城镇发展用地	++++	+	包含功能复合化的产业园区
工业建设区	工业园区 工业发展集中区	++++	+	
旅游休闲区	风景名胜区 大型公园、绿地 水上旅游重点航段 城市休闲重点岸段	+++	+++	包含江滨风貌城市的沿江岸段
农业区	宜农耕地	++	++	

注："+"号数量表示指向强度

4. 划分结果

岸线功能区划结果如图3-36所示。

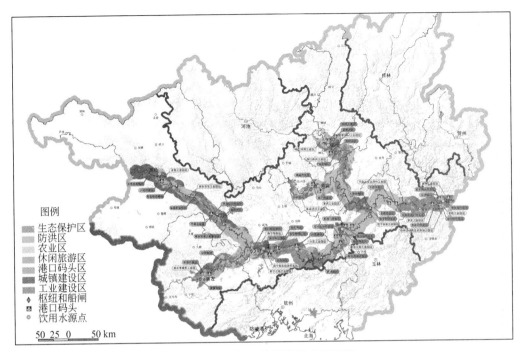

图 3-36 西江经济带岸线功能区划

第四章　水资源可持续利用与生态环境保护

作为珠三角的上游地区，西江经济带承担着水源涵养、水环境保护和生态建设的重要职能。西江经济带的发展必须坚持水资源节约和生态环境保护优先，不应以资源环境代价换取经济增长。本部分从水资源承载能力和水环境容量的分析、生态安全屏障与景观格局建设、大气环境保护和固体废弃物治理，阐释资源环境对社会经济发展的支撑能力，解析资源环境、社会经济协调发展的路径。

第一节　水资源承载力评价

一、水资源利用状况

（一）河流水系与水资源概况

1. 河流水系概况

西江经济带国土总面积为13.09万km^2，境内河流众多，主要属珠江流域的西江水系，包含南盘江、红水河、柳江、右江、左江及郁江干流、桂贺江、黔浔江及西江（梧州以下）7个水资源三级区，区内流域面积为12.89万km^2，占西江经济带总面积的98.5%。另有少部分属于桂南诸河三级区以及红河流域的盘龙江三级区，流域面积分别为271km^2和1758km^2（图4-1）。

（1）南盘江

南盘江水系跨云南、贵州、广西3个省（自治区），南盘江在广西境内从西林县八大河至乐业县北盘江汇入处的河段长289km，控制广西境内流域面积为5548km^2，全部在西江经济带范围内。

（2）红水河

红水河从北盘江汇入处至武宣县三江口，河长624km。其中从北盘江河口至广西天峨县六硐河口河段为贵州、广西两省（自治区）界河段，河长为97km；从六硐河口至三江口为广西境内河段，河长为527km。红水河水系控制广西境内流域面积为38 562km^2，部分在西江经济带范围内。

（3）柳江

柳江流经贵州、广西两省（自治区），广西境内干流河段从都柳江黔、桂省界至武宣县三江口，河长为473.5km。柳江水系控制广西境内流域面积为42 044km^2，是广西经济

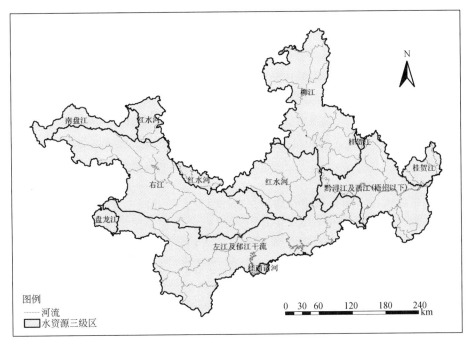

图 4-1 西江经济带三级流域分区

较发达的流域区之一，部分在西江经济带范围内。

（4）右江

右江跨云南、广西两省（自治区），主流自西林县驮娘江滇、桂省界至南宁宋村（左右江汇合口处），河长为710km。右江水系控制广西境内流域面积为30 482km²，除巴马瑶族自治县一部分面积外，全部在西江经济带范围内。

（5）左江及郁江干流

左江及郁江干流从水口河中、越国境线至桂平市郁江口，全长为777km，其中左江干流河长为352km，控制流域面积为19 187km²；郁江干流河长为425km，控制流域面积为18 387km²，大部分在西江经济带范围内。

（6）桂贺江

桂贺江水系控制广西境内总流域面积为26 513km²，为广西经济较发达和开发利用程度较高的流域区之一，部分在西江经济带范围内。桂江自河源猫儿山至梧州市汇入西江口，全长为432km，流域面积为17 599km²。贺江主流自河源流入西江口，全长为320km，流域面积为11 600km²，广西境内河长为225km，流域面积为8914km²。

（7）西江中下游

从武宣县三江口至梧州市城东镇的广西、广东省（自治区）界的黔江、浔江，称广西西江中下游河段，全长为303km，控制流域面积为21 359km²，大部分在西江经济带范围内。

（8）红河水系百都河

百都河由云南流经广西那坡县后出境入越南，在广西境内河长为67.5km，控制广西境内流域面积为 1758km², 全部在西江经济带范围内, 目前开发利用程度低。

2. 降水量分布

西江经济带降水较丰富, 根据 1956~2000 年水文资料系列计算, 西江经济带多年平均降水总量为 1862.7 亿 m³, 折合降水深 1422.7mm, 是全国平均水平的 2.21 倍, 是自治区平均水平的 93%。从流域分区看, 柳江区降水量最大, 为 1635.4mm; 其次为桂贺江、黔浔江及西江 (梧州以下), 均超过 1500mm; 南盘江区降水量最少, 为 1185.5mm。从行政分区看, 柳州降水量最大, 为 1659.8mm; 其次为梧州和贵港, 均超过 1500mm; 百色最少, 为 1296.8mm。

西江经济带降水在空间分布相对均匀, 总体呈现自西北向东北、东南递增的趋势。受季风气候的影响, 全区降水多在 4~9 月以暴雨形式出现, 汛期降水量占全年降水量的 70% 以上 (表 4-1)。暴雨不仅带来洪涝灾害, 也不利于水资源利用及航运。

表 4-1 西江经济带多年平均降水量

流域分区	降水量 (mm)	降水总量 (亿 m³)	行政分区	降水量 (mm)	降水总量 (亿 m³)
南盘江	1 185.5	65.8	南 宁	1 391.1	310.9
红水河	1 427.9	259.5	柳 州	1 659.8	308.6
柳 江	1 635.4	349.7	梧 州	1 549.2	194.8
右 江	1 289.7	391.4	贵 港	1 527.8	162.6
左江及郁江干流	1 354.6	443.2	百 色	1 296.8	468.7
桂贺江	1 596.6	52.1	来 宾	1 435.8	192.1
黔浔江及西江 (梧州以下)	1 552.1	271.1	崇 左	1 304.8	225.1
桂南诸河	1 458.3	4.0	合 计	1 422.7	1 862.7
盘龙江	1 478.4	26.0	—	—	—
合 计	1 422.7	1 862.7	—	—	—

3. 水资源量

西江经济带多年平均地表水资源总量 887.6 亿 m³, 径流系数 0.48, 径流深 677.9mm, 是全国平均水平的 2.32 倍, 是全自治区平均水平的 85%。在空间分布上, 全区天然径流量与降水量分布基本一致, 柳江最高, 径流深 1011.8mm, 南盘江最低, 为 452.7mm; 从行政分区看, 柳州最高为 1024.9mm, 百色最低, 为 505.0mm (表 4-2)。

表 4-2 西江经济带多年平均水资源量

流域分区	地表水资源量 (亿 m³)	折合径流深 (mm)	地下水资源量 (亿 m³)	水资源总量 (亿 m³)	行政分区	地表水资源量 (亿 m³)	折合径流深 (mm)	地下水资源量 (亿 m³)	水资源总量 (亿 m³)	人均水资源量 (m³)
南盘江	25.1	452.7	5.7	25.1	南 宁	139.9	626.1	32.2	139.9	2 011.1
红水河	137.7	757.5	38.0	137.7	柳 州	190.5	1 024.9	51.6	190.5	5 167.1
柳 江	216.4	1 011.8	59.1	216.4	梧 州	94.1	748.1	19.0	94.1	3 075.5

续表

流域分区	地表水资源量（亿m³）	折合径流深（mm）	地下水资源量（亿m³）	水资源总量（亿m³）	行政分区	地表水资源量（亿m³）	折合径流深（mm）	地下水资源量（亿m³）	水资源总量（亿m³）	人均水资源量（m³）
右江	140.2	462.0	29.7	140.2	贵港	69.6	653.6	13.6	69.6	1631.7
左郁江	203.4	621.8	41.5	203.4	百色	182.5	505.0	39.8	182.5	5 028.0
桂贺江	31.8	975.3	6.5	31.8	来宾	107.4	802.5	32.2	107.4	4 687.5
黔浔江	116.2	665.2	24.7	116.2	崇左	103.6	600.4	21.0	103.6	4 756.6
桂南诸河	2.4	869.7	0.9	2.4	合计	887.6	677.9	209.4	887.6	3 405.0
盘龙江	14.4	818.4	3.4	14.4	—	—	—	—	—	—
合计	887.6	677.9	209.4	887.6						

西江经济带位于南方山丘区，岩溶地貌较为发育，地表水地下水相互转化，枯水期河川径流量主要由地下水径流补给，且数量比较稳定，浅层地下水资源量基本等于河川基流量。多年平均地下水资源总量为209.4亿m³，多年平均水资源量等于地表水资源量，为887.6亿m³。

西江经济带人均水资源占有量为3405m³，按水利部制定的水资源短缺评价标准（表4-3），属于"不缺水"类型。其中柳州、百色、崇左、来宾水资源最为丰富，人均水资源占有量高于4500m³，梧州次之，为3075m³。南宁为2011m³，按表7-3标准属于轻度缺水地区；贵港人均水资源占有量只有1632m³，属于中度缺水地区（图4-2）。但表4-3标准中未考虑过境水资源的影响，评价结论与实际情况有所不符。区内柳江、红水河、左江、右江、郁江及西江干流水资源十分丰富，7地市的市区、主要工业园区、大部分人口较多的县城均沿江分布，用水条件优越。人均水资源量较少的南宁、贵港紧邻郁江，贵港部分地区还可以利用西江干流水资源，整体上并不存在缺水问题。

表4-3 水资源紧缺指标评价标准及缺水特征

人均水资源量（m³）	缺水程度	缺水表现
>3 000	不缺水	
1 700~3 000	轻度缺水	局部地区、个别时段出现缺水问题
1 000~1 700	中度缺水	周期性与规律性用水紧张
500~1 000	重度缺水	持续性缺水
<500	极度缺水	极其严重的缺水

（二）水资源开发利用概况

1. 供用水量

用水量指分配给用户的包括输水损失在内的毛用水量。2008年西江经济带总用水量为167.25亿m³，其中生产用水量149.89亿m³，生活用水量15.91亿m³，生态环境用水量1.45亿m³。

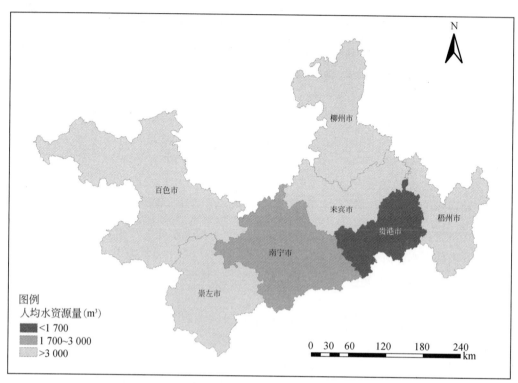

图 4-2 人均水资源量分布图

生产用水中，农业用水量最大，为 110.6 亿 m^3，占总用水量的 66.13%。其中，南宁、贵港两市农业用水量最大，超过 20 亿 m^3；其次为柳州、百色、来宾、梧州，用水量在 10 亿～20 亿 m^3 之间；崇左农业用水量最少，为 9.87 亿 m^3。从占总用水量的比例看，崇左农业用水的比例最高，为 75.6%；其次为南宁、百色、梧州、贵港、柳州；来宾农业用水比例最低，为 56.2%（图 4-3）。

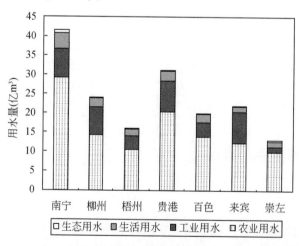

图 4-3 西江经济带用水构成图

西江经济带 2008 年工业用水量 39.29 亿 m^3，占总用水量的 23.49%。其中，来宾工业用水量最大，为 8.11 亿 m^3；贵港、南宁、柳州也超过 7 亿 m^3；百色、梧州、崇左工业用水量较少，其中崇左工业用水量只有 1.43 亿 m^3。从工业用水所占比例来看，来宾最高，为 37.2%；其次为柳州、贵港和梧州，比例为 20%~30%；百色、南宁、崇左比例低于 20%，其中崇左只有 11.7%。

2008 年西江经济带生活用水总量 15.91 亿 m^3，占总用水量的 9.51%。各市人均生活用水量大致相当，在 159~180L/d。

由于降水资源丰富，河湖对人口补水的依赖性不强，西江经济带生态用水量不高，2008 年为 1.45 亿 m^3，占总用水量的 0.87%。

西江经济带地表水资源丰富，是供水主要来源，供水量为 161.66 亿 m^3，占总供水量的 96.66%；地下水供水量为 5.29 亿 m^3，占总供水量的 3.16%，其他水源供水量 0.31 亿 m^3，占 0.18%（表4-4）。

表4-4 2008 年供用水量表 （单位：亿 m^3）

行政分区	供水量				用水量						
	总供水量	其中			总用水量	其中					
		地表供水	地下供水	其他水源供水		农田灌溉用水	林牧渔牲畜用水	工业用水	建筑业和服务业用水	居民生活用水	生态环境用水
南 宁	41.54	40.17	1.30	—	41.54	25.26	3.91	5.28	2.16	4.18	0.75
柳 州	24.05	22.72	1.33	0.07	24.05	12.90	1.44	6.27	0.88	2.42	0.14
梧 州	15.83	15.80	0	—	15.83	9.91	0.67	3.02	0.40	1.77	0.06
贵 港	31.09	30.05	1.00	—	31.09	18.81	1.66	7.48	0.45	2.62	0.07
百 色	19.86	19.10	0.64	0.16	19.86	11.89	2.01	3.31	0.40	2.20	0.05
来 宾	21.83	21.13	0.70	—	21.83	11.55	0.72	7.86	0.25	1.40	0.05
崇 左	13.05	12.69	0.32	0.08	13.05	6.52	3.35	1.24	0.29	1.32	0.33
总 计	167.25	161.66	5.29	0.31	167.25	96.84	13.76	34.46	4.83	15.91	1.45

2. 水资源利用效率

2008 年，西江经济带亩均灌溉用水量为 925m^3，不仅远高于国内缺水省区，即使与丰水省区相比，也处于落后水平，在全国也仅小于海南省（表4-5）。主要原因是灌区工程老化失修，渠系水利用系数偏低，全区灌溉农业有效利用系数只有 0.40 左右，远低于全国 0.47 的平均水平。

表 4-5　用水指标及与国内其他地区的比较　　　　　　　　　（单位：m³）

地　区	人均用水量	万元 GDP 用水量	万元工业增加值用水量	水田灌溉亩均用水量
南宁市	597	315	151	920
柳州市	654	265	123	958
梧州市	516	395	158	920
贵港市	729	780	528	920
百色市	548	478	175	920
来宾市	951	803	767	920
崇左市	601	495	152	920
西江经济带	642	421	195	925
广　西	644	432	197	935
全　国*	442	229	131	434
北　京*	217	34	28	225
河　北*	293	146	38	228
广　东	486	129	80	789

＊为 2007 年数据

2008 年西江经济带万元工业增加值用水量为 195m³，与全自治区平均水平的 197m³ 大致相当，是全国平均水平的 1.5 倍，在国内属于偏低水平，不仅落后于北京、河北、山东等缺水省市，也落后于广东、四川、云南等南方丰水省份。工业用水效率不高，主要是因为节水工艺应用较少，工业用水重复利用率低。

西江经济带人均生活用水量与我国南方丰水省份大致相当，但问题仍很突出。主要原因有城市输水管道漏失率高、节水意识不强、节水器具普及率低等。

西江经济带 2008 年人均用水量 642m³，与广西平均水平大致相当，是全国平均水平的 1.45 倍，在国内处于较高水平。从万元 GDP 用水指标看，西江经济带用水效率同样远低于国内平均水平及用水先进省份。一方面是由于经济发展相对落后，人均 GDP 水平较低；另一方面，用水浪费的现象也较严重。

西江经济带用水效率偏低的原因主要有：第一，境内水资源相对丰富，单位、企业和公众缺乏科学、正确的用水观念，对节水的重要性、紧迫性和长期性认识不足，用水浪费的现象严重；第二，工业产业结构不合理，高耗水产业在经济结构中占据主导地位，致使结构性矛盾比较突出；第三，政府投入不足，特别是农业灌溉工程设施老化严重，用水效率很低；第四，缺乏节水的市场机制，长期以来水资源费偏低，企业、农户节水意愿较低，缺少节水改造的动力。

3. 水资源开发利用率

2008 年贵港市水资源开发利用率为 44.7%，在西江经济带 7 个地市中最高，其次为南宁市的 29.7% 和来宾市的 20.3%，其余各市均在 20% 以下（表 4-6）。按照国内外有关评价阈值，水资源开发利用率超过 20% 为水资源短缺地区，超过 40% 为严重短缺地区。则来宾市、南宁市、贵港市属于水资源短缺甚至严重短缺地区。

表 4-6 水资源现状开发利用率

行政分区	多年平均水资源总量（亿 m³）	用水量（亿 m³）	开发利用率（%）
南宁市	139.9	41.5	29.7
柳州市	190.5	24.1	12.6
梧州市	94.1	15.8	16.8
贵港市	69.6	31.1	44.7
百色市	182.5	19.9	10.9
来宾市	107.4	21.8	20.3
崇左市	103.6	13.1	12.6
合 计	887.6	167.3	18.8

但由于开发利用率计算中只考虑当地水资源量，未包括过境水量，对于不闭合的各行政区，其水资源开发利用率并不能真实反映区域实际状况。实际上，南宁市有郁江过境，来宾市有红水河过境，贵港市有郁江及西江干流过境，水资源均较丰富，水资源开发利用仍有较大潜力。

不计入境水资源量，2008 年西江经济带水资源开发利用率为 18.8%，在国内属于偏低水平，整体上潜力较大。由于区内人口、产业沿主要河流分布，用水条件优越，并不存在区域尺度上的水资源短缺问题。

（三）西江经济带发展的水资源保障

1. 水资源与水环境总体评价

（1）水资源总量丰富，但受地质等条件制约，区域性、季节性缺水问题突出

虽然西江经济带水资源丰富，由于水资源量的时空分布不均匀，且因受地形、地质及经济发展等因素的影响，现有供水工程的区域分布不平衡，水资源供需矛盾仍较突出，区域性、季节性缺水问题突出。境内溶岩比较发育，分布较广，其中百色、崇左多为圆洼岩溶，起土层瘠薄，透水性强，不易蓄水，易受旱涝，对水利建设和农业生产极为不利。

（2）农业生产条件好，但农业灌溉用水保证率偏低

西江经济带降水量较大，且空间分布相对均匀，对农业生产十分有利。但由于水利基

础设施薄弱，农田水利基础设施不完善，渠系老化失修，农业抵御自然灾害的能力不强，影响粮食生产。

（3）城市水资源利用条件较好，但缺乏应急供水能力

西江经济带主要城市与县城大多沿红水河、柳江、黔江、右江、左江、郁江、浔江、西江干流分布，这些河流流量大，水资源利用条件较好。但大部分城市缺乏第二水源或应急水源。主要城市如南宁市、柳州市供水水源单一，缺少备用水源，供水量、水质保证率低，缺乏应对紧急情况的能力。

（4）受地形、地质条件影响，农村饮用水安全问题较突出

由于石灰岩地区溶洞、孔隙极为发育，且土壤覆盖层薄，土质多为沙壤土，保水性能很差。加之河川径流量的年内分配相差很大，季节性缺水严重，区内大量的农村人口饮用水不安全。此外，区内还存在大量的水质不安全人口，包括高氟水、高砷水、苦咸水、污染水等。现状乡镇供水和农村饮水工程供水保证率低，局部地区干旱期供水量严重不足，供水的可靠性和用水安全性远未达标。边远贫困山区农村供水设施缺乏，人畜饮水困难的问题仍然十分严重。

2. 水资源开发利用优势条件

（1）水资源条件优越，空间分布均衡，高用水型产业布局基本不受供水制约

按自产水资源计算，西江经济带水资源开发利用率为18.8%，处于较低水平，尚有较大潜力可挖。且区内入境水资源丰富，年均从红水河、柳江、桂贺江入境的水资源高达上千亿立方米。大量的入境水资源，进一步提高了西江经济带的水资源优势，使西江经济带沿江地带具备布置冶炼、化工、造纸等高用水型产业的条件。且水资源在空间上分布较均衡，供水条件一般不成为产业布局的制约因素。

（2）河流流量大，航道条件较好，有利于发展黄金水道建设

境内红水河、柳江、左江、右江、郁江、黔江、浔江、西江干流河流流量大，航道条件相对较好。通过航道疏浚与闸坝工程建设，进一步改善航道条件，能够达到西江黄金水道建设的目标。

3. 水资源利用中需要注意的问题

（1）在水资源利用与调度中，应充分考虑下游地区用水安全

西江经济带位于珠江三角洲上游。珠江三角洲地区是我国重要经济中心之一，其水资源安全具有重要意义。在枯水季节，西江下游的中山、珠海等城市咸潮问题突出，供水安全得不到保障，且带来很多环境问题。此外，根据广东省的有关规划，珠江三角洲地区供水水源逐步向水资源更为丰富的西江转移，对西江水资源与水环境提出更高的要求。因此，必须加强流域统筹调度，建立跨省区的水资源协调机制，保障珠江三角洲地区的水资源安全。同时，要严格控制污染物排放与入河，保证广西—广东断面水质达到Ⅲ类水标准。

（2）现状用水效率较低，需加强节约用水

西江经济带用水效率在全国处于落后水平，虽然水资源条件较为优越，但也要加强节

约用水。节约用水不仅可以节约供水工程建设投入成本，降低水资源供给风险，同时还可以改善水环境。

4. 西江经济带发展的挑战

（1）城镇化将导致生活用水的增长，增加沿江地区供水压力

城镇人口人均生活用水量高于农村地区，随着城市化水平的提高，生活用水量必将随之增长。城镇人口的增加主要集中于沿江城市、中心城镇，需要增加这些地区的供水能力，保障居民生活用水安全。

（2）工业化过程导致工业用水量快速增长，加大水资源供需矛盾

根据国内外的经验，在工业化过程中，工业用水量通常呈现快速增长的趋势，特别是在水资源丰富地区尤为明显。目前，西江经济带处于工业化中前期，未来一段时间内，随着工业化进程的加快，特别是高用水产业的迅速发展，工业用水量必将大量增长，威胁区域供水安全。

（3）航运带来新的水资源调度需求，特别是对枯水季节影响较大

在枯水季节，河流流量较小，船舶滞留现象较为突出。需要通过水利枢纽工程功能的转变，加强流域统一调度，增加枯季径流量，改善河道航运条件。同时，枯季径流量的增加，对珠江三角洲地区补淡压咸也具有积极作用。此外，现状大藤峡等水利枢纽工程的船闸级别较低，不能满足西江黄金水道建设的航运需求，需要进行改造。

5. 西江经济带发展的水资源目标

（1）城镇集中式饮用水源地建设与保护

到 2020 年，全面解决建制市和县城集中式饮用水水源地安全保障问题。集中式饮用水水源地得到全面保护，重要城市应急水源储备能力显著提高。进一步提高供水保障率，建制市和县城饮用水安全得到全面保障。

（2）农村饮用水安全建设

到 2020 年，基本解决农村人口饮水安全问题。重点解决水质性缺水地区和山丘区工程型缺水地区的饮用水安全问题，在有条件地区推广城乡一体化供水，大力发展乡镇供水和集中供水体系，初步建成农村饮用水安全保障体系。

二、水资源需求预测

（一）水资源需求发展规律

1. 用水量存在峰值

区域水资源需求预测，多采用单位经济规模需水量的方法，并以其预测值作为供水工程建设规模的基础。这种方法实际上是认为水资源需求随经济发展而增长，但自 20 世纪七八十年代，发达国家用水量先后达到顶峰，甚至出现下降趋势（图 4-4）。人们逐渐意

识到，用水量并不随经济规模的扩大而持续增长，采用经济指标定额法，预测结果往往偏大。

长期以来，人们没有意识到水资源需求的增长极限，以经济规模作为水资源需求预测的基准，并作为水利工程建设规划的基础，来保障用水需求，结果预测值往往远远大于实际需求量。

1968 年美国国家水资源委员会报告中预测 2000 年、2020 年美国总需水量将分别达到 11 116 亿 m^3 和 18 900 亿 m^3，但 1980 年用水量仅为 5803 亿 m^3，而后出现了负增长，2000 年实际用水量 5634 亿 m^3（其中淡水取用量 4770 亿 m^3），是预测值的一半。Gleick 统计了 20 世纪 60 年代以来，对世界水资源需求预测的结果，以及实际用水量（图 4-5）。结果表明，预测值通常是偏大的。

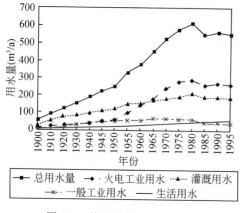

图 4-4 美国用水量变化趋势

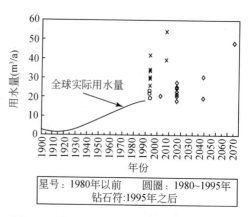

图 4-5 世界水资源需求预测与实际用水量

预测值偏大的现象，在我国也较为普遍。如《中国水资源利用》（1986）中预测 2000 年全国总需水量为 7000 亿 m^3，但 2000 年全国实际用水量仅为 5498 亿 m^3。中国工程院咨询项目《中国可持续发展水资源战略研究》（2001）中，预测 2010 年我国国民经济总需水量 6305 亿~6591 亿 m^3。而自 1997 年以来，我国用水量呈现波动性变化，2006 年全国用水总量仅为 5795 亿 m^3，按照目前的发展趋势，2010 年实际用水量将小于其低方案预测值。

从发达国家的用水利用变化规律来看，一般存在一个用水快速增长的阶段，主要驱动因素是灌溉面积的迅速增加。随着农业用水量趋于稳定，用水总量的趋势得以缓解，并逐渐达到顶峰甚至逐渐下降。

从我国的用水历史变化来看，1949 年全国的总用水量为 1030 亿 m^3，至 1980 年迅速增加到了 4437 亿 m^3。这段时期是我国用水增长最快的时期，用水增长以农业用水增加为主，农业用水量所占比例高于 85%。1980 年以后，农业用水基本稳定，用水增长的主要驱动因素转变为人口增长、工业发展和生活水平的提高，用水总量增加趋势有所减缓。1997 年用水量为 5566 亿 m^3，此后用水增长方式达到了一个新的发展阶段，增长趋势明显减缓，呈现波动性变化（图 4-6）。

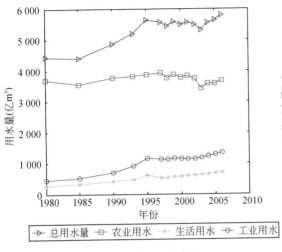

图4-6 用水量变化趋势

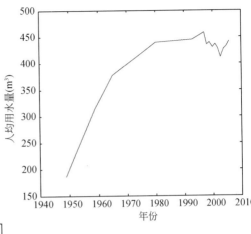

图4-7 人均用水量变化趋势

从人均用水量来看，1949年全国人均用水量仅为187m³，到1980年迅速增加到450m³。从1980年开始，全国人均用水量呈现波动性变化，多年来基本维持在450m³的水平（图4-7）。

2. 影响需水量的主要因素

国际上一般按照农业、工业、生活三大用户统计用水量，指分配给用户的包括输水损失在内的毛用水量。其中农业用水包括农田灌溉和林牧渔用水；工业用水为取用的新水量，不包括企业内部的重复利用量；生活用水量包括居民生活用水与社会公共用水。下面分别分析三大用户水资源需求的主要影响因素及趋势。

农业用水量在水资源需求总量中所占比例最高，2000年全球农业用水量占总用水量的70.1%，我国农业用水所占比例与此大致相当。其中以灌溉用水为主，通常占农业用水总量的90%以上。影响灌溉用水量的因素主要有灌溉面积、降水量、复种指数与种植结构、灌溉方式与利用效率等，后三者的区域差异非常明显，不过在短期内通常变化不大，在特定区域内灌溉用水量通常与灌溉面积呈正比例关系。20世纪，世界灌溉农业发展迅速，农业用水量激增，是世界用水量增长的主要驱动因素。随着灌溉农业发展速度逐步减缓，以及用水效率的提高，农业用水量达到顶峰甚至出现下降。近年来，我国农业用水量也呈现逐步减少的趋势，西江经济带内也开始呈现波动性变化。

影响工业用水量的因素较为复杂，包括工业产业结构、从业人数、工厂规模、节水技术等。因为这些因素难以量化描述，工业用水预测是需水量预测中的难点所在。在我国相关规划实践中，工业需水多采用万元工业增加值用水定额的方法预测，但这种方法的预测结果常常会严重偏大。

世界各国生活用水量的差异较大，人均年生活用水量从2~758m³不等，平均水平为58m³，其中经济发达国家的用水量普遍较高。一般认为，保障人类用水安全的基本生活用水为50~100L/d，包括饮用水、卫生设施用水、洗浴用水和厨房用水，这部分水量是必须得到保障的。影响居民生活用水量的主要因素有人均收入水平、人均住房面积、卫生方式、洗浴设施、其他用水设施、生活方式（洗浴习惯等）与节水设施的推广程度；影响公共生活用水量的因素主要为该地区商业、旅游业、行政、教育等社会公共产业的发达程度。在特定地区，人均生活用水量通常保持稳定增长趋势。

以发达国家的历史经验来看，用水快速增长阶段通常是由灌溉农业发展与工业发展推动的。当社会经济发展到一定程度，两者停止增长甚至呈现下降趋势。生活用水量一般呈现稳步增长趋势，并逐渐和人口增长趋同。因为生活用水所占比例较小，一般农业、工业用水达到顶峰并开始回落后，总用水量也达到顶峰。

根据近年来农业用水发展规律的判断，基本可以认为西江经济带农业用水已经达到峰值，故主要问题是研究工业用水峰值的出现时间及规模。

3. 工业用水与工业化的关系

发达国家的经验表明，工业用水随经济发展存在一个由上升转而下降的转折点，呈倒U形变化。发达国家工业用水峰值出现时间主要集中在20世纪七八十年代，对应的人均GDP阈值是3700～17 000美元（PPP，以1985年为基数），第二产业在GDP总量中所占份额是30%～50%。相对第二产业占GDP比重高峰出现时间，工业用水峰值一般滞后10年或更多，主要是因为即使在工业发展速度落后于第三产业之后，耗水型重工业绝对规模仍在扩大。工业用水峰值一般出现在第二产业占GDP比重开始迅速下降的时间，主要是因为这一时期产业结构开始升级，由劳动—资本密集型向知识密集型转变，耗水型工业开始向发展中国家转移，工业用水停止增长甚至开始下降。

有关研究表明，发达国家工业用水与第二产业就业人口的峰值出现时间具有相对一致性。当第二产业就业人数增长不再显著时，工业用水达到顶峰。如美国、加拿大、澳大利亚、意大利工业用水量峰值出现在1981～1994年，和第二产业就业峰值出现时间基本一致，相对误差小于5年。德国、法国、瑞士、英国的第二产业就业峰值出现在1970～1975年，工业用水量增长趋势变缓，但峰值出现时间存在一定的滞后性，在1985～1989年，这与欧洲国家水资源相对丰富有关。日本工业用水峰值出现时间早于第二产业就业人口峰值，与日本水资源较为紧缺，工业节水水平高有关。此外，由于节水意识的提高与技术手段的加强，工业化开始时间越晚的国家，工业用水峰值出现的时间相对越提前。

我国北京市已经完成工业化进程，其工业用水发展趋势和发达国家的经验完全一致。1980年以来，北京市第二产业生产总值一直处于快速增长的趋势（图4-8），就业人口规模在1992年达到峰值后，开始下降并呈现波动性变化。工业用水量也于1992年达到顶峰，从15.51亿 m^3 逐渐降低到2007年的5.75亿 m^3。从图4-8中可以看出，工业用水达到峰值后，即使第二产业就业人数有所增加，用水量仍然呈减少趋势，这与美国的规律相一致。说明工业结构实现转型后，低耗水的知识密集型产业发展并不会带来新的工业用水需求。

从增长趋势上看，工业用水量与第二产业就业人口数量也有明显的相关性。特别是在工业化发展阶段，两者基本呈正比例增长。这主要是因为第二产业就业人口数量是工业规模（非经济规模）的直观体现，而工业用水与工业规模呈正比例关系。图4-9是1980年

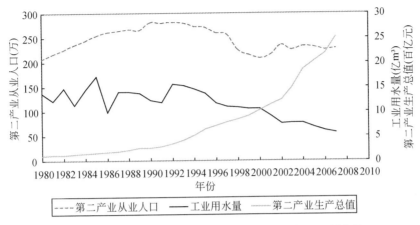

图 4-8　北京市第二产业经济规模、从业人口与工业用水量

来我国工业用水量与第二产业就业人口的变化趋势图,两者相关程度很高,1997 年以来,第二产业就业人口人均工业用水量维持在 677~732m³ 的范围内。

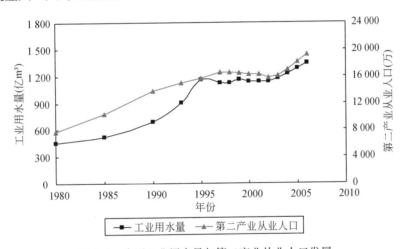

图 4-9　我国工业用水量与第二产业从业人口发展

同时,水资源丰富程度对工业用水峰值出现时间也有一定影响。以我国工业化进程较快的各省区 1997 年以来工业用水变化趋势为例,上海、广东、浙江、江苏、福建处于丰水地区,工业用水受水资源条件的制约较小,用水量随工业发展增长,增长速度基本保持一致。说明在水资源供给不被制约的条件下,工业用水需求随第二产业就业规模(体现工业规模)的增长而增长。北京、天津、山东、辽宁、河北位于北方缺水地区,虽然随着工业化进程的发展,第二产业从业人口有所增长,但工业用水量呈减少的趋势。可见,在水资源短缺地区,通过推广节水技术与措施,可以有效控制工业用水增长。

同一区域内单位第二产业从业人口平均工业用水量,在工业化迅速发展阶段中保持相对稳定。但不同区域间相差很大,无论是发达国家之间,还是我国南北方省份之间,都表现出明显的差异性。这主要与节水水平有关,而水资源短缺是促进节水技术发展的最主要因素,人均工业用水较少的发达国家,大多水资源条件相对较差。

4. 西江经济带用水变化规律

1999~2008年，西江经济带用水总量总体呈现增长趋势，从1999年的143.52亿m³增加到2008年的167.25亿m³，9年间增加了16.5%，年均增长1.7%。从图4-10可以看出，西江经济带用水量在增长的同时呈现一定的波动性，这主要是由于农业用水的波动规律引起的。

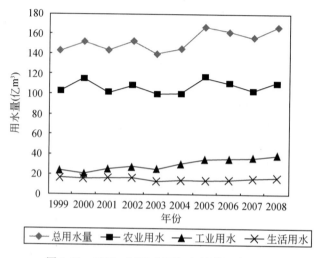

图4-10 1999~2008年西江经济带用水变化

农业用水量变化趋势不明显，呈现波动性变化，其波动变化主要与区内来水条件和供水保障率有关。农业用水与降水量有关，在干旱年份，需要更多的灌溉水量保证农业生产；与此同时，部分地区供水保证率低，枯水年份灌溉用水得不到保障。

工业用水量增长较快，由1999年的24.36亿m³增长到2008年的39.29亿m³，9年间增长了61.3%，年均增长5.5%，这与近年来广西工业发展加速有关。在广西的工业结构中，高用水产业的比例较大，也是工业用水快速增长的原因之一。

因统计口径发生变化，生活用水量呈现先减少后增加的趋势，2003年以来持续增长，且增长速度较快，年均增长3.9%。

5. 西江经济带水资源需求趋势判断

(1) 农业用水量已经达到顶峰，未来一段时间内将维持现状的波动性变化

近年来，西江经济带农业用水量呈现波动性变化。随着左江、桂中等灌区的发展，农业用水需求将有所增长。同时，随着大中型灌区节水改造工程的实施，农业用水效率将得到显著的提高，用水量有所减少。根据国内外的经验来看，西江经济带农业用水在未来一段时间内将保持相对稳定性。

(2) 随着工业化的发展，工业用水量将迅速增长，成为用水增长的主要驱动力

国内外经验表明，在工业化发展阶段，工业用水增长速度较快，是用水量增长的主要驱动因素。西江经济带正处于冶金、造纸等高用水行业快速发展的工业化中期阶段，将驱

动工业用水快速增长。同时，西江经济带水资源相对丰富，用水受缺水的制约较小，工业用水必然呈现快速增长趋势，并成为用水增长的主要驱动力。

(3) 生活用水量将有所增加，主要集中在沿江城镇地区

在特定地区，人均生活用水量保持相对稳定性，并且表现出城镇居民人均用水量高于农村的规律，所以西江经济带生活需水量的变化趋势将主要与城镇发展及人口流动有关。未来一段时间内，西江经济带的人口流向将以农村向沿江城镇为主。随着城市人口的增加，沿江地区生活用水量将有所增加。

(二) 2020 年需水量预测

《广西水资源综合规划报告（初稿）》在历史用水规律、现状用水水平评价的基础上，通过对广西社会经济发展的预测，以 2005 年为基准年，预测了 2020 年广西各地级行政单元的需水量。并在基础方案的基础上，考虑进一步加大节水力度，进一步提高用水效率的情况下，预测了需水量推荐方案，如表 4-7 所示。预计 2020 年，在 $P=50\%$ 来水频率下，西江经济带需水总量 173.8 亿 m^3；$P=75\%$、$P=90\%$、$P=95\%$ 来水频率下，需水总量分别为 187.8 亿 m^3、198.2 亿 m^3、204.0 亿 m^3，与预测基准年（2005 年）相比略有降低，比 2008 年实际用水量增加 6.5 亿 ~ 36.7 亿 m^3。

表 4-7 2020 年西江经济带需水量预测　　　　　（单位：亿 m^3）

行政分区	生活			生产						生态	总计			
	城镇	农村	合计	工业	建筑三产	农业								
						$P=50\%$	$P=75\%$	$P=90\%$	$P=95\%$		$P=50\%$	$P=75\%$	$P=90\%$	$P=95\%$
南宁	3.60	1.44	5.04	6.96	1.26	28.12	30.95	34.04	35.37	1.62	43.00	45.83	48.92	50.25
柳州	1.62	0.80	2.42	7.29	0.55	13.32	14.60	15.45	16.05	0.25	23.83	25.11	25.96	26.56
梧州	1.20	0.70	1.90	3.05	0.34	11.84	12.66	13.84	14.06	0.13	17.26	18.08	19.26	19.48
贵港	1.52	1.08	2.60	2.67	0.59	24.87	29.17	30.93	32.47	0.21	30.94	35.24	37.00	38.54
崇左	0.68	0.59	1.27	1.81	0.32	12.75	14.67	15.90	16.51	0.24	16.39	18.31	19.54	20.15
来宾	0.75	0.59	1.34	2.21	0.27	16.59	18.28	19.46	20.25	0.13	20.54	22.23	23.41	24.20
百色	1.03	1.06	2.09	4.27	0.34	14.99	16.17	17.29	17.97	0.13	21.82	23.02	24.12	24.80
总计	10.40	6.30	16.70	28.30	3.70	122.50	136.50	146.90	152.70	2.70	173.80	187.80	198.20	204.00

其中，农业需水量为 122.5 亿 ~ 152.7 亿 m^3，比 2008 年实际用水量多 11.9 亿 ~ 42.1 亿 m^3。考虑到农业用水量保证率不高，实际用水量小于水资源需求量。而该预测值小于预测基准年（2005 年）的农业需水量，认为该预测结果是合理的。

工业和建筑三产的需水量为 32.0 亿 m^3，比 2008 年实际用水量减少 7.3 亿 m^3。根据国内其他省区的经验，在快速工业化过程中，广东、江苏等丰水省份的工业用水量呈快速增长的趋势。广西的产业结构中，高用水的产业占主要部分，工业用水减少的可能性不大，故认为该预测值偏小。1999 年以来，西江经济带工业用水年增长率平均为 5.5%，按此趋势估计，2020 年需水量将达到 74.7 亿 m^3。此趋势与广东等省份的工业用水发展趋势

类似，但考虑到西江经济带（广西）处于西江上游，控制工业用水对于保障下游地区用水与水环境安全具有重要意义，应该加强节水管理，控制工业用水增长。按照年用水增长率2.5%估算，2020年需水量将达到52.8亿 m³，比上述预测值高20.8亿 m³。

生活需水量预测值为16.7亿 m³，比2008年实际用水量增加0.8亿 m³，增加趋势有所减缓。考虑到现状区内生活用水比较浪费，管网跑冒滴漏现象也较突出，在严格执行节水措施的基础上，达到上述目标是可能的。

综上所述，2020年西江经济带需水量为194.6亿~224.8亿 m³，比2008年实际用水量高27.3亿~57.5亿 m³，超过了现状供水能力，特别是枯水年有较大的缺口，将会威胁区域供水安全。由于用水增长的主要驱动力是沿江地区的工业发展与城镇化，未来用水增长将主要集中在沿江区域，特别是沿江城镇地区。

（三）沿江城镇与工业园区需水预测

由前述分析可知，未来西江经济带用水增长主要集中在沿江地区，特别是沿江城镇与工业园区。预测沿江集中供水区域的需水规模，可以为西江经济带供水保障体系建设提供科学依据。因此，参考自治区水利厅研究成果，针对33个沿江县级行政单元以及重要工业园区，预测了2020年水资源需求规模。

目前，沿江主要城镇供水基本实现自来水统一供水，各县（市、区）均建有一个以上的自来水厂，供水管网配套较完善。根据《广西城市（县城）建设统计年报》（2008年）等统计材料，参考有关规划研究成果，预计规划水平年各城区需水量如表4-8所示。预计沿江主要城镇用水量由现状（2008年）水平的10.6亿 m³增加到2015年的18.6亿 m³，2020年增加到20.9亿 m³，接近现状水平的2倍。现有沿江城市的供水能力基本不能满足上述需求，需要新建、扩建水厂保障城市水资源供应。

表4-8 沿江主要城镇水资源需求预测表

集中供水区域	供水现状（2008年）				需水量预测（万 m³/a）	
	建成区面积（km²）	用水人口（万）	年用水量（万 m³）	供水水源	2015年	2020年
南宁市区	179.06	197.21	33 058	郁江、天雹水库、岭村河水库	54 969	65 700
横县	26.85	11.1	1 276	郁江	5 001	5 475
隆安县	6.8	2.3	276	右江、那降水库	840	1 460
贵港市区	52.91	38.92	10 169	郁江、地下水、达开水库	16 425	18 615
桂平市	13.68	17.21	2 484	浔江、黔江	5 220	5 840
平南县	9.67	10.2	1 339	浔江	6 205	7 665
梧州市区	36.1	39.16	4 783	西江	12 885	12 958
苍梧县	8.5	7.93	725	西江	2 008	2 190
藤县	5.5	8.02	663	浔江	2 154	2 373
百色市区	31.74	17.28	4 191	右江、澄碧河水库	4 599	4 855

续表

集中供水区域	供水现状（2008 年）				需水量预测（万 m³/a）	
	建成区面积（km²）	用水人口（万）	年用水量（万 m³）	供水水源	2015 年	2020 年
田阳县	7.7	6.5	640	右江、百东河水库	1 533	1 643
田东县	8.85	7.56	1 258	右江、龙须河	1 825	1 935
平果县	17.6	10.00	1 090	右 江	2 446	2 592
来宾市区	22.67	13.4	1 811	红水河	8 140	9 855
凤凰新城	—	—	—		2 336	3 285
迁江新城	—	—	—		1 168	2 263
象州县	5.01	4.34	277	柳 江	1 132	1 168
武宣县	6.51	5.41	939	黔 江	1 570	1 570
柳州市区	126.88	154.41	37 147	柳 江	44 895	46 720
柳江县	8.95	4.9	1 264	柳 江	1 497	1 497
柳城县	5.66	3.51	731	柳 江	1 533	1 606
崇左市区	14.5	11.7	1 078	左 江	6 132	6 643
扶绥县	10.5	5.1	439	左 江	1 570	1 570
总 计	605.64	576.16	105 638	—	186 083	209 478

根据广西水利厅研究成果，沿江工业园区用水量也将有较大幅度增长（表 4-9）。2008 年，西江经济带工业园区供水量仅为 1.0 亿 m³（不包括个别城市供水管网供水量），2015 年将达到 6.4 亿 m³，2020 年达到 11.5 亿 m³。

表 4-9 西江经济带沿江重点工业园区需水量预测

行政区	工业园区名录	2008 年供水量（万 m³/a）	2015 年需水量（万 m³/a）	2020 年需水量（万 m³/a）
南 宁	横县南宁六景工业园区、隆安县南宁国家高技术生物产业基地宝塔医药产业园、隆安华侨管理区	—	4 563	10 914
贵 港	贵港（台湾）工业园、贵港江南工业园区、桂平市长安工业集中区	657	1 643	2 993
梧 州	苍梧工业园区、藤县工业集中区、广西梧州长洲工业园区、梧州东部产业转移园区长洲工业区、梧州港（赤水）工业园区、广西梧州工业园区、梧州市东部产业转移园区万秀区工业区	3 395	7 081	21 645
百 色	百色工业园区、平果工业区、百色市新山铝产业示范园、百色市桂明工业区、百色市右江区禄源工业园区、田东石化工业园区	2 665	10 731	19 528

续表

行政区	工业园区名录	2008年供水量（万 m³/a）	2015年需水量（万 m³/a）	2020年需水量（万 m³/a）
来 宾	象州县石龙工业集中区管理委员会、来宾市河南工业园、来宾市迁江华侨工业园、武宣工业园区、忻城县红渡工业园区	2 847	13 688	15 878
柳 州	柳江县新兴工业园、穿山片区、进德片区、柳城县工业区沙塘片区、柳城县工业区河西片区、柳城县工业区六塘片区、柳州市柳东新区、柳州市河西工业区、柳北区工业园区、柳州市阳和工业新区	—	19 301	27 189
崇 左	扶绥县广西中国—东盟青年产业园、崇左市城市工业园区、左江华侨经济区（工业区）、扶绥县城南工业集中区	—	7 300	16 589
合 计	—	9 563	64 306	114 734

三、水源地建设

（一）城市饮用水源地现状

1. 基本情况

根据有关调查，西江经济带内共有城市（含建制市和县城）饮用水源地71个（图4-11）。其中，河道水源地33个，占46.5%；水库水源地25个，占35.2%；地下水源地13个，占18.3%。

城市供水量以地表水为主，地下水为辅。地表水水源地供水量中，又以河道水源地为主，水库水源地为辅。2004年，城市饮用水源地实际供水量（城市和工业供水量）为29.02亿 m³，其中地表水供水量为27.67亿 m³，地下水供水量为1.35亿 m³。

2. 保障程度

由于西江经济带内水量丰富，水源地水量不安全问题并不突出。水源地水量不达标主要是受供水能力限制，如岑溪市义昌江饮用水源地，柳州市车辆厂水源地，柳铁二、三水源地，柳江县基隆地下水水源地。部分河道型小河流水源地枯水年水量较小，难以满足城市生活用水要求，如忻城县奇庚河饮用水源地、金秀县金秀河饮用水源地、上林县北仓河水源地、大新县桃城河水源地等。

整体上看，饮用水源地保护区河流长度比例有限，在县一级尺度上，水源地保护并不成为产业布局的限制因素。通过排污口与取水口的合理规划与布局，可以保障城市饮用水安全。

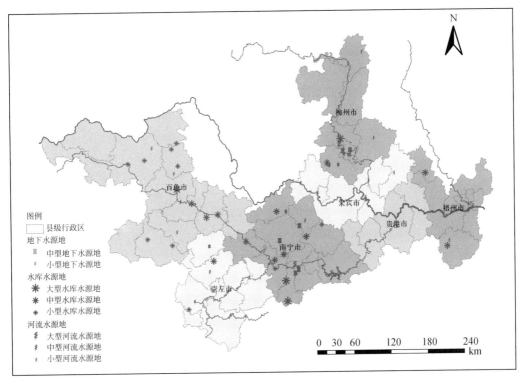

图 4-11 城市饮用水源分布

3. 应急及备用水源

根据《全国城市饮用水水源地安全保障技术大纲》，目前饮用水水源较为单一的城市，在连续干旱年、特殊干旱年及突发污染事故情况下风险程度高的地级行政区，应按照城市饮用水水源地安全应急控制预案，提出城市应急饮用水水源和储备水源工程建设项目。目前，西江经济带内城市多以地表水水源为主，供水水源单一，主要城市如南宁市、柳州市、梧州市、贵港市等，缺乏应急及备用水源，应对干旱与突发污染事故的能力较差。

（二）城市水源地安全保障体系

1. 地表饮用水源地保护

目前，西江经济带地表水饮用水源地水环境问题比较突出，应加强水源地保护，保障城市饮用水安全。主要对策是合理布局产业与排污口，改善饮用水源区水环境。对饮用水源区，实行优先保护，确保水源地的水质安全，从源头上杜绝污水入城。一是要保护好现有质量较好的水源地；二是要尽快恢复已被破坏、污染的水源地水环境。到 2020 年，城市主要供水水源地水质达标率达到 100%。

河流型饮用水水源保护区划范围：①若水源地所在水功能区为单一功能的饮用水功能区，则饮用水功能区全部水域为水源保护区；②若水源地所在水功能区是以饮用为主导功能的多功能型水功能区,取水口上游2～3km至下游100m的河道水域划定为水源保护区,在河网地区下游保护区范围适当扩大,再上溯2～3km为准保护区。

水库型饮用水水源保护区划范围:①对于小型水库,校核洪水位线以下划定为水源地保护区;②对于大中型平原水库,水库库区居民迁移线以下划定为保护区,校核洪水位线以下的区域为准保护区;③对于大中型山区水库,水库库区居民迁移线以下划定为保护区,水库周边山脊线以下的区域划定为准保护区;④对于大型水库,水源地所在饮用水功能区对应的范围和其对应的湖岸外延1km所包含的区域为保护区,保护区范围外延3～5km为准保护区。

在饮用水源地一、二级保护区内,严禁设置或扩大排污口。并实施强制性的保护工程措施:如对以江河为饮用水源的保护区,实施排污口整治封闭和导截污工程和水源区卫生带建设(如护岸、绿化、挡污墙);对以水库为水源的保护区,要限制旅游开发、控制水产养殖和实施卫生防护带工程;对以地下水为饮用水源的保护区,实施废井、沟坑的回填工程及补源保洁工程措施等。

2. 饮用水水源建设工程

按照"饮用水优先,优水优用;供水先地表水,后地下水"的原则,调节水源地功能,统筹安排城市水源的工业、农业等其他用水,优化城市现有水源地功能配置方案。对于水质合格的水源地,主要措施是以优水优用为核心的水源地功能转变,以及取水口改扩建工程。对于水源地水质不合格的,确有需要时可新建水源地,保障城市供水,如规划兴建黄华河泗滩水库供水工程,保障岑溪市供水安全。

为保障城市供水安全,对于供水水源单一的重要城市,建立多水源组合的供水系统格局。如南宁市规划采用那板、凤亭河、屯六、大王滩水库联合供水。主要新建、拟建工程如下。

南宁市:建设阳明工业园区大王滩水库供水工程,近期供水规模为10万m^3/d,其中城市年综合生活供水量为235万m^3;远期供水规模为30万m^3/d,其中城市年综合生活供水量为626万m^3,工程总投资为6855万元,目前取水、净水工程已在建。远期建设那板、凤亭河、屯六、大王滩水库联合向南宁供水工程,供水规模为115万m^3/d。

柳州市:兴建古偿河水库供水工程为柳州市官塘新区、鹿寨县县城供水,引提水规模为2.42万m^3/d。

贵港市:拟建达开水库供水工程,引提水规模为3.5m^3/s。

崇左市:拟建客兰水库供水工程,年引提水量为9800万m^3。

岑溪市:兴建黄华河泗滩水库替代水源供水,供水规模为13.5万m^3/d。

宾阳县:兴建宾阳清平水库供水工陈塘关,引提水规模为0.35m^3/s。

3. 应急及备用水源地体系

建设城市备用水源,改变以往一个水系、一个水库、一条河道单一向城市供水的旧模式,保障连续干旱年、特殊干旱年及突发水污染事故下的城市供水安全。到2020年,重要城市应急水源储备能力显著提高,应急供水保障体系基本形成(图4-12)。

南宁市：以南宁市近郊的天雹水库、龙潭水库、西云江水库、峙村河水库等作为南宁市应急补充水源。大王滩水库现状为南宁市吴圩组团的供水水源，规划大王滩水库与凤亭河屯六水库、那板水库联合供水作为南宁市第二供水水源和战备水源。

柳州市：柳州市地下水储量丰富，补给条件较好，市区以开采岩溶水为主，拟以柳州市车辆厂水源地、柳铁二、三水源地、柳州锌品厂水源地、柳州工程厂水源地等地下水源地作为柳州市应急补充供水水源，可提供城市生活供水量 6.4 万 m³/d。沙埔河水库作为应急储备水源，贝江落久水库作为储备水源。

梧州市：规划新建长洲供水工程作为梧州市应急储备水源。

贵港市：采用达开大型水库作为贵港市备用水源。

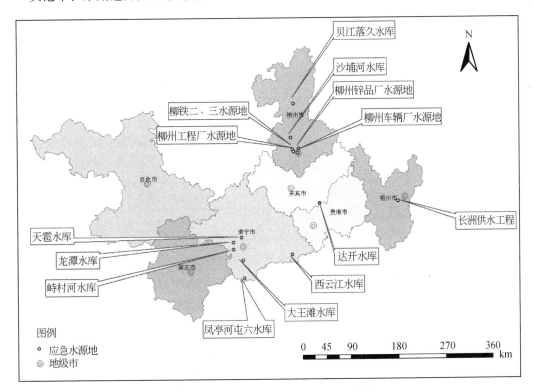

图 4-12 重要城市应急与备用水源地体系
那板水库位于西江经济带范围外，图中未标出

4. 饮用水水源地安全应急管理

城市供水系统主要存在水量和水质两种应急类型。水量应急类型包括气候干旱和工程事故两种。前者是由于特大干旱或连续干旱气候导致城市饮用水水源地来水量不足，这种类型具有一定持续时间，应着重提高预见性和储备量；后者是考虑战争、恐怖袭击、地震等人为因素或自然灾害所造成的突发性应急，一般难以预料，但持续事件较短。水质应急类型包括污染型和突发卫生事故型。根据自然因素和人为因素的严重程度来划分城市供水预案级别如表 4-10 所示。

表 4-10　城市供水应急预案级别划分

状　态	级　别	判定具体标准
基本应急状态	一级：黄色	1. 出现连续 3 个干旱年，地表水源地蓄水量基本不能满足供水量
		2. 发生 6 级以下地震，供水系统设备受到破坏，部分地区短时间停水
		3. 水源水质受到轻度污染，即水中出现轻度异味，主要感官指标超过 1 倍以上
紧急应急状态	二级：橙色	1. 出现连续 3 以上干旱年或特殊干旱年，地表水源地蓄水量不能满足供水量
		2. 发生 6 级以上地震，水源地受到破坏，供水系统设备受到严重破坏
		3. 水源地水质受到严重污染，水源地水体为Ⅴ类，水厂出水水质无法满足要求
		4. 洪水破坏水源地的工程
		5. 战争、恐怖袭击、企业排污、交通事故、人为投毒等突发性事件造成的水源地破坏
极端应急状态	三级：红色	1. 出现特别重大干旱年，地表水源地蓄水量严重不足
		2. 地震灾害造成多个水源地无法供水
		3. 多个水源地水质受到严重污染，有毒指标超过国家饮用水水质标准
		4. 洪水破坏多个水源地的工程
		5. 战争、恐怖袭击、企业排污、交通事故、人为投毒等突发性事件造成多个水源地破坏

在水资源出现短缺、供水紧急状态下，应遵循"先生活、后生产"的原则，首先保证城市居民生活需要，维护社会安定，保障基本生活供水；其次是保证居民必需品的生产供水；再次保证城市支柱产业的重点工业用水。

在发生供水不足事件时，应降低用水标准进行供应，实行限额供水，对公共场所供水实行总量控制，努力降低用水定额，减少用水量。停止高用水行业供水，适当压缩工业用水，削减农作物灌溉用水量。利用地下水含水层多年调节能力强的特点，适当增加地下水开采量。

西江经济带重要城市南宁市、柳州市、梧州市、贵港市的饮用水水源地安全供水应急预案如表 4-11 所示。

表 4-11　重点城市饮用水水源地安全供水应急预案

城市名称	基本应急预案	紧急应急预案	极端应急预案
南宁市	1. 采取邕江水源地与大王滩、那板、屯六水库联合供水 2. 降低用水标准	1. 紧急动用周边天雹水库、龙潭水库、峤村水库向城市应急供水 2. 紧急启动封存井、自备井、新建井供水 3. 封闭部分高用水行业、建筑业、洗浴、洗车耗水大户	1. 地表水均被破坏，加大地下水水源地的开采量，深井水厂全部启动，启动封存井、新建井、企业自备井，全部应用城市居民生活用水 2. 协调邻近城市调运桶装水、矿泉水、纯净水

续表

城市名称	基本应急预案	紧急应急预案	极端应急预案
柳州市	适当调整部分工业用的地下水为饮用水	1. 紧急调整地下水水源地的供水结构，适当加大地下水开采量，全部应用于城市居民生活用水 2. 及时动用沙埔河、落久水库应急储备水源，满足城市居民饮用水	1. 进一步压缩其他用水 2. 地下水全部应用城市居民生活用水 3. 及时从邻近城市运输饮用水，建设储备水站
梧州市	桂江、浔江水源地同时发生突发性污染事件的概率较小，当某一水源地出现污染事故，加大另一水源地供水量	1. 启用长洲应急储备供水工程 2. 加大浔江或桂江水源地供水量	1. 加大桂江或浔江水源地供水量 2. 及时从邻近城市运输饮用水，建设储备水站
贵港市	采用郁江水源地与达开水源地联合供水	1. 采用郁江水源地与达开水源地联合供水，必要时可以动用达开水库的死库容 2. 适当关闭高用水企业 3. 开采地下水，启用应急储备水源	1. 进一步压缩其他用水指标 2. 启动封存井、新建井、企业自备井，全部应用城市居民生活用水 3. 及时从邻近城市运输饮用水，建设储备水站

四、水资源配置与节水型社会建设

（一）供水工程建设

供水工程包括西江经济带沿江主要城市及沿江工业园区的供水，主要建设内容为新建（扩建）水源工程、输水工程、水处理工程、管网及配水等部分（图4-13）。

1. 南宁市

南宁市供水工程主要包括南宁市大沙田供水扩建工程、大王滩水库向明阳工业区供水工程、大王滩水库向南宁市供水第二水源工程和凤亭河水库向南宁市供水第二水源工程。其中南宁市大沙田供水扩建工程为城区供水，供水规模为13万 m^3/d，主要建设内容为新建取水、净水建筑，管网更新改造；大王滩水库向明阳工业区供水工程供水规模为10万 m^3/d，主要建设内容为新建取水、净水建筑，管网铺设；大王滩水库向南宁市供水第二水源工程和凤亭河水库向南宁市供水第二水源工程主要建设内容为管网铺设。

2. 贵港市

贵港市供水工程主要包括达开水库向贵港城区供水工程、贵港市江南工业园区供水工程、贵港（台湾）工业园供水工程、桂平市长安工业集中区供水工程、桂平市备用水源金田水库向城区供水工程、平南县备用水源东平（白竹）水库向城区供水工程。其中达开水

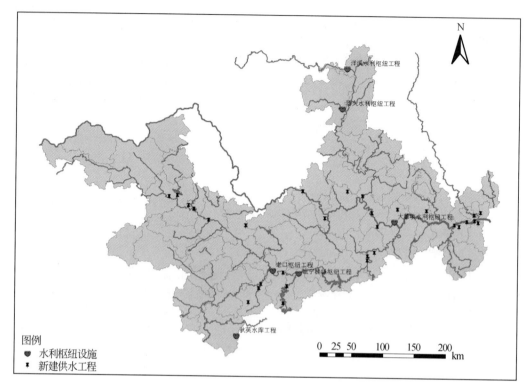

图 4-13 水利枢纽与供水设施位置图

库向贵港城区供水工程供水规模为 25 万 m^3/d，主要建设内容为新建水厂及一个长 30.8km 的引水隧洞等；贵港市江南工业园区供水工程供水规模为 5 万 m^3/d，主要建设内容为新建取水泵房、净水厂、长 20km 的管道；贵港（台湾）工业园供水工程主要建设内容有新建取水泵房、净水厂、管道等；桂平市长安工业集中区供水工程主要建设内容为新建取水泵房、净水厂、管道等；桂平市备用水源金田水库城区供水工程供水规模为 15 万 m^3/d，主要建设内容为长 35km 的输水管以及输水配水管路、旧管更新改造等；平南县备用水源东平（白竹）水库城区供水工程供水规模为 15 万 m^3/d，主要建设内容为东平（白竹）水库水源地保护、长 13.8km 的输水管、三大池、水塔以及城区输水配水路网建设等。

3. 梧州市

梧州市供水工程主要包括梧州工业园区供水工程、梧州承接东部产业园区万秀工业区供水工程、梧州承接东部产业园区长洲工业区供水工程、藤县赤水港口工业园区供水工程、藤县潭东工业园区供水工程、藤县日供 5 万 t 供水工程、苍梧工业园区供水工程、苍梧社学工业集中区供水工程、苍梧县水厂提水管道工程。其中梧州工业园区供水工程、梧州承接东部产业园区万秀工业区供水工程、梧州承接东部产业园区长洲工业区供水工程等 3 个供水工程供水规模分别为 5 万 m^3/d、3 万 m^3/d、7 万 m^3/d，主要建设内容为供水管网延伸；藤县赤水港口工业园区供水工程供水规模为 3 万 m^3/d，主要建设内容为抽水设施、反应池、沉淀池、快速滤池、清水池、输水管、供水管铺设等；藤县潭东工业园区供水工程供水规模为 5 万 m³/d，主要建设内容为抽水设施、反应池、沉淀池、快速滤池、清水池、输水管、供水管铺设等；苍梧工业园区供水工程供水规模为 5 万 m³/d，主要建设内容为管网延伸；苍梧社学工业集中区供水规模为 2 万 m³/d，主要建设内容为管网延伸。

4. 百色市

百色市供水工程主要包括澄碧河水库至城东水厂供水工程、百色水利枢纽至东笋水厂供水工程、田阳百东河水库向田阳县城供水一（二）期工程、右江河抽水至百色新山工业园给水工程和田东县龙须河水库向县城供水扩建工程。其中澄碧河水库至城东水厂供水工程供水规模为 15 万 m³/d，主要建设内容为在现有城东水厂厂区内新建一组日处理规模为 15 万 m³/d 的净水构筑物，管路 9.3km；百色水利枢纽至东笋水厂供水工程供水规模为 10 万 m³/d，主要建设内容为新建净水厂，配套管网 16km；田阳百东河水库向田阳县城供水一（二）期工程主要建设内容为新建净水厂及配套管网建设；右江河抽水至百色新山工业园给水工程供水规模分别为 8 万 m³/d，主要建设内容为新建净水厂，配套管网 16km；田东县龙须河水库向县城供水扩建工程主要建设内容为新建净水厂及配套管网。

5. 来宾市

来宾市供水工程主要包括来宾市迁江工业园区供水工程、来宾市凤凰工业园区供水工程、象州县石龙工业区供水工程、武宣县自来水厂扩网、合山市里兰矿区饮水工程、忻城县红渡工业园区供水工程，其中来宾市迁江工业园区供水工程供水规模为 12 万 m³/d，主要建设内容为供水管路、水处理系统等；来宾市凤凰工业园区供水工程供水规模为 8.5 万 m³/d，主要建设内容为供水管路、水处理系统等；象州县石龙工业区供水工程为用水续建工程，主要建设内容为供水管路、水处理系统等；武宣县自来水厂扩网工程供水规模为 11.4 万 m³/d，主要建设内容为供水管路、水处理系统；合山市里兰矿区饮水工程主要建设内容为提水站、净水厂、加压站、供水管网建设等；忻城县红渡工业园区供水工程为工业园区用水续建，主要建设内容为供水管路、水处理系统等。

6. 柳州市

柳州市供水工程安排有柳州市官塘新区古偿河水库供水工程，其建设内容主要为新建古偿河水库及相应供水管路向柳州市官塘新区供水，供水规模为 40 万 m³/d。

7. 崇左市

崇左市供水工程主要包括扶绥县城区供水工程、扶绥县汪庄河向扶绥县南城区供水工程、客兰水库向崇左市供水第二水源工程。其中扶绥县城区供水工程供水规模为 7 万 m³/d，主要建设内容为新建取水泵房、净水工程及输配水管网；扶绥县汪庄河向扶绥县南城区供水工程供水规模为 8.6 万 m³/d，主要建设内容为新建拦河坝、引水渠道等；客兰水库向崇左市供水第二水源工程主要建设内容为新建取水泵房、净水工程、输配水工程等。

(二)灌区工程建设

1. 右江灌区续建配套与节水改造工程

右江灌区位于右江河谷盆地,涉及百色市田阳、田东2县6镇共60个村,总土地面积为467km^2,现有耕地面积为34.2万亩。灌区地势开阔平坦,耕地集中,土地肥沃,是百色地区最大的商品粮基地和蔬菜基地,建成有国家级的百色市现代农业科技园区,在保障地方粮食安全自给、促进农村社会经济发展方面起到了重要的作用。

右江灌区设计灌溉面积为32.56万亩,现状有效灌溉面积为23.35万亩。主要水源工程有百东河水库,磺桑江及龙须河引水工程,节水配套的28座小型水库以及6个以右江干流为水源的电力补水站,形成以百东河水库渠系为主,贯通全灌区的蓄、引、提相结合灌溉的渠系网。由于右江灌区工程建设初期受历史条件限制,工程建设标准较低、渠系配套不够完善、防渗率低,加上40多年的运行,工程老化严重,实际灌溉面积逐渐减少,严重制约了灌区的农业经济发展。1996年起右江灌区逐步开展续建配套与节水改造建设,灌区的工程状况和管理条件得到了明显改善,但灌区现状有效灌溉面积与设计灌溉面积仍有一定差距。

右江灌区2009~2020年续建配套与节水改造的重点是:对影响输水安全的干支渠崩塌、淤积渗漏老化等现象严重的地段进行续建配套,衬砌干支渠205.77km,配套渠系建筑物623座;配套已加固防渗渠道下游的部分田间工程,实施节水灌溉面积16.34万亩。工程实施后,灌区渠系水利用系数可由现在的0.55提高至0.60,灌溉水利用系数由0.50提高至0.54,灌区有效灌溉面积达到设计的32.56万亩,较现状新增6.7万亩,改善灌溉面积17.9万亩,年新增粮食产能0.13亿kg。

2. 桂中治旱乐滩水库引水灌区工程

乐滩水库引水灌区是《广西增产50亿斤粮食能力建设工程规划》中的重点水利工程,也是水利部《加快灌区建设保障粮食安全近期重点建设规划》中确定的9个新建灌区之一。工程地处广西中部地区,位于红水河中下游两岸,涉及来宾市的忻城县、兴宾区、合山市和南宁市的宾阳县。灌区总人口123.51万,现有耕地面积157.43万亩,是广西粮食和甘蔗的主要产区,在全区经济社会发展中占有重要地位。

以来宾市兴宾区为中心的桂中治旱乐滩水库引水灌区,既是广西重要产粮和产糖基地之一,又是广西最干旱的地区。该地区属桂中典型干旱区,岩溶发育,土层薄,保水性能差。红水河河谷深切,开发利用困难,耕地灌溉率低,农村饮水安全问题突出。随着乐滩水电站的扩建,正常蓄水位由94.3m提高到112m,为该地区发展自流灌溉创造了良好的条件,可扩大灌区水稻种植面积和有效提高单位面积粮食产量,同时还可以解决当地农村人畜引水安全和城镇供水问题,为当地农业发展提供保障,促进灌区的良性循环和经济发展。

工程开发任务是以农业灌溉为主,兼顾农村人畜饮水和城镇供水,并为改善生态环境创造条件。灌区规划总灌溉面积为128.79万亩,其中总干渠灌溉6.42万亩,南干渠灌溉

74.11万亩，北干渠灌溉48.26万亩；计划解决农村及乡镇71.26万人的饮水困难，城市供水人口56.78万。工程实施后可以新增灌溉面积55.17万亩，恢复灌溉面积40.11万亩，改善灌溉面积23.07万亩，每年可增产粮食2.69亿kg。旱片主要供水水源为乐滩水库引水，设计引水流量为70m³/s，多年平均引水量为8.12亿m³，最大年引水量为12.51亿m³。灌区多年平均供水量为10.45亿m³，其中农业灌溉供水量7.91亿m³，城镇及农村人畜供水量2.54亿m³。

3. 大藤峡灌区

大藤峡灌区范围包括上游受大藤峡水库正常回水影响，且灌溉水源以提取水库水为主的区域，下游为需要引用大藤峡水库水进行自流灌溉的区域，共涉及3个地级市的8个县（市、区），即下游贵港市的港北区、桂平市、平南县，上游来宾市的武宣县、兴宾区、象州县，柳州市的柳江县、鹿寨县。灌区涉及县市总土地面积22 087km²，总人口643万，耕地面积645.8万亩。大藤峡水库建起来后，为库区提水提供了较稳定的水位，减少了提水扬程，节省了灌区运行费。同时，通过建设大藤峡灌区可以抵消水库淹没对当地粮食生产的影响，保障灌区粮食安全。

灌区主要由现有达开灌片、金田灌片、石祥河灌片等10个万亩以上灌片及小于万亩以下的众多小灌片组成。总规划灌溉面积为136.66万亩，其中坝址以上提水灌溉面积为49.81万亩，坝址下游自流灌溉为86.85万亩。工程实施后，可新增灌溉面积21.82万亩，恢复灌溉面积46.66万亩，改善灌溉面积13.36万亩，每年可增产稻谷17.2万t，增产甘蔗57.2万t。

根据区域农业发展规划，大藤峡灌区农作物以种植双季水稻为主，经济作物中以种植甘蔗为主，其他旱作物有玉米、薯类、豆类等。灌溉设计保证率为5%，灌溉水利用系数根据灌片具体情况采用0.5~0.6。经计算，85%频率设计枯水年灌区总需水量为13.42亿m³，其中农业灌溉需水9.64亿m³，农村人畜需水为1.95亿m³；大藤峡水库相应补水量为6.28亿m³，满足设计保证率要求。

灌区现有干、支渠的现状布置已比较合理，只需进行适当的节水改造工作，以提高渠系水利用系数。同时根据灌溉面积的新增情况，对一些渠道进行适当的延伸或新增一些渠道，规划干支渠道总长为1190.93km。其中新增渠道长93.73km，防渗衬砌原有的干支渠道共计1097km，为向下游达开、金田两个自流灌片补水，规划新建引水工程有两处，其中：达开引水隧洞取水口位于库区大湾肚（十八林场），设计引水流量为0.5m³/s，全长为4.95km，补水入达开东干渠；金田引水隧洞取水口位于大藤峡水库南木副坝，设计引水流量为8.4m³/s，全长19.5km，补水入金田南干渠。上游提水灌片主要恢复万亩以上提水灌片共8个，总装机容量为1.194万kW，总提水流量为21.17m³/s（一级站），其中改扩建总装机0.811万kW，新增装机0.383万kW。

4. 左江流域抗旱灌溉工程

崇左市左江流域抗旱灌溉区位于广西西南部，范围涉及崇左市所辖7个县（市、区），总面积为1.55万km²，耕地面积为356.28万亩，总人口为208.83万，旱片规划灌溉面积

159.17万亩,其中自流灌溉123.07万亩,提水灌溉36.10万亩,灌区经济社会发展总需水量为14.29亿m³,其中农业灌溉需水量11.54亿m³,生活和工业需水量2.75亿m³。现有工程总供水能力仅为0.349亿m³,对现有工程进行续建配套,规划兴建驮英、那河、那加等水库为新的供水水源工程,与原有工程续建配套后实行统一调度供水,供水能力可增加至14.98亿m³,可满足旱片供水保证率要求。

(三) 缺水地区水资源配置

西江经济带缺水问题较突出的地区有桂中干旱区、桂西南干旱区、桂西北石山区,根据各区水资源及开发利用条件、存在问题及开发利用目标,提出水源工程布局及水资源配置方案如下。

1. 桂中干旱区

该区包括来宾市、柳州市、南宁市、贵港市,涉及红水河下游区、柳江下游区。该区范围广,面积大,降水量相对较少,蒸发量大,灰岩地貌分布广,土层薄保水性能差,是历史上干旱缺水较为严重的旱片。该区有红水河、柳江等河流通过,可供开发利用的过境水资源量充足。

应进一步提高流域水资源开发利用程度,进行控制性骨干工程布局。结合乐滩、大藤峡等大型水利水电工程的建设,兴建乐滩水库引水灌区工程;对现有灌区进行续建配套及节水改造建设,改善桂中旱区粮食主产区的灌溉用水。积极发展生态农业,改进耕作方式,调整农业种植结构,恢复原灌区灌溉规模。

2. 桂西南干旱区

桂西南干旱区位于广西西南部,基本涵盖崇左市所辖7个县(市、区),涉及左江中下区。该区为广西三大降水低值区之一,蒸发量大,岩溶地貌面积约占旱片总面积的67%,土层薄,保水性能较差,控制性调节供水工程少,干旱缺水较为严重。区内贯穿左江干支流,形成网状分布。人均水资源量为4540m³(不含过境水),人均耕地面积为1.82亩,可供开发利用的水土资源较丰富。规划新建崇左市左江流域抗旱灌溉区,对原有水源工程和灌区渠系工程进行加固续建配套与节水改造,在供水能力不足地区,规划布置新的供水水源工程,形成以蓄、引、提水相结合的水利工程网络和统一调度配置的供水系统,提高灌区的供水能力和供水保证程度,从根本上改善该区的生活、生产和生态用水需求,为桂西南地区经济社会持续协调发展提供供水安全保障。

3. 桂西北石山区

该区涉及百色市、崇左市、柳州市、南宁市,位于红水河中上游、柳江中上游、左江、右江。工业布局以百色市、崇左市为中心。百色市将建设成为广西新兴工业基地和中国乃至亚洲重要的铝工业基地;崇左市则重点发展锰业、制糖等资源型加工制造工业。

桂西北石山地区岩溶发育,土层薄,涵养保水性差,河谷深切,形成山高水低,地表径流缺失，地下水深埋，长期以来缺水问题较突出，生态环境脆弱，人畜饮用水较困难。受地形地质条件限制，水资源开发利用比较困难。该区水资源配置的重点是解决生活、生产用水难题，通过兴建一批雨水集蓄工程及小提水、小引水、山塘等一批适合石山地区地形、地质条件的小型水源工程，缓解石山地区的干旱缺水问题。兴建桂西铝供水水源工程，满足重点工业发展要求，不宜再发展高耗水工业。

（四）节水型社会建设

1. 农业节水

以提高灌溉水利用效率为核心，结合新农村建设，调整农业种植结构，优化配置水资源，加快建设高效输配水工程等农业节水基础设施，对现有大中型灌区进行续建配套和节水改造，推广和普及节水技术，优先在粮食主产区、严重缺水地区以及生态脆弱地区发展节水灌溉和开展旱作节水农业示范试点。到2020年，渠系水利用系数不低于0.55，灌溉水有效利用系数不低于0.5，西江经济带平均综合亩均毛灌溉用水量降低至850m^3。

优化农业种植结构。根据水资源承载能力，与生态建设相协调，合理安排作物种植结构和发展灌溉规模，优化农业产业结构和布局，发展高效节水农业和生态农业。水资源短缺地区要严格限制和压缩高用水、低产出作物种植面积，优先发展旱作节水农业，积极培育和推广耐旱的优质高效作物品种，发展雨热同期作物。

加快大中型灌区节水改造。推进大型灌区的节水改造，逐步开展中型灌区的节水改造。重点解决骨干工程老化失修、渠系不配套、渗漏损失严重等问题。开展大中型灌区田间工程节水改造，提高用水效率。

加大田间节水改造力度。大力发展田间渠道防渗和管道输水，因地制宜发展喷微灌等节水灌溉工程，水稻区全面推广"薄浅湿晒"科学灌溉方式。研究开发和推广耐旱、高产、优质农作物品种，提高田间用水效率。推广使用高效、无污染的绿色肥料，减少农业面源污染。

大力发展旱作节水。在丘陵、山区和干旱地区因地制宜建设水窖、水池、水柜、水塘等小型集雨工程。扩大节水作物品种和种植面积，努力缓解旱作区水资源供需矛盾。

积极推行村镇集中供水和农村生活节水。针对村镇居民用水分散、农产品加工工艺简单、村镇供水设施简陋、饮水安全保障程度低、用水效率低等特点，积极推行村镇集中供水，保障饮水安全，推广家用水表和节水器具。结合新农村建设，推进农村生活垃圾及污水处理，加强农村水环境保护。

2. 工业节水

重点抓好火力发电、石油石化、钢铁、纺织、造纸、化工、食品等高用水行业的节水工作。在合理调整布局、加快产业结构调整、严格市场准入及限制高消耗、高排放、低效率、产能过剩行业盲目发展的同时，通过用水计划管理，加强总量控制、定额管理、系统节水改造及非常规水源利用等措施，降低工业企业单位产品取水量。新建工业企业要按照高标准节水要求建设，严格水资源论证。现有的企业要结合技术改造对系统用水进行改造，淘汰落后的用水技术设施。要严格按照国家有关标准配备符合要求的用水计量器具，加强水计量数据的应用与管理，减少废水排放，提高水资源利用效率。到2020年，工业用水重复利用率提高至85%，间接冷却水循环利用率达到95%以上。

火电行业。火力发电厂建设向水资源丰富地区转移。鼓励使用矿井水、再生水等非常规水源替代取用新水。推广浓浆成套输灰、干除灰、冲灰水回收利用等节水技术和设备。

石化行业。重点是系统节水改造，回收工艺冷凝水、蒸汽凝结水，减少循环冷却补充水。推广串级用水或处理净化回用技术。开发循环冷却水高浓缩技术等。

钢铁行业。提高废水处理回用能力、实施系统节水技术改造、利用非常规水源替代新水；推广干法除尘、干熄焦等节水工艺技术，有条件的企业实现废水"零排放"。开发和推广高氨氮及高COD等废水处理及含油（泥）、高盐废水处理回用和酸洗液回收利用技术。

纺织行业。推广喷水织机节水技术、棉纤维素新制浆工艺节水技术，及逆流漂洗、印染废水深度处理回用、缫丝废水循环利用、一浴法工艺、冷轧堆一步法工艺、生物酶处理技术、超柔软新型涂料印花等技术。缺水地区严格限制建设以漂洗、印染为主的产业。

造纸行业。完善原料洗涤水循环使用系统，推广应用制浆封闭筛选、无氯漂泊、中浓操作工艺、纸机白水回用、生化处理后污水回用等技术，以及超效浅层气浮白水回收、多圆盘白水回收等技术和工艺。

化工行业。发展、推广循环用水系统，串联用水系统、再生水回用系统、水处理技术和药剂、高效冷却节水技术，以及化肥、氯碱、纯碱等行业节水工艺技术，提高水的重复利用率。

食品行业。推广高效循环冷却水处理技术、敞开式循环冷却水系统、原麦汁一般冷却节水技术、二次蒸汽回收利用技术，并根据不同产品和不同生产工艺，开发干法、半湿法和湿法制备淀粉取水闭环流程工艺。

3. 城市节水

继续开展"节水型城市"创建工作，强化城镇用水管理。全面实行用水总量控制和定额管理制度，推广使用生活节水器具和减少输配水、用水环节的跑、冒、滴、漏。到2020年，供水管网漏失率控制在13%，城市生活节水器具普及率要达到90%以上，城镇居民人均生活用水量控制在174L/d。

加强城镇建设项目监督管理。合理进行城镇建设布局，加强城镇建设管理，根据水资源承载能力合理确定城镇规模和产业结构，缺水地区要控制城镇发展规模。加强建设项目的监督管理，节水设施要与主体工程同时设计、同时施工、同时投入使用，用水单位用水计划到位、节水目标到位、节水措施到位、管水制度到位。

加快城市供水管网改造。发展城市供水管网优化配置建造设计技术，采用工程优化技术和数值模拟方法，统筹传统清水系统和再生水输配系统，科学制定和实施管网改造技术方案，减少供水系统漏损。加大新型防漏、防爆、防污染管材的更新力度。发展用水远程计量技术，防止和严惩盗水行为。完善管网检漏制度，推广先进检漏技术，提高检测手段，降低供水管网漏失率。

推广建筑中水利用。推广城市建筑的中水利用技术，制定促进中水利用的政策。在缺水城市建设一批单体建筑和居民小区中水利用的示范工程，推广公共建筑、小区住宅循环用水技术。

加强供水和公共用水管理。加强用水定额制定工作，逐步扩大计划用水和定额管理的实施范围，依法完善计划用水管理，逐步实现用水总量控制、用水计划分解、超定额计划加价。发展城市公共供水和城镇密集地区的区域供水，加强公共用水管理，城市公共供水管网覆盖的区域要逐步关停自备井。缺水地区严禁盲目扩大用于景观、娱乐的水域面积，合理限制洗浴、洗车等高用水服务业用水，对非人体接触用水强制实行循环利用。落实政府机构节约用水的责任制和有效监督制度。

全面推广节水器具。积极组织开展节水器具和节水产品的推广和普及工作。政府机关、商场宾馆等公共建筑要全面使用节水型器具。新建、改建、扩建的公共和民用建筑，禁止使用国家明令淘汰的用水器具。引导居民尽快淘汰现有住宅中不符合节水标准的生活用水器具。

4. 非常规水源利用

在科学合理开发利用地表水、地下水的同时，开发利用再生水、雨水、矿井水等非常规水源，增加可供水量，缓解水资源瓶颈制约。

再生水回用。污水处理回用，既要重视对污水进行处理，降低其对环境的压力，又要重视其资源价值，开辟"第二水源"。对于建设规模较大的住宅小区项目，必须要有污水处理循环用水系统配套，同时设计、同时施工、同时使用，对于规模较小的、离现有城市污水处理厂较远的小区建设项目，鼓励开发商可采用就近联合、按投资比例共同出资建立污水处理循环系统，集中处理污水的治污方案，或依附于周边已有该系统的开发小区，从而达到治污和中水的充分利用、节约用水的目的，同时减轻政府在治污投资方面的压力。

雨水集蓄利用。在百色及桂中部分山区实施雨水集蓄利用项目，主要是兴建地头水柜工程，解决贫困山区粮食生产和种植结构调整补充灌溉用水，适当兼顾解决人畜饮水。

矿井水利用。根据各矿区周围环境的客观需要，确定矿井水用途，把矿井水利用与矿区及周围生活、生产和生态用水有机结合。修建引水灌溉水渠、储水池和提水引水工程，分别用于农田灌溉和矿区水库水量的补充；通过技术处理后作为工矿企业的生产用水、选矿厂选矿用水、砖厂制砖用水、绿化用水等，有条件的将作为矿区职工生活用水；新建处理矿井水净化水厂，最大限度地减少矿井工业废水排放所造成的污染等。

5. 节水制度建设

（1）加强水资源统一管理

节水型社会建设的核心是制度建设，前提是水资源统一管理。目前，水资源管理、防洪、城镇供水、排水、污水处理、中水回用、水环境管理等涉水管理职能由不同部门来行使，各部门之间尚未建立完善的协调机制，不利于节水型社会建设，需要建立水资源统一管理体制。

积极推进水务管理体制改革。深化水务管理体制改革，是推进节水型社会建设的根本要求。要建立政企分开、政事分开、政资分开的水务管理体制,明确政府、国有水管单位和社会中介组织在水务管理中的职责,逐步推行水源建设、城镇供水、污水处理和中水回用相结合的建设经营模式,推进水资源的可持续利用。要明晰初始用水权,建立水权交易市场。

(2) 建立水权管理制度

建立健全节水权管理制度和初始水权制度,强化宏观用水控制和微观定额管理,合理制定水价和水资源费标准,充分发挥经济杠杆作用,促进节约用水,提高水资源利用效率和效益,努力建成生态节水防污型社会。

(3) 建立健全用水总量控制和定额管理制度

各市用水总量指标根据全区各市用水总量、多年平均可利用水资源量(包括外调水量)、现状用水量、人口、经济规模、经济结构和经济发展态势等因素,统筹考虑确定。一般情况下,按照75%保证率下的可供(可开采)水量确定各分区的用水总量控制指标,同时根据当年的水资源量变化情况对年度用水计划进行适度调整。各行业、各灌区、自来水企业、自备井用水总量控制指标根据区域用水总量、行业用水定额和提供的产品或服务的数量测算,进行综合平衡后确定。宏观用水总量控制指标通过层层分解,明确到各市、县、乡镇、灌区、用水户,做到层层有指标,对各级用水总量进行控制。

(4) 健全水资源论证、取水许可和水资源有偿使用制度

贯彻落实《取水许可和水资源费征收管理条例》,健全取水许可制度,加强取水许可制度的监督和管理,加强取水管理,根据区域的可供水量核定许可水量。

修订完善水资源费征收使用管理办法,提高水资源费标准,扩大水资源费征收范围,提高水资源费在水价中的比重。针对不同用水对象实施差异化水价政策,对用水浪费、污染严重等社会成本较高的用水户,实行阶梯式水资源费,制定更加严格的收费标准。

(5) 建立健全科学的水价制度

加快水价改革步伐,逐步建立促进节水的水价形成机制。按照"定额用水、差别水价、超额累进加价"的原则,逐步提高水价水平,居民生活用水实行阶梯式计量水价,工农业生产用水根据用水定额和用水计划,实行定额内用水平价、超定额超计划用水累进加价。合理确定和调整回用水价格,促进中水回用和再生水利用。

(6) 建立节水产品认证与市场准入制度

建立节水产品认证和市场准入制度。并不断完善节水设备产品目录,在投资和税收上采取优惠政策,鼓励生产、销售和使用节水设备。完善民主决策、民主管理、民主监督制度,参与用水权、水价、水量的分配、管理、监督。

五、政策建议与工程保障

(一) 主要建议

西江经济带人均水资源量为3405m^3,空间分布较均衡,水资源条件优越。但区内城市供水水源单一,缺乏第二水源地和应急水源地,供水体系存在隐患。区内河流环境容量

较大，但高污染产业偏多，且生活污水处理设施建设滞后，导致局部河段水环境不达标，水源地水质问题比较突出。

西江经济带主要城镇与工业园区大多沿河流分布，水资源供给与水环境容量对人口集聚、产业发展的制约程度较低，具备适度发展高用水、高排放产业的条件。

根据发达国家和国内发达地区的经验，预计未来用水增长主要集中在沿江城镇，以工业用水增长为主。需加强节约用水，并进一步完善区域供水体系；建立健全以水功能区管理为基础的水环境保护制度，保障区内水体环境安全。

（1）推进节水防污型社会建设，实现水资源优化配置与可持续利用

继续推进大中型灌区节水改造，提高农业用水效率。以火力发电、石油石化、钢铁、纺织、造纸、化工、食品等高用水行业为重点，加强工业节水。

加快生活、工业污水处理设施建设，完善以水功能区管理为基础的水环境保护制度，强化污水总量控制，建立水环境监测与预警体系，提高应急管理能力。特别是西江是沿岸城市和下游珠江三角洲的供水水源地，应从水质安全方面严格控制水环境污染。

进一步完善区域供水体系，提高城市、灌区供水保障水平，实现水资源的优化配置。加快水利枢纽设施建设，通过流域联合调度，保障航运用水需求。以城市河段为重点，满足河流景观、娱乐、生物保护等功能需水量，打造河流生态廊道。

推进水务体制与制度改革，建立水资源统一管理机制。健全以取水许可为基础的水权管理制度，逐步加强取水许可管理信息化建设。实行用水总量控制和定额管理制度，完善县级以上行政区用水总量分配方案，制定颁布主要工业产品、城市生活用水和综合用水定额。积极探索水价改革和水权交易机制，推动市场化管理。

（2）加快城市水源地供水保障体系建设，提高城市用水安全水平

以水功能区管理为基础，划定饮用水源地保护区，合理布局产业与排污口，改善饮用水源区水环境，确保水质安全。

优化现有水源地配置方案，对于水源地水量不足或水质不达标的城市，可新建水源地，满足城市发展与园区建设的用水需求。对于供水水源单一的重要城市，逐步建立多水源组合的供水系统格局，提高供水保障率。

建设南宁、柳州、梧州、贵港等重要城市的应急水源地和应急管理体系，保障连续干旱年、特殊干旱年及突发水污染事故情况下的城市供水安全。

近期（2009～2015年，下同）以完善县级以上城镇、工业园区供水体系为重点，主要包括改建、扩建城镇供水工程以及新建工业园区供水工程，并开始实施南宁大王滩水库第二水源工程。远期（2016～2020年，下同）以建立重要城市多水源工程、应急水源工程为重点，确保到2020年，重要城市应急水源储备能力显著提高，应急供水保障体系基本形成。

（3）推行清洁生产，加快污水处理设施建设，完善水功能区管理，改善水环境

以制糖、造纸等高污染产业为重点，推行以清洁生产为特征的污染预防战略，发展循环经济，从源头控制工业污染。发展生态型循环农业，降低畜禽养殖和农业面源污染。对工业园区和高污染产业布局，应加强水环境论证。

全面推进生活污水处理设施建设，提高生活污水处理率。到2015年，完成沿江城市、

县城、大型工业园区的生活污水处理及配套设施建设,生活污水处理率达到60%以上。到2020年,确保区内县级以上城镇、10万人以上的沿江城镇和工业园区的生活污水处理设施全部建成,生活污水处理率达到75%。

制订水功能区污水排放总量控制方案,全面实施入河、湖、库等水体、水域污染物限排指标控制制度。加强排污口登记和管理,根据水功能区要求,搬迁、整治排污口。在水功能区和行政区界设立水质监测点,完善江河水质预警预报系统,提高水质监测能力和应急反应能力。

(二)重大工程

1. 大藤峡水利枢纽

大藤峡水利枢纽是红水河综合利用规划9个梯级中的最末梯级,枢纽坝址位于黔江桂平市上游12km的峡谷出口处,控制集水面积为19.86万km^2,约占梧州站以上流域面积的60.5%。大藤峡水利枢纽的开发任务是以防洪、水资源配置、发电为主,结合航运、灌溉等综合利用。防洪高水位为61m,死水位、汛限水位为47.6m,防洪库容为15亿m^3。

大藤峡水利枢纽建成后,通过与龙滩水库、飞来峡水库的联合调度,可进一步提高浔江、西江及珠江三角洲的防洪标准。广州市及西北江三角洲重要保护区可有效防御1915年大洪水,梧州市河西区达到100年一遇,一般地级市及珠江三角洲重点地方标准由50年一遇提高到50~100年一遇。

大藤峡水利枢纽在流域水资源配置中的主要任务是结合天生桥、龙滩等年调节水库调节枯水期径流,保障西江下游及珠江三角洲生活、生产和生态的基本用水要求。同时,对西江下游发生突发性水污染事件快速反应,紧急向下游输水,保证西江下游及珠江三角洲地区的供水安全和水生态安全。

大藤峡水利枢纽电站装机为160万kW,保证出力为36.4万kW,年发电量约为71.96亿kW·h。水库可渠化航道,增加航深,可将水库上下游航道等级提高到二级,通航吨位从250t提高到2000t。大藤峡灌区规划总灌溉面积为136.66万亩,其中大藤峡补水灌溉面积为66.35万亩。

2. 郁江老口枢纽工程

郁江老口枢纽工程是郁江流域梯级开发中的第7个梯级,坝址位于郁江上游南宁市区,在左、右江汇合口下游4.7km处,上距左江山秀坝址84km,距右江金鸡坝址121km。老口枢纽的开发任务为:以航运、防洪为主,结合发电,兼顾为改善南宁市水环境创造条件等。水库总库容为28.8亿m^3,防洪库容为3.6亿m^3,电站装机为17万kW,通航标准为Ⅲ级,船闸规模为1000t。

右江航道服务腹地有丰富的资源,因交通不便未能开发利用。建设老口枢纽工程,使右江航道标准从Ⅵ级提高到Ⅲ级,不但是经济腹地货物运输的需要,而且可以使腹地交通运输体系铁路、公路、水路合理发展,优势互补,减轻公路、铁路运输的压力,提高交通运输系统的综合水平。

老口枢纽能同时控制左江和右江两江汇合后的洪水,在《珠江流域防洪规划》中,已确定为郁江流域防洪控制性工程。老口枢纽建成后,与百色水利枢纽联合调度,可将南宁市防洪标准由近100年一遇提高到200年一遇。

老口枢纽工程建成后,水库正常蓄水位为75.5m,为改善南宁市水环境提供自流引水条件,可作为南宁市环境用水和景观用水水源,以补充市区主要湖泊和支流,改善南宁市区的水环境,为打造绿色生态南宁奠定良好基础。

3. 邕宁梯级

由于淹没较大等原因,邕江西津水电站不能按原规划的正常蓄水位蓄水,影响发电、航运以及南宁市城市景观。规划邕宁梯级位于老口和西津梯级之间,距离南宁市邕江大桥58km,距上游老口和下游西津水电站分别为90km和108km。邕宁梯级的主要功能是改善南宁市水景观,满足河段通航要求,兼顾发电及其他。

4. 洋溪、落久水利枢纽

柳江的洪水灾害较频繁,洪灾损失巨大。近年来,各地政府加大了沿江防洪堤的建设,其中,柳州市部分防洪堤也已达到了防御50年一遇的洪水,但距柳州市作为国家重点防洪城市防洪标准为100年一遇的要求还相差甚远。据《珠江流域防洪规划报告》与《柳江综合规划修编》建议,推荐的防洪水库方案为洋溪、落久水库两库联合防洪方案,两库防洪库容分别为7.8亿m^3和2.5亿m^3。

洋溪水利枢纽位于柳州市三江侗族自治县洋溪乡洋溪村境内,柳江上游都柳江上,集水面积为13 165km^2,工程建设的任务是:以防洪为主,结合发电、航运等综合利用。落久水利枢纽工程位于柳江支流贝江上,集水面积为1746km^2,工程建设的任务是:以防洪为主,结合发电、航运、灌溉、供水等综合利用。

5. 驮英水利枢纽

驮英水利枢纽工程位于左江一级支流明江上的二级支流公安河上,是左江治旱工程的重要水源,同时具有防洪、供水、发电等功能。工程地处崇左市宁明县那堪乡,坝址集雨面积为599km^2。水库总库容为2.5亿m^3,规划灌溉面积为68.85万亩,其中新增灌溉面积53.82万亩,改善灌溉面积8.9万亩,年灌溉供水保证率为85%。

第二节 水环境容量与水环境安全

一、水环境概况

1. 废污水排放量

废污水排放量是指工业、第三产业和城镇居民生活等用水户排放的水量,不包括火电直流冷却水排放量和矿坑排水量。自 2003 年以来，广西废污水排放总量持续快速增长，从 2003 年的 30.1 亿 t 增加到 2008 年的 40.43 亿 t。进入"十一五"以来，工业废水排放量增长速度加快，2008 年达到 24.37 亿 t，占全年总排放量的 60.28%；城镇居民生活、第三产业和建筑业污水排放量为 16.06 亿 t，占 39.72%。

根据 2006 年全国各省（自治区、直辖市）废污水排放量统计，广西废水排放量居全国第六位，化学需氧量排放量居全国第一位，氨氮排放量居全国第八位，这与广西的社会经济发展水平是极为不相称的。西江经济带是广西人口相对集聚、工业相对发达的地区，废污水及主要污染物排放量占全区的主要部分，废污水及污染物排放量处于国内较高水平。

2005 年西江经济带各行政区废污水及主要污染物排放情况如表 4-12 所示，年总废污水排放量为 25.8 亿 t，占广西的 76.5%，其中来宾、柳州、南宁、崇左 4 市的排放量较大，均在 4 亿 t 以上，其余 3 市排放量小于 1.5 亿 t。2005 年西江经济带 COD 排放总量为 57.5 万 t，入河量为 43.1 万 t，占全广西的 62.9%，其中南宁、柳州、贵港排放量较高，在 10 万 t 以上，其次为百色、来宾、崇左和梧州。2005 年西江经济带氨氮总排放量为 2.24 万 t，入河量 1.68 万 t，占全广西总量的 57.5%，其中柳州、贵港、南宁、百色 4 市的排放量较高。

2003 年以来，西江经济带工业用水处理率与达标排放率显著提高，工业污水中 COD、氨氮排放量所占比例逐渐减少。生活污水处理设施建设相对滞后，2008 年西江经济带生活污水处理率约为 30%，县城基本无污水处理设施。沿江废污水及 COD、氨氮排放量较高，造成右江、郁江、浔江等河流局部河段水质较差。

表 4-12 2005 年各行政区废污水及主要污染物排放情况

行政分区	废污水（万 t/a）		COD_{Cr}（t/a）		氨氮（t/a）	
	排放量	入河量	排放量	入河量	排放量	入河量
南宁市	43 888	35 921	144 306	108 230	4 153	3 115
柳州市	51 757	42 360	115 525	86 644	6 793	5 094
梧州市	11 560	9 461	35 465	26 599	1 151	864
贵港市	14 612	11 959	106 613	79 960	6 273	4 705
百色市	14 692	12 025	72 293	54 220	2 556	1 918
来宾市	74 642	61 091	60 977	45 733	730	547
崇左市	46 951	38 427	39 993	29 994	753	565
总　计	258 102	211 244	575 172	431 380	22 409	16 808

2. 主要水体水环境质量

2008 年，西江黄金水道建设涉及的红水河、柳江、黔江、浔江、西江、左江、右江、郁江河段总体质量较好，大部分河段水质能达到水环境功能区目标（图 4-14）。右江、郁江、浔江等河流局部河段水质较差，污水类型以细菌学指标和耗氧有机物为主，超标指标包括粪大肠菌群、总磷、氨氮、溶解氧、五日生化需氧量等，主要污染源是来自城镇排放的生活污水和生产企业排放的工业废水。

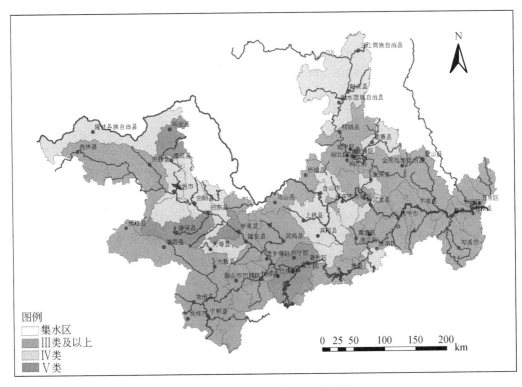

图 4-14 一级水功能区水质现状

2008 年 6 月至 2009 年 5 月对规划区内主要跨省、市界断面的监测，共涉及左江、右江、郁江、柳江、红水河、黔江、浔江、西江 8 个断面。其中，全年期水质为 Ⅰ~Ⅲ 类的断面有 3 个，分别是红水河的乐滩断面（河池—来宾）、柳江的运江断面（柳州—来宾）、西江的界首断面（广西—广东）。左江上崇左—南宁的智信断面超标指标为粪大肠菌群；右江上百色—南宁的下颜断面超标指标为粪大肠菌群、溶解氧；郁江上南宁—贵港的大岭断面超标指标为溶解氧、总磷、高锰酸盐指数；黔江上来宾—贵港的勒马端断面超标指标为溶解氧；浔江上贵港—梧州的武林断面超标指标为粪大肠菌群、总磷（表 4-13）。

2008 年度对区内澄碧河水库、百色水库、凤亭河水库、屯六水库、大王滩水库、西津水库 6 座水库水质状况进行评价。全年期除大王滩水库水质为 Ⅴ 类外，其他水库水质均为 Ⅱ~Ⅲ 类。水库主要污染项目为总氮。除大王滩水库和西津水库水质为轻度富营养状态外，其他监测水库均为中营养状态。

表 4-13 2008 年 6 月至 2009 年 5 月主要断面水质统计

断面	河流	交界处	是否达标	主要超标污染物
智信	左江	崇左—南宁	不达标	粪大肠菌群
下颜	右江	百色—南宁	不达标	粪大肠菌群、溶解氧
大岭	郁江	南宁—贵港	不达标	溶解氧、总磷、高锰酸盐指数
乐滩	红水河	河池—来宾	达标	—

续表

断面	河流	交界处	是否达标	主要超标污染物
运江	柳江	柳州—来宾	达标	—
勒马	黔江	来宾—贵港	不达标	溶解氧
武林	浔江	贵港—梧州	不达标	粪大肠菌群、总磷
界首	西江	广西—广东	达标	—

3. 主要城市饮用水源地水质

2008年对西江经济带7个地级市的10个饮用水水源地水质进行评价，在粪大肠菌群项目不参与评价的情况下，全年期水质合格的水源地有7个，合格率为70%，梧州市浔江苍梧县饮用水源地和西江城区饮用水源地、贵港市郁江泸湾江段水源地水质不合格，主要污染项目均为铁（表4-14）。

表4-14 2008年主要城市饮用水水源地水资源质量状况（Ⅰ*）

供水城市	水源地名称	全年期		汛期		非汛期	
		水源地水质评价	主要污染项目	水源地水质评价	主要污染项目	水源地水质评价	主要污染项目
南宁	邕江饮用水源地	合格	—	合格	—	合格	—
柳州	柳江饮用水源地	合格	—	合格	—	合格	—
梧州	桂江城区饮用水源地	合格	—	合格	—	合格	—
	浔江苍梧县饮用水源地	不合格	铁	合格	—	不合格	铁
	西江城区饮用水源地	不合格	铁	合格	铁	不合格	铁
贵港	郁江泸湾江段水源地	不合格	铁	合格	—	不合格	铁、锰
百色	右江百法段水源地	合格	—	不合格	锰	合格	—
	澄碧河水库水源地	合格	—	合格	—	合格	—
来宾	红水河饮用水源地	合格	—	合格	—	合格	—
崇左	左江木排村水源地	合格	—	不合格	铁	合格	—

*此表评价项目为28项，不包含粪大肠菌群项目

在粪大肠菌群项目参与评价的情况下，10个饮用水水源地全年期水质合格的有4个，合格率为40%，6个水源地水质不合格。其中，南宁邕江饮用水源地、柳州柳江饮用水源地、来宾红水河饮用水源地的主要污染项目为粪大肠菌群；梧州浔江苍梧县饮用水源地的主要污染项目为铁；梧州西江城区饮用水源地、贵港郁江泸湾江段水源地的主要污染项目为粪大肠菌群、铁（表4-15）。

表4-15 2008年主要城市饮用水水源地水资源质量状况（Ⅱ*）

供水城市	水源地名称	全年期		汛期		非汛期	
		水源地水质评价	主要污染项目	水源地水质评价	主要污染项目	水源地水质评价	主要污染项目
南宁	邕江饮用水源地	不合格	粪大肠菌群	不合格	粪大肠菌群	不合格	粪大肠菌群
柳州	柳江饮用水源地	不合格	粪大肠菌群	不合格	粪大肠菌群	不合格	粪大肠菌群
梧州	桂江城区饮用水源地	合格	—	合格	—	合格	—
	浔江苍梧县饮用水源地	不合格	铁	不合格	铁	不合格	铁
	西江城区饮用水源地	不合格	粪大肠菌群	不合格	粪大肠菌群	不合格	铁
贵港	郁江泸湾江段水源地	不合格	粪大肠菌群	不合格	—	不合格	粪大肠菌群
百色	右江百法段水源地	合格	—	不合格	锰	合格	—
	澄碧河水库水源地	合格	—	合格	—	合格	—
来宾	红水河饮用水源地	不合格	粪大肠菌群	合格	—	不合格	粪大肠菌群
崇左	左江木排村水源地	合格	—	不合格	铁	合格	—

*此表评价项目为29项，包含粪大肠菌群项目

城市饮用水源地水质不达标是西江经济带水环境最突出的问题，主要原因有以下几个方面。第一，城市和产业沿江集中分布，废污水排放集中，降解空间不足；第二，污水处理率偏低，特别是生活污水的直排，造成城市下游河段粪大肠菌群、氨氮、COD等指标超标；第三，闸坝工程的建设，造成河流流速减缓，降低了河流的自净能力，造成溶解氧、COD等指标超标；第四，排污口布局不合理，取水口上游河段排污水集中，造成饮用水源地水质不达标。

二、水环境总体评价

1. 水环境总体状况较好

西江经济带水环境整体良好，在广西—广东跨省断面全年期能达到Ⅲ类水标准，区内大部分河段水质达到水功能区要求。区内主要河流流量大，纳污能力较高。尽管目前排污量较高，但大部分河段水环境仍保持良好，水环境问题对产业发展的制约有限。未来的发展中，可以通过全局统筹与合理引导，在发展经济的同时，进一步改善水环境。一些必须上马的高污染产业，可以在布局在水环境容量大的区域。

2. 部分地区水环境问题突出

一方面，由于排污口布局不合理，部分城区如柳州市城区取水口位于城区河流上，水源水质难以保证。目前，在饮用水源地保护区内存在大量污染源，导致城市饮用水源地水质问题突出，不达标比例高达40%。此外，区内还存在大量的水质不安全人口，包括高氟水、高砷水、苦咸水、污染水等。

3. 城镇与工业发展导致废污水排放量增加

随着沿江地区城镇与工业发展，生活、工业用水量的增加，废污水排放量将快速增加，威胁西江经济带的水环境安全。特别是目前水环境比较突出的城市下游河段，随着人口、产业的快速集聚，可能导致水环境进一步恶化。

高用水、高排放工业在产业结构中比重较高，工业废水排放量大

4. 工业废水排放量较大

西江经济带冶金、造纸、制糖等高用水、高排放产业比重较高，污染物排放量大，是西江污染物主要来源。冶金工业废水中金属离子含量较高，造成局部河段铁、锰等不达标。造纸、制糖产业的COD排放量较高，是造成西江经济带COD排放量偏高的主要原因之一。

5. 生活污水处理设施建设滞后

最近几年来，西江经济带工业废水治理成效显著，现状达标排放率接近90%，废污水中含COD、氨氮等有显著减少。由于生活污水处理设施建设滞后，点源污染中，生活污水所占比重逐渐增加。西江经济带沿江城镇生活污水处理率仅30%，绝大部分县城没有生活污水处理设施，生活污水直接排入河道，是造成西江经济带城市下游河段水污染的主要原因。

6. 闸坝建设间接影响了水环境

近年来，西江及主要支流建设了大量的闸坝，一方面，造成河流流速减缓，影响了水气交换过程，导致部分河段溶解氧不达标，也降低了河流降解污染物的能力；另一方面，通过闸坝的调度，河流枯季水量有所增加，对水环境也产生了正面影响。

三、水环境现状评价与演化趋势分析

（一）水功能分区与水环境问题

1. 水功能一级分区概况

根据《广西壮族自治区水功能区划》，广西区内共划分263个一级水功能区，涉及西江经济带的水功能区共154个。其中，保护区34个，缓冲区15个，开发利用区47个，保留区58个，分布在南盘江、红水河、柳江、右江、左郁江、桂贺江、西江中下游、红河等水系。

（1）南盘江水系

南盘江水系共划分出6个一级水功能区，全部在西江经济带范围内。

保护区1个，位于南盘江支流，即新州河源头水保护区。

缓冲区 3 个，即南盘江滇桂缓冲区、南盘江黔桂缓冲区、清水江滇桂缓冲区。

开发利用区 1 个，即新州河隆林开发利用区。

保留区 1 个，即新州河隆林保留区。

（2）红水河水系

红水河水系共划分出 32 个一级水功能区，涉及西江经济带范围的有 16 个。

保护区 4 个，均位于支流上，即布柳河、灵歧河、平治河、北之江等河流的源头水保护区。

缓冲区 1 个，即红水河黔桂缓冲区。

开发利用区 3 个，分布在干流 2 个，支流 1 个，即红水河合山—来宾开发利用区、红水河来宾开发利用区、清水河上林—宾阳开发利用区。

保留区 8 个，其中干流 3 个，支流 5 个，即红水河大化—忻城保留区、红水河来宾保留区、红水河合山—象州保留区、布柳河凌云—天峨保留区、灵岐河田阳—大化保留区、平治河平果保留区、清水江来宾保留区、北之江忻城—来宾保留区。

（3）柳江水系

柳江水系共划分出 45 个一级水功能区，涉及西江经济带范围的有 23 个。

保护区 5 个，均位于支流河流上，其中涉及自然保护区水域 3 个，源头水保护区 2 个，即贝江九万大山自然保护区、石榴河架桥岭自然保护区、运江大瑶山自然保护区以及浪溪河、石门河等源头水保护区。

缓冲区 1 个，即都柳江黔桂缓冲区，为协调贵州、广西两省区用水关系而设置。

开发利用区 6 个，分布在干流 3 个，支流 3 个，即融江融安—融水开发利用区、柳江柳州市开发利用区、柳江象州开发利用区、贝江融水开发利用区、龙江柳江—柳城开发利用区、洛清江鹿寨开发利用区等。

保留区共 11 个，分布在干流 4 个，支流 7 个，分别为都柳江—融江三江保留区、融江融水—柳城保留区、柳江柳江—象州保留区、柳江象州—武宣保留区、寻江资源—三江保留区、浪溪河融安保留区、贝江融水保留区、洛清江永福—鹿寨保留区、石门河鹿寨保留区、石榴河金秀—鹿寨保留区、运江象州保留区。

（4）右江水系

右江水系共划分出 33 个一级水功能区，全部在西江经济带范围内。

保护区 6 个，均位于支流上，即武鸣河源头大明山自然保护区，以及乐里河、澄碧河、田州河、龙须河、乔建河等源头水保护区。

缓冲区 3 个，即驮娘江上游滇桂缓冲区、驮娘江下游滇桂缓冲区、西洋江滇桂缓冲区，均为协调云南、广西两省（自治区）用水关系而设置。

开发利用区 12 个，分布在干流 6 个，支流 6 个，分别为驮娘江西林开发利用区、右江百色开发利用区、右江田阳—田东开发利用区、右江平果开发利用区、右江隆安开发利用区、右江南宁开发利用区、乐里河田林开发利用区、澄碧河凌云开发利用区、澄碧河百色开发利用区、龙须河德保开发利用区、龙须河田东开发利用区、武鸣河武鸣—隆安开发利用区。

保留区 12 个，其中干流 6 个，支流 6 个，分别为驮娘江西林保留区、驮娘江西林—

田林保留区、剥隘河百色保留区、右江百色—田阳保留区、右江田东—平果保留区、右江隆安保留区、西洋江田林保留区、乐里河百色保留区、澄碧河凌云—百色保留区、田州河巴马—田阳保留区、龙须河德保—田东保留区、乔建河大新—隆安保留区等。

（5）左、郁江水系

左、郁江水系共划分出38个一级水功能区，其中35个在西江经济带范围内。

保护区6个，均位于支流上，即公安河、派连河、黑水河、汪庄河、八尺江、鲤鱼江等源头水保护区。

开发利用区14个，分布在干流7个，支流7个，分别为水口河—左江龙州开发利用区、左江崇左开发利用区、左江崇左—扶绥开发利用区、左江南宁开发利用区、邕江南宁开发利用区、郁江横县开发利用区、郁江贵港—桂平开发利用区、平而河凭祥—龙州开发利用区、明江宁明开发利用区、黑水河靖西开发利用区、下雷河靖西—大新开发利用区、桃城河大新开发利用区、八尺江邕宁开发利用区、鲤鱼江贵港市开发利用区等。

保留区15个，其中干流5个，支流10个，分别为水口河龙州保留区、左江龙州—宁明保留区、左江崇左—扶绥保留区、左江扶绥保留区、郁江邕宁—横县保留区、郁江横县—贵港保留区、平而河龙州保留区、明江上思—宁明保留区、公安河宁明—上思保留区、派连河宁明保留区、黑水河中越界河保留区、黑水河大新—崇左保留区、桃城河天等—大新保留区、汪庄河扶绥保留区、武思江浦北—贵港保留区。

（6）桂、贺江水系

桂江水系共划分一级水功能区19个，在西江经济带范围内的有3个，即荔浦河源头水保护区、桂江梧州开发利用区、桂江昭平—苍梧保留区。

贺江水系共划分10个一级水功能区，涉及西江经济带范围的主要是东安江水系，共3个一级水功能区，即东安江源头水保护区、东安江桂粤缓冲区、东安江苍梧保留区。

（7）西江中下游水系

西江中下游水系共划分一级水功能区36个，涉及西江经济带的有33个。

保护区9个，其中干流中华鲟保护区5个，支流源头水保护区4个，干流的黔江武宣、黔江大藤峡、浔江桂平、浔江平南、浔江苍梧等河段均为中华鲟保护区；支流的白沙河、蒙江、大同江、义昌江等河源段划分为源头水保护区。

缓冲区6个，其中2个为协调广西、广东省界河流用水关系而设置，4个为满足下游中华鲟保护区用水要求而设置，分别为：西江桂粤缓冲区、黄华河粤桂缓冲区、黔江武宣—桂平缓冲区、浔江桂平缓冲区、浔江平南缓冲区、浔江藤县缓冲区。

开发利用区10个，干支流各5个，分别为黔江武宣开发利用区、黔江桂平开发利用区、浔江平南开发利用区、浔江藤县开发利用区、浔江—西江梧州开发利用区、蒙江蒙山开发利用区、北流河藤县开发利用区、义昌江岑溪开发利用区、黄华江岑溪开发利用区等。

保留区8个，均分布于支流上，分别为白沙河桂平—平南保留区、蒙江蒙山—藤县保留区、大同江平南—藤县保留区、北流河藤县保留区、黄华河岑溪保留区、义昌江岑溪保留区、义昌江岑溪—藤县保留区等。

（8）红河水系

红河水系百都河共划分2个一级水功能区，即百都河那坡源头水保护区和百都河那坡保留区，全部在西江经济带范围内。

2. 重要城市河段水功能分区

邕江的南宁市区河段：从左右江汇合口至心圩江口划为南宁市饮用水源区，水质目标按Ⅱ类控制；从心圩江口至水塘江口段既有生活取水口，又有工业取水口和排污口，故划为饮用、工业用水区，水质目标为Ⅱ~Ⅲ类；从水塘江口至青秀山码头为景观、农业用水区，水质目标为Ⅳ类；从青秀山码头至良庆镇缸瓦村为过渡区，使水质在该区得到降解自净，以满足下游邕宁饮用、工业用水要求，其区划范围及水质管理目标与原来的水环境功能区划及南宁市饮用水源地保护规划基本协调吻合。

柳江的柳州市区河段：从新圩至窑埠河段，位于柳州市城区中上游，划为饮用水源区，水质管理目标按Ⅱ类控制；从窑埠至河东段，有较集中的工业取水口，故划分为工业用水区，水质目标为Ⅲ类；河东至油榨为城区下游排污控制区；油榨至环江段为过渡段，使水体在该河段内得到降解自净，以满足下游洛埠、古亭工业用水要求（环江—冷水冲河段，水质目标为Ⅲ类）；冷水冲—河表段为排污控制区，集中承纳上游洛埠、古亭工业用水区的废污水；河表—长沙段为过渡区，使水质在该区得到降解自净，以满足下游柳江里雍工农业用水要求。

3. 水功能区水环境现状

2008年，广西全年期评价110个水功能区，包括保护区、保留区、缓冲区、饮用水源区、工业用水区、农业用水区、渔业用水区、景观娱乐用水区、过渡区和排污控制区等10类水功能区。其中，水质达标的水功能区有36个，个数达标率为32.7%；评价总河长3761.2km，达标河长1388km，河长达标率为36.9%。主要污染项目为粪大肠菌群、氨氮、五日生化需氧量（BOD）。从水功能区评价个数达标率和评价河流长度达标率来看，缓冲区达标率最高，其次是景观娱乐用水区，而农业用水区、渔业用水区和排污控制区的达标率最低。

西江经济带在广西全区中水环境问题相对突出，从广西平均水平来看，西江经济带的水功能区达标率偏低。从污染项目来看，污染源已经由以工业污水为主转变为以生活污水为主。目前，区内生活污水处理率很低，大部分县城没有污水处理厂，生活污水直接进入河流，造成城市下游河段水质超标。

据广西环境保护局调研，黄金水道沿岸港区及航道建设与沿岸城市规划、饮用水水源地和自然保护区的分布仍存在一定的冲突，不符合相关法律、法规的要求，如：来宾港、柳州港、梧州港部分作业区处于集中式饮用水源保护区内；桂平东塔作业区位于桂平东塔市级鱼类自然保护区内。这些冲突需要通过开展规划环评来协调，以实现科学发展、和谐发展的目标。

4. 基于水功能区对产业布局引导

西江黄金水道所涉及河段多为集饮用、纳污、养殖、生态、航运等多种功能为一体的水域，要防止牺牲环境换取经济发展的思想，统筹考虑城市规划、饮用水源保护区和自然保护区的要求，避免饮用水源水质恶化和生态功能降低。高度重视沿江产业带的发展所带来的水环境压力，根据水功能区的要求，加强统筹规划，促进沿江产业合理布局。适当控制废水排放量大的行业布局。造纸、淀粉、酒精、化工、制糖等废水排放量大的行业应布局在饮用水源下游，并且水环境容量较大的区域。

在水功能保护区，应严禁排污，实行零排放；在纳污能力尚有宽余的区域，应合理安排产业结构布局、限制污染物排放，避免造成新的污染；在纳污能力不足的区域，应优化产业布局、严格控制污染物排放量，使水体水质满足水功能区的要求；在污染物排放量已超过纳污能力区域，应调整产业结构布局，大力削减现有污染物排放量，遏制水污染进一步发展。与此同时，研究采取内源治理和水体交换等综合措施，治理水体中积存的污染物，改善水环境。

沿江干流河段主要自然保护区有来宾红水河珍惜鱼类自治区级自然保护区、桂平东塔鱼类市级自然保护区。此外，红水河、柳江、黔江、郁江等河段天然鱼类产卵场、索饵场密集分布，是中华鲟、鲥鱼等洄游通道，具有较高的生态保护价值。根据水功能区划，干流共有保护区5个，为黔江武宣、黔江大藤峡、浔江桂平、浔江平南、浔江苍梧，均为中华鲟保护区，应禁止布置排污口；缓冲区4个，为黔江武宣—桂平缓冲区、浔江桂平缓冲区、浔江平南缓冲区、浔江藤县缓冲区，应避免布置废污水排放量大的产业。

（二）西江经济带建设水环境影响分析

1. 高污染产业

（1）钢铁产业

西江经济带目前已经形成了800多万t的钢铁产能，成为我国华南地区最主要的钢铁生产基地之一。特别是广西的钢铁龙头企业柳钢集团经过近几年的技术改造扩能，钢铁综合产能已达到800万t，所有落后工艺装备均得到了改造提升，生产装备和工艺技术达到了当前国内先进水平，各项技术经济指标水平得到了明显改善，已进入全国同行的前列。

钢铁工业是高耗水行业，根据2004年钢铁企业的有关资料统计，吨钢平均取水量为$12.8m^3$，总取水量约占全国工业用水量2.1%，吨钢平均排水量为$10.79m^3$，总排水量约占全国工业废水量4.3%。炼钢产生的废水成分有工业废渣、油、苯、酚等有机物，有害物质主要是炼焦环节中产生的，另外，像轧钢过程中，水会变成酸性，对水环境的影响巨大。

因受资源、交通区位、国家与区域钢铁布局战略变化和钢铁产能过剩等因素的限制，今后较长一段时期内，广西西江经济带钢铁工业不会进行大规模扩张，在这个前提下，应充分做好节能、降耗、减排，资源综合回收与循环利用的工作，以期对流域水环境有一定改善。

（2）铝加工业

西江经济带是我国铝土矿资源最为富集的地区之一，也是全国和广西铝工业的最主要聚集地区。目前已形成了完整、庞大的铝工业产业体系，涵盖了包括铝土资源勘探、铝土矿开采、氧化铝、电解铝、铝加工等门类齐全的铝工业体系，建成了包括中铝广西分公司、广西华银铝业公司、广西信发铝电公司、百色银海铝业公司等一批大型和特大型铝工业项目，使西江经济带成为我国最重要的四大综合铝工业生产地区之一。截至2008年，西江经济带已形成了氧化铝产能500万t（实际为580万t，其中中铝广西分公司180万t、百色华银铝业160万t、广西信发铝电240万t）、电解铝产能85万t（实际为123万t，其中中铝广西分公司38.5万t、百色银海铝业20万t、广西信发铝电32万t、百色隆林桂鑫金属有限公司7.5万t、来宾银海铝业25万t），铝加工能力55万t（实际也已达100多万t的水平）。

铝加工业是工业用水大户，废水排放量也较大。目前，西江经济带的铝产业用水以冷却水、洗涤水和锅炉用水为主，各车间与物料直接接触并受污染的生产废水均由工艺系统回收使用，每吨氧化铝大约耗水8t。铝工业产生的废水量也非常大，成分复杂，其中氧化铝生产的废水中pH通常在11以上，氢氧化铝含量在30mg/L以上，以及氧化铝生产的其他金属废料污染，如砷（As）、镉（Cd）、铅（Pb）、汞（Hg）、铬（Cr）等；电解铝生产主要以氟（F）污染为主，废水浓度达5mg/L左右。碳素和水泥生产废水主要以悬浮物和固体沉淀物污染为主，悬浮物含量常年达100~500mg/L。重油作为碳素生产和锅炉助燃物，为铝工业生产所必需，而我国设备落后，难免造成排放和溢漏问题，加之机加工的轻油污染，废水中可浮油含量常年在5mg/L左右。目前西江经济带各大制铝企业均设有完备的污水循环利用系统，基本实现污水零排放。

在未来10~20年的时间内，西江经济带的氧化铝、电解铝、铝加工生产规模将逐步扩大，高端铝加工及铝合金产品将得到重点发展，产业链进一步延长。在这样的预期下，需做好节水工作，提高污水循环利用的效率，并切实保证污水的零排放，争取在不影响水环境的前提下实现铝加工业的蓬勃发展。与此同时，在铝产业工业园区的下游河段，有针对性地监测有关污染元素，对水环境污染作出及时预报。

（3）造纸行业

西江经济带的造纸工业较为繁荣，且发展迅速，目前年产近100万t。区内比较著名的纸业公司有柳江纸业、华劲纸业、凤糖纸业、南糖纸业、凤凰纸业、劲达兴纸业、国发林纸等，大多集中于百色和南宁。生产的品种主要是文化用纸、胶印书刊纸、胶印新闻纸、新闻纸、课本纸、无碳复写纸、复印纸、发票专用纸、生活用纸、牛皮卡纸、箱纸板、包装纸、瓦楞原纸、全漂白硫酸盐商品木浆、全漂白硫酸盐桉木浆、全漂白硫酸盐商品竹浆等30多个品种。

造纸工业生产分为两个主要工艺阶段，即制浆和抄纸。制浆是把植物原料中的纤维分离出来，制成浆料，再经漂白；抄纸则是把浆料稀释、成型、压榨、烘干、制成纸张。这两项工艺都需要消耗大量的水。根据《造纸产品取水定额实施指南》报告，全国浆纸综合平均每吨产品取水量接近200m^3，其中化学草浆为190m^3，纸和纸板为70m^3，节水潜力较大。西江经济带的纸业节水水平在全国处于前列，其中每吨木浆的取水量约为60~80m^3，草浆接近100m^3，尽管如此，其耗水量还是相当可观的。另外，其对水质的影响不容忽视。生产1t纸约需水100（木浆）~400t（草浆），其中大部分作为废水排出。造纸废水中含BOD和SS（悬浮物）浓度很高，并含有大量化学药品和杂质。制浆产生的废水，污染最为严重。洗浆时排出废水呈黑褐色，称为黑液。每生产 1t 纸浆，排出 10 波美度的黑液约 10t。黑液中的污染物浓度很高，BOD 高达 5000~40 000mg/L，纤维总量有时高达产品总量 15% 以上。还含有大量无机盐和色素。漂白工序排出的废水中也含有酸、碱等物质。在抄纸工艺中，抄纸机前端排出的废水，称为白水，其中含有大量纤维和在生产过程中添加的填料和胶料，大多是有用物质。黑液和白水是造纸工业的主要废水。目前，西江经济带大多数的造纸企业都建立了良好的废水处理装置，但现有的处理造纸废水的设备及工艺不成熟，导致入河废水中的有毒物质仍然超标，加上沿江一些企业违法偷排，导致水环境遭受到严重破坏。

依托当地丰富的林木、竹和甘蔗资源，在今后较长的一段时间内，西江流域经济带将重点发展中高档纸制品，扩大造纸工业规模。在这个目标下，区内各造纸企业应做好废污水的处理，确保入河污水的水质达标，将对水环境的污染降低到最小。同时，积极发展循环经济，从源头上减少水污染。

（4）制糖行业

制糖业是西江经济带的支柱产业之一，目前年产糖约 500 万 t，约占全国总产量的 1/3。区内比较大型的企业有扶绥东亚糖厂、扶绥东门南华糖厂、崇左东亚糖厂等。

西江经济带的制糖业主要原材料为甘蔗，甘蔗制糖耗水高，以全国为例平均生产 1t 糖的耗水量为 150m³。由于耗水量大，为了方便取水，西江经济带的数十家糖厂几乎都沿着江河分布，大量地从江河取水，又大量地向江河排放污水。西江经济带制糖工业废水排放量较大，占整个工业废水排放量的 20% 左右。制糖生产废水具有水量大、水质不稳定的特点，COD 峰值起落大、COD 浓度低时在 200mg/L 以下、高时达 3000mg/L，在一天内可变化数次。尽管大多数制糖企业已经使用了废水转化装置，但是由于制糖生产的废水水温高、水质不稳定所以极易使生化处理系统处于防不胜防的被动局面，严重影响和降低了生化处理系统的处理速率与效能，致使入河的污水量仍未达到排放标准，从而对流域的水环境形成威胁。

西江流域经济带的自然条件优越，是全国著名的糖料蔗产地。根据市场需求，在未来，制糖工业将会得到重点发展。但制糖工业的生产废水不易控制，因此，在未来应积极提高污水处理能力，力争使入河污水水质达到排放标准，从而实现可持续发展。西江经济带目前已形成了部分糖纸一体化产业园区，发展循环经济，大幅削减了废污水排放量，应该在全流域进行推广。

2. 闸坝工程

（1）工程建设情况

西江流域水资源丰富，水利设施数量众多。截至 2008 年，整个广西共建成水库 4370 座、塘坝 67 554 座、水闸 2225 座，其中大约有 60% 以上集中在西江经济带。

沿西江干流及主要支流的已建、在建工程有：1999 年建成的贵港水利枢纽，建成同时在拦河坝以上的贵港市沿江新塘、石卡、瓦塘等 7 个乡镇形成库区。2005 年建成百色水利枢纽，是以防洪为主、兼有发电、灌溉、航运、供水等综合效益的水利枢纽，位于广西郁江上游右江河段，是珠江流域综合利用规划中治理和开发郁江的一座大型骨干水利工程。

2007年建成长洲水利枢纽,这是一个以发电和航运为主,兼有防洪灌溉、淡水养殖、供水、旅游等综合利用功能的工程,大坝跨长洲和泗化洲两岛并跨内、中、外三江,汇集了红水河、柳江、郁江和北流河的水量。该电站闸坝为目前世界最长的坝,人称"小葛洲坝",更被喻为"西江明珠"。2009年开工建设的大藤峡水利枢纽是红水河水电基地的重要组成部分,坝址位于黔江河段大藤峡谷出口的弩滩处,集水面积为19.04万km^2。这些工程的修建改变了河流的径流特征,进而对西江水环境造成一定的影响。

(2) 对流量、流速的影响

长期以来,西江流域进行了大量的水利工程的建设,诸如修建水库、发电站等,对河川径流形成了一定程度的调控能力,但同时也改变了河川径流的天然状态。一般而言,闸坝建设之前,水位、流量等水文要素主要受来水量的影响,呈自然变化状态。然而建坝后,水文要素的变化除受到河川径流补给的影响外,很大程度上还取决于闸门的启闭,比如水位受人工控制,常年维持在一定范围,年内的变化幅度大大减小。

西江经济带径流的补给来源是降水。流域的降水主要集中于每年的3~8月,夏汛突出,径流的年内分配不均匀,汛期径流量占年径流量的80%以上。

水利工程的建设对径流的年内分配状况影响巨大,具体表现为丰水期蓄水,枯水期调水,改善丰水期可能引发洪涝灾害及枯水期供水不足的问题。众多闸坝、水库的启动可以有效改善西江流域径流年内分配不均的现状,使分布趋势趋于平缓,使得汛期的部分径流得到存蓄,非汛期得到一定的额外补给。

另外,水利设施对河道水流流速的影响也非常明显。与流量一样,建闸前,河道水流变化主要决定于气象因素,与降水量密切相关,河道水流的流速变化均比较明显。建闸以后,一般来说,河道水流由于受到人工的调节,流速的变化比以前要相对平缓,自然的径流循环状态遭到破坏,从而也会破坏河流的自我更新能力。以南宁市暮定水库为例,通过分析下游就新水文站监测断面的流速发现,水库建成后,汛期流速与建成前同期相比削减了约35.4%。

(3) 对水环境的影响

闸坝建设的本身并不产生污染,但由于闸坝的存在会截断天然河流的连续性,使得坝前水流渐趋静止,容易造成泥沙及其他污染物质富集;坝后水体大量减少,对下游水体纳污及污染自净造成不利影响。其对水环境的影响,主要是通过流量和流速来实现的。流量和流速是确定河流自净能力和纳污能力的重要因素,它们的大小会直接影响河流的水环境容量大小。

纳污能力与水体自净能力反映了在特定功能条件下水环境对污染物质的承受能力,与河流的水文要素关系密切。水量越丰富,水体稀释污染物的能力就越强,水体纳污能力越高。计算河流纳污能力,一般选用一定频率下的最枯月径流量。在西江干流及主要支流上,闸坝工程的调度,提高了枯季径流量,从而提高了河流的纳污能力。

水体自净能力与河流流速有关,一般而言,流速越高,水气界面上的气体交换速度随之增大,水体降解能力就越高。西江经济带内,众多闸坝的存在减缓了河流流速,降低了河流的自净能力。

综上所述,西江经济带闸坝建设对水环境有两方面的影响。一方面,提高了河流枯季流量,对改善枯季水环境具有积极意义。另一方面,流速的减缓,使得局部河段溶解氧不达标,并且降低了城市下游地区 COD 降解速率,对水环境带来不利影响。

(4) 对突发性水污染事故的影响

调查表明,水利设施的不合理调度是突发性水污染事故形成的主导因素。众多闸坝的存在导致河道水流流速降低甚至趋于停滞,大大降低了水体对污染物的降解能力,从而引发水污染。突发性水污染事故的形成机制,首先是点源排污入河道,而后在有水闸控制的河道积蓄,遇适当的水文条件水闸开启放流,受纳河道径流量难以稀释分散水闸的泄流,便在河道中出现污水团,水质产生突变,并沿水流方向污染。2000~2005 年仅在左江流域就发生过 8 起严重的突发性水污染事故,从事故发生的原因来看,均是由于事发时左江流量小、流速慢、纳污能力低。

3. 港航建设

至 2008 年,西江黄金水道规划范围内已建成 1000 吨级航道 570km、500 吨级航道 233km、300 吨级航道 768km,其中 1000 吨级高等级航道占 36%,航道等级总体偏低,其中黔江武宣以上航道和柳江航道通航等级偏低问题尤为突出。

除贵港港罗伯湾作业区等个别港区外,现有港区基本未配备符合要求的散货堆场喷淋除尘、码头面雨污水收集处理、集装箱洗箱水处理等环保设施,对项目周边河段水质造成一定污染。

现状内河船舶平均吨位较小,船型杂乱,标准化率较低,目前,仅 400t 以上大型船舶按规定配备了油水分离器,小型船舶受吨位限制,尚无法要求其配备油水分离器。除梧州港外,各港区均未设立船舶污水、生活垃圾接受企业或建设船舶污水、生活垃圾接收设施。

随着运输规模的提高,这些问题如不能得到妥善解决,航道水质将大受影响。在西江黄金水道建设中,应加强水环境管理,保护航道水质。并建设跨部门、跨行政区突发事故环境污染应急反应机制,有针对性地加强环保、海事、交通、渔政、水利等部门应对水上危险品运输、船舶溢油等环境风险的应急能力建设,加大对环境污染应急装备的投入,提高西江流域突发事故环境污染应急处置能力。

4. 综合评价与应对策略

(1) 综合评价

1) 造纸、制糖等产业是西江水环境的恶化的"主凶"。造纸、制糖产业是西江流域经济带的支柱产业,由于其废污水处理水平限制,这两个行业是导致西江流域水环境恶化的主要原因,加之部分企业的偷排污水行为,导致流域内屡次发生突发性水污染事件,局部河段水质退化严重。

2) 以铝加工业为核心的有色金属加工业是西江水环境恶化的"隐凶"。西江流域经济带以铝加工业为核心的有色金属加工业发展规模较大,有色金属加工所产生的废水种类多、成分复杂、处理难度较大,处理效果受生产运行影响大,且尾矿仍可能导致突发性水污染事件的发生,因此应加强此类废水的处理工艺技术研究和改进,逐步实现生产废水处理达标并力求达到回水利用标准,进而真正实现企业废水零排放的目标,并应加强铝等金属离子的同步监测。

3）港航工程建设是西江水环境退化的"潜在凶手"。现有港航工程配备不完善，管理措施不健全，已对附近河道水质造成了一定的污染。随着西江黄金水道的建设，港口、船舶数量将会迅速发展，如果这些问题得不到解决，将会给西江水环境带来极大威胁。

4）闸坝工程是西江水环境退化的"帮凶"。闸坝建设的本身并不产生污染，但它会使水流受阻，流态改变，影响污染物的降解能力或导致污染物的富集，从而导致水质下降，特别是水环境质量的改变，并将进一步对地下水、泥沙冲淤及河道水生生物产生一系列的不利影响。随着西江流域规划的各大水利工程的建设使用，闸坝对水环境的影响将更加凸显。

（2）应对策略

要实现西江流域经济和水环境的双赢，必须采取积极的措施来协调地区发展与水环境的关系，从而实现可持续发展，主要可以从以下4个方面进行。

1）依据水环境功能区划合理安排水体纳污。进一步科学合理地实施水环境区划，先对水域内各部分水体的纳污和自净能力进行动态分析和研究，并特别关注水域的水动力特性影响，合理安排水体纳污位置、纳污量和纳污水期等，以达到因地制宜、高效安全保护水环境，合理发挥水域环境功能的根本目的。

2）科学利用自然状态下水域的纳污和自净能力。自然状态下的不同水域，因其物理的、生物的、化学的条件不同，其纳污和自净能力也各不相同。对排污口进行科学选址，并因地制宜地对排污量实施控制，是科学利用自然状态下水域的纳污和自净能力的重要内容。另外还可以在充分研究该水域水动力特性的基础上，科学选取并合理安排进、出水口，向被污染的水域引入优质水源进行稀释以改善水质，确保引入的优质水能够有效利用，发挥其最大的效益。

3）通过工程设施与优化调度提高水域的纳污和自净能力。在各水利工程的调度过程中，调节增加河流枯水期流量，另外也可从外流域向被污染的水域内引入优质水源进行稀释。但要真正达到"行之有效"，还应当结合该水域的水动力分布特性，因地制宜地选择合理的进、出水口，或采用一定的工程措施进行引导，才能确保引入的优质水源有效地将水域中的脏水"挤"出去，从而达到改善水环境的目的。

自20世纪80年代末期，国内就已经开展了利用太湖周围水工设施优化调度改善湖体水质的研究。通过工程调度动态调节进出水量，加快水体更换速度，调整入清出污时机，能有效地减少入河污染物量。研究结果表明在满足防洪、抗旱及相关环湖控水工程基本运行条件的基础上，通过适当调整进出湖水量，可望显著改善湖区水质。西江经济带闸坝、航道众多，水资源丰富，可以在现有的港航、闸坝运行基础上，适当地调整调水量，能够改善水环境。

（三）水环境容量评价与产业部局引导

随着城市人口规模的进一步扩大，西江经济带生活污水产生量将有较大幅度增长，进一步加剧水环境压力。同时，现状生活污水处理率较低，随着污水处理设施的建设，生活污水COD入河比例将有所减少。按照2020年南宁、柳州生活污水处理率80%，其他建制市70%，出水COD浓度60mg/L；县城污水处理率60%，出水COD浓度100mg/L计算2020年西江经济带生活污水COD排放量。总量将达到18亿m^3，比2005年增加1.7亿m^3，其空间格局如图4-15所示。

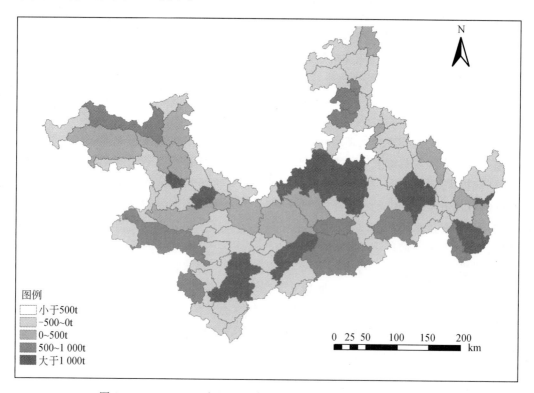

图4-15　2005～2020年西江经济带生活污水COD排放增加量预测

图2-28与图4-15对比可以看出，现状水环境潜在容量较低的区域，生活污水COD排放量大多将呈增加趋势，进一步加剧现已十分突出的水环境压力。因此，在未来产业布局中，应特别注重水环境容量的限制。特别是在目前已经超载的区域，应严格控制高污染产业布局，加强水环境治理，改善水环境。

现状水环境容量已开发过载的区域，包括南宁、柳州、贵港、百色、崇左5个地级市城区，以及岑溪、宾阳2个县。应加强水环境控制措施，提高工业污水重复利用率与生活污水处理率，提高污水处理排放标准。考虑将一些高污染的产业迁到现状水环境潜在容量较大的区域，减少城市河段水环境压力，改善水环境。

右江流域水量较小，水环境容量有限，现状不达标河长比例较高。在执行水环境控制措施的同时，应严格按照水功能区的要求，加强流域协调管理，保护流域水环境。

四、水环境安全体系建设

1. 生活污水处理设施布局

目前，西江经济带涉及的县级以上行政区只有少数建有污水处理厂，大部分市（县）

目前未建城市污水处理厂，且市政排污管网的建设也比较落后，2008年全区城市生活污水集中处理率仅30%左右，远落后于全国平均水平。应加大污水处理厂及配套设施建设，包括城市集中污水处理厂、居民小区污水处理设施、排污管网改造、城市污水处理回用等。

2010年，所有市、县和国家级、自治区级园区要建成污水垃圾处理厂（场），污水收集率超过60%。设区城市、县级市污水集中处理率达到70%，其中南宁、柳州达到80%以上，县城达到50%以上，全区平均水平达到70%以上。2020年，县城处理率进一步提高到65%。对于排污较集中的乡镇，应建设简易处理设施，废水经生化处理后排放。

根据《广西城镇污水处理及再生利用设施建设规划》(2005)，拟在2010年之前建设大量生活污水处理设施。这些工程全部建成后，西江经济带城市生活污水处理能力将达到246万t/d，全区污水处理率可达60%。2020年，城市人口有所增加，城市用水量与污水产生量都有较大幅度的增长，需要新增污水处理能力如表4-16所示。从表中可以看出，由于人口增加主要集中在设市城市，污水处理设施能力需求也集中于城市，特别是南宁市、柳州市，需新增规模较大。

表4-16 2020年西江经济带污水处理厂新增规模分析

名称	综合生活需水量（万t/a）	生活污水产生量（万t/a）	污水处理目标（%）	已建与2010年拟建项目规模（万t/d）	需新增规模（万t/d）
南宁市	65 138	50 808	80	74	30.8
柳州市	53 908	42 048	80	47.5	20.2
梧州市	12 710	9 914	70	7	6.6
岑溪市	3 776	2 945	70	3	2.6
贵港市	13 063	10 189	70	28	0
桂平市	3 776	2 945	70	5	0.6
百色市	7 908	6 168	70	7	4.8
来宾市	5 353	4 175	70	6	2
合山市	2 966	2 313	70	3	1.4
崇左市	7 300	5 694	70	6	4.9
凭祥市	2 649	2 066	70	2	1.7
南宁市各县城	5 807	4 530	65	13	0
柳州市各县城	7 616	5 940	65	13.5	0
梧州市各县城	1 616	1 260	65	4	0
贵港市各县城	1 389	1 083	65	3	0
百色市各县城	8 592	6 702	65	16	0
来宾市各县城	2 326	1 814	65	2	1.2
崇左市各县城	4 987	3 890	65	6	0.9
西江经济带	210 880	164 487	>70	246	77.7

2. 工业污染和农业面源污染控制

（1）工业企业污染防治

继续推进企业排放污染物申报登记制度、排污水费制度和排污许可证制度，加强对工业污染源管理。加大工业废水源内处理和达标排放，2020年工业废水处理率达到95%。调整工业布局和产业结构，关停对水质影响较大、污染严重的企业，进行污染物排放总量控制。推行清洁生产，提高工业用水重复利用率，减少污染物排放量，确保实际排放总量小于分配的排放总量。

（2）排污口改造和重大排污口设置

在2005年开展的入河排污口普查统计中，在饮用水源区内的排污口废污水排放量约占总排放量的60%。根据水功能区的要求，饮用水源区指满足城镇生活用水需要的区域，不得在区域内进行大规模的开发活动。为确保饮水安全，应对已有的主要排污口进行改造和迁移。在污染源比较集中的地段，如果排污口迁移较为困难，应设置一些重大排污口，接纳主要污染源的废污水；对重大排污口加强监督管理，对污染物实行排放总量控制以及达标排放。

（3）农业、农村面源污染防治

加大农业环保宣传，提高当地政府和农民环境保护意识。加强农业面源污染控制，大力发展生态农业，减少农药、化肥施用量。加强畜禽养殖业污染防治工作，控制污染物排放。结合新农村、生态村建设，通过农村"改水、改厨、改厕"和建立生活垃圾收集处理系统，减少生活污染。

3. 水环境管理体系建设

在流域机构和自治区有关部门的协调指导下，建立健全水资源保护机构和水环境保护目标责任制，逐步形成流域与区域、上游与下游和有关部门之间分工明确、责任到位、统一协调、管理有序的水资源保护管理工作机制，并将各功能河段的水质达标管理任务层层分解落实。逐步形成以水功能区为控制单元的流域水资源管理体系；按照《水法》的要求，逐步建立和完善水资源保护的法律体系，明确各有关部门水资源保护的管理职责，明确各级水行政主管部门在水资源保护中的权力与职责，配套出台有关水资源保护条例办法、标准。

积极探索并逐步建立以水资源保护工程、生态恢复工程与水利工程有效配合为特点的流域水资源保护工程体系，通过建立有效的责任机制以及工程性措施与非工程性措施的结合，逐步改善和恢复河流、水库等重要水域生态系统。通过水资源质量监测网络和水资源保护信息化的建设，建立水资源保护监控体系，以全面、动态、实时地掌握水资源质量状况、水生态系统状况以及各水功能区的水质情况。

制定各类水功能区的保障措施，加强饮用水水源保护区管理，保证城乡居民饮用水安全。完善以水功能区为基本控制单元的水资源保护管理体系。

4. 水环境治理机制

全面推行清洁生产，从源头减少污染物的产生。治理水污染，减少污废水排放是修复水环境的根本措施。要以循环经济的理念建设节水防污型工业、节水防污型社会，形成循环经济产业链。工业污染防治要从"末端治理"转为以源头控制为主的综合治理，大力推行清洁生产，淘汰水耗高、技术落后的产品和工艺，在生产过程中提高水资源利用效率，削减污水中污染物的排放量。结合产业结构调整，提倡循环经济发展模式，采用高新适用技术改造传统产业，支持企业通过技术改造来节能降耗，实现水资源等的综合利用，实行污染全过程控制，减少生产过程中的污染物排放。

加快城市污水处理厂的建设和污水资源化进程，提高污水处理率。兴建城镇污水处理厂，实行城市污水集中控制，是水污染防治的关键。目前大部分县城及工业集中区还没有建设污水处理厂，因此，要加快县市及工业园区污水处理厂及配套管网等基础设施的建设，为工业发展腾出水环境总量空间。同时，积极发展中水回用系统，提高污水回用率以减少污水排放量，缓解水资源供需矛盾。

进行产业结构调整与工业布局的合理安排。对沿河城镇涉及的饮用水源区，要限制高耗水、大排污工业（如制糖、造纸行业）的发展，对一些与国民经济密切相关、不得不上马和扩建的污染企业，要先做好环境影响评价，履行报批程序，严格执行"三同时"制度；总体上对工业布局作合理安排，应根据水功能区划分规划拟定企业厂址，在水源保护区内杜绝污染企业的建设，重污染企业可考虑建在城镇下游或水环境容量较大的区域，这样既避免污染饮用水源，又能合理利用水环境容量，减少治理投资；结合城市环境综合整治，逐步杜绝生活污水、垃圾、粪便直接排入河库的行为，搞好污水资源化，提高工业用水的重复利用率；搞好水土保持，大力发展植树造林，营造良好的绿色生态环境。

全面实施取水许可制度和排污许可证制度。根据排污总量控制指标分配排污权，发放排污许可证，逐步建立排污权管理制度。根据河流水环境容量，制订污染物总量控制和浓度控制标准。严格排污收费制度，提高收费标准，促进排污企业积极治理污染；实施水域排污总量控制方案，按入河排污削减量分配控制污染物入河量，实现水功能区划的水质目标要求；积极探索建立排污权转让交易市场，优化区域水环境治理。

5. 突发性水污染应急管理

加强突发性污染事故的应急措施。水污染事故有80%属于突发性事故，预警系统和突发性污染防范应急系统的建设显得尤为重要，要逐步建立全流域水情、水文、水质等预报和信息交流网，增强抵御突发性重大事故的能力，尽可能减轻水污染事件对下游地区的危害程度。

建立以自治区为中心、各地（市）为分中心，辐射全流域的水文、水质监测站网，直接服务于国家水质中心、流域机构、自治区和地方各级政府及有关部门的水污染预警预报系统，为全流域水资源保护和水污染防治提供及时、准确的决策依据。对水体进行动态监测，加强对重点河段、湖库监测，做到尽早发现和采取措施，最大限度地减轻突发性水污染事件的影响。事先制定应对突发性水污染事件发生的对策，切实采取措施做好实施这些对策的各项准备工作。

第三节　生态安全屏障与景观格局

生态条件优越是西江经济带的特色。因此，西江经济带的开发建设要突出生态特色，要保证不能对景观生态格局造成灾难性的破坏，而构建合理的区域景观格局是实现这一目标的重要保障。

一、区域景观格局概述

景观格局是景观生态学最重要的研究内容之一。景观生态学是研究景观单元（生态系统或土地利用/土地覆被）的类型组成、空间配置及其生态学过程相互作用的综合性学科。强调空间格局、生态学过程与尺度之间的相互作用是景观生态学研究的核心所在。

1. 区域景观格局的概念和内涵

区域景观格局指一定区域内景观元素类型、数目以及空间分布与配置关系。景观格局的形成是在一定地域内各种自然环境条件与社会因素共同作用的产物，研究其特征可了解它的形成原因与作用机制，为人类定向影响生态环境并使之向良性方向演化提供依据，为资源环境的合理管理和利用服务。因此，格局分析成为景观生态学的研究核心之一。

2. 景观格局的组成

组成景观格局的景观元素主要有斑块、廊道和基质3种。"斑块—廊道—基质"模式诞生以来，在景观生态学研究中占据了重要的位置。

（1）斑块

斑块泛指与周围环境在外貌或者性质上不同，并具有一定内部均质性的空间单元。斑块的形状、大小、数量和空间组合不仅影响着生物物种的分布和运输，同时对径流和侵蚀等生态过程和边缘效应也有一定的影响。

1）面积对能量和养分的影响。

斑块最容易识别的特征是它的面积大小。大的斑块与小的显著不同，这不仅涉及物种之间的差异，也涉及能量与物质的差异。一般的情况是，一个斑块中能量和矿物营养的总量与其面积成正比，即大的斑块含有的能量和矿物营养比小得多。但也有特殊情况，例如残存斑块（例如被田野包围的林地）边缘的植被密度高于内部，其单位面积的生物量高。不过，大的斑块比小的斑块有更多的脊椎动物种类，食物链也更长，因为高营养级的种类对斑块的大小最敏感。因此一个拥有许多大斑块并且环绕小斑块和廊道的边缘地带特别长的景观，将是拥有敏感的内部种和边缘种的野生生物宝库。

2）面积对物种的影响。

①岛屿。在生物群落中，物种的多样性随岛屿面积的增加而增加，即 $S = CA^z$，S 是物种多样性，A 是面积，C 是比例常数，参数 z 是 $\log A$ 对 $\log S$ 回归线的斜率，代表值是 $0.18 \sim 0.35$。面积每增加10倍，所含的物种数量成2的幂函数增加，2是个平均值，其通常值在 $1.4 \sim 3.0$ 范围内。另外可见，如果一个原生生态系统保存10%的面积，将有约50%的物种保存下来。如果仅保存1%的面积，则会有25%的物种最终被保存下来。此外，麦克阿瑟和威尔逊在1967年创立了岛屿生物地理学理论，认为岛屿种的多样性取决于物种的迁入率和灭绝率，而迁入率和灭绝率与岛屿的面积、隔离程度及年龄有关。许多研究表明面积和隔离程度是最主要的因素，物种多样性 S 与岛屿特征有如下函数关系，其重要性按顺序排列：

$$S = f\,(\,+\text{生境多样性}-\text{干扰}+\text{面积}-\text{隔离程度}+\text{年龄})$$

式中：+表示正相关，-表示负相关。

②陆地景观。陆地景观中的斑块与岛屿有许多不同，斑块的边界并不都是明确的有些边界呈现梯度变化，这种状况更能吸引动物在斑块与基质间运动。同一斑块对有些物种来说像是岛屿，对另一些来说又不是。陆地上的斑块与辽阔的海洋相比面积小很多，有相当的异质性，所以斑块可以作为许多动物在斑块间运动的中继站，这样岛屿生物地理理论中隔离程度的重要性降低了。而陆地景观中斑块的物种多样性与斑块的特征与过程有关，斑块的物种多样性与下列顺序的斑块特征有关。

$$S = f\,[\,+\text{生境多样性}-(\,+\,)\text{干扰}+\text{面积}+\text{年龄}+\text{基质异质性}-\text{隔离程度}-\text{边界不连续性}\,]$$

从公式可见，物种差异与斑块面积显著相关。所以在自然保护区设计时，对于维护高数量的物种，维持特有种、濒危种以及生态系统的稳定，保护区的面积是最重要的因素，而隔离程度、年龄、形状、干扰情况等其他因素被视为是第二位的。

③斑块形状。斑块的形状是与面积同样重要的特征。例如昆虫、鸟类或脊椎动物穿越树林时，更容易发现垂直于运动方向上的长而窄的林中空地，而遗漏了平行方向和圆形的林中空地。边缘是指两个不同的生态系统相交而形成的狭窄地区。边缘宽度是斑块的重要性状。斑块的边缘部分有不同于内部的物种组成和丰度，即所谓的边缘效应。边缘效应是造成不同形状的斑块中生态学差异的最重要原因。由于许多典型的物种被限制在边缘环境或内部环境之中，因此调查斑块的内部面积与边缘面积的比率对了解物种多样性有重要意义。相同面积的条件下，内部面积与边缘面积之比说明了形状上的意义，即圆形的大于矩形的，细长斑块的比率最低。

（2）廊道

廊道指景观中与相邻两边环境不同的线性或带状结构。常见的廊道包括农田间的防风林带、河流、道路、峡谷、输电线缆等。廊道的结构和功能特征与斑块的分类相似。从分类上来讲，根据形成原因可分为干扰型、残留型、环境资源型、再生型和人为引入型廊道等；根据生态系统类型可分为森林廊道、河流廊道、道路廊道等。廊道类型的多样性反映了其结构和功能的多样性。廊道的重要结构特征包括宽度、组成内容、内部环境、形状、连续性及其与周围斑块或基质的相互关系；而廊道的功能则主要可归纳为4类：①生境（如河边生态系统、植被条带）；②传输通道（如植物传播体、动物以及其他物质随植被或河流廊道在景观中运动）；③过滤和阻抑作用（如道路、防风林道及其他植被廊道对能量、物质和生物（个体）流在穿越时的阻截作用）；④作为能量、物质和生物的源或汇（如农田中的森林廊道，一方面具有较高的生物量和若干野生动植物种群，为景观中其他组分起到源的作用，而另一方面也可阻截和吸收来自周围农田水土流失的养分与其他物质，从而起到汇的作用）。

在景观中，廊道常常相互交叉形成网络，是廊道与斑块和基质的相互作用复杂化。研究表明，在适宜生境之间设置物种交流廊道，建立起斑块网络，使生境在群落和生态系统水平上连接起来，将更有利于物种保护。

（3）基质

基质指景观中分布最广、连续性最大的背景结构。常见的有森林基质、草原基质、农田基质、城市用地基质等。Forman（1995）认为，结构和功能特征（即面积上的优势、空间上的高度连续性和对景观总体动态的支配作用）是识别基质的3个基本标准。然而，在实际研究中，要确切地区分斑块、基质和廊道有时是很困难的，也是不必要的。斑块、基质和廊道往往是相对的。基质可以看做是景观中占据主导地位的斑块，而许多所谓的廊道也可看做是狭长形斑块。

3. 集中与分散相结合的区域景观格局

1995年，Forman在其 *Land Mosaic* 一书中，系统地总结和归纳了景观格局的优化方法。其核心思想是将生态学的原则和原理和不同的土地利用规划任务相结合，以发现景观利用中所存在的生态问题和寻求解决这些问题的生态途径。在此基础上，Forman基于生态空间理论提出了一个具有高度不可替代性的景观总体布局模式，即"集中与分散相结合"格局（图4-16）（肖笃宁，李秀珍，1997）。

"集中与分散相结合"被认为是生态学上最优的景观格局。它包括以下7种景观生态属性：①大型自然植被斑块用以涵养水源，维持关键物种的生存；②粒度大小，既有大斑块又有小斑块，满足景观整体的多样性和局部点的多样性；③注重干扰时的风险扩散；④基因多样性的维持；⑤交错带减少边界抗性；⑥小型自然植被斑块作为临时栖息地或避难所；⑦廊道用以物种的扩散及物质和能量的分布与流动。

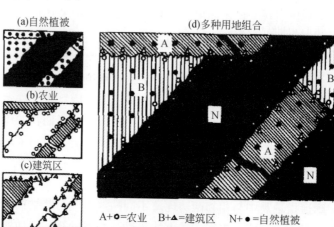

图4-16 景观的集中与分散相结合模型

这一模式强调集中使用土地，保持大型植被斑块的完整性，以充分发挥其在景观中的生态功能；引导和设计自然斑块以廊道或碎部形式分散渗入人为活动控制的建筑地段或农业耕作地段；沿自然植被斑块和农田斑块的边缘，按距离建筑区的远近布设若干分散的居住处所，愈远愈分散，在大型自然植被斑块和建筑斑块之间也可增加些农业小斑块。这种格局有许多生态学上的优越性，一方面，有大型植被斑块也有小的人为斑块，提高了景观多样性，达到生物多样性的保护；另一方面，大型植被斑块可为人们提供旅游度假和隐居的去处，小的人为斑块可作为人们的工作区和商业集中区，高效的交通网络方便了人们的活动。

为了推进景观生态规划的应用实践，俞孔坚进行了实践探索，提出了最小阻力表面（MCR）模型，并借助GIS中的表面扩散技术，构建了一系列生态上安全的景观格局。在该模型中，生态安全的景观格局应该包含以下部分：①源，现存的乡土物种栖息地，他们是物种扩散和维持的元点。②缓冲区，环绕源的周边地区，是物种扩散的低阻力区。③源间连接，相邻两源之间最易联系的低阻力通道。④辐射道，由源向外围景观辐射的低阻力通道。⑤战略点,对沟通相邻源之间联系有关键意义的"跳板"。通过该模型,景观生态规划过程被转换为按照"栖息源地选择—最小阻力表面和耗费表面建立—安全格局组分识别"步骤开展的空间组分识别的过程。

二、西江生态景观格局现状

1. 西江经济带生态背景特征分析

西江经济带具有优越的生态条件基础,地理位置与气候条件优越,生态系统结构与功能总体质量良好,具有"山清水秀、碧水蓝天"的美誉。森林总体覆盖率较高,流域生态环境保护措施与建设卓有成效(图4-17)。从1951年第一个自然保护区建立以来,流域内大力实施造林灭荒、封山育林、防护林体系建设、自然保护区建设、退耕还林、水土保持、农村能源建设、生态农业建设、重点流域和城市环境综合整治等环境保护与生态建设工程并取得明显成效。

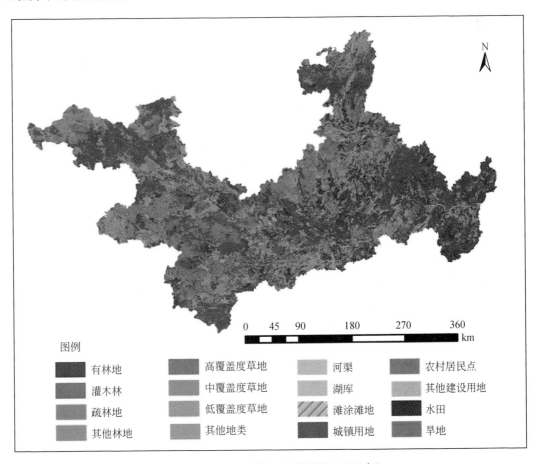

图4-17 西江经济带土地利用图(2005年)

2. 主要问题

1）景观破碎化现象较为严重。景观破碎化程度虽然在一定程度上跟区域的地形条件、生态系统空间分布有一定的关系,但是也同区域经济社会发展水平相关。随着经济社会发展水平的提高,人类开发利用活动对生态系统的占用、破坏加剧,导致原有的斑块变小、斑块数量增多、斑块形状不规则(专栏4-1)。区域生态系统类型虽然以林地为主,其所占比例接近50%,但是由于人类活动的影响,除百色、梧州外,其他地市的林地破碎化程度都较为严重。这势必对区域的生态安全造成一定的影响。

专栏4-1　　　　　　　　　　人类影响的斑块化

人类活动导致自然景观趋于斑块化。人类影响的斑块化在结构和功能上都不同于自然斑块化。人类影响的斑块化一般来说斑块大、形状单一、边界整齐、结构简单。而且,斑块之间缺乏廊道,不利于斑块间的信息交流和物种迁移。Pickett和Thompson(1978)早就指出,自然斑块化最普遍的现象是物种迁移于不同斑块之间,而人类影响的斑块化最终消灭物种的迁移现象。这种人类影响的斑块化与自然斑块化的差别是濒危物种增加的原因之一。

资料来源:傅伯杰等,2001

2）景观元素之间的连接程度较低,说明斑块之间分割较为严重。这在一定程度上也说明景观的破碎化现象较为严重,景观连接度较低。以城市发展为例,原有的大面积绿色空间被占用并被分割为若干小的斑块,斑块之间充斥着居民区、商业区或者是工业园区,景观元素之间缺乏连通的廊道,相互之间分割、孤立。

3）景观的稳定性较弱。从西江经济带来看,沿岸7个地市的分维数(F_d)都十分接近1.5这个值,而研究表明当$F_d=1.5$时,表示处于一种类似于布朗运动的随机运动状态,即空间结构最不稳定。F_d值越接近1.5,表示空间结构越不稳定。这说明西江经济带斑块之间呈现出明显的随机分布的状态,景观结构不稳定。

3. 结论

从上面的分析可以看出,西江经济带虽然整体上生态系统良好,生态空间在整个区域中占有较大的比重,但是同时面临着景观格局不合理的问题,这使得区域生态系统稳定性存在一定的问题,对区域生态安全格局而言是一种不稳定因素。因此,在未来西江经济带生态建设的过程中,不仅仅要注重生态空间的数量变化,更要把空间结构的改善作为重要工作。以结构优化推动功能提升,以质量变化缓解数量波动,从而推动区域生态质量的提升,为西江经济带的发展提供安全的景观生态格局保障。

三、区域景观生态格局构建

1. 基本原则

1）自然优先原则。保护自然景观资源和维持自然景观生态过程及其功能,是保护生物多样性及合理开发利用生态空间的前提。自然景观资源包括原始自然保留地、历史文化遗迹、森林、湖泊以及大的植被斑块，它们对保持区域基本的生态过程和生命维持系统及保存生物多样性具有重要的意义，因此，在规划时应该优先考虑。

2）分类管理的原则。对于不同类型、不同尺度的生态系统，在开发利用时要有所针对性，不能"一刀切"。对于生态重要性高的区域要严格管理，对于一般的区域要合理开发利用。

3）数量和格局兼顾的原则。生态空间的管理不仅仅要保证数量，保证生态空间在数量上不能有大尺度的下降，同时更要注重优化结构，在占用生态空间时要充分考虑对整个区域景观格局的影响，通过格局的改善、优化提升区域生态服务功能。

4）生态关系协调原则。指人与环境、生物与环境、生物与生物、社会经济发展与资源环境、景观利用的人为结构与自然结构以及生态系统与生态系统之间的协调。把社会经济的可持续发展建立在良好的生态环境基础上，实现人与自然共生。

5）整体优化原则。景观是由一系列生态系统组成的、具有一定结构与功能的整体，景观格局的构建应该把区域作为一个整体单位来思考和管理，达到整体最佳状态，实现优化利用。

2. 主要途径

1）加大植树造林的工作力度，使得林地比重稳中有升。
2）提升林地质量，优化林地结构，合理控制商品林、经济林的面积和空间分布。
3）构建生态廊道，提高景观连接度（专栏4-2）。

专栏4-2　　　　　　　　　　　　生态廊道的设计

　　保护区间的生态廊道应该以每一个保护区为基础来考虑，然后根据经验方法和生物学知识来确定。应注意下列因素：要保护的目标生物的类型与迁移特性，保护区间的距离，在生境廊道会发生怎样的人为干扰，以及廊道的有效性等。

资料来源：张金屯，李素清，2003

4）合理占用生态空间，对开发利用类型、强度予以合理的指导，防止人类占用导致生态空间高度破碎化。
5）优先保留大的生境斑块，充分发挥其在景观生态格局中的主导作用。
6）为重要生态功能区域设定合理的缓冲带，避免对核心区的破坏。

3. 区域生态功能空间格局的构建

通过控制生态空间数量、优化生态空间格局，形成"以林地为基质，以河流和干线道路为廊道，以重要生态功能区域为斑块"的区域生态景观空间格局。

（1）基质

西江经济带生态系统以林地为主，而且在各种生态系统中，林地的破碎化程度最低、景观结构最为完整和稳定、连通性最好。因此，林地是西江经济带景观生态格局的基质（专栏4-3，专栏4-4）。不管是现在还是未来，都要保证林地作为西江经济带主要的生态系统类型，保持林地面积占区域总面积的45%以上，远期达到50%（表4-17）；同时优化林地结构、提升森林质量，对重要的原始林、次生林以及功能重要的人工林地加大保护力度，防止大面积的优质林地遭到破坏。

专栏4-3　　　　　　　　　　基质的界定

1. 相对面积：当一种景观要素类型在一个景观中占的面积最广时，即应该认为它是该景观的基质。一般来说，基质的面积应超过所有其他类型的总和，或者说应占总面积的50%以上。如果面积在50%以下，就应该考虑其他标准。

2. 连通性：基质的连通性较其他景观元素要高。

3. 控制程度：基质对景观的控制程度较其他景观元素要大。

资料来源：张金屯和李素清，2003；傅伯杰等，2001

专栏4-4　　　　　　　　基质的孔隙度与连接度

孔性的生态意义在于：①它在一定程度上表明基质中不同斑块的隔离程度，而隔离程度影响到动植物种的基因交换，并进一步影响到它们的遗传分化；②它可以说明边缘效应，而边缘多少与动植物的分布和生存有一定的关系；孔性低说明基质中的环境受斑块影响少，这对某些动物生存至关重要，可是基质中的斑块对另外一些种的觅食和其他活动，也是至关重要的。

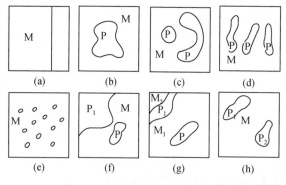

M：基质；P：斑块
(a) 最简单的情况，孔隙度为0
(b) 孔隙度为1
(c) 孔隙度为2
(d) 孔隙度为3
(e) 孔隙度为11
(f) 孔隙度为2，基质连接完全，但M、P何为基质尚不清楚
(g) 孔隙度为2，但连接不完全
(h) 孔隙度为2，连接完全

Franklin和Forman采用模拟的方法，研究了森林采伐所造成的孔性以及因此而引起的生态学后果。结果发现：①过去，美国西北部花期松林区主要采用交互块状配置伐区，现在看来，这种方式太分散，造成的边缘太长，容易造成风倒和火烧的危险，应该改变顺序前进的采伐方式，这种方式对森林干扰轻，有利于生物多样性的维持；②要保留大块的原始林作为保护区，其目的是维持内部种的生存和森林的美学价值；③处于残存片林之间的连接廊道，对于景观保护至关重要，应予以保护。

资料来源：张金屯和李素清，2003

表 4-17 西江经济带分地市林地指标

地 区	2005 年		2010 年		2020 年	
	面积（万 hm^2）	林地覆盖率（%）	面积（万 hm^2）	林地覆盖率（%）	面积（万 hm^2）	林地覆盖率（%）
南 宁	77.28	34.95	79.31	35.87	80.69	36.49
柳 州	97.65	52.45	99.92	53.67	100.19	53.82
梧 州	94.49	75.06	96.51	76.67	96.08	76.33
贵 港	45.57	42.97	46.62	43.96	46.88	44.20
崇 左	69.51	40.06	71.26	41.07	72.23	41.63
来 宾	47.82	35.66	49.07	36.59	50.15	37.39
百 色	136.18	37.62	194.70	53.78	195.82	54.09
合 计	568.50	43.43	637.39	48.70	642.04	49.05

注：表中 2005 年林地面积为当年土地利用变更调查数据，包括有林地、灌木林地、疏林地、未成林造林地、遗迹和苗圃，不包含园地和林业部门统计的宜林地

（2）河流廊道及其网络构建

宽度的设计。河流廊道在区域生态景观格局的构建中具有重要的作用（专栏 4-5）。尤其是在水网密集的西江经济带地区，更应该将河流作为生态廊道建设的主体之一。

专栏 4-5　　　　　　　河流廊道

河流廊道是沿河流分布而不同于周围基质的植被带。河流廊道可包括河道边缘、河漫滩、堤坝和部分高地，其主要的依托是河道本身。河流廊道的宽度变化（不同河流之间或沿一条河系）具有重要的功能意义。

——控制水流和岸线侵蚀。当有效河流廊道延伸到河流两岸的高地时，径流与随之而来的洪水泛滥就会减小到最低程度，河岸侵蚀就会受到控制。

——控制矿质养分流动。由于周边来的洪水遭到控制，从而使得矿质养分径流也得到控制，因而河流沉积物（包括淤泥）和悬浮物物质含量也相应最低，故宽河流廊道内水质一般较好。

——可以作为陆地动植物在景观中的迁移路径。一些物种能够顺利的沿河漫滩迁移，却不能适应河漫滩的高土壤含水量或定期洪泛的环境，这些物种同时还需要河岸上部的高地环境，即边缘环境。

——促进植被和动物沿河分布。河流到高地的环境梯度比较明显，一些适应高水位和土壤湿度剧烈变化的河流廊道的植被和动物广泛沿河分布。

——廊道植被对河水有直接影响。植被郁闭可以保持河水清凉；凋落物沉积在河水中，会成为许多河流食物链的基础。在高级河流范围内，植被冠层疏散，各种蝴蝶、鸟类和其他物种可广为利用。

——河流廊道可以调节水和物质从周围土地像河流的输送，侵蚀、径流、养分流、洪水、沉积作用和水质均受河流廊道宽度的影响。

——水体本身可以作为水生动植物迁移的通道。

资料来源：傅伯杰等，2001

廊道的宽度是影响廊道功能的重要因素。在通常的河流保护或滨河地带开发中，人们往往为河岸指定一定的宽度地带作为河流的缓冲区。河流不同的位置对应着不同的环境状况，从而应该对应不同的廊道宽度值。到目前为止，人们还是没有得到一个比较统一的河岸防护林带的有效宽度。根据相关研究（表4-18），河流的廊道宽度值具有一定的规律（朱强等，2005）。由相关数据可以看出，当河岸植被宽度大于30m时，能够有效地降低温度、增加河流生物食物供应、有效过滤污染物；当宽度大于80m时，能较好地控制沉积物及土壤元素流失；当大于600m时，对区域生物多样性的保护产生了重要的作用，同时保证了内部生境的出现。

表4-18 根据相关研究成果归纳的生物保护廊道适宜宽度

宽度值（m）	功能及特点
3~12	廊道宽度与草被植物和鸟类的多样性之间相关性接近于零；基本满足保护无脊椎动物种群的功能
12~30	对于草本植物和鸟类而言，12m是区别线状和带状廊道的标准。12m以上的廊道中，草本植物多样性平均为狭窄地带的2倍以上；12~30m能够包含草本植物和鸟类多数的边缘种，但是多样性较低；满足鸟类迁徙；保护物无脊椎动物种群；保护鱼类、小型哺乳动物
30~60	含有较多草本植物和鸟类边缘种，但是多样性仍然很低；基本满足动植物迁徙和传播以及生物多样性保护的功能；保护鱼类、小型哺乳、爬行和两栖类动物；30m以上的湿地同样可以满足与生动物对生境的需求；截获从周围土地流向河流的50%以上沉积物；控制氮、磷和养分的流失；为鱼类提供有机碎屑，为鱼类繁殖创造多样化的生境
60/80~100	对于草本植物和鸟类来说，具有较大的多样性和内部种；满足动植物迁徙和传播以及生物多样性保护的功能；满足鸟类及小型生物迁徙和生物保护功能的道路缓冲带宽度；许多乔木种群存活的最小廊道宽度；至少80~100m的河岸植被缓冲带宽度对于减少50%~75%的沉积物是有效的
100~200	保护鸟类，保护生物多样性比较合适的宽度
≥600~1200	能创造自然的、物种丰富的景观结构；含有较多的植物和鸟类内部种；通常森林边缘效应有200~600m宽，森林鸟类被捕食的边缘效应大致范围为600m，窄于1200m的廊道不会有真正的内部生境；满足中等及大型哺乳动物迁移的宽度从数百米至数十公里不等

实际中，确定一个河流廊道宽度应遵循3个步骤：①对河流类型、河床的坡度、土壤类型、植被覆盖、温度控制、河流结构、沉积物控制以及野生动物栖息地等进行实地调查弄清所研究河流廊道的关键生态过程及功能；②基于廊道的空间结构，将河流从源头到出口划分为不同的类型；③将最敏感的生态过程与空间结构相联系，确定每种河流类型所需的廊道宽度。

在本研究中，基于构建生态西江的理念以及河流网络在区域生态环境中的重要作用，设计了以下河流廊道宽度值（表4-19）。

表4-19 河流廊道宽度建议

河流类型	区 段	缓冲带宽度（m）
西江主干流	城区段	50
	城外段	500
其余支流	—	100

根据规划标准①,西江水系网络规划的关键是维护整个水系网络的连续性,确定汇入西江的地表径流的位置和整个水系网络的保护宽度。在数字高程模型(DEM)的基础上,利用 GIS 进行地表径流分析来确定汇入西江的地表径流的位置和等级。然后根据等级确定地表径流的保护宽度,等级越高,保护宽度越大。利用 GIS 进行高程分析、坡度分析和三维地形模拟,再结合洪水水位和沿岸土地利用类型来确定河流的保护宽度。水系交汇点对于水系网络的生态功能具有重要的意义,宜适当扩大水系交汇点的保护宽度。

具体步骤如下:①识别主要河流;②识别河流岸线周围 500m 范围内的区域(图 4-18);③识别重要的湖泊、水库和滩地;④将重要湖泊、水库周围 2000m 范围内作为缓冲区(图 4-19);⑤将距离主要河流不超过 1000m 的上述缓冲区识别出来作为重要水库湖泊;⑥识别重要的滩地;⑦将距离主要河流不超过 1000m 的滩地识别出来作为重要滩地;⑧得到以河流为主体的保护体系(图 4-20)。

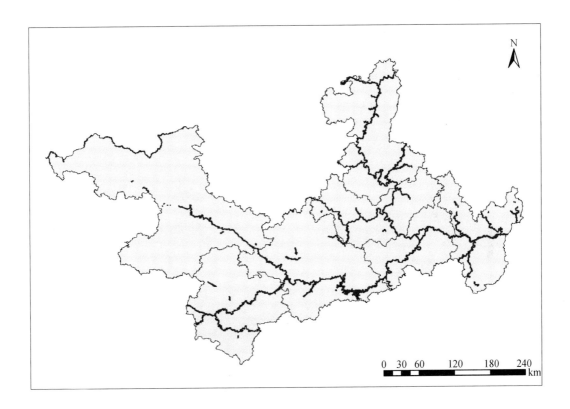

图 4-18 西江经济带主要河流及其缓冲区

---

① 水系网络恢复作为河流廊道的功能,恢复审美和游憩价值,其标准如下:(a)主流以及汇入主流的支流和地表径流构成一个连续的树枝状网络,沿着整个网络所发生的水文过程和生态过程高度连续。(b)具有足够的保护宽度,可以最大程度地发挥河流生态廊道的功能。(c)整个水系网络应该尽量维持自然状态,具有良好的植被,适合野生动物栖息和开展一些滨水游憩活动。

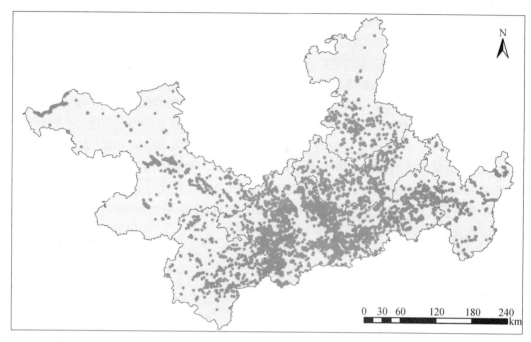

图 4-19　西江经济带湖泊水库缓冲区

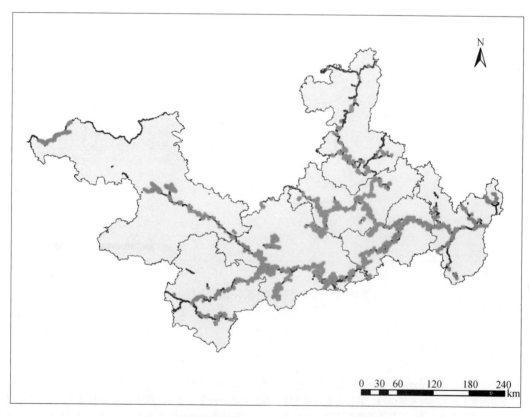

图 4-20　西江经济带以主干河流为主体的生态网络

(3) 道路廊道及网络

道路是人类进行生产生活最重要的基础设施之一。道路的发展对于西江经济带的发展具有重要的意义。道路作为区域内除了河流之外连通性最高的设施，依托道路构建相应的生态廊道，使道路两侧一定范围内生态得到较好的保护和重建，是推动区域生态格局优化、构建高连通度的生态网络体系的重要手段。因此，西江流域道路生态网络的关键是维护道路生态网络的连续性和优质性，确定不同等级的道路两侧设定相应宽度的生态绿化带（表4-20）。等级越高，设定的绿化带宽度越大。在西江经济带交通设施分布图的基础上，利用GIS在不同等级道路周围设定不同宽度缓冲区作为绿化带的构建空间；道路交汇点对于道路生态网络的生态功能具有重要的意义，宜适当扩大道路交汇点的绿色空间宽度；居民点地区由于土地利用方式的集约性，内部道路两侧绿化带的宽度忽略不计。

表4-20 道路生态廊道建设指引

道路类型	缓冲带宽度（m）	道路类型	缓冲带宽度（m）
铁路	50	省县级公道	50
高速公路	100	乡级公路	20

注：乡级公路为依托的体系在主图中不出现

具体步骤如下：①识别主要道路（铁路、高速公路、省道国道）；②识别主要道路周围一定范围的区域作为绿化带；③构建基于主要道路为依托的生态网络（图4-21）；④以乡级公路为依托，构建微观生态脉络（图4-22）。

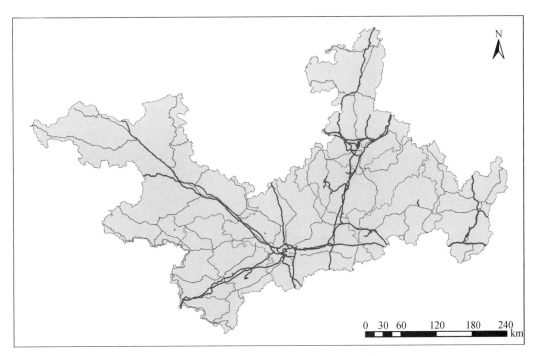

图4-21 西江经济带以主干道路（铁路、高速公路、国道省道）为主体的生态网络体系

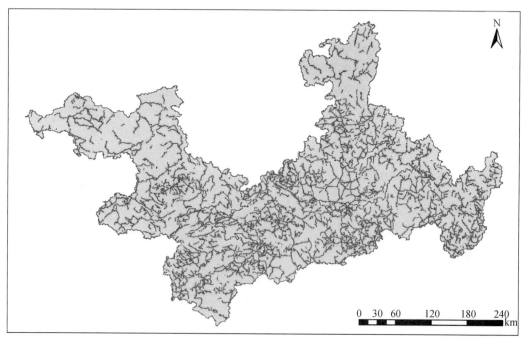

图 4-22　西江经济带以县乡道路为依托的微观生态脉络

（4）生物多样性保护网络

规划构建的生物多样性保护生境网络能重点改善植物多样性以及动物的生存环境，提升区域生物多样性。根据规划标准，利用景观生态安全格局理论来建立生物多样性保护网络。根据西江经济带生物多样性调查报告和风景区一带野生动物的生活习性，将西江流域重要生态功能区作为生物多样性保护的核心区域，即景观生态安全格局的"源"。将土地覆被类型、地形坡度和水分条件作为动物活动的阻力因子来建立阻力表面。原因是：①不同土地覆被类型对于动植物分布的阻力不同，一般林地和草地的阻力较小，居民点和工矿用地以及交通用地的阻力较大。②坡度对动物的活动影响比较明显，一般坡度越大，阻力越大。③水是动植物生存的条件，也是影响植被生长的主要因子，一般水分条件较好的地方阻力较小，水分条件较差的地方阻力较大。基于以上确定的"源"和阻力表面，利用 GIS 进行最小累积阻力分析，得到最小累积阻力面（专栏 4-6）。然后根据最小累积阻力面分析得到生态安全格局的缓冲区、源间联结、辐射道以及战略点，最后根据生态安全格局得到生物多样性网络保护的初步规划方案。

专栏 4-6　　　　　　　　　　　最小累积阻力模型

最小累积阻力（minimum cumulative resistance，MCR）是指从"源"出发经过不同类型的景观所克服的最小阻力或者耗费的最小费用，它反映的是一种可达性，还可以用最小费用距离（least cost distance）、可穿越性及隔离程度等概念来表示。最小费用距离是从欧式距离演化而来的，如果"源"及四周用斑块模型来表示时，欧式距离代表的是目标斑块距离最近源斑块的距离。而最小费用距离计算的是一种加权距离，它与空间距离相似，但是它计算的是从目标斑块到最近源斑块的累积费用距离，它代表的是一种加权距离的形式，而非实际的空间距离，费用的概念抽象地反映出移动过程中克服阻力所要做的功的大小。

利用最小费用距离模型来表述详细的地理信息和测算个体之间的连接度源于地理理论，在土地规划管理和物种保护管理项目中得到广泛关注。自然保护区的功能分区可以看作对生物保护和管理的一种协调。按照生物圈保护的思想，功能分区由里到外可以划分为核心区、缓冲区和实验区的一种环套结构，从生物保护的角度可以看做是物种由"源"经过不同的景观介质克服的阻力大小的一种反映。按照理想的功能分区环套结构，在核心区内移动需要克服的景观阻力最小；在实验区内移动需要克服的景观阻力最大；在缓冲区内移动所克服的阻力的大小介于两者之间。

最小累积阻力模型的基本计算公式为

$$MCR = f\min\sum_{j=n}^{i=m} D_{ij} \times R_i$$

式中：MCR 是被称之为最小累积阻力值；D_{ij} 表示物种从源 j 到景观单元 i 的空间距离；R_i 表示景观单元 i 对某物种运动的阻力系数；$\sum$ 表示单元 i 与源 j 之间所穿越所有单元的距离和阻力的累积；min 表示被评价的斑块对于不同的源取累积阻力最小值；f 表示最小累积阻力与生态过程的正相关关系。该模型可通过 ArcGIS 中空间分析的 cost-distance 模块实现。

资料来源：俞孔坚，1998；李纪宏，刘雪华，2006

1）景观单元阻力值的确定。西江经济带生物多样性保护网络评价单元为 90m×90m 的网格。根据以上分析，在西江经济带确定两个主要影响因素：

——土地利用类型。对不同地类的阻力值设计如表 4-21 所示。范围为 1~100，其中 100 表示景观阻力值极大，生物难以穿越。在此基础上，根据西江经济带不同地类的空间分布，得到西江经济带不同景观单元阻力值的空间分布，如图 4-23 所示。

——地形坡度。地形坡度是影响生物多样性保护尤其是动物保护的重要因素。根据李纪宏和刘雪华（2006）的分类标准，我们设计了此次分析的阈值（表 4-22）。阻力值范围和由地类得到的阻力值范围相同，其中阻力值 1 表示阻力极小，动物可以自由移动，植物扩散阻力极小，是极适合生物多样性保护的区域；阻力值 100 表示动物难以移动，植物难以扩散，是不适宜生物多样性保护的区域。基于不同坡度的阻力值和西江经济带的地形地势，得到图 4-24 所示的阻力值空间分布。

表 4-21　不同土地利用类型阻力因子设计

一级类型	二级类型	阻力值	一级类型	二级类型	阻力值
耕　地	水　田	30	水　域	河　渠	1
	旱　地	40		湖　泊	1
林　地	有林地	5		水库坑塘	1
	灌木林	6		永久性冰川雪地	100
	疏林地	7		滩　涂	10
	其他林地	7		滩　地	10
草　地	高覆盖度草地	5	未利用土地	沙　地	50
	中覆盖度草地	6		戈　壁	50
	低覆盖度草地	7		盐碱地	50
城乡、工矿、居民用地	城镇用地	100		沼泽地	50
	农村居民点	100		裸土地	50
	其他建设用地	100		裸岩石砾地	50
				其　他	50

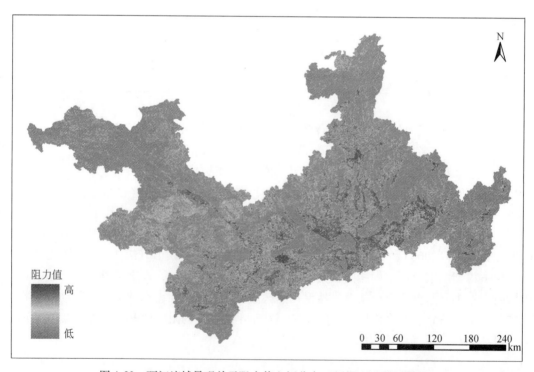

图 4-23　西江流域景观单元阻力值空间分布（根据土地利用类型）

表 4-22 不同坡度的景观单元适宜性及阻力值设计

坡度（°）	0~6	6~10	10~20	20~30	30~40	大于40
阻力值	1	2	5	10	50	100

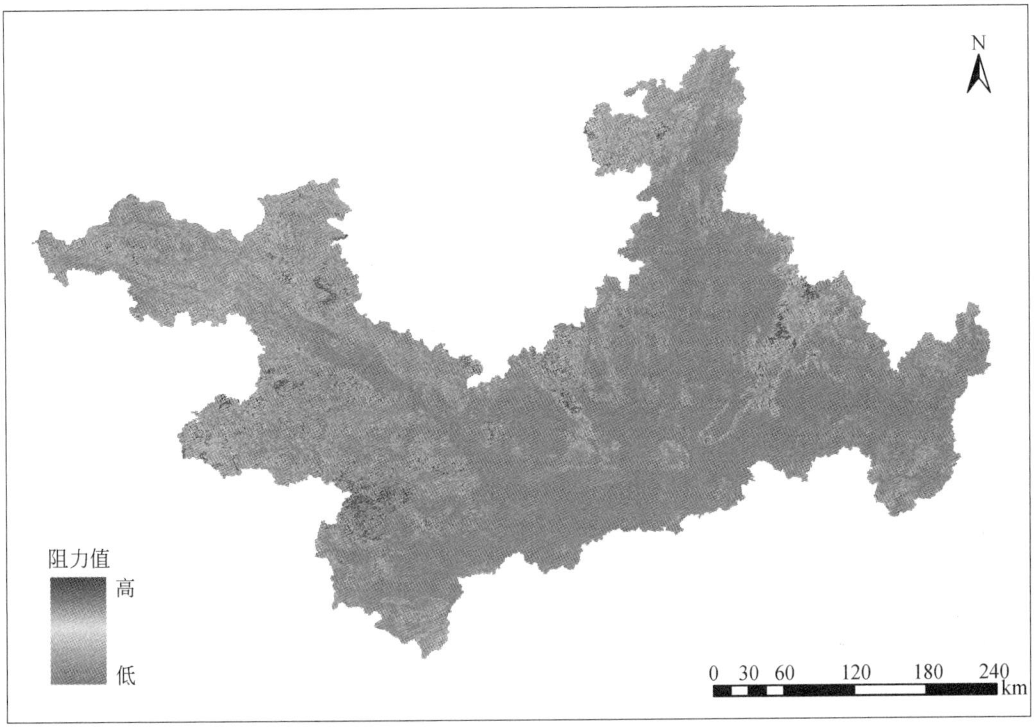

图 4-24 西江流域景观单元阻力值空间分布（根据地形坡度）

——景观单元阻力值的加权平均：在生物多样性的保护过程之中，土地利用类型起到的作用要明显大于地形坡度；设计土地利用类型的权重为70%，地形坡度的权重为30%；进行两个图层的加权汇总，得到图4-25。

2）源的选择。以西江经济带主要的自然保护区为源（图4-26）。

3）最小阻力表面的获得。利用空间最小累积空间阻力模型，得到如图4-26所示的最小累积阻力表面的空间分布。

4）结果分析。从图4-26中可以看出，西江经济带最小累积阻力面的空间分布是不均匀的。其中，经济带西部地区是低阻力区最为密集的区域，且阻力区之间存在一定的低阻力通道；东部和中部地区分布着3个面积较大的低阻力斑块，但是斑块之间缺乏低阻力联系通道。具体来讲，西江经济带现状的生态功能区空间格局存在以下不足：

——自然保护区之间布局分散，没能形成生态景观网络。解决思路：通过最小累积阻力表面分析发掘保护区之间最小的阻力通道，识别重要的景观战略点（或战略面），依托这些战略性区域，构建生态廊道。

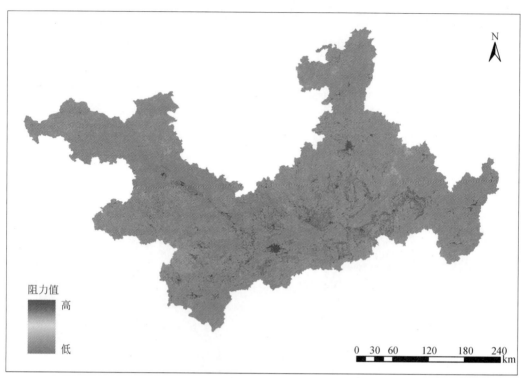

图 4-25　西江经济带景观单元阻力值空间分布

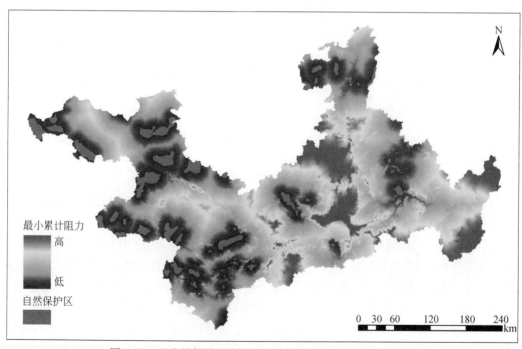

图 4-26　以自然保护区为源的最小累积阻力表面的空间分布

——中部地区是生态保护区域比较缺乏的地区，尤其是柳州—来宾一线，是区域生态阻力最大、高阻力区最密集的区域。解决思路：在此区域寻找生态本底较高的生态功能区，如大面积的、优质的森林斑块或者是大面积的水域（如大藤峡水利枢纽的修建形成的水库），设立保护区。这样对于优化中部地区的自然保护区域空间分布，增加生物多样性保护的"源"，降低累积阻力具有重要的意义。

——东部地区边缘带地高阻力区密集、成块。本区域是珠江三角洲上游重要的生态屏障地区，这种状况对于生态屏障功能的实现无疑是相当不利的。解决思路：在本区域的大桂山、云开大山等选择生态本地较好的优质林地，设立自然保护区。

5）景观生态格局的优化的可行性分析。西江经济带景观生态空间格局的优化依托主要的生态斑块进行。分为主要的水域和主要的林地斑块。

——选择主要的水域（面积大于$5km^2$，其中涵盖了西江流域的主要水库和湖泊）。

——选择林地：大约$5km^2$的斑块。选择原因如下：①从类别上来讲，有林地和灌林地是生物多样性保护能力最强的区域，因此其重要性最高。②从面积上来讲，研究表明，中心距离边缘小于1.2km的时候，没有真正的内部生境，所以，假设斑块是圆形的话，其半径应该是1.2km，则面积为$4.52km^2$；如果是正方形，则边长为2.4km，面积$5.76km^2$；此处取$5km^2$；此外，保证了中部地区、东部边缘地带都有相应的斑块存在。

通过对西江经济带有林地和灌林地的数量、面积分析得知（表4-23），重要斑块虽然在数量上所占比重较小，但是面积占相应地类总面积的比重很高。

表4-23　大于$5km^2$的林地斑块（即重要斑块）数量、面积分析

项　目	重要斑块数量（个）	总数量（个）	比重（%）	重要斑块面积（km^2）	总面积（km^2）	比重（%）
有林地	361	2 930	12.32	68 925	71 517	96.38
灌木林地	277	5 909	4.69	24 401	27 166	89.82
合　计	638	8 839	7.69	93 326	98 683	94.57

在此基础上，以重要的斑块（图4-27）为源，再次进行最小累积阻力分析，结果如图4-28所示。

结果表明，相对于以自然保护区为"源"的分析结果，本结果的优点主要体现为：

——低累积阻力区之间关联度较高，也就是说景观连接度较高、破碎度下降；重要的生态功能区域之间存在相应的连接廊道。

——中部地区、东部边缘地区都存在一定的低累积阻力区，这些区域要么可以作为重要的生态廊道，要么可以作为重要的生态斑块，对优化区域生态功能空间格局具有重要的意义。

这说明，一方面西江经济带的生态本底较好，存在诸多大面积的生态斑块，可以选择几个重要的斑块加以保护，借此提升保护区面积的比重和空间布局，尤其是在中部和东部

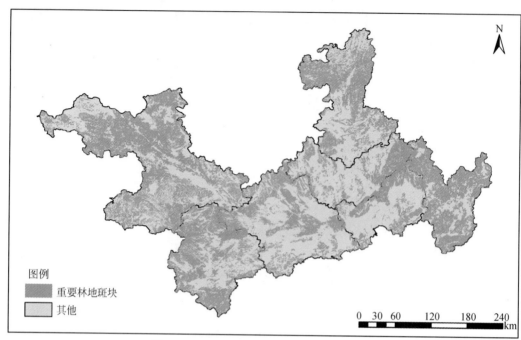

图 4-27　西江经济带重要的生态斑块分布图

地区;另一方面,由于低阻力地区基本上是相连通的,因此,也可以考虑在这些低阻力带上构建连接东部、西部地区与中部地区之间的生态廊道,构建区域生物多样性保护网络。

6)河流、道路网络在构建区域景观格局中的作用。将河流网络、道路网络与生物多样性保护网络进行叠加,得到西江经济带生态网络体系(图 4-29)。

从图 4-29 中可知,在区域景观格局构建的过程中,河流网络或者是道路网络(尤其是河流网络)在优化区域景观格局、提升斑块之间的连接度方面具有重要的作用。一方面,当这些网络线同低阻力线相重合时,以此设计廊道,既能充分保护网络,又能提升景观连接度;另一方面,当这些网络线经过高阻力区区域时,这些网络的存在对于降低累积阻力、提升生物通行能力具有重要的作用。

7)基于生物多样性保护价值的区域开发建设格局。根据不同单元在区域生物多样性保护中的价值,将西江经济带分为 4 种开发建设类型的区域,即禁止开发区域、限制开发区域、适度开发区域和优先开发区域。4 种类型区域的空间分布如图 4-30 所示。

对于不同类型的区域,其开发利用或保护建设的手段分别为:

——禁止开发区域。主要以现状自然保护区域为主,在未来的发展过程中,对此类区域要加大生态建设的力度,致力于恢复原有的植被,使之成为区域生物多样性的"宝库"。

——限制开发区域。主要是指区域内生态环境本底相对较好的区域,即生态类限制开发区域。本区域在西江经济带分布较为广泛,是保证区域生态质量的重要区域。因此,在未来开发利用的过程中,对于开发利用方式、规模等必须加以控制,可以进行生态友好型的产业开发。

第四章 水资源可持续利用与生态环境保护

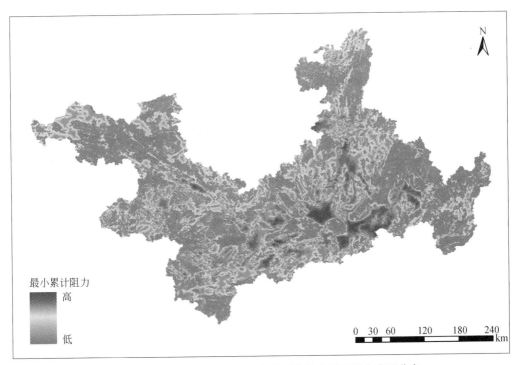

图 4-28 西江经济带以重要斑块为源的最小累积阻力表面分布

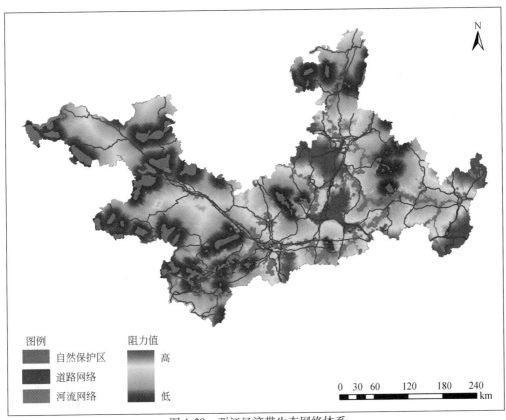

图 4-29 西江经济带生态网络体系

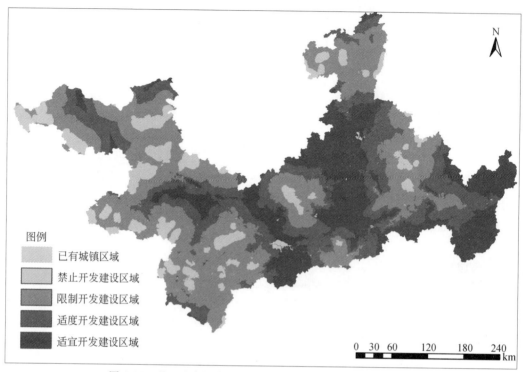

图 4-30　基于生态视角的西江经济带区域开发建设功能分区

——适度开发区域。此类区域虽然生态重要性的程度不高，是区域内中小规模的城市、乡镇等人口、产业集中分布的区域。这种类型区域的开发建设对于加快西江经济带的经济社会发展、推动城市化进程具有重要的作用。但是，由于区域本身承载能力不强，因此，需要严格限定开发建设的强度。

——优先开发区域。此类区域的生态重要性程度较低，是区域内开发建设条件十分优越的区域，也是区域内大中城市最为密集的区域，过去、现在和未来都是西江经济带产业、人口集聚的主体。但是，由于本区域涵盖了区域内大部分的耕地，因此，在大规模开发建设的过程中，对于优质农田尤其是基本农田要加强保护的力度，建立占补平衡机制，以保证区域的农产品供应。

四、流域生态功能区划

（一）区划的目的及意义

生态功能区划就是在生态调查的基础上，分析区域生态环境的空间分布规律，明确区域生态环境特征、生态系统服务功能重要性与生态环境敏感性的空间分异规律，最后将区域划分成不同生态功能区的过程。

通过生态功能区划明确区域生态环境特征、生态系统服务功能重要性与生态环境敏感性空间分异规律,确定区域生态功能分区,为制定生态环境保护与建设规划、维护区域生态安全、促进社会经济可持续发展提供科学依据,为环境管理和决策部门提供管理信息和管理手段。生态功能区划是生态保护决策科学化(从经验到科学)、管理定量化(从定性到定量)、资源开发合理化、运作过程信息化的重大基础性工作,在参与政府管理、指导生态保护和规范生态建设中将发挥重要的作用。

(二)区划的基本原则、目标和依据

1. 基本原则

1)主导功能原则。生态功能的确定以生态系统的主导服务功能为主,在具有多种生态服务功能的地域,以生态调节功能优先;在具有多种生态调节功能的地域,以主导调节功能优先。

2)区域相关性原则。在区划过程中,综合考虑西江经济带上、中、下游的关系,区域间生态功能的互补作用,根据保障区域、流域与国家生态安全的要求,分析和确定区域的主导生态功能。

3)协调原则。生态功能区的确定要与国家主体功能区规划、重大经济技术政策以及社会发展规划、经济发展规划和其他各种专项规划相衔接。

4)分级区划原则。西江经济带生态规划应从满足西江经济带7个地市59个区县经济社会发展和生态保护工作宏观管理的需要出发,进行不同等级的划分,不同等级的生态功能区划要相衔接,在区划尺度上应更能满足区域经济社会发展和生态保护工作微观管理的需要。

2. 区划目标

1)分析西江经济带不同的生态系统类型、生态问题、生态敏感性和生态系统服务功能类型及其空间分布特征,提出西江经济带生态功能区划方案,明确各类生态功能区的主导生态服务功能以及生态保护目标,划定各类生态调节功能区、产品提供功能区、人居生活保障区。

2)按综合生态系统管理思想,分析各重要生态功能区的主要生态问题。

3)以生态功能区划为基础,指导该区域生态保护与生态建设、产业布局、资源利用和经济社会发展规划,努力把该区域建设成一个生态文明区域。

3. 区划依据

以西江经济带的自然地理概况为背景,以生态环境敏感性和生态服务功能重要性评价为依据进行生态功能区划。

生态环境敏感性评价的主要内容包括土壤侵蚀敏感性、石漠化敏感性、生物多样性敏感性、酸雨敏感性评价等方面。根据各类生态环境问题的形成机制和主要影响因素,分析各地域单元的生态环境敏感性特征。

流域生态服务功能包括生态调节功能、产品提供功能与人居保障功能。其中,生态调节功能主要是指水源涵养、土壤保持、生物多样性保护等维持生态平衡、保障区域生态安

全等方面的功能；产品提供功能主要包括提供农产品、林产品等功能；人居保障功能主要是指城市发展功能，包括中心城市、重点城镇等。生态系统服务功能重要性评价是根据生态系统结构、过程与生态服务功能的关系，分析生态服务功能特征。

（三）生态功能区分区方案及功能区概述

1. 区划方案

根据生态系统的自然属性和所具有的主导生态服务功能类型，全区划分为生态调节、产品提供与人居保障 3 类一级生态功能区；依据生态功能重要性将一级功能区划分为 6 类二级生态功能区，即水源涵养与生物多样性保护功能区、水源涵养功能区、生物多样性保护功能区、土壤保持功能区、农林产品提供功能区和中心城市功能区（图 4-31）；根据生态系统与生态功能的空间差异、地貌差异、土地利用的组合以及主导功能划分为 51 个三级生态功能区。

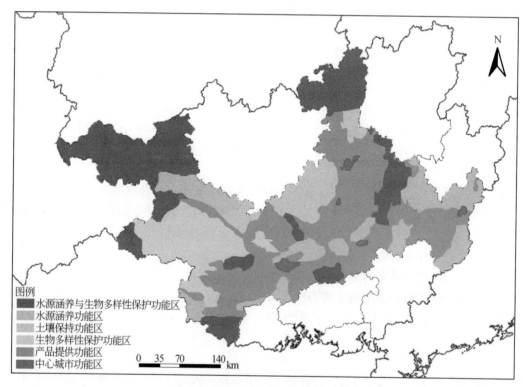

图 4-31　西江经济带生态功能区划

由于广西于 2008 年已经印发了《广西壮族自治区生态功能区划》，为了避免冲突，本部分内容基本沿用了该区划方案

（1）生态调节功能区

1-1　水源涵养与生物多样性保护功能区

　　1-1-1　驾桥岭—大瑶山北部水源涵养与生物多样性保护功能区

1-1-2 乐业—天峨—凤山—凌云—田林山地水源涵养与生物多样性保护功能区

1-1-3 隆林—西林—田林山地水源涵养与生物多样性保护功能区

1-1-4 大瑶山南部水源涵养与生物多样性保护功能区

1-1-5 大明山水源涵养与生物多样性保护功能区

1-1-6 大王岭—黄连山水源涵养与生物多样性保护功能区

1-1-7 六韶山水源涵养与生物多样性保护功能区

1-1-8 西大明山水源涵养与生物多样性保护功能区

1-1-9 西津水库库区丘陵水源涵养与生物多样性保护功能区

1-1-10 桂北山地水源涵养与生物多样性保护功能区

1-1-11 十万大山水源涵养与生物多样性保护功能区

1-2 水源涵养功能区

1-2-1 摩天岭水源涵养与林产品提供功能区

1-2-2 澄碧河、百东河、达洪江水库山地水源涵养与林产品提供功能区

1-2-3 高峰岭水源涵养与林产品提供功能区

1-2-4 镇龙山水源涵养与林产品提供功能区

1-2-5 莲花山水源涵养与林产品提供功能区

1-2-6 罗贤水库—六陈水库—平合水库库区水源涵养与林产品提供功能区

1-2-7 云开大山水源涵养与林产品提供功能区

1-2-8 大青山水源涵养与林产品提供功能区

1-2-9 四方岭—大王滩水库库区水源涵养与林产品提供功能区

1-2-10 盘阳河—灵歧河流域山地水源涵养与林产品提供功能区

1-2-11 大容山水源涵养与林产品提供功能区

1-2-12 大桂山北部—桂江中上游山地水源涵养与林产品提供功能区

1-2-13 大桂山南部—桂江下游山地—蒙江中下游山地水源涵养与林产品提供功能区

1-3 生物多样性保护功能区

1-3-1 武鸣—隆安岩溶山地生物多样性保护功能区

1-3-2 桂西南岩溶山地生物多样性保护功能区

1-4 土壤保持功能区

1-4-1 融安—鹿寨—永福岩溶山地土壤保持功能区

1-4-2 红水河流域岩溶山地土壤保持功能区

1-4-3 平果中北部岩溶山地土壤保持功能区

（2）产品提供功能区

2-1 农林产品提供功能区

2-1-1 桂东北岩溶峰林谷地农林产品提供功能区

2-1-2 融水—罗城—宜州—柳城岩溶峰林谷地农林产品提供功能区

2-1-3 鹿寨—柳江丘陵农林产品提供功能区

2-1-4 蒙山盆地农林产品提供功能区

2-1-5 桂中平原农林产品提供功能区
2-1-6 郁江平原—浔江平原农林产品提供功能区
2-1-7 浔江北部—北流江流域丘陵林农产品提供功能区
2-1-8 马山—武鸣—隆安—平果丘陵林农产品提供功能区
2-1-9 武鸣盆地农林产品提供功能区
2-1-10 南宁盆地农林产品提供功能区
2-1-11 右江谷地农林产品提供功能区
2-1-12 桂南丘陵农林产品提供功能区
2-1-13 左江流域岩溶平原农林产品提供功能区
2-1-14 龙州盆地农林产品提供功能区

（3）人居保障功能区

3-1 中心城市功能区
3-1-1 南宁中心城市功能区
3-1-2 柳州中心城市功能区
3-1-3 梧州中心城市功能区
3-1-4 贵港中心城市功能区
3-1-5 百色中心城市功能区
3-1-6 来宾中心城市功能区
3-1-7 崇左中心城市功能区

2. 生态功能区概述

（1）水源涵养与生物多样性保护功能区

全流域有水源涵养与生物多样性保护生态功能三级区 11 个，面积为 3.78 万 km^2，占全区土地面积的 30%。分布在流域东北、西北和西南的中低山区域，主要是天平山、花山、大瑶山、岑王老山、六韶山、大王岭、大明山、西大明山、十万大山等山脉。这些区域天然植被保存良好，水源涵养能力较强，是大江大河的源头和水源涵养区。该类生态功能区是本区目前天然地带性植被（热带季雨林、亚热带常绿阔叶林）保存最好的地区，生态系统结构相对完整，生物种类繁多，拥有大量珍稀、特有和古老的生物种类，是流域自然保护区分布的主要区域。这些区域的水源涵养和生物多样性保护服务功能极为重要。

主要生态问题：天然阔叶林面积减少，森林质量降低，水源涵养功能减弱，特别是旱季江河水量锐减；雨季局部区域山洪、泥石流、滑坡等灾害多发；坡耕地面积大，水土流失较严重。

（2）水源涵养功能区

全区有水源涵养生态功能三级区 13 个，面积为 1.65 万 km^2，占全区土地面积的 13%。分布在区域东部、东南和西北，主要是云开大山、大容山、莲花山、四方岭、大青山和桂江、蒙江、盘阳河、灵歧河等流域山地以及罗贤、六陈、平合、大王滩、澄碧河、百东河等水库区。这些区域生态公益林与商品林交错分布，森林植被保持相对完好，水源涵养服务功能极为重要。

主要生态问题：人类活动干扰强度大；人工纯林面积比重较大，森林结构单一，涵养水源、保持水土等生态服务功能下降，生物物种减少；部分库区坡耕地面积大，水土流失严重；城镇生活污染物、工业污染物排放及规模水产养殖影响了部分水库水质。

（3）生物多样性保护功能区

全流域有生物多样性保护生态功能三级区 2 个，面积为 1.57 万 km^2，占全区土地面积的 12.4%。主要分布于桂西南的龙州、宁明、大新、隆安、靖西、德保、那坡等县的岩溶山区。

主要生态问题：山多地少，易旱易涝，生态系统脆弱。桂西南岩溶山区保存有面积较大的北热带石灰岩季雨林，该类型区生物多样性敏感性为极为敏感，生物多样性保护服务功能极为重要。

（4）土壤保持功能区

全流域有土壤保持生态功能三级区 3 个，面积为 0.98 万 km^2，占全区土地面积的 8%。主要分布在区域中北部岩溶地区和东北，石山多、平地少，石头多、土壤少，耕地资源极缺，生态系统极为脆弱。土壤侵蚀敏感性和石漠化敏感性为极为敏感，土壤保持服务功能极为重要。

主要生态问题：不合理的土地利用、毁林开垦、过度放牧使自然植被严重破坏，森林覆盖率较低，生态系统服务功能退化，水土流失、石漠化严重；坡耕地面积比重大，土地生产力低；岩溶洼地易旱易涝；矿业开发造成局部区域环境污染和生态破坏，有色金属冶炼污染问题突出。

（5）农林产品提供功能区

全流域有农林产品提供生态功能三级区 15 个，面积为 4.52 万 km^2，占全区土地面积的 35.7%。主要分布在区域中东部的平原、台地和低丘。这些区域的生态服务功能主要是提供农林产品，兼顾生态调节功能保护。

主要生态问题：耕地面积减少，土壤肥力下降；农业面源污染及城镇生活污水污染比较突出；部分农业区干旱；林种结构单一，森林质量下降；矿产开采造成的植被破坏、水土流失问题比较突出。

（6）中心城市功能区

中心城市功能区包括南宁、柳州、梧州、贵港、百色、来宾、崇左 7 个中心城市。面积为 0.16 万 km^2，占全区土地面积的 1.3%。

主要生态问题：城市环保设施滞后，部分城市水环境、空气环境污染问题较为突出，城市生态功能不完善。

（四）重要生态功能区域

根据各生态功能区对保障区域生态安全的重要性，以水源涵养、土壤保持、生物多样性保护 3 类主导生态调节功能为基础，确定了 8 个重要生态功能区（图 4-32）。

（1）桂北山地水源涵养与生物多样性保护重要区

该区总面积为 0.8 万 km^2，包括柳州市的三江县、融水县北部和中部、融安县北部，区内分布有天平山、摩天岭、大苗山、九万山等山地。

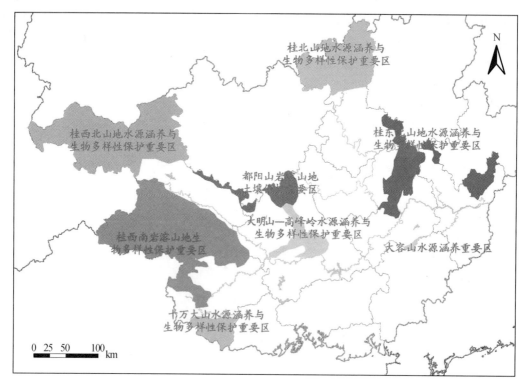

图 4-32　西江经济带重要生态功能区

本区主导生态功能为水源涵养和生物多样性保护。该区域是寻江、湘江、洛清江、都柳河、融江、龙江的源头区和水源涵养区，对保护这些流域的生态安全具有重要作用。该区域是中亚热带典型常绿阔叶林分布区域，珍稀物种资源丰富，是我国中亚热带地区的重要物种储存库。有九万山国家级自然保护区，有元宝山、泗涧山大鲵、三锁鸟类3个自治区级自然保护区。该区域是具有国际意义的生物多样性分布中心，对全球生物多样性的保护具有重要意义。

主要生态环境问题：天然阔叶林面积减少，人工纯林、经济果木林增多，森林质量降低，水源涵养功能减弱，旱季江河水量锐减；雨季局部区域山洪、泥石流、滑坡等灾害多发；坡耕地水土流失较严重；生物多样性受损严重；城镇生活污染物排放对江河水质影响较大。

（2）桂东北山地水源涵养与生物多样性保护重要区

该区总面积为 0.67 万 km^2，包括桂江中上游山地、大瑶山等山地。

本区主导生态功能为水源涵养和生物多样性保护。这些山脉是湘江、桂江、蒙江、柳江、黔江和寻江的发源地和水源涵养区，对于维护这些流域的生态安全具有重要作用。这些山地的森林茂密，地带性植被为亚热带常绿阔叶林，有大瑶山国家级自然保护区，大平山、古修、金秀老山3个自治区级自然保护区，珍稀动植物资源丰富，是具有国际意义的生物多样性分布中心，对全球生物多样性的保护具有重要意义。

主要生态环境问题：自然生态系统遭到各种人类活动的破坏，天然阔叶林面积少，人工针叶林面积大，森林质量降低，水源涵养功能有所下降，生物多样性降低；物种栖息地岛屿化，生物多样性保护功能减弱；坡耕地水土流失较严重；矿山开采和矿山废弃地造成局部环境污染和生态破坏。

(3) 桂西北山地水源涵养与生物多样性保护重要区

该区总面积为 1.65 万 km²，包括隆林县、西林县、田林县、乐业县、凌云县等。

本区主导生态功能为水源涵养与生物多样性保护，是右江、南盘江、布柳河、红水河的源头区和水源涵养区，对保护这些流域和龙滩水电站以及天生桥水电站的生态安全具有重要作用。区内有岑王老山、雅长兰科植物，金钟山国家级自然保护区，有王子山雉类、大哄豹、那佐苏铁、泗水河4个自治区级自然保护区。保护区保存有大片的天然阔叶林，生物多样性丰富，珍稀物种多，是我国南亚热带地区的重要物种储存库，对于保护南亚热带生物多样性具有重要作用。

主要生态环境问题：天然阔叶林受到明显破坏，森林质量降低，水源涵养、水土保持等生态服务功能减弱；坡耕地面积大，水土流失较严重；栖息地破碎，紫茎泽兰等外来物种入侵危害日趋严重，生物多样性面临威胁；部分库区水体富营养化。

(4) 都阳山岩溶山地土壤保持重要区

该区总面积为 0.26 万 km²，包括马山县东北部和西部、平果县东北部、田东田阳北部、上林县西北部。

本区主导生态功能为土壤保持，是典型岩溶山区，广西最大的连片石山区和贫困山区，水土流失严重，石漠化面积大。区内分布的林、灌、草植被具有重要的水土保持功能，对保护都阳山区以及红水河流域的岩滩水电站和大化水电站的生态安全都具有重要作用。

主要生态环境问题：土壤侵蚀和石漠化极为敏感；不合理的土地利用、毁林开垦、过度放牧造成自然植被破坏严重，森林覆盖率低，生态系统服务功能退化，水土流失、石漠化严重；坡耕地面积比重大，土地生产力低；岩溶洼地易旱易涝。

(5) 大明山—高峰岭水源涵养与生物多样性保护重要区

该区总面积为 0.26 万 km²，包括大明山山脉和高峰岭山地丘陵。

本区主导生态功能为水源涵养与生物多样性保护。大明山是武鸣河和清水河的源头区和水源涵养区，对于维护这些流域的生态安全具有重要作用；分布有大明山国家级自然保护区和龙山自治区级自然保护区，生物多样性丰富，珍稀物种多，是我国南热带地区的重要物种储存库。高峰岭山地丘陵拥有14个水库，河流注入邕江和红水河；是南宁城市天然生态屏障，对维护城市生态环境、调节区域气候具有非常重要的作用。

主要生态环境问题：大明山的中下部多为马尾松针叶林和经济林，森林涵养水源的功能有所下降；坡耕地面积大，水土流失比较严重。高峰岭山地丘陵区，多为人工针叶林和速丰林，涵养水源的功能减弱。

(6) 桂西南岩溶山地生物多样性保护重要区

该区面积为 1.91 万 km²，包括那坡县、靖西县、德保县、天等县以及右江区西南部、田东县南部、田阳县南部、平果县西南部、大新县西北部和东北部、隆安县西部和西南部、江州区北部、扶绥县北部、龙州县北部和东南部、宁明县西北部。

本区主导生态功能为生物多样性保护。区内有弄岗国家级自然保护区和老虎跳、西大明山、龙虎山、下雷、恩城、青龙山、春秀、地州水源林、底定水源林、邦亮长臂猿、德孚、古龙山等自治区级自然保护区，以及大王岭市县级自然保护区，保存有大片的北热带石灰岩季节性雨林，岩溶生物多样性丰富，珍稀物种多，是我国北热带岩溶地区的重要物种储存库，是具有国际意义的生物多样性分布中心，对全球生物多样性的保护具有重要意义。该区是典型岩溶山区和贫困山区，区内分布的林、灌、草植被具有重要的水土保持功能，对维护桂西南石山区和右江流域以及左江流域的生态安全都具有重要作用。

主要生态环境问题：土壤侵蚀和石漠化极为敏感；天然林破坏严重，森林覆盖率低，石漠化现象突出；物种栖息地较为破碎，飞机草等外来物种入侵危害严重，生物多样性面临威胁；陡坡开垦、局部矿产无序开发导致的生态破坏和水土流失严重；旱灾频繁。

（7）大容山水源涵养重要区

该区面积为191km^2，分布在桂平市南部，主导生态功能为水源涵养，是南流江、北流江和郁江、浔江一些支流的源头区和水源涵养区，有10个中小型水库，对于保护这些流域的生态安全具有重要作用。

主要生态环境问题：人工林面积大，天然阔叶林面积小，森林质量降低，森林涵养水源的功能下降。

（8）十万大山水源涵养与生物多样性保护重要区

该区面积为2176km^2，范围包括宁明县南部。

本区主导生态功能为水源涵养与生物多样性保护，是明江、北仑河、长湖江、竹排江、江平江、防城河和茅岭江的源头区和水源涵养区，是许多大中小型水库的水源地，对于保护这些流域和水库的生态安全具有重要作用。有大面积的北热带季节性雨林，珍稀物种资源丰富，是我国北热带地区的重要物种储存库，是具有国际意义的生物多样性分布中心，对全球生物多样性的保护具有重要意义。

主要生态环境问题：天然林阔叶面积减少，人工林面积大，森林涵养水源的功能下降；坡耕地面积大，水土流失比较严重。

五、生态空间保护和建设

（一）生态建设的重点区域与任务

西江经济带生态建设的重点区域包括自然保护区域、重要生态功能区域、生态恢复区、水源保护区、生态城市与生态文化建设区等，其主要任务是保护生态系统重要功能、保持生态良好的自然环境，重点建设与发展生态文明。

（1）自然保护区域

西江经济带的自然保护区主要集中在河流上游和山地地区，需适当增加自然保护区面积，严格控制人为因素对保护对象的干扰，严禁任何不符合保护区功能或改变地形地貌、植被、地表构成的开发建设活动，逐步减少自然保护区内的人口。

（2）重要生态功能区域

西江经济带的重要生态功能区主要分布在西部、西北部和东北部，用于水源涵养、生物多样性保护和土壤保持。对重要生态功能区应该加强自然植被特别是水源涵养林的保护和修复，保护自然生态系统与重要物种栖息地，防止外来物种入侵，全面实施石漠化综合治理，提高水分涵养和水土保持能力，加大封山育林力度，构建生态廊道。

(3) 生态恢复区

西江经济带生态脆弱区主要分布在西北部地区，主要包括百色的平果县、田阳县、德保县和靖西县，崇左市的天等县和来宾市的忻城县。在生态脆弱区的高度脆弱区必须强制保护生态恢复，在植被生态恢复后再考虑适度发展旅游，禁止任何城镇和工业建设及破坏生态的农牧业开发；加强造林绿化，实施珠江流域防护林体系等重点林业生态工程建设；对石漠化严重的地区采取水土保持、生态移民等综合措施加快治理。

(4) 水源保护区

水源保护区指为生产、生活、生态用水提供充足水源的地区，包括主要沿江城镇饮用水水源保护区、大中型水库及其一定范围的缓冲。西江经济带内的饮用水源地密集，主要分布在主要河流的沿岸村镇附近，以及一些大型水库。对水源保护区实行强制性保护，重点加强大型水库周边的植被保护及污染防治，加大水土保持清洁型、生态型小流域综合治理力度，实施城镇饮用水水源地保护和农村饮水安全工程，完善标识与警告设施，关闭水源保护区内所有排污口，严禁任何不符合水源保护区功能的开发建设活动。

(5) 生态城市与生态文化建设区

本区是西江流域内城市化的重点区域（7个地级市），是经济带中政治、经济、文化、科技、教育中心，是经济带生态建设、经济发展、社会文明的窗口。目前生态环境良好，生态建设与经济发展较协调，生态文化教育有待加强。生态功能建设的重点是加大城市环境污染的防治力度，科学规划城市布局，划定永久性的生态用地，提高公用绿地面积和覆盖率，建立绿色社区、生态住宅、生态产业园区、减少热岛效应，加大宣传教育力度，提高生态环境保护意识。实施生态文化教育工程，建设生态环境良好、经济快速发展、社会文明进步的新型生态城市。

(二) 生态空间整治重大工程

(1) 重点防护林建设

防护林体系是确保西江流域生态环境安全的重要措施，主要包括：区内生态公益林如水源涵养林的保护和发展；流域内大中型水库防护林建设；主要江河的河流廊道建设；主要山脉的山体廊道建设；人工造林、封山育林相结合。

(2) 生态高度重要与脆弱区域保护工程

对保持流域、区域生态平衡，降低自然灾害危险性，维护西江经济带生态环境安全，实现长治久安与可持续发展中具有重要作用的特定区域，如江河源头区、重要水源涵养区、水土保持的重点保护区和监督区等。主要包括：保护现有天然林、增加阔叶林面积、提高森林覆盖率，提高森林涵养水源、保持水土的功能；防止出现新的生态破坏和生态功能退化；改变粗放经营方式，走生态经济型发展的道路；对已经破坏的重要生态系统开展重建与恢复；加强生物多样性保护。

(3) 自然保护区建设工程

西江经济带内自然保护区发展不平衡，保护面积较低，布局不够合理。需要根据流域实际情况，重点建设以下类型区域的自然保护区：完整的综合自然生态系统、珍贵动植物资源、特殊自然风景区、特有的地质剖面及特殊地貌类型区以及其他一些有特殊价值的、自然环境奇特的区域等。

(4) 石漠化治理工程

主要有人工植树种草，封山育林，退耕还林，砌墙保土、坡改梯，生态农业技术改良土壤，建集雨水柜，建节柴灶，发展沼气等。通过治理，恢复石山植被，减少水土流失，改善生态环境，提高抗御自然灾害的能力，改进农业生产条件，为石山区经济发展、广大农民脱贫致富和珠江流域的长治久安提供良好的生态屏障。

(5) 水土保持工程

主要包括基本农田建设、植被建设和生态修复工程。具体包括：坡耕地修成水平梯田，兴修小片水地、水土保持林、经济林及人工种草等，生态修复主要是发挥生态系统自我修复能力。

(6) 防灾减灾工程

主要包括防洪工程、抗旱工程、地质灾害治理工程、防灾减灾综合检测系统工程、重大灾害预警预报应急系统工程。

(7) 资源保护和利用工程

主要包括城镇饮用水水源地保护工程、农村饮水安全工程、生物种质资源保护工程、矿产资源综合利用工程、耕地保护与整理工程、农业"沃土工程"、农田水利灌溉工程等。

(8) 生态产业建设工程

主要是围绕生态省建设的相关产业开发项目，包括生态工业、生态农业、生态林业、生态渔业、生态旅游、环保产业等建设工程。如在钢铁、制糖、有色金属、轻工、化工、建材等重点行业进行循环工业企业试点示范工程和循环经济产业园区建设工程；煤电、水泥、冶炼等重点行业企业清洁生产技术改造、节能降耗建设工程；以甘蔗、木薯和马铃薯为原料的生物质产业工程；建设农作物、畜禽水产、林木等种质资源库、良种繁育基地、原种场和品种改良中心的良种工程；建设有机、绿色、无公害食品生产及深加工项目；草食动物舍养圈养工程；生态建设新设施、新工艺等。

(9) 清洁能源和资源综合利用工程

清洁能源和资源综合开发利用工程，主要是因地制宜地开发利用水力资源、核能、太阳能、风能等新能源和可再生资源，农业废弃物综合利用，畜禽粪便无害化处理，生活垃圾资源化等项内容。主要建设项目有以核能发电、燃气发电、农村小水电、太阳能、风能等为重点的清洁能源工程；以沼气建设为重点内容的生态农业富民小康村建设工程；秸秆和畜禽粪便资源综合利用示范工程等。

(10) 能力保障工程

主要包括科技创新支撑体系建设工程；产品技术标准体系建设工程；动物防疫体系建设；农产品标准化生产和全程质量监控体系建设工程；生态安全监管和应急体系建设工程；生态法规建立完善及执法监管能力建设工程；生态科技人才培养工程等。

（三）生态安全屏障体系

在西江经济带形成以山体生态林为主体，珠江防护林与生态廊道为屏障，自然保护区域为支撑的生态安全屏障体系（图 4-33）。

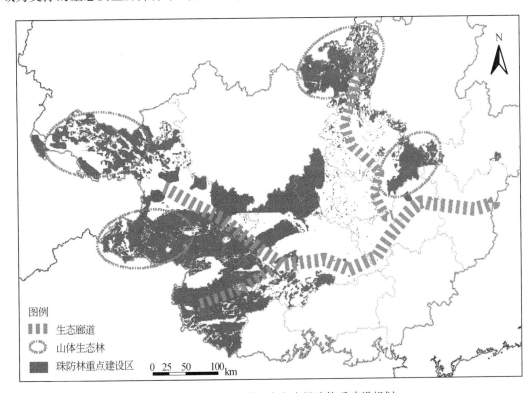

图 4-33　西江经济带生态安全屏障体系建设规划

（1）山体生态林

山体生态林是西江经济带生态安全屏障体系的主体，重点建设区域包括生态重要性较高的区域，主要实现山体生态林对生态系统功能的保护。同时还包括生态脆弱性较高的区域，通过山体生态林对水土流失、土壤侵蚀等生态脆弱性问题进行防治。山体生态林的建设需要巩固与新建相结合，巩固退耕还林成果。加强森林防火基础设施建设，支持开展林业灾后重建。加强生物物种资源和生物安全管理。

（2）珠江防护林

加快珠江流域防护林建设，在生态极重要与生态极脆弱区域，重点规划建设珠江防护林，以保证区域水源涵养、水土保持和生物多样性维护，石漠化、水土流失的治理与恢复和灾害的防治；在生态较重要与较脆弱的区域，根据小区域经济生态实际情况，选择性地建设珠江防护林，在保证区域生态良好发展的基础上发展经济。西江经济带防护林建设的重点工程位于南盘江、北盘江、左江、右江和红水河流域与珠江中下游地区，尤其是流域内岩溶地区，主要为保证流域水源涵养和水土保持。加大水生生物资源增殖放流力度，加强珍稀濒危物种、河流生态系统的生态保护和修复。

(3) 生态廊道

依据西江经济带的特殊自然地理环境，区域河流密布，为构建生态廊道提供了天然格局。河流廊道就是在沿河两岸植树造林。在廊道建设过程中首先要明确廊道边界，在边界之外要设立 500~1000m 的缓冲区，在廊道边界内严格禁止非法活动，在缓冲区内可以设置一些对环境影响小的建设；其次要尽量保证廊道的连续性，通过拆除搬迁等剔除建设用地，防止切断生态廊道。河流廊道主要有右江—左江—郁江—红水河—融江—柳江—黔浔江以及各种小河流水道等。

(4) 自然保护区域

已建成的 45 处自然保护区、22 处森林公园、15 处风景名胜区和旅游度假区、6 处地质公园，支撑着西江经济带的生态安全。

(四) 政策与措施建议

(1) 加强组织领导，明确目标责任

生态保护与建设是一项长期的综合性工程，各级政府、各部门、各行业必须统一认识，协调行动；建议成立西江经济带最具权威的宏观决策综合协调管理机构，以便使生态保护与建设纳入重要工作日程。

要责任到人，政府主要领导要肩负总责，然后逐级下发，并且把生态保护与建设纳入考核领导干部的指标中，使规划落到实处，落到基层。

将生态保护和建设规划纳入各级政府经济与社会发展的长远规划与年度计划，正确处理近期与远期、局部与全局利益，统筹兼顾生态承载能力和生态保护的需要。

(2) 建立生态效益补偿机制、健全生态治理政策

建立生态效益补偿机制，要求中、下游地区交纳生态补偿费，以补偿上游地区为保护生态所牺牲的局部利益；对矿产资源开发项目实行生态破坏恢复保证资金制度，以确保矿产开发区的生态重建与恢复；加大生态扶贫力度，将扶贫资金重点用于贫困地区的生态恢复与建设方面；筹集国家生态安全建设专项资金，采取多种方式吸引鼓励社会各类投资主体。

(3) 实施分区推进的生态保护与建设战略

抢救性保护重要生态功能区，对江河源头区、重要水源涵养区、水土保持区等重要生态功能区域内现有的植被和自然生态系统实施严格保护下的适度利用与科学恢复，尽快遏制生态恶化的趋势。停止一切导致生态功能继续退化的开发活动和其他人为破坏活动，同时认真组织已遭破坏的生态系统的重建与恢复；强制性保护重点资源，切实加强对水、土地、森林、生物物种等重要自然资源的保护管理，严格资源开发利用中的生态保护工作；积极保护生态良好地区的生态景观，加强各级各类自然保护区建设与监督管理，进一步健全机构，落实资金，加快保护残存自然生态系统，抢建自然保护区；大力推动全区有条件的市、县开展生态城市和生态县、乡（镇）建设，积极发展生态工业、生态农业，加大城市生态保护与建设力度，把生态保护与建设纳入城市基础设施建设。在自然生态条件较好

的地区有计划地大力开发绿色食品与有机食品,增强农产品市场竞争能力,促进农村经济发展。

(4) 健全法规体系,强化执法监督

要在完善、贯彻执行现有的保护和管理法律法规的基础上,根据西江经济带的实际情况,制定一些地方性的法规及相关领域标准体系,切实把全区生态保护纳入法制轨道。

同时,各级政府职能部门要认真履行法律赋予的各项职责,强化生态保护监管职能,充分发挥民主监督作用;严厉打击各类破坏生态的违法犯罪行为,以保障各项法律、法规、规章的执行和规划计划的落实。

(5) 依靠科技进步和创新,加大科技投入

积极引进智力和人才,充分利用国内外先进技术和高新技术,建立生态监测体系,建设信息管理系统,建立早期生态破坏与灾害预警预报系统,以便及时掌握各地区生态破坏状况与动态变化,提高对重点流域生态状况的监控能力。

各级政府要把生态保护科学研究纳入同级政府科技发展的重要领域和优先项目,给予特殊扶持,要加强流域生态与经济协调发展理论和方法的研究,加快实施清洁生产、生态恢复重建和水土保持、生物多样化保护,开展生态农业技术、生态工业园区和生态城镇建设等领域的技术研究以及开发引进,推广示范工程建设等方面的研究。

(6) 引导公众参与,提高全民生态意识

建立、完善公众参与制度,鼓励公众参与生态保护与建设;广泛听取群众意见,保障公民对规划建设工作的知情权、参与权和监督权;将能源消耗和污染物排放等主要指标完成情况定期公布,接受社会监督。

通过形式多样的宣传教育活动,提高人们保护生态环境的自觉性,树立正确的价值观、经济观,调动群众参与生态保护与建设的积极性;把增强公民生态意识列入国民素质教育的重要内容。

(7) 完善经济政策,拓展多元化筹资渠道

制定、完善、推行有利于生态建设的财政、税收、价格、信贷、贸易、土地、风险投资等政策体系,为重点工程项目实施提供良好的政策环境;充分发挥税收的调节作用,完善促进资源节约型和环境友好型社会建设的税收政策;将节能降耗纳入经济社会发展的统计、评价考核体系。

增加生态保护与建设的经济投入,调动社会各界和群众投入的积极性,实现多渠道的资金筹集方式;制定有利于筹集生态资金的各项政策,鼓励各类投资主体以各种形式参与生态保护与建设。

(8) 加强合作交流,扩大国际合作

围绕发展循环低碳经济、生态环境保护与建设,积极开展国际合作与交流,引进国外先进技术、人才和管理经验,然后结合西江经济带的实际情况做合理应用。充分利用与东盟的比邻优势,学习借鉴他们的成功经验;积极邀请国外知名专家、学者来该区参观考察,给予意见和建议;积极参与泛珠江三角洲区域合作,扩大与北部湾经济区的经济协作,促进区域一体化发展。

第四节 大气环境保护与固体废弃物治理

一、现状评价

1. 空气质量与主要污染物

（1）空气质量

西江经济带内大气环境质量整体优良，区内主要城市空气质量优良率均较高。根据2008年广西自治区大气环境质量监测报告，西江经济带主要城市空气质量全年达到优良的天数平均为355天，优良率为98%。区内7个主要城市中，梧州市空气质量优良率最高，为100%优良，空气质量优良率最低的是来宾市，其优良率也达到95.1%，区内最重要的城市南宁和柳州城市空气质量优良率分别达到96.7%、98.4%（表4-24，图4-34）。

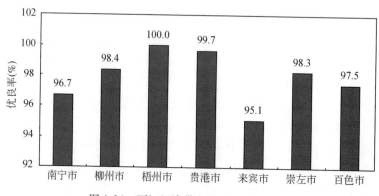

图4-34 西江经济带主要城市空气质量

近几年来，西江经济带加强了空气质量的监测控制，空气质量逐年好转，空气质量优良率也随之提高，区内空气质量少有低于国家Ⅱ级标准以下。2008年，区内7个主要城市中，除南宁市和来宾市轻微污染和轻度污染天数超过10天外，其余城市轻微污染和轻度污染天数均在10天以下，空气质量均有不同程度的改善。

表4-24 西江经济带2008年主要城市空气质量状况

城市名称	日报天数	Ⅰ（优）API（0~50）		Ⅱ（良）API（51~100）		Ⅲ1（轻微污染）API（101~150）		Ⅲ2（轻度污染）API（151~200）		首要污染物
		天数	比例（%）	天数	比例（%）	天数	比例（%）	天数	比例（%）	
南宁市	365	189	51.78	164	44.93	12	3.29	0	0.00	可吸入颗粒物
柳州市	365	101	27.67	258	70.68	6	1.64	0	0.00	二氧化硫
梧州市	361	337	93.35	24	6.65	0	0.00	0	0.00	二氧化硫

续表

城市名称	日报天数	Ⅰ(优) API (0~50)		Ⅱ(良) API (51~100)		Ⅲ1(轻微污染) API (101~150)		Ⅲ2(轻度污染) API (151~200)		首要污染物
		天数	比例(%)	天数	比例(%)	天数	比例(%)	天数	比例(%)	
贵港市	365	41	11.23	323	88.49	1	0.27	0	0.00	可吸入颗粒物
来宾市	365	84	23.01	263	72.05	17	4.66	1	0.27	可吸入颗粒物、二氧化硫
崇左市	351	124	35.33	221	62.96	6	1.71	0	0.00	可吸入颗粒物
百色市	365	101	27.67	255	69.86	9	2.47	0	0.00	可吸入颗粒物、二氧化硫

(2) 大气污染物

西江经济带主要大气污染物为 SO_2 和工业烟尘。据《中国城市统计年鉴》公布数据，2007年，西江经济带主要城市南宁、柳州、梧州、贵港、来宾、崇左、百色工业 SO_2 排放量分别为 60 790t、72 854t、41 274t、88 084t、237 139t、18 424t、84 774t，排放量以来宾市最多，崇左最少。2007年，南宁、柳州、梧州、贵港、来宾、崇左、百色工业烟尘排放量分别为 36 650t、25 570t、19 659t、65 484t、31 546t、14 897t、36 115t，其中贵港排放量最多，崇左排放量最少（表4-25）。

表4-25 西江经济带2007年主要城市大气污染物指标

城市	工业 SO_2 排放量 (t)	工业 SO_2 去除量 (t)	工业烟尘排放量 (t)	工业烟尘去除量 (t)
南宁市	60 790	21 432	36 650	356 608
柳州市	72 854	84 893	25 570	411 638
梧州市	41 274	1 694	19 659	47 590
贵港市	88 084	59 206	65 484	1 090 109
来宾市	237 139	296 568	31 546	1 967 919
崇左市	18 424	3 317	14 897	219 751
百色市	84 774	10 424	36 115	379 000

近年来，随着西江经济带内主要城市社会经济的发展，对大气污染物的控制不断加大，主要大气污染物 SO_2 和工业烟尘排放量同比有减缓趋势，工业 SO_2 和工业烟尘去除量大幅提高，有效提高了区内主要城市的大气质量。

2. 固体废弃物

(1) 工业固体废弃物

西江经济带内固体废弃物随着区内社会经济的不断发展，排放总量也不断增加。2008年，区内主要城市南宁、柳州、梧州和贵港固体废弃物排放量分别为 410.46 万 t、1006.51 万 t、3.04 万 t、345.21 万 t，综合利用量分别为 370.41 万 t、829.63 万 t、2.1 万 t、294.37 万 t，处置量分别为 36.25 万 t、158.69 万 t、0.94 万 t、12.67 万 t，净储存量分别为 3.67 万 t、18.18 万 t、0 万 t、38.24 万 t。固体废弃物综合利用率和处置率不断提高，净储存量不断减少，固体废弃物排增加态势得到有效控制，环境质量趋于好转（表4-26，图4-35）。

表4-26 西江经济带固体废弃物排放及处理情况（2008年）

城市	固体废弃物排放量（万t）	综合利用量（万t）	处置量（万t）	储存量（万t）	生活垃圾（万t）	处置量（万t）	医疗废弃物（t）	处置量（t）
南宁市	410.46	370.41	36.25	3.67	52.286 9	52.286 9	5 829.64	5 829.64
柳州市	1 006.51	829.63	158.69	18.18	32.71	32.71	1 185	1 185
梧州市	3.04	2.1	0.94	0	15	15	486.473	486.473
贵港市	345.21	294.37	12.67	38.24	15.15	13.77	765.43	765.43
来宾市	654.63	—	—	—	—	—	—	—
崇左市	0.69	—	—	—	—	—	—	—
百色市								

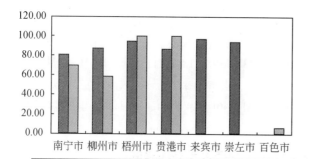

图4-35 西江经济带主要城市工业固体废弃物处理情况

（2）城市生活垃圾

西江经济带主要城市南宁、柳州、梧州和贵港生活垃圾排放总量为115.15万t，处置量为113.77万t，区内4个主要城市生活垃圾处置率总体达到了99%。除贵港市处置率不到100%以外，其他3个城市生活垃圾处置率均达到了100%，有力地保障了城市居民生活环境。在4个城市中，以自治区首府南宁排放量最多，其次为柳州市。

（3）医疗固体废弃物

医疗固体废弃物为医疗过程中所产生。南宁、柳州、梧州、贵港等西江经济带内主要城市2008年医疗固体废弃物排放分别为5829.64t、1185t、486.473t、765.43t，处置量分别为5829.64t、1185t、486.473t、765.43t，处置率均达到了100%。

二、发展趋势

1. 空间质量与主要污染物

（1）空气质量

预计未来广西西江经济带主要城市空气质量将继续保持良好的态势。虽然随着未来西江经济带各主要城市经济的快速发展，各种污染物排放量将增加，但随着全区宏观尺度的节能减排措施的实施以及科学技术的进步，各种大气污染物的去除量也将大幅增加，因此，主要城市大气质量将保持良好的态势，城市空气优良率也会缓慢增加，大气环境质量将进一步改善。

西江经济带内7个城市中，处于欠发达地区的百色、来宾、贵港等城市，大气环境质量可能会随着社会经济的发展而变坏,但一些以高新技术类、出口深加工类产业为主的城市大气环境将会变得比以前更好。在总体上,西江经济带大气环境质量不会出现大幅度下降,会随着政府的有效减排措施而变好。

(2) 主要污染物排放

未来西江经济带中的百色、贵港、来宾等地,将是工业 SO_2 和工业烟尘的主要排放地。百色随着社会经济的发展,其工业 SO_2 和工业烟尘排放量也会随之增加。西江经济带其他地区,未来主要大气环境污染物排放将保持缓慢增加状况,但处理率将会大幅增加,大气环境将得到改善。

2. 固体废弃物

(1) 工业固体废弃物

工业固体废弃物排放是固体废弃物排放的主要构成,也是引起环境污染的主要污染物。未来西江经济带内各主要地区工业固体废弃物排放将继续增加,柳州、来宾、百色等地区为工业固体废弃物的主要排放地,梧州和崇左由于经济发展产业构成不同等原因,工业固体废弃物排放较少,南宁、贵港等地居中。

随着经济技术的发展,西江经济带固体废弃物处理能力以及综合利用率将得到较快发展,净排放量有望减少。

(2) 城市生活垃圾

未来西江经济带城市生活垃圾产生量将逐年增加,南宁、柳州等地为西江经济带内城市生活垃圾产生量最多的地区,其他地区城市生活垃圾产生量也会逐渐增多。

西江经济带内主要城市生活垃圾处置率多数达到100%,少数城市还不能完全处置城市生活垃圾。预计,未来西江经济带内各地区对城市生活垃圾的处置能力将能完全处理生活垃圾,实现城市生活垃圾的零排放。

(3) 医疗固体废弃物

医疗固体废弃物现已成为人们日常生活中常见的固体污染物,且处理要求高。西江经济带内各地区中,南宁和柳州为目前医疗固体废弃物产生量最多的地区,也是医疗卫生机构最多的地区,因此,预计未来南宁和柳州仍是西江经济带内医疗固体废弃物的主要产生地区,其他地区也会随着医疗事业的发展,固体废弃物产生量逐渐增加。

西江经济带内各地区目前医疗固体废弃物处置率为100%,能完全处理医疗固体废弃物。预计,未来西江经济带各地区仍将保持这一态势,实现医疗固体废弃物的零排放。

三、环境治理

1. 大气环境分区控制

西江经济带大气环境主要污染物为 SO_2 和工业烟尘,因此,西江经济带未来大气污染物控制的重点是 SO_2 和工业烟尘的排放控制(图4-36)。

SO_2 重点控制区为南宁、贵港、来宾和百色,其他地区为次要控制区。其中,百色、

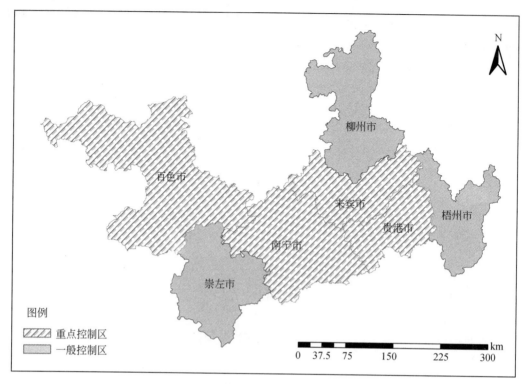

图 4-36　西江经济带 SO_2 和工业烟尘重点控制区域

梧州、崇左、南宁等地要加大 SO_2 去除能力，减少 SO_2 净排放量，减轻西江经济带大气环境控制压力。

西江经济带工业烟尘重点控制区为贵港、南宁、来宾和百色等地。未来南宁要加大对工业烟尘的处理能力，提高工业烟尘去除量，减少工业烟尘的净排放量。

2. 固体废弃物分区控制

（1）工业固体废弃物

西江经济带固体废弃物主要来源为工业生产过程中产生的工业固体废弃物。根据未来西江经济带社会经济发展趋势，固体废弃物的重点控制地区为柳州、来宾、百色、贵港和南宁等地区，其他地区为次要控制地区。在上述重点控制地区中，尤其重点控制柳州和来宾等工业固体废弃物产生量多的地区（图 4-37）。

在固体废弃物处置能力方面，未来西江经济带要加强贵港、柳州两地区的处置能力建设，提高固体废弃物处置率和综合利用率，减小该地区固体废弃物的净排放量。

（2）城市生活垃圾

西江经济带城市生活垃圾主要控制地区为南宁和柳州，其他地区为次要控制区（图 4-38）。

未来西江经济带各地区要加大对城市生活垃圾清运和处理的建设投资，以确保城市生活垃圾的及时清运和处理。同时，应提高城市生活垃圾的分类处理能力，提高城市生活垃圾的综合利用率，创造出更大的经济效益。

第四章 水资源可持续利用与生态环境保护

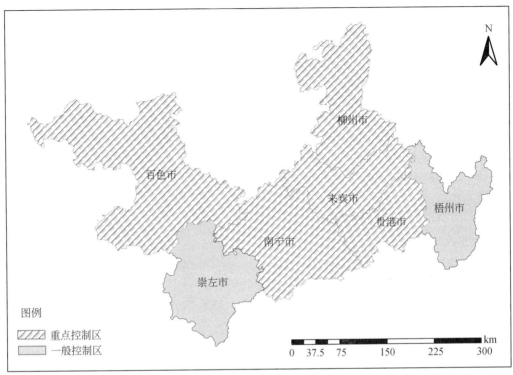

图 4-37 西江经济带固体废弃物重点控制区域

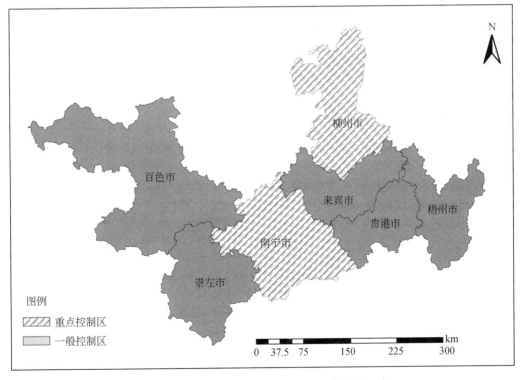

图 4-38 西江经济带城市生活垃圾重点控制区域

(3) 医疗固体废弃物

西江医疗固体废弃物主要产生地为南宁、柳州等较大的城市区，因此，西江医疗固体废弃物重点控制区为南宁、柳州等地，其他地区为次要控制地区（图4-39）。

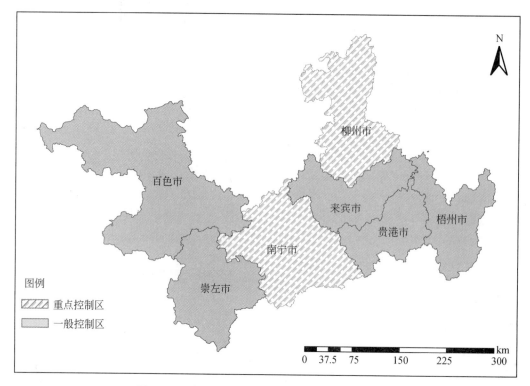

图4-39　西江经济带医疗固体废弃物重点控制区域

西江经济带内目前医疗固体废弃物处理率为100%，但随着社会经济和医疗卫生事业的发展，医疗固体废弃物排放量将不断增加，因此，在区内，应加强城市区和重点城镇区的医疗固体废弃物处理的投资建设。

四、保障措施

（1）西江经济带产业空间引导

积极引导西江经济带产业向低排放、高效节能型产业转变，发展外向型经济，完成区域经济从工业化中期到后期的转变，发挥后发优势，保证资源的高效利用和生态环境的保护。同时，积极发展外向型经济，减轻大气污染物排放总量，保持优良的大气环境。

（2）加快产业升级

利用西江经济带资源和市场优势，积极引进先进技术，促进区内产业升级，发展循环经济，在减轻污染物排放的同时促进区域经济的发展。

（3）加大大气污染物和固体废弃物去除以及处理、利用技术的开发与应用

积极引用现代先进的大气污染物去除技术，在生产工艺过程中去除主要的大气污染物

如 SO_2 和工业烟尘等，达到零排放目标。

开发利用各种废物综合处理和回收利用技术，回收利用生产过程中产生的各种废物，提高西江经济带内各地区固体废弃物以及大气污染的利用率，节约资本，走可持续发展道路。

(4) 加大环保产业的培育和发展

着力培育骨干企业，推进产学研联合攻关和开发，发挥大企业在科技推广和创新方面的优势；建立污染控制技术和循环经济、清洁生产技术产业化等激励机制，每年重点支持 3~5 个环保产业高新技术示范工程和装备国产化项目，逐步培育一批掌握核心技术、拥有自主知识产权的环保技术和产品，形成一个高科技环保企业群，提升西江经济带生态环境污染治理能力和环保产业科技水平。